徐州工程学院学术著作出版基金资助出版

文史哲研究丛刊

白居易生平与创作实证研究

文艳蓉　著

上海古籍出版社

图书在版编目(CIP)数据

白居易生平与创作实证研究 / 文艳蓉著. 一上海：
上海古籍出版社，2016.11
（文史哲研究丛刊）
ISBN 978 - 7 - 5325 - 8231 - 0

Ⅰ.①白… Ⅱ.①文… Ⅲ.①白居易(772 - 846)—
人物研究②白居易(772 - 846)—文学研究 Ⅳ.
①K825.6②I206.2

中国版本图书馆 CIP 数据核字(2016)第 229249 号

文史哲研究丛刊
白居易生平与创作实证研究
文艳蓉　著
上海世纪出版股份有限公司
上 海 古 籍 出 版 社 出版
（上海瑞金二路 272 号　邮政编码 200020）
（1）网址：www.guji.com.cn
（2）E - mail：guji1@guji.com.cn
（3）易文网网址：www.ewen.co
上海世纪出版股份有限公司发行中心发行经销
惠敦印务有限公司印刷
开本 890×1240　1/32　印张 13.875　插页 2　字数 348,000
2016 年 11 月第 1 版　2016 年 11 月第 1 次印刷
印数：1—1,500
ISBN 978 - 7 - 5325 - 8231 - 0

Ⅰ·3107　定价：58.00 元

如有质量问题，请与承印公司联系

序

　　文艳蓉博士的著作《白居易生平与创作实证研究》即将出版，征序于我，我与文艳蓉有师生之缘，正好借此机会谈谈这部著作的学术贡献与师生切磋之谊。

　　2005 年下半年，我在大阪大学访学，致力于唐代东传的汉籍及日本学者有关唐代文学研究成果的搜集，感受到白居易研究无论是原始典籍还是研究著作，中国与日本都有着巨大的反差，因而将白居易作为重要的专题之一加以集中搜集。但我长期以来从事的学术研究，集中于《全唐诗》以及政治与文学的关系探讨，对于具体作家，作为专题进行深入研究者主要集中于杜甫和杜牧二人，并没有深入研究白居易的具体计划。

　　2006 年，文艳蓉来到浙江大学攻读博士学位，跟从我研治唐代文学。我们经过多次切磋，决定将白居易的实证研究作为她博士论文的选题。我们觉得，白居易是具有国际影响的大诗人，他不仅转变了当时的文学风气，还深刻影响了日本平安以后的汉文学。有关白居易的研究，已成为 20 世纪以来的前沿和热点，尽管中国和日本的诸多学者已经做过很多学术价值很高的研究，但进一步开拓的空间仍然很大，不过要推出新的研究成果，困难也很大。

　　文艳蓉博士勇往直前，知难而进，经过三年多的努力，完成了近三十万字的博士学位论文，顺利通过了论文答辩。著名学者傅璇琮先生在学术评议中写道："对白居易之某些重点诗作，如《长恨歌》《琵琶行》，有全面、创新探索，尤其是就《琵琶行》诗，结合唐时教坊制度，具体论述长安教坊世俗，对唐时士人社会生活与创作心理极有学术意义的探索。又对白居易诗之四项分类，也有新的论述，有助于对中唐诗歌进展的具体了解。"博士毕业以后，她继续在这一领域锐意开拓。其间得到江苏省政府留学奖学金的资助，到日本九州大学进行为期半年的交流访问，与日本唐宋文学专家东英寿、静永健进行合作研究，视野不断拓展，材料不断丰富，境界不断提高。呈现在读者面前的这部著作，正是她辛苦努力的结果。

　　首先，这部著作以白居易为核心，致力于新史料的发掘。白居易是唐代最著名的诗人，更是一位具有国际影响的大诗人，古今中外已经做过各方面的探讨，因而无论从哪一个层面进行开拓，都非常不易。文艳蓉的著作定位于实证研究，史料的发掘就是绕不过去的一道坎。她致力于辑集国内的出土文献和东亚的传存文献，结合自唐以来的传世文献，对白居易的家世、婚姻、生平及其诗文版本系统进行了开创性的探索，纠正了已有研究的诸多缺失。最突出的方面是对新出墓志和日本文献的挖掘较多。前者如利用新出土的《卢载墓志》，确认白居易诗中的卢子蒙就是卢载，后者如利用日本尚存的《长恨歌序》以推测《长恨歌》撰作时的原生状态。

　　其次，这部著作通过制度等视角，对于白居易的生平和创作进行了新的探讨。如结合唐代的教坊制度，论述了长安教坊的世俗特点，证实唐代教坊第一部为胡部，教坊四部为胡部、龟兹部、鼓架部和清乐部，唐代教坊入籍年限为十三岁，进而从音乐层面、社会生活和创作心理等方面对《琵琶行》进行多层面的解读。这种"熟中求生"的做法，表现出作者在学术创新上做出了重要的努力。

　　再者，对于白居易作品在日本的受容情况，系统整合文献，进行了深度阐发。就文献层面而言，通过域外文献和国内文献的比照，清晰地梳理出传入日本的白居易诗文版本的源流和相互关系。就影响层面而言，从纵向和横向不同的视角，揭示了白居易诗文在日本的受容方式和不同时期的受容特点。这样的研究，不仅扩充了国内学术界以往研究的范围，也为唐诗在域外的影响提供了新的信息。

　　这样的成果，也体现了对学术研究"正"和"实"的追求。就"正"来说，文艳蓉硕士期间师从邱鸣皋教授，入门很正。邱老师也是我本科时的老师，他以为人之正和学问之正闻名于同行和学生之间。我之所以招收文艳蓉为博士生，很大程度上也是因为她是邱老师的学生。这种"正"的路径，更是贯穿在她的博士论文写作过程以至迄今为止的学术研究之中。我在与博士生的相互交流中，深切体会到，入门正、路径正的学生，更有学术发展前途，而经常剑走偏锋、别出心裁的研究，尽管能够集中于一时的创新，但或后劲不足，或误入歧途，是不值得提倡的。就"实"来说，我在学术研究和人才培养过程中，一直提倡实证。实证是学术研究的根基，实证研究要重视理论基础和文献功力融会，从而达到较高的学理境界。同时需要避免两种偏向：一是将实证研究引入琐屑饾饤的文献考证和文字训诂，二是将实证研究引入技术操作的数据处理和典籍汇编。文艳蓉的这部著作，就是选择了古代经典作家而进行实证研究的一个成功尝试。

胡可先

2016 年 8 月 18 日写于浙江大学中文系

目　录

绪　　论

一、学术视角的确定

白居易是唐代最伟大的诗人之一,他以独具一格的诗风卓然屹立于诗坛,开启了中唐以后的一代新风。他的诗不仅在国内享有长久的声誉,而且也在国外产生了很大的影响。对于白居易的研究,历朝历代,国内国外,总体上都甚为繁盛,尤其在 20 世纪以后,呈现出崭新的局面。但与同为大诗人的李白、杜甫不同,白居易的影响与研究,在海外尤其是日本得到了极佳的机缘,形成了一道绚丽的风景线。白居易研究在国内虽称繁盛,但与日本的研究相比,还是形成了不小的反差。

就国内白居易研究而言,20 世纪以来,取得了丰硕成果,白居易也被认为是"20 世纪学界研究得最为深透的三大唐代作家之一"[1]。目前关于白居易的研究状况,已有不少学者作了较为全面精当的总结,出现了颇有分量的研究成果[2]。因而笔者在此不拟多费笔墨对 20 世纪以后的白居易研究概况作全面的综述,而是就

---

[1] 杜晓勤:《隋唐五代文学研究》,北京出版社 2001 年版,第 994 页。
[2] 有关 20 世纪以后白居易研究综述方面的著作,有蹇长春《八十年来中国白居易研究述略》,载《西北师大学报》(社会科学版)1993 第 3 期;杜晓勤《元稹白居易研究》,《隋唐五代文学研究》第十一章,北京出版社 2001 年版;李丹、尚永亮《白居易百年研究述论》,载《中州学刊》2006 年第 3 期等等。

学术的层面作纵向宏观的概括。

　　总体上来看,中国百余年的白居易研究可以分为以下几个阶段:

　　第一阶段,20世纪50年代前。这一时期以陈寅恪、岑仲勉的研究成果为代表,是白居易研究的起步期。他们在版本考订、作品笺证方面取得了突出成就,尤其是陈寅恪,在白居易的家世、思想与诗歌等方面均提出不少卓见,为之后白居易研究奠定了坚实的基础。①

　　第二阶段,20世纪50年代至70年代。总体上看这一时期研究成果众多,研究质量不高,很难找出一位标志性的研究人物和一本标志性的著作,我们姑且称为徘徊期。由于时代的原因,这一阶段白居易被冠以"人民诗人"、"现实主义诗人"之名,学界对其讽谕诗与诗歌理论进行了拔高性的评价,以强求古人的作品迎合于当时的政治需要。白居易研究看似成为一时的热点,实际上已经偏离了正常的轨道,以至于70年代末至80年代初,学界花费不少精力去反思这种狂热背后的导向扭曲。

　　第三阶段,20世纪70年代末至90代初。出现了诸如顾学颉、霍松林、蹇长春、朱金城等研究专家,这是白居易研究的发展期。一方面反思和矫正前一阶段白居易研究中的偏误,如关于《长恨歌》主题的再讨论和"新乐府运动"的质疑以及对白居易诗歌及其理论的公允评价的论争,这使得白居易研究逐渐走向正轨。另一方面,白居易的家世、婚姻与生平,以及诗歌思想与艺术等方面的研究也有较大程度的深入。最突出的成就是相关文献的整理与

---

　　① 陈寅恪的代表作是《元白诗笺证稿》,本为20世纪30年代以后在清华研究院等高校的讲稿,1950年11月始由岭南大学文化研究室出版线装本。该书迄今由多家出版社推出了多种版本。岑仲勉的代表作为《白氏长庆集伪文》,刊于1947年《历史语言研究所集刊》第九本,其研究白氏的著作有多篇。

考证,顾学颉校点的《白居易集》与朱金城《白居易集笺校》的出版①,为白居易研究提供了通行而又便于利用的集大成版本。

第四阶段,20世纪90年代至21世纪初。我们称之为新变期。基本摆脱了过去受政治思潮影响的倾向,研究的学术化程度得到凸显。这一时期,无论是白居易诗歌的思想内涵,还是创作渊源,抑或影响、接受方面,都取得了很大的成就。这时出现突破性进展的方面是利用域外资料来解决白居易研究的相关问题,代表性著作是谢思炜的《白居易集综论》和《白居易诗集校注》②。这一趋向还有着较大的空间。

就日本研究情况而言,二次大战结束前的研究主要集中在《长恨歌》研究和白居易对日本文学的影响两个方面。前者主要有远藤实夫的《长恨歌研究》(1932)和三条西公正的《古写本长恨歌研究》(1934),后者主要有水野平次《白乐天与日本文学》(1930)、目加田诚《白乐天的讽谕诗——白诗对日本文学的影响考察》(1938)、金子彦二郎《平安时代文学与白氏文集(句题和歌、千载佳句研究篇)》(1943),基本上开创了白居易文本研究与白居易受容研究两个主要领域。战后进入新的研究局面,据《白居易研究讲座》第七卷《〈战后日本白居易研究概况〉索引》统计,战后白居易及其作品研究的著作约80部、论文640篇,白居易受容与影响研究专著约20部、论文约600篇,数量相当可观。具体来说,战后日本的白居易研究呈现出以下几个特点:

其一,每个时期都有标志性的成果和代表性的人物。铃木虎雄、神田喜一郎、花房英树、太田次男,在白居易乃至唐代文学研究

---

① 顾学颉:《白居易集》,中华书局1979年版;朱金城:《白居易集笺校》,上海古籍出版社1988年版。

② 谢思炜:《白居易集综论》,中国社会科学出版社1997年版;《白居易诗集校注》,中华书局2006年版。

领域,都是极为响亮的名字,当代的下定雅弘,也堪称不可多得的白居易研究专家。东京大学博士铃木虎雄(1878—1963)是日本最著名的中国古典文学研究家之一,著有《支那诗论史》等论著多种,其研究白居易的成果主要是《白乐天诗解》。神田喜一郎(1897—1984),早年就读于京都大学,受业于内藤湖南等汉学家,曾任大谷大学、台北帝国大学教授。1945年曾担任《白氏文集》研究会的主席,他的白居易研究成果主要有《读白乐天诗札记》。神田研究白居易的成果虽然不多,但他作为《白氏文集》校注班领导,所著颇有示范意义。此外,他还藏有《白氏文集》平安抄本三、四两卷。花房英树的白居易研究成果有《白氏文集校注》、《白居易研究》、《白氏文集批判研究》、《白乐天》等。太田次男,著有《以旧抄本为中心的白氏文集本文研究》,并与神鹰德治、川合康三等合编《白居易研究讲座》(共7册)。这些人物,堪称日本白居易研究过程中不可绕过的里程碑。

其二,注重原典文献的整理和白居易在日本的受容研究。白居易的有关文献,特别是一些原始文献,较早地流传到了日本,而这些文献,有些在中国国内反而因各种原因散佚。日本白居易的研究,非常重视这些原典文献的挖掘和整理,如日本所藏的金泽文库本《白氏文集》,是迄今传世最早的白居易集子,勉诚社于昭和五十八年(1983)作为重要文化财影印出版,为《白氏文集》的文献研究提供了原典的文本依据和研究的便利。此外,平冈武夫校本《白氏文集》,由京都大学人文科学研究所于昭和四十六年(1971)出版,该书在重视底本的基础上,搜罗了各种异文,详加校勘,代表了日本当时的古籍整理水平。而日本学界的白居易学术研究是从受容研究正式开始的,然后才慢慢扩大到对白居易的本体研究。此后,白居易受容研究一直十分繁盛,并与本体研究平分秋色。从日本平安时代、五山时代到江户时代白居易的受容,学术界都有相关的研究,尤其对早期的平安时代非常重视,有《平安朝传来的白氏文集与三迹研究》、《平安时代文学与白居易研究》等重要研究著作。从研究内容来说,学者们对日本历代和、汉文学具体作品中白居易的受容基本都有专门论文进行探讨,体现出日本汉学研究细腻而深入的特点。

其三,专门研究刊物的创办和系列研究的实施。20世纪后期到新世纪之初,白居易研究在日本一直保持长盛不衰的势头,而且表现出新的特点:一是系列研究的实施,一个重要标志就是《白居易研究讲座》的编撰和出版。该讲座共分七卷,从1993年至1998年由勉诚社连续出版,分专题对过去的白居易研究进行了全面总结。第一、二卷主要是白居易的文学与人生研究,第三、四、五卷以白居易在日本的受容研究为主,第五卷中《白居易受容围绕诸问题》专题刊登有中国、韩国、美国等各国研究现状的综述论文,第六卷是白集版本研究论文专题。第七卷则刊登了下定弘雅的《战后日本白居易研究概况》和新间一美的《白居易对日本文学影响研究》,前者分文集校勘、诗歌、散文、思想、传记生活、译注、白诗渊源、影响研究等八个专题全面总结日本战后白居易研究概况,后者以史为纲概述白居易对日本历代文学家及其作品的影响研究情况。二是系统规范化的倾向,在太田次男、神鹰德治和川合康三等学者的带动下,《白居易研究年报》于2000年创刊,年报将每年重要的论文和研究成果刊登出来,这使得白居易研究进一步规范化和系统化,而且年报经常刊登中日韩学者的相关论文及相关研究现状的文章,促进了白居易研究的国际化。这种宽阔的视野将进一步推动相关研究。

由此可见,尽管在20世纪后期到新世纪之初,中国的白居易研究取得了长足的进展,但无论在文献积累,还是研究的系统化、国际化方面,我们不得不承认,日本学界是走在中国前面的。从中日白居易研究相互交流来看,中国对日本学界研究成果的反应也远远比对方慢得多。如1957年敬文社出版的堤留吉《白乐天生活与文学》，以兼济、漂泊、仕官、外任、退休五个阶段对白居易的一生进行了传记式的介绍，并附有《白乐天略年谱》。本书除借鉴了铃木虎雄《白乐天诗解》等日本著作外，还参考了王拾遗的《白居易研究》和苏仲翔的《白居易传论》，这两本书在中国的出版时间都是1955年，由此可见日本学界搜集中国研究成果的迅速，而此时中国对日本白居易的研究状况却几乎一无所知。当然，这是当时国内特殊的政治时代造成的。时至今日，域外汉籍研究已深受学界重视，日本白居易研究的相关成果也渐渐输入国内，与过去不可同日而语，但由于两国的学术交流空间仍然有限，以及中国学者对日本语言和民族文化背景的陌生等障碍，多数研究成果仍无法被国内学者自如地利用，这是摆在我们面前必须要克服的困难。

　　因此，有关白居易研究，从选题来看，尽管是唐代单个诗人的具体研究，但研究视野则必须是国际化的，也只有如此，才能具有新的重要创获。视角之外，笔者最为重视的是两个方面：其一，利用日本的一些原典文献，以使自己的研究建立在扎实的根基之上。利用日本版本及其研究成果，谢思炜的《白居易诗集校注》已成为集大成之作，通过它以及严绍璗的《日藏汉籍善本书录》白居易部分，我们大致可以了解到日本白集版本的复杂性。其实，这仅仅是冰山一角，日本白集版本远比我们目前了解到的要复杂得多。而日本学界颇致力于此，他们试图对每一种出现或曾经出现过的白集版本从文字校勘、训点注释等诸方面对其源流进行耐心细致的考证，并取得了不少成果。这是我们研究白居易得以凭借的重要资源。其二，借鉴日本白居易研究的角度与方法。新中国建立之时，日本研究也曾受到中国学界的强大影响，如以白居易为人民诗人、现实主义诗人，对白居易讽谕诗的诗歌理论高度评价的狂热，对《长恨歌》主题究竟为讽谕还是爱情也进行了长久的论争。但自五十年代末期开始，就逐渐冷静下来，摆脱中国学界的影响，转入对白居易各方面的研究，并渐渐形成自己的研究特色，即以白居易作为一个立体的人去全方位地研究,前半生与后半生的精神生活与思想状态都加以重视,也最终形成了"以小见大"的独特研究方法,即抓住白居易作品中的一些细微之处深挖下去,以发掘诗人深层的心理特点及其背后蕴藏的文化内涵。如冈田充博的《诗魔与闲吟》从诗魔、闲吟、诗债等概念探讨了白居易从讽谕诗向闲适诗转向的过程,认为诗魔、诗狂等都是在独善理念支配下产生的,既表现了白居易对闲适世界的沉溺,又表明了其后半生明哲保身的处世立场和态度。闲吟表现他企图摆脱苦境、求道入闲的心态,也是他沉醉于独善和闲适世界的表现。

　　但是,日本白居易研究也呈现出某些不足,如一些汉学研究者因民族心理、文化特征差异等原因而造成对白居易作品的误读,以及过分关注白居易的微观方面研究而略显琐碎等等。我们要克服其不足,使研究朝着纵深方向发展,首要的方面还是要立足我们的本土文化。他山之石可以攻玉,但运用他山之石时,也不能丢弃自己的主体。日本与中国虽然同属东方,有一定的文化渊源,但在民族特征、文化内涵方面亦存在很大的差异,如果亦步亦趋,就会容易失去自己的研究个性。我们在发掘有关白居易原典文献的同时,也应对唐代政治、社会、经济、文化等多方面进行考察,以厘清白居易诗文赖以产生的典型环境和原生状态。其次,20世纪以后,中国大量出土文献的公布,也为白居易乃至整个唐代文学研究,提供了难得的契机。本师胡可先先生指出新出土文献的运用将会扩大唐代文学史研究的视野,并总结出新出土文献的重要作用:一、为作家研究提供新的材料;二、一些散佚作品的发现,也为文学史研究提供新的载体;三、有助于与文学相关的社会习尚与社会文化背景的了解。① 的确如此,新出土文献在唐代文学研

---

① 胡可先师:《出土文献与唐代文学史新视野》,《文学遗产》2005年第1期,第47—59页。

究中的地位已经越来越受世人瞩目,解决了文学研究中的诸多问题。近二十多年来,发现了不少与白居易有关的新出土文献,包括白居易从弟《白敏中墓志》、侄孙《白邦彦墓志》、从侄女《皇甫炜夫人白氏墓志》、从侄女婿《皇甫炜墓志》,以及记载白氏家族谱系的谱碑《楚王白胜迁神碑》(以下简称《白胜碑》)等等,另外还有不少与白居易有交游的诗人墓志如《张浑墓志》、《郑居中墓志》、《狄兼谟墓志》等。这些墓志牵涉白居易的家世与交游等各个方面,能为解决之前争论不休的一些问题提供重要的基础。基于以上的种种情况,白居易研究的领域在 21 世纪有较大的拓展,研究境界有较大幅度的提高,将是可以期待的事情。

二、研究途径的思考

通过什么样的研究途径来达到创新的目的,也是学术研究过程中的重要环节。大体说来,某一项重要的研究选题,主要有两种途径:一是先确立研究框架和主要思路;二是先确定大致的范围而不确定框架,立足于寻找问题,在问题的基础上寻求研究的深入,并在解决一系列问题之后,再综合梳理思路而形成研究格局。这两种方式各有优势,也各有弊端。前者的优势在于学理性较强,后者的优势在于创新度较高。当然能将两种途径融合并兼其所长而从事选题的研究,是学术研究的最佳状态,但这是极难达到的一种境界。至于其弊端,对于前者,葛晓音先生曾有过精当的论述:

　　凡是先确立了理论框架和主要思路的研究模式,都会遇到一个难以克服的障碍,这就是思维单调和直线化的问题。主要思路所经之处,碰到问题有时如开锁一般,能作出比较新颖而且深层的解释。但当碰到一些非本书的主要思路和框架所能囊括的问题时,论述就不免显得空泛和一般化。如果研究的出发点或理论原则定得太高，主要观点一捅到底，就更是如此。①

而后者的弊端在于对问题深入研究的同时，必定在一定程度上削弱理论框架的整体感和连贯性，因而学理性较前者稍弱一些。到底采取哪一种研究途径，应根据具体选题的需要。

　　本书主要采取后一种研究途径，即带着强烈的问题意识，在前人的研究成果上，挖掘更深更新的东西。这基于两方面的考虑：一是唐代文学研究，长期以来都是学术研究领域的热门学科，白居易又是唐代首屈一指的大诗人，因而各方面的空间已被开拓殆尽，如果用既定的思路来探讨其各方面的问题，未免会浅尝辄止或以偏概全。故而以问题为突破点，采取滚雪球的办法，来寻找空间，在前人研究的基础上推进一步，无疑会在更多的方面阐幽发覆，从而给这一研究带来新的启迪。如本文对白居易交游的研究，通过新发现的《卢载墓志》，不仅解决了白居易"七老会"中诸人的姓名、年龄等问题，由此还涉及白氏与党争的关系，白氏与元稹、刘禹锡等人的交游，实际上提出并解决了一系列问题。这样的研究应该比通过纯粹的资料排比而证其交游更具有学术价值。

　　本书在实证的基础上，重视以下三个方面的构想：其一是将传世文献与出土文献进行比较参照研究。本书通过 20 世纪以来，特别是近 20 多年发现、公布的有关白居易家世、生平的新出土文献，解决或论定了白居易的家世、婚姻以及子嗣等问题。其二是将国内文献与域外文献比证参照研究。因为白居易影响的特殊性，致使与其相关的文献在日本、韩国的留存远远超过李白与杜甫，因而利用这些文献研究白居易的生平与创作，无疑会获得意想不到

---

① 葛晓音：《魏晋诗歌艺术原论序》，载钱志熙《魏晋诗歌艺术原论》（修订本）序二，北京大学出版社 2005 年版，第 13 页。

的收获。只是因为这些文献因国别、交通、经济等因素,颇为难得,也给本课题的研究带来极大的难度,故而笔者在研究过程中想尽一切办法和通过各种渠道,使得域外文献的占有量丰富一些。这些材料除了本师胡可先教授的无私提供之外,还得特别感谢日本的芳村弘道教授、神鹰德治教授、陈翀研究员的帮助和提供。日本九州大学甲斐雄一博士、日本大阪大学的中村爱硕士,也对本研究给予了多方面的协助。其三是在此基础上,立足于传统的研究方法,以白居易的创作为中心,旁及时代风尚、政治斗争、文化思潮、历史事件等各个方面,以挖掘白居易研究方面前人没有解决,或尚未彻底解决的问题。

三、研究目标的制订

根据上述研究视野的确定和研究视角的选取,笔者逐渐明确了这一选题的研究目标,即以迄今为止学术界对白居易研究取得的丰硕成果为基础,在白居易家世、婚姻、交游、作品版本、诗歌及其在日本的受容诸方面问题上,力所能及地提出新见解。本书共六章:

第一章《白居易家世婚姻新证》。由于史料记载相互矛盾,白居易的先世、子嗣、父母婚配、自身婚姻等相关问题,学术界一直颇有争议。本章利用《白敏中墓志》、《白胜碑》、《白邦彦墓志》、《皇甫炜墓志》、《皇甫炜夫人白氏墓志》、《杨宁墓志》、《杨汉公墓志》等新出土文献以及日本相关资料,对以上问题进行再考证。同时,对于学术界未曾涉猎的白居易家族婚姻状况进行了全面而详细的考证,由此可对唐代家族婚姻与政治的密切关系及其对文学的原生态影响状况窥一斑以见全貌。

第二章《白居易交游新考》。朱金城已对白居易的交游情况有过深入细致的考证,但从20世纪80年代以来,新出土了一系列与白居易有关人物的墓志,在梳理这些新文献的过程中,笔者对白居易与牛李党争人物之间的交游及其党争属性与表现进行了新的审视。同时利用《卢载墓志》及其夫人《郑氏墓志铭》,对白居易与卢载、卢贞两位诗人的交游进行考辨,既能解决"七老会"中各位诗人的姓名、年龄问题,又能从卢载与元稹、白居易、牛僧孺的交游来探讨牛李党争中的复杂人事关系。

第三章《白居易诗文版本综考》。以岑仲勉、朱金城、谢思炜为代表的学者在白居易作品版本研究上已取得突出成就,本章将进一步拓展白居易的版本研究。从版本的传播来说,除了以文集和总集等纸质传媒流传外,中日白居易诗文还存在着石刻与书迹这样的独特传播方式,它们本身流传的特点及其与集本的互动关系、在文字校勘等方面的重要价值都是值得关注的,因而有必要对中日两国白居易诗文石刻本和书迹本的现存与著录进行系统论述。从对日本白集的利用广度来说,虽然谢思炜的现有研究成果足以让人注目,但日本白集版本的丰富性远不止于此。本章将在笔者所能收集到的日本原始文献及其研究成果的基础上,对日本大量的复杂的白集版本源流进行全面的勾勒与考述,以促进中日白居易版本研究的进一步交流与发展。

第四章《〈长恨歌〉与〈琵琶行〉新证》。《长恨歌》和《琵琶行》是白居易诗中流传最广、影响最为深远的作品,研究成果虽多,但还有不少尚未解决的问题。本章利用日本保存的珍贵史料《长恨歌序》,重新论证了《长恨歌》与《长恨歌传》、《长恨歌序》的关系,不仅对《长恨歌》的流传演变提出了新的解释,也为《长恨歌》主题爱情说提供新的佐证。虽在论述上以推论居多,但目的是为了促进学术界对此问题的进一步研究。而《琵琶行》的研究,则从唐代教坊制度入手,加以拓展研究,并阐释中唐士伎同悲诗产生的文化内涵、作家心理因素以及文学特性。

第五章《白居易诗分类原论》。白居易诗分四类曾是学术界关注的问题之一,但大多数学者聚焦于分类的不可行性与缺陷。本章对白居易元和十年(815)编集时所分的讽谕、闲适、感伤、杂律四类诗原生态情况进行探讨,并以此为突破口,客观地评论白居易诗分四类的文学史意义及其有始无终与体格混杂的阙失。

第六章《白居易诗日本受容述论》。白居易对后世影响深远,尤其在东亚文化圈中有着不可替代的作用,这在日本最为突出。本章力图揭示自平安至江户各个时期白居易在日本的受容过程和特点,但因资料搜集的困难而利用范围不广,研究过程当中时常捉襟见肘,因而叙述的受容过程以及得出的结论,笔者并无自信。随着中日文化交流的日益广泛,笔者也将对于日本有关白居易诗受容的原典资料和研究成果进行更加广泛的搜集,并不断修正自己的论点,以使得此一研究更趋完善。

白居易是唐代最伟大的诗人之一,他的创作,尤其是诗歌创作,具有无限的生命力,深得后人的喜爱,也引起了历代与各国诸多研究者的探索兴趣,故而白居易研究也是历久弥新的学术课题,其学术增长点必将会随着时代的推移而增加新的空间。即以笔者的思考,就觉得至少还有以下几个方面需要展开:第一,白居易诗歌追求通俗与追求规范的关系问题。历来的白居易研究学者,都强调白居易诗通俗及其影响,实则上求俗只是白氏追求的一个方面,其更重要的一面是在追求规范,这是在更高境界上的一种规范,正因为白居易形成一种特定的范式,才使得他不步盛唐之后尘而迥拔于中唐之上,并影响了晚唐以后千年的诗歌发展史。个中缘由值得深入探讨。第二,就白居易感伤诗而言,本书目前主要在追溯渊源和原生态状况的前提下,探讨《长恨歌》和《琵琶行》两个点。而白居易的感伤诗,当时是最受时人瞩目的诗歌类别,这应该源于白居易生命形态和生存状态的融入,也是中唐以后感伤时代和诗坛感伤风气的折射。而由白居易感伤诗再向整个诗坛拓展,则关涉唐宋转型与社会变革的历史发展过程,是唐诗研究的较大课题。第三，白居易诗在日本传播和影响的特殊性和时代性，是值得探讨的问题。我们以前主要利用日本的原典材料，从中日文化交流的角度来研究白居易。而白居易在日本的影响最大，甚至超过李白、杜甫，这种现象值得国内学者认真探讨。与此相关，白居易诗文在日本的流传，以及日本文学受白居易的影响，各个时期不同的特点，都值得研究：白居易生前，《白氏文集》就流传到日本与高丽，白居易自己也引以为自豪。此后的平安时代、镰仓时代、室町时代、江户时代，都有白居易的追随者和研究者。日本学者虽然作过一些研究，但毕竟是在日本的文化环境下，由日本学者的心理来决定研究导向的，而国内学者如果对此展开研究，可能会对白居易甚至古代文学研究起到更大的推动作用。但这样的研究难度也是显而易见的，文化的差异、语言的隔阂、民族的心理都会对学术思想的形成发生影响，并进而影响研究的深度。这些只是笔者在研究本课题时所作的思考，囿于学养、精力以及时间关系，笔者还难以在类似的重要问题上作出深入的开拓，也就只能作为今后的研究期待了。

第一章 白居易家世婚姻新证

白居易《故巩县令白府君事状》、新旧《唐书》本传以及《新唐书·宰相世系表》等原始记载,在白氏远祖世系、父母婚姻、子嗣等方面有着不少矛盾,后世学者对此有不少争议。20世纪80年代以来,《白居易家谱》面世,为解决这一系列问题提供了较好的基础,但其并非原始材料,且内有不少讹误之处,不能很好地解决相关争议。近年来,新出土了不少与白居易家族有关的唐代墓志,再加上日本留存的白居易相关文献也渐渐输入国内,这些最原始最崭新的材料为解决白居易的家世婚姻等相关问题提供了最佳突破口。

第一节 白居易的先世考辨

一、关于白居易先世的纷争

关于白居易的先世,有白居易撰《故巩县令白府君事状》、新旧《唐书》本传以及《新唐书·宰相世系表》等原始资料。《故巩县令白府君事状》载:

> 白氏芈姓,楚公族也。楚熊居太子建奔郑,建之子胜居于吴、楚间,号白公,因氏焉。楚杀白公,其子奔秦,代为名将,乙

丙已降是也。裔孙曰起，有大功于秦，封武安君，后非其罪，赐死杜邮，秦人怜之，立祠庙于咸阳，至今存焉。及始皇思武安之功，封其子仲于太原，子孙因家焉，故今为太原人。①

《新唐书·宰相世系表》载：

> 白氏出自姬姓。周太王五世孙虞仲封于虞，为晋所灭。虞之公族井伯奚滕伯姬于秦，受邑于百里，因号百里奚。奚生视，字孟明，古人皆先字后名，故称为孟明视。孟明视二子：一曰西乞术，二曰白乞丙，其后以为氏。裔孙武安君起，赐死杜邮，始皇思其功，封其子仲于太原，故子孙世为太原人。二十三世孙后魏太原太守邕，邕五世孙建。②

二者记载相差甚远，前者以白氏出自楚公族芈姓，后者以白氏出自周太王后姬姓，且皆在记载中错漏百出。《元和姓纂》卷十《白氏》："黄帝之后。《风俗通》，秦大夫白乙丙，嬴姓，又有白起。楚有白公胜，楚平王太子建之子也。周白圭，汉白生。"③又以白乙丙、白起为秦人，白胜为楚人。

宋人陈振孙《白文公年谱》曾对以上三处记载之混乱加以考辨：

> 《新史·宰相世系表》及公所述《巩县府君事状》，其不同者，《表》称虞公族百里奚滕秦穆姬，生孟明视。视生二子曰西乞术、白乙丙，其后以为氏。而《事状》称楚太子建之子胜，号白公，其子奔秦，代为秦将，白乙以降是也。如《表》言，则白出

① 《白居易集笺校》卷四六，上海古籍出版社1988年版，第2833页。
② [宋]欧阳修、宋祁编：《新唐书》卷七五下，中华书局1975年版，第3412页。
③ [唐]林宝撰，岑仲勉校补：《元和姓纂》卷十，中华书局1994年版，第1588页。

姬姓;如《状》言,则出芈姓。按:《左氏传》晋败秦于殽,获百里孟明视、西乞术、白乙丙。孟明氏百里,谓为奚之子可也。术、丙与孟明号为三帅,乌知其为孟明之子邪?且万无父子三人并将之理,此其为说固已疏矣。若《事状》则又合白乙、白胜为一族,白乙为秦穆将,去白胜几二百年,而云白乙以降,则反以为白胜之后裔,又何其考之不详也!《元和姓纂》载《风俗通》以白乙为嬴姓,盖亦以其为秦人意之尔。《姓纂》复泛举秦白起、楚白胜、周白圭、汉白生等数人,而皆不能言其自出。大抵世祀绵邈,谱牒散亡,惟当用《春秋》见闻传闻之义,断自近始,若必远推古昔,傅会本支,则固不能亡抵捂矣。①

清顾炎武《日知录》卷二三《氏族相传之讹》条亦云:

　　唐白居易自序《家状》曰:"出于楚太子建之子白公胜,楚杀白公,其子奔秦,代为名将,乙丙已降是也。裔孙白起,有大功于秦,封武安君。"按白乙丙见于僖之三十三年,白公之死,则哀之十六年,后乙丙一百四十八年。曾谓乐天而不考古,一至此哉?(原注:唐《宰相世系表》以西乞术、白乙丙为孟明之子,尤误。)②

俞樾《九九销夏录》卷一二《称述先世之误》条亦云:"太史公自叙司马氏之所从出,误合重氏、黎氏为一族。白香山自叙白氏所从出,误以秦白乙丙为楚白公胜之后,皆为后人所讥。"③三人皆对《家

　　①[清]汪立名编:《白香山诗集》卷首,世界书局1935年版,第19页。
　　②[清]顾炎武著,黄汝成集释:《日知录集释》卷二三,上海古籍出版社1985年版,第1702页。
　　③[清]俞樾:《九九销夏录》卷一二,中华书局1995年版,第133页。

状》、《世系表》中错讹之处进行辨析和澄清，所云多有可取之处，而顾炎武、俞樾因白居易《家状》云白乙丙为白胜之后，与史实严重不符而讥之"不考古"。

近代以来，又出现了关于白氏远祖的另一观点，即白氏出自西域胡姓说。陈寅恪面对诸种史料对于居易远祖的混乱记载，认为"此种谬伪矛盾可笑之处"乃"诸家谱牒记述，虚妄纷歧"所致，并指出：

> 又近年中外论著中，有据《北梦琐言》伍《中书蕃人事》条所记崔慎由诋白敏中之语，《唐摭言》壹叁《敏捷》条白敏中卢发所赋"十姓胡中第六胡"诸句，及《白氏长庆集》伍玖《沃洲山禅院记》所云："厥初有罗汉僧西天竺人白道猷居焉。"又略云："昔道猷肇开兹山，今日乐天又垂文兹山。异乎哉，沃洲山与白氏其世有缘乎。"等语，推论白氏之为胡姓。鄙意白氏与西域之白或帛氏有关，自不俟言，但吾国中古之时，西域胡人来居中土，其世代甚近者，殊有考论之价值。若世代甚远久，已同化至无何纤微迹象可寻者，则止就其仅余之标帜即胡姓一事，详悉考辨，恐未必有何发见，而依吾国中古史"种族之分，多系于其人所受之文化，而不在其所承之血统。"之事例言之，则此类问题亦可不辨。故谓元微之出于鲜卑，白乐天出于西域，固非妄说，却为赘论也。[①]

陈寅恪虽认为中外论著以白乐天出自西域为"赘论"，但他却理所当然地承认居易出于胡姓："乐天先世本由淄青李氏胡化藩镇之部属归向中朝。其家风自与崇尚礼法之山东士族迥异。如其父母之（舅甥）婚配，与当日现行之礼制及法典极相违戾，即其例也。后来

---

① 陈寅恪：《元白诗笺证稿》，上海古籍出版社 1978 年版，第 307—308 页。

乐天之成为牛党，而见恶于李赞皇。其历史之背景，由来远矣。"①
陈寅恪认为居易出于胡姓的观点影响比较大，此后，学术界多承此
说。姚薇元《北朝胡姓考》亦据《唐摭言》、《北梦琐言》二书记载，以
白敏中、白居易及其祖北齐中书令白建为西域胡姓。② 后来更有
学者详细考证乐天先祖西域出身，顾学颉《白居易世系、家族考》根
据有关正史、野史及《高僧传》中的材料，考证乐天祖先为龟兹国的
王族；③魏长洪《白居易祖籍新疆库车摭谈》则进一步考证出居易
祖籍在今新疆的库车地区。④ 但也有人对此观点持异议，日本学
者平冈武夫就反驳了陈寅恪的观点，认为白居易出于西域胡姓说
不可靠。⑤

　　由上可知，白居易的远祖问题错综复杂，主要可归结为以下三
种观点：一为出自芈姓，二为出自姬姓，三为源于西域胡姓。在各
家观点之中，又伴随诸多歧误尚待解决。近年来，《白胜碑》、《白敏
中墓志》、《白邦彦墓志》等新出土文献的发现，为此问题的解决提
供了新的线索和证据。

二、白居易远祖非胡姓辨

　　2001 年出土白居易所撰的《楚王白胜迁神碑》，是研究其远祖
的重要资料。张乃翥《记洛阳出土的两件唐代石刻》介绍了此碑出

---

　　① 《元白诗笺证稿》，第 315—316 页。
　　② 姚薇元：《北朝胡姓考》，中华书局 1962 年版，第 374—376 页。
　　③ 顾学颉：《白居易世系、家族考》，《文学评论丛刊》第 13 辑，中国社会科学出版
社 1982 年版，第 131—168 页。
　　④ 魏长洪：《白居易祖籍新疆库车摭谈》，《新疆大学学报》(哲学社会科学版)1983
年第 2 期，第 107—113 页。
　　⑤ ［日］平冈武夫：《白居易——生涯与岁时记》，朋友书店 1998 年版，第
119—124 页。

土的相关情况："2001 年 5 月，洛阳龙门山南麓因公路施工出土巨碑一通。乡贤爱之，祈请东移，今碑得又岿然落座于伊阙之西畔。该碑青色石灰岩质地，由碑座、碑身两石扣合而构成。碑座立面梯形，上宽 206 厘米，下宽 220 厘米，高 79.5 厘米，厚均 93 厘米；碑身底宽 165 厘米，肩宽 155 厘米，高 502 厘米，厚均 48 厘米。碑顶螭首，圭形篆额题曰'白氏始祖楚王白公胜陵之碑'。碑身中行，大字楷书'楚王白公胜之陵'七字，字径 37 厘米左右。陵题左首，楷书志文六行，行满 57 字，字径 5 厘米。……陵题右绪，楷书两行，其一云：'河南尹白居易立'，字径 19 厘米；其二云：'大唐大和五年岁次辛亥五月戊戌朔五日元稹拜书'，字径 9 厘米。"① 碑文录之于下：

楚王白胜迁神碑

公讳胜，其先芈姓，楚公族也。楚平王太子建，遭谗奔郑，郑人误杀之。建子胜，与吴员奔吴。惠王立，诏公返楚，以为巢大夫，封白邑，号白公，因氏焉。公思报父仇，请兵伐郑，惠王许之。而兵未起，适晋伐郑，郑求救于楚。令尹子西受赂与郑盟，公乃大怒。及周敬王四十一年七月，遣部将石乞袭杀子西于朝，劫惠王，踞郢都，立为王。会叶子高救楚，公兵败，殒于山，石乞葬之。其地无知者。公享年五十五，子五：曰乙丙，已降张；四子奔秦，咸为名将。幼子居楚，湮祀焉。洎大和五年正月，余守河南，前相国武昌军节度使元稹书至，云部属于荆山之谷，瞻拜公之墓垅及楚简公之佩剑铭。土人曰：公九世孙起，拔郢，拜祖于此，云云。余狂喜不置，曰：此诚天助也。《易》曰：积善之家，必有余庆。我白氏先祖之兆，逾千载

于今面世,此非天意耶!公孤眠江汉间,地处僻壤,为祭祀计,族亲议迁葬。遂遣敏中、景受奉公之灵至东都。其年五月五日,安神于龙门之南皋,礼也。裔孙白居易拜撰,微之书,铭石以志。①

此碑今传各本《白居易集》均未收。2006 年 8 月,在首都师范大学举行的"唐代文学国际学术研讨会"上,本师胡可先先生曾以此碑的真伪问题,请教复旦大学陈尚君教授。陈先生从此碑之规制为唐碑中罕见而怀疑此文为伪作。谢思炜也从碑的体制、流传、内容等诸方面疑其非为唐碑,然因以上所考皆为推断,并未找到确证,故其亦云:"尚未完全排除碑文出自白居易之手的可能性。"②从碑中言及的时地与人物,都与唐史相吻合,且可与白居易诗文中言及白胜事相参证。其中尤为值得注意的地方是,白胜之墓原在荆山之谷,大和五年(831),因元稹部属发现此墓而致意居易,居易狂喜,遂遣从弟敏中、侄景受迁灵至东都安葬。此与白居易《送敏中归邠宁幕》诗颇合:"六十衰翁儿女悲,傍人应笑尔应知。弟兄垂老相逢日,杯酒临欢欲散时。前路加餐须努力,今宵尽醉莫推辞。司徒知我难为别,直过秋归未讶迟。"③诗作于大和五年,居易任洛阳尹,敏中佐邠宁节度使李听幕。但敏中在洛阳直至秋天方归邠宁,应是受居易命奉白胜之灵至东都安葬之因,此于白氏家族为重大事件,故需请假多月操办此事。可见,此碑与白氏史实颇合。因此,在没有确切的证据来证明其为伪作之前,应先将其视为居易作品来研究。

碑文中关于白居易远祖的记载与《故巩县令白府君事状》相

---

① 《记洛阳出土的两件唐代石刻》,第 21 页。
② 谢思炜:《洛阳所见白公胜碑真伪辨疑》,《文献》2009 年第 3 期,第 143 页。
③ 《白居易集笺校》卷二五,第 1773 页。

符,且述及白胜事迹尤为详细。最值得注意的是,文中云:"子五:曰乙、丙、已、降、张,四子奔秦,咸为名将。幼子居楚,湮祀焉。"此段文字至关重要,《故巩县令白府君事状》云:"楚杀白公,其子奔秦,代为名将,乙丙已降是也。"陈振孙、顾炎武、俞樾等人多将此段文字误解,以为居易云"白乙丙"为白胜之后,今据《白胜碑》,则白胜有五子为白乙、白丙、白已、白降、白张。前四子奔秦,皆为名将,《故巩县令白府君事状》中之"代"与"咸"字形颇为相似,当为"咸"之误。此白乙与《左传》中"白乙丙"非为一人。如此,则白居易所撰《事状》关于白胜之事并无重大错乱,乐天为顾炎武等人讥讽为不考古,实为至冤。从另一角度来说,此碑也为白居易远祖出自楚芈姓说提供了强有力的证据。

　　《世系表》中百里孟明视、西乞术、白乙丙之误,陈振孙固已辨之,但其谓白氏出姬姓不知所为何据?今新出土《白敏中墓志》云:"白氏受姓于是,本公子胜理白邑,有大功德,民怀之,推为白公。其后徙居秦,实生武安君,太史公有传,遂为望族。□魏蒐因阳邑侯包为太原太守,子孙因家焉。逮今为太原人也。"①"包"当为"邕"之误,《宰相世系表》载:"二十三世孙后魏太原太守邕,邕五世孙建。"②与此略同。可见《世系表》亦曾利用白敏中家的相关材料。但墓志所载远祖与白居易所云相同,而与《世系表》迥异,则见此处所据又非白敏中之家谱传记。顾学颉推测:

　　　　到北宋欧阳修、宋祁等修《新唐书》时,大概也看出这个漏洞(指白居易文中云白乙丙为白胜之后,此实为后人误解,前已辨之),所以在《宰相世系表》里,没有完全沿用白居易的说法,而撇开白胜,专在白乙丙的身上做文章,说:"白氏出自姬

①　周绍良、赵超:《唐代墓志汇编续集》,上海古籍出版社 2001 年版,第 1033 页。
②　《新唐书》卷七五下,第 3412 页。

姓，……"因为白乙丙是百里奚之孙，百里奚是虞之公族，虞是姬姓，因而得出白氏出于姬姓的论断。①

顾氏所云盖得其真。此白乙丙既为另一白乙之误，并非白氏之祖，则《世系表》云白氏出姬姓不可信。

至于白氏出自西域胡姓之说，更有必要辨之。诸家持此说者，所据者有三，以下逐一驳之。一为《唐摭言》中卷十三《敏捷》条：

> 白中令镇荆南，杜蕴常侍廉问长沙，时从事卢发致聘焉。发酒酣傲睨，公少不怿。因改著词令曰："十姓胡中第六胡，也曾金阙掌洪炉。少年从事夸门地，莫向罇前喜气粗。"卢答曰："十姓胡中第六胡，文章官职胜崔卢。暂来关外分忧寄，不称宾筵语气粗。"公极欢而罢。②

卢发自视门第高而对敏中倨傲以待，论者多以此句为敏中自认"十姓胡中第六胡"。若按此说者的逻辑，白居易、敏中等白氏家族出于西域胡姓，自称为楚公族之后，且攀北齐显贵白建之族为祖，是为了提高自己门第，那白敏中为何又会当众自称胡人而泄露家底呢？更何况，据《白胜碑》，白敏中与景受乃奉白胜灵至东都之人。一方面大张旗鼓地为远祖白胜立碑，一方面又当众自称"十姓胡中第六胡"，这是令人不可思议的矛盾。

二为《北梦琐言》所载《中书蕃人事》条：

> 唐自大中至咸通，白中令入拜相，次毕相諴、曹相确、罗相劭权，使相也，继升岩廊。崔相慎猷曰："可以归矣，近日中书

---

① 《文学评论丛刊》第十三辑，第138—139页。
② ［五代］王定保：《唐摭言》，古典文学出版社1957年版，第145—146页。

尽是蕃人。"盖以毕、白、曹、罗为蕃姓也。①

崔慎猷为崔慎由之误,其将毕、白、曹、罗等人视为蕃人并非事实。首先,从毕、曹、罗等人姓氏来说,《元和姓纂》载:"罗氏。祝融之后,妘姓国。初封宣城,徙岷江。周末居长沙。汉有梁相罗怀。《襄阳记》有罗象。罗氏有齐郡、襄阳、河东三族。《官氏志》,叱罗氏改为罗氏。"②罗氏虽有自胡改姓者,但权德舆《唐故大中大夫守太子宾客上柱国襄阳县开国男赐紫金鱼袋罗公墓志铭(并序)》载:"公讳珦,其先会稽人。蜀广汉太守蒙、晋西鄂节侯宪、给事中龚,皆以茂绩焯于前载。"③《旧唐书·罗让传》载:"罗让字景宣。祖怀操。父珦,……让再从弟咏。咏子劭权,字昭衡,进士擢第。劭京、劭权知名于时,并历清贯。"④又《晋书》卷五十七《罗宪传》载:"罗宪字令则,襄阳人也。父蒙,蜀广汉太守。"⑤可见,罗劭权之族为襄阳一系,远祖可上溯至蜀汉时期,而《官氏志》中叱罗氏改为罗氏在北魏时。因此崔慎由言罗劭权为蕃人,当只因罗氏杂有蕃姓之故。考毕諴为东平人,其世系,《宰相世系表》载:"毕氏出自姬姓。周文王第十五子高,封于毕,以国为氏。后汉兖州别驾谌,世居东平。"⑥《元和姓纂》卷十:"周文王第十五子毕公高之后,以国为氏。晋有毕万。汉缪侯毕。东平:后汉末兖州别驾毕谌,见《魏志》。元孙众庆,宋兖、东征将军。五代孙憬,唐卫尉少卿、许州刺史,生构、栩、椅。构,户部、吏部二尚书;生抗,兵部员外、吴郡太守、江南

---

① [宋]孙光宪:《北梦琐言》,中华书局 2002 年版,第 97 页。

② 《元和姓纂》卷五,第 569—570 页。

③ [唐]权德舆:《权德舆诗文集》,上海古籍出版社 2008 年版,第 349 页。

④ [后晋]刘昫等:《旧唐书》卷一八八,中华书局 1975 年版,第 4937 页。

⑤ [唐]房玄龄:《晋书》卷五十七,中华书局 1974 年版,第 1551 页。

⑥ 《新唐书》卷七五下,第 3417 页。

采访使。栩,大理正、工部郎中;生曜,御史。"①毕諴为毕栩之曾孙,可知毕諴非出自胡姓。《元和姓纂》载:"《官氏志》云,出连氏改为毕。"②则崔慎由污毕諴为蕃姓之因与罗劭权相同。曹确,《世系表》载:"曹姓出自颛顼。五世孙陆终第五子安,为曹姓,至曹挟,封之于邾,为楚所灭,复为曹姓。唐有河南曹氏。"③《元和姓纂》卷五:"颛顼元孙陆终第五子安为曹氏。至曹挟,周武王封之于邾,为楚所灭,遂复曹氏。周文王第十三子振铎,封曹,亦为曹氏。因宋所灭,子孙以为氏。"④《姓纂》未载胡姓改曹氏,曹确为其所指蕃姓原因亦大抵如此。至于白氏,唐代确有胡姓白族,且颇为兴盛,姚薇元《北朝胡姓考》考之颇详:

> 龟兹既居白山,故中国本"胙土命氏"之旨,锡龟兹侍子以汉式姓名曰白霸。其后白霸仗汉威力,归继王位,子孙相沿,遂为白氏。今《魏书》卷一〇二《隋书》卷八十三及《唐书》卷二二一《龟兹国传》,皆云"其王姓白氏",盖其时龟兹执政者,正即此白氏王朝(公元九一至七八八年)也。⑤

因唐代存在胡姓白氏,且影响甚至超过中原白氏,故白敏中为崔慎由所污为蕃人,其原因与毕、罗、曹等人相同,故此条后云"盖以毕、白、曹、罗为蕃姓也"。崔慎由出自山东大姓,颇为蔑视白、毕、罗、曹等姓,又因诸姓杂有胡族,故污之为蕃人。崔慎由之误已深,后人不可不辨之,岂可因诸姓杂有胡族而将其一概视为蕃姓? 崔慎由有此一举,除门第观念之外,尚夹杂党争私怨。《旧唐书》卷一七七载:

---

① 《元和姓纂》卷十,第 1493 页。
② 《元和姓纂》卷十,第 1496 页。
③ 《新唐书》卷七五下,第 3419 页。
④ 《元和姓纂》卷五,第 564 页。
⑤ 《北朝胡姓考》,第 372 页。

大和三年，入为户部尚书。李宗闵秉政，以（崔）从与裴度、李德裕厚善，恶之，改检校尚书右仆射、太子宾客东都分司。①

崔从为崔慎由之父，与李德裕善，属李党。白敏中属牛党，毕諴曾被李德裕出为磁州刺史（《旧唐书》本传），也应属牛党。故崔从子慎由污蔑党仇毕諴、白敏中为蕃人实不足为怪。

三为白居易《沃洲山禅院记》云：

六年夏，寂然遣门徒僧常贽自剡抵洛，持书与图，诣从叔乐天乞为禅院记云。昔道猷肇开兹山，后寂然嗣兴兹山，今日乐天又垂文兹山。异乎哉！沃洲山与白氏其世有缘乎！②

此段话日本蓬左文库本和林道春本校金泽文库本文为：

昔白道猷肇开兹山，后白寂然嗣兴兹山。今白乐天又垂文兹山。异乎哉，沃洲山与白氏，其世有缘乎。③

根据平冈武夫的断句，则白居易与白寂然为叔侄关系，但并未云与白道猷有何至密关系，其姓为白，云沃洲山禅寺与白氏有缘，并不意味着白道猷与白居易为同一世系，只是说非常凑巧三人都为白氏罢了。

皇甫炜撰《皇甫炜夫人白氏墓志》云："夫人姓白氏，其先代太原人也。在春秋时，胜以勇果著；当战国际，起以英武闻。暨我唐

---

① 《旧唐书》卷一七七，第 4579 页。
② 《白居易集笺校》卷六八，第 3685 页。
③ 《白居易——生涯与岁时记》，第 123 页引。

受命,孝德以破虏安边,军功为最,则史籍之内,代济其名矣。"①此白孝德,《旧唐书》云为"安西胡人",或有人据此,以白氏夫人为西域族人。据《旧唐书》本传,白孝德乾元中事李光弼为偏裨,《旧唐书》卷十二:"(建中元年十月)乙巳,太子少傅、昌化郡王白孝德卒。"②白孝德卒时白居易已九岁,其与白居易父祖为同时代之人,白居易并未提及白孝德其人。盖皇甫炜将胡姓白氏与中华白氏相混为一,实为夸耀白氏之武功而已。何况,其云夫人先代为太原人,亦尚未脱离云夫人为白胜与白起之后。

既然白居易出自西域胡姓说没有确切的证据,还应以白居易家族墓志族谱所载为是。近两年新出土《白邦彦墓志》云:

> 君讳邦彦,其先太原人也。远祖起,秦时有功业,封为武安君。自汉魏已降,轩冕继袭,迄于唐朝,蓦然不绝。曾祖讳季庚,皇任襄州别驾,赠大理少卿。王父讳行简,皇任尚书膳部郎中。考讳景受,皇任监察御史。③

白邦彦为居易之弟行简之孙,其远祖之记载与《白居易墓碑铭》、《白敏中墓志》、《皇甫炜夫人白氏墓志》等皆同。可见,白居易远祖为楚公族芈姓较为可信。

三、白居易父母"舅甥婚配说"再辨

学术界关于白居易父母之婚姻之说颇有争议,直至今日,尚有

---

① 吴钢:《全唐文补遗》第七辑,三秦出版社 2000 年版,第 134 页。
② 《旧唐书》卷十二,第 327 页。
③ 胡可先、文艳蓉:《新出石刻与白居易研究》,《文献》2008 年第 2 期,第 29 页。

人认为白居易父母为舅甥婚配①，实有再辨之必要。

　　如上所辨，白居易之氏既非出自西域胡姓，则关于其父母舅甥婚配说之思想基础被抽离。舅甥婚配受到唐代法律严令禁止，此点陈寅恪辨之已详，太原白氏又岂可无视法令而为之？另一方面，陈寅恪以白氏出自胡姓：

　　　　乐天先世本由淄青李氏胡化藩镇之部属归向中朝。其家风自与崇尚礼法之山东士族迥异。如其父母之婚配，与当日现行之礼制及法典极相违戾，即其例也。②

此说实有漏洞。白氏父母若真为舅甥婚配，自与当日现行之礼制及法典极相违戾，为何现行之礼制社会竟无人问津此事，或只因其为胡姓之后？居易仅因母堕井死而赋新井诗即被认为有伤名教，降官贬谪，为何又未以其为胡姓之后而赦免之？既能治居易有伤名教之罪，奈何其父母违反大唐明确律令之舅甥婚配竟未有人治罪？此说实于理不通。

　　从文本来说，白居易撰《唐故坊州鄜县尉陈府君夫人白氏墓志铭》文字错讹颇多，故造成后世多方争议。其云：

　　　　夫人太原白氏，其出昌黎韩氏，其适颍川陈氏，享年七十。唐和州都督讳士通之曾孙，尚衣奉御讳志善之玄孙，都官郎中讳温之孙，延安令讳锽之第某女，韩城令讳钦之外孙，故鄜城尉讳润之夫人，故颍川县君之母，故大理少卿、襄州别驾白讳季庚之姑，前京兆府户曹参军、翰林学士白居易，前秘书省校

---

① 蹇长春：《白居易评传》，南京大学出版社2002年版，第27—36页。
② 《元白诗笺证稿》，第315页。

　　书郎行简之外祖母也。①

　　陈白氏之母为昌黎韩氏，而《故巩县令白府君事状》：“夫人河东薛氏。夫人之父讳俶，河南县尉。大历十二年六月十九日，殁于新郑县私第，享年七十。”②白锽之妻为河东薛氏，则陈白氏不为白锽之女甚明。又白锽为巩县令，陈白氏之父为延安令，且陈白氏墓志铭中有三处云“延安令”，不当为错讹。

　　岑仲勉认为陈白氏不可能为白锽之女，甚善。但他将“都官郎中讳温之孙”校改为“之子”，“延安令讳锽之第某女”校改为“某女弟”，“尚衣奉御讳志善之玄孙”改为“之孙”，亦颇难令人信服。陈之卓《白居易父母非舅甥婚配考辨及有关墓志试正》亦认为白季庚之父巩县令锽与陈白氏之父延安令并非一人，但推测延安令讳湟，与白锽为叔侄，宋代以后，二字合为同音，宋人擅改“湟”为“锽”，因而造成居易文中叙述之混乱，更为臆测之词。其后发表《白居易父母为中表结婚说补正》对此说进行补正，不再提起为“锽”为“湟”之讹，但依然坚持中表结婚说。③　其误与岑仲勉同。

　　最合理之解释，应如日本学者平冈武夫所说，此“延安令讳锽之第某女”中“锽”字当为金字旁某字之误，陈白氏之父当是曾任延安令的另一白某，此白某为白锽的兄弟，因此，居易父亲为母亲从舅。平冈氏又指出刊本“季庚之姑”依蓬左本作“季庚之外姑”，如此，陈白氏墓志中关于其曾祖、祖、父等系之载基本不混，皆得到合理解释。谢思炜《白居易的家世和早年生活》曾广泛引用唐代诸多

---

　　①《白居易集笺校》卷四二，第 2727 页。
　　②《白居易集笺校》卷四六，第 2833 页。
　　③ 陈之卓：《白居易父母非舅甥婚配考辨及有关墓志试正》，《兰州大学学报》（社会科学版）1983 年第 3 期，第 67—73 页；《白居易父母为中表结婚说补正》，《社科纵横》1995 年第 2 期，第 22—25 页。

文献考察从舅甥婚配在唐代社会中无人见怪,可参读之。^① 故当以此从舅甥婚配说为正。

第二节　白居易的子嗣考辨

一、历代白居易嗣子之争

白居易无子,迄今为止,其嗣子之争有以下几种原始记载:一为"以侄孙阿新为后",白居易自撰《醉吟先生墓志铭》(以下简称《墓志铭》)云:"乐天无子,以侄孙阿新为之后。"^②《旧唐书》云:"无子,以其侄孙嗣。"^③二曰侄景受,此据《新唐书·宰相世系表》:"景受,孟怀观察支使,以从子继。"^④李商隐《白公墓碑铭》亦云:"子景受大中三年,自颍阳尉典治集贤御书,侍太夫人弘农郡君杨氏来京师。"^⑤三曰侄孙景受,《册府元龟》卷八六三"总录部·为人后"条:"白景受,刑部尚书致仕。白居易之侄孙。居易卒无子,以景受为嗣。"^⑥这种记载似乎是对前两种意见的调和,但它使得白居易子嗣问题变得更加复杂化。

围绕这些矛盾之处,从宋代就开始有人提出疑问。陈振孙在《白文公年谱》中云:"按公舍其侄而以侄孙为后,既不可解,而所谓阿新者,即景受乎?"^⑦汪立名《白香山年谱》对此辨正:

① 谢思炜:《白居易集综论》,中国社会科学出版社 1997 年版,第 165—169 页。

② 《白居易集笺校》卷七一,第 3815 页。

③ 《旧唐书》卷一六六,第 4358 页。

④ 《新唐书》卷七五下,第 3413 页。

⑤ [唐]李商隐:《樊南文集》卷八,上海古籍出版社 1988 年版,第 468 页。

⑥ [宋]王钦若等编,周勋初等校订:《册府元龟》(校订本),凤凰出版社 2006 年版,第 10063 页。

⑦ [清]汪立名:《白香山诗集》,世界书局 1935 年版,第 35 页。

　　白公自撰《醉吟先生墓志》云,有三侄,长味道,巢县丞。次景回,淄州司兵参军。次晦之,举进士。并不详何人子。又云,乐天无子,以侄孙阿新为之后。大中三年,李商隐为公《墓碑》云,子景受,自颍阳尉典治集贤御书。表云,景受孟怀观察使,以从子嗣。则非阿新明矣。按公墓志预作于会昌初,岂其后复易以从子承祧而遂更其名乎?①

汪立名反对陈振孙的意见,认为景受并非阿新,并推测白居易嗣子曾由侄孙阿新更易为从子景受。此后,冯浩引《唐文粹》卷五八选录李商隐撰乐天《墓碑铭》后面附载弘农杨氏(即乐天夫人)《伤子辞》推定:

　　余谓阿新越次为嗣,是白公、杨氏所爱,定于存时者,不意公没后,阿新亦殇,此《殇子辞》,必为阿新。其曰令子,即阿新,其曰今子,乃景受。盖阿新殇后,又以景受为继,而郡君痛冤无穷,自以辞志之也。《文粹》必因附刻碑侧,故兼登之,否则何烦旁及哉! 据辞追揣,情事宜然,《旧》、《新传》、《表》之异,可以互通矣。②

冯浩自以为新、旧《唐书》、《墓志铭》能因此通,实则其所据的材料颇具争议性,《全唐文》卷九百四十五所载《伤子辞》作者并非乐天夫人,而云:"杨氏,弘农人,宰相王搏妻,著《女诫》一卷。"③乐天从未言及其夫人善文或通文,杨夫人也未留下任何作品。故而王搏妻比起乐天夫人来说,更有可能是《伤子辞》的作者。如此,则关于

---

①《白香山诗集》,第8—9页。
②《樊南文集》卷八,第478页。
③〔清〕董诰等:《全唐文》,上海古籍出版社1990年版,第4353页。

白居易的嗣子问题依然疑云重重。

到了近代，岑仲勉《〈白集·醉吟先生墓志铭〉存疑》以《醉吟先生墓志铭》那波本未收，而马元调本编于七十一卷而疑之，又于原文中十条疑误之点考辨，指出"此饾饤之册，安知非假名求售所为钦。"①岑仲勉只是存疑，陈寅恪《元白诗笺证稿》则据岑仲勉文直接断言"此志乃一伪撰之文"，认定《醉吟先生墓志铭》为伪作，《旧唐书》本传之载也缘自此伪文②。这样根本就不需要去考虑"以侄孙阿新为之后"的问题，《新唐书》中景受以从子继的记载自然就是正确的。这种看法一时得到了学界的肯定，并持续了近半个世纪。

二、以侄孙阿新为后辨

二十世纪八十年代初，白居易家谱重见天日，令乐天子嗣问题有了新的进展。据谱中乐天后裔白自成、白锦所撰二篇《白氏重修谱系序》可知，此谱盖于白居易六代长孙慕圣始著，由乐天三十二代孙白介于明初重修，经白自成嘉靖二年（1523）、白锦康熙五十九年（1720）两次续修。白自成之序明确记载乐天的嗣子为景受，是其兄白幼文之子：

> 幼文长子讳景回，淄州司兵参军；次子讳景受，字孟怀，观察史（当为"孟怀观察使"，"字"字当衍），三子讳景衍。……会昌元年（841），以兄幼文次子景受嗣。（景受）生邦翰，司封郎中。③

---

① 岑仲勉：《岑仲勉史学论文集》，中华书局 1990 年版，第 280 页。
② 《元白诗笺证稿》，第 320 页。
③ 白书斋、顾学颉：《白居易家谱》，中国旅游出版社 1983 年版，第 2 页。

谱中《白氏先人年事实录》会昌元年条下有载："景受小字阿新。"①那么，"以侄孙阿新为后"之"孙"当为衍字。乐天嗣子问题看似得到了圆满解决。顾学颉先生据此认为：

> 关于嗣子为侄抑为侄孙，向来众说纷纭，莫衷一是。今据《谱系》，确知系其兄幼文之次子景受为居易嗣，即商请李商隐为乐天撰墓碑之人，《谱系》与墓碑之说吻合。千载疑团，涣然冰释，毫无疑义矣。②

然而，千载疑团并未就此冰释，洛阳新出土墓志《白邦彦墓志》③的公布，推翻了白居易家谱中的部分记载。此墓志为白居易之孙白邦翰所撰，墓主为其弟白邦彦，中云："王父讳行简，皇任尚书膳部郎中。考讳景受，皇任监察御史。"④墓志明确提到景受之父为白行简，此可订正白居易家谱中以白幼文为景受父之讹，亦可确证《册府元龟》以景受为侄孙之误。但"侄孙"之"孙"是否为衍字？如确为衍字，则如《白氏先人年事实录》所载，阿新即景受。

这个问题和白居易《墓志铭》的真伪有着密切关系。耿元瑞、赵从仁《岑仲勉〈白集醉吟先生墓志铭存疑〉辨》⑤一文，针对岑氏所举十条论据一一加以反驳，否定其为伪作，但苦于未找到更有力的证据来证明其真为白居易所撰。白剑据《白邦彦墓志》认为《墓

①《白居易家谱》，第 48 页。

②《白居易家谱》，第 122 页。

③ 此墓志最早录于白剑《白居易家世考辨》中，见《国际白居易研究论文集》，银河出版社 2006 年版，第 197—207 页。后为胡可先师、文艳蓉根据拓本整理录文，收于《文献》2008 年第 2 期《新出石刻与白居易研究》第 29 页。

④《新出石刻与白居易研究》，《文献》2008 年第 2 期，第 29 页。

⑤《唐代文学论丛》总第四辑，西北大学中文系唐代文学研究室编，陕西人民出版社 1983 年版，第 157—168 页。

志铭》并非伪文,理由也不够充分。而日本学者芳村弘道《白居易〈醉吟先生墓志铭〉之真伪》①在吸收耿、赵二人的论据,以及川合康三《中国的自传文学》②中对《存疑》所作的考察成果,考定此《墓志铭》为白居易自撰。芳村除了对岑仲勉《〈白集·醉吟先生墓志铭〉存疑》中所列十条疑点,作了详尽的辨正以外③,又提出了新的证据。即日本内阁文库藏《管见抄》中《墓志铭》下载有居易自注:

> 开成四年,中风疾后作。④

这条自注为国内各种白集版本所无,它与《旧唐书·白居易传》载"四年冬,得风病,伏枕者累月,乃放诸妓女樊、蛮等,仍自为墓志"⑤完全符合。可见,《旧唐书》所使用的《墓志铭》底本有此题注,其撰写者依据题注把它作为开成四年(839)的事迹而录入传中。《旧唐书》编撰于五代时期,可知当时人们普遍认为《墓志铭》为白居易自撰。这与乐天生前《墓志铭》已广为流传一脉相承。据张泊《贾氏谈录》载:"白傅,大中末曾有谏官献疏请赐谥。上(宣

---

①　承蒙芳村弘道先生惠寄此文翻译版(中国社会科学院外文所秦岚译),特此感谢。本文引用皆自翻译之文,原文见芳村弘道《唐代诗人与文献研究》,中国艺文研究会2007年版,第326—340页。

②　[日]川合康三撰,蔡毅译:《中国的自传文学》,中央编译出版社1999年版,第135—140页。

③　[日]芳村弘道:《白居易〈醉吟先生墓志铭〉的真伪》一文认为:据《管见抄》和《文苑英华》,"先大父"为"先大夫"之误,"先大父夫人"为"先太夫人"之误;"朝奉大夫"之官为宋人补笔所致;关于"少傅致仕"和本葬地的记载是因《墓志铭》作于开成四年得风疾之后所致;《唐代墓志汇编》中有加"皇"于祖父而未加于父亲等情况出现;乐天生年误为"大历六年"当为传抄之讹;至于居易三侄与以侄孙阿新为嗣,他未看到新出土的《白邦彦墓志》,而引《白居易家谱》来证,当然有缺陷处,但这两个问题本身也不能说明《墓志铭》之伪,见下文考证。

④　[日]芳村弘道:《白居易〈醉吟先生墓志铭〉之真伪》,第329页引。

⑤　《旧唐书》卷一六六,第4355—4356页。

宗)曰:'何不取醉吟先生墓表耶?'"①此墓表即指此墓志,因其中正有"无请太常谥"之语。《贾氏谈录》乃张泊为李煜使宋时,闻于贾黄中(941—996)后录,较为可信。

根据芳村所证,可以确定《墓志铭》并非伪文,这就证明了白居易以"侄孙阿新为之后"记载的正确性。因此,阿新是白居易的侄孙,并非景受。那么居易"以侄孙阿新为之后",是否真如陈振孙所认为的舍其侄而以侄孙为后不可解呢?事实上并非如此,因为这种以侄孙为后的情况并非前无古人,后无来者。早在晋代就曾有过先例,《晋书》卷三十九《荀顗传》:"顗无子,以从孙徽嗣。"②同书卷四十九《阮孚传》载:"无子,从孙广嗣。"③唐代以后也有过类似的情况,如《宋史》卷一百二十五载:"先是,元丰国子博士孟开,请以侄孙宗颜为孙,据晋侍中荀顗无子,以兄之孙为孙;其后王彦林请以弟彦通为叔母宋继绝孙,诏皆如所请。"④白居易在诗中常以邓攸无子自许,那么他在《墓志铭》中援荀顗、阮孚以侄孙为后为例,是合情合理的。

众人在探讨侄孙阿新与景受的关系时,要么认为侄孙为景受,要么认为"孙"字为衍,其实忽视了"侄孙阿新为后"与景受为嗣子并不冲突这一点。也就是说,居易指定侄孙阿新为嗣孙时,作为嗣孙之父的景受就容易被接受为嗣子。李商隐云"子景受"、《新唐书·宰相世系表》云"以从子继"当亦因于此。至于陈振孙推测阿新即景受,实属臆测之词。此推测,盖为白氏修家谱时所借鉴,故而在景受下面有"小字阿新"之说。其实,更为可能的情况为:阿新即白景受之子白邦翰,这可以根据《新唐书·宰相世系表》所载

① [宋]张泊:《贾氏谈录》,车吉心:《中华野史》第2册《唐朝卷》,泰山出版社2000年版,第679页。

② 《晋书》,第1152页。

③ 《晋书》,第1365页。

④ [元]脱脱:《宋史》,中华书局1985年版,第2935页。

白居易之孙为"邦翰，司封郎中"，以及《白居易家谱》中载："三代祖，讳邦翰，字柱公。"①古人生下三日后，由父亲命名，称为乳名，即小字；六岁入学以后起学名；十八岁加冠时再起字。白邦翰字柱公，则阿新当为其小字。

　　此外，白居易立侄孙邦翰为嗣还有一重要原因，《白邦彦墓志》云：

　　　　君讳邦彦，……王父讳行简，皇任尚书膳部郎中。考讳景受，皇任监察御史。先府君婚杨氏，即汉太尉震之后，门族不书可知也。外祖讳鲁士，皇任长□县令。②

白景受娶杨鲁士之女为妻，则白居易所立嗣孙邦翰为杨鲁士之外孙。又白居易妻为杨汝士从父妹，汝士为鲁士兄，则白邦翰亦为杨夫人之侄孙。出于这种家族姻亲的关系考虑，白居易立鲁士女所生之子为嗣孙是最为合适的。

　　还有更为重要的一点：唐人在撰写墓志时，如果是继子，在叙述祖系时，往往会写自己所嗣之族，而不叙生父或生父一族。如《唐故温州刺史清河崔府君墓志铭并序》中有载："府君讳绍，字袭之，……烈考皇湖南观察使、御史中丞，赠刑部侍郎府君讳罕；……府君于湖南府君为堂犹子也，湖南府君以无子，遂命府君为之后。"③尽管墓志中说明了这种以从子继嗣的情况，但在叙及父亲时，并未提及生父。这种情况无独有偶，《大唐故朝请郎行内侍省掖庭局宫教博士上柱国清河张公墓志铭并序》④，墓主为宦官张叔

　　①《白居易家谱》，第51页。
　　②《新出石刻与白居易研究》，《文献》2008年第2期，第29页。
　　③《唐代墓志汇编》乾符019，第2486页。
　　④《唐代墓志汇编续集》咸通086，第1099—1100页。

遵,其为宦官世家张尚进之曾孙,张元振之养子,文中在叙父祖世系亦只叙述养父的世系,完全不及亲生父母。又如《崔纾墓志》云:"曾祖中书侍郎同平章事文贞公讳祐甫;祖华州刺史敬公讳植。"①《崔祐甫墓志》:"册赠太傅,以其从子为后,锡名曰植。"②崔纾之祖崔植亦以从子为崔祐甫嗣,在崔纾墓志中亦只叙所嗣之族。由此可以推知,如果居易先立景受为嗣子的话,白邦彦与白邦翰应皆为白居易的嗣孙,则邦彦叙述祖系,不当云"王父讳行简",而应云"王父讳居易",然后可以在文中叙述景受以从子继嗣的情况。但是,《白邦彦墓志》叙述祖系时却不及白居易。可见,白景受虽因阿新之故,被视为居易嗣子,但其子白邦彦却并非居易的嗣孙③。这可以从另一个角度来证明居易确实是以侄孙阿新——白邦翰为后嗣的。

三、景受即龟郎考

景受究竟为何人? 这是个值得关注的问题。关于居易之侄有以下三种记载:一为《醉吟先生墓志铭》所载:"三侄:长曰味道,庐州巢县丞。次曰景回,淄州司兵参军。次曰晦之,举进士。"④居易侄本不止三人,《墓志铭》出于行文的关系,不方便列足多人,故只列其有官职和举进士之三人,亦可理解。二为《新唐书》宰相世系表中所列景受、味道。岑仲勉《存疑》因此认为子景受为晦之,这自然是错误的。三为《白氏先人行事实录》所载:"幼文长子景回,小

① 《唐代墓志汇编》咸通104,第2458页。
② 《唐代墓志汇编》建中004,第1823页。
③ 白剑《白居易家世考辨》云"白居易之后裔非五世单传……白居易后代自三世起即有二门白邦彦的存在",未理解居易特意"以侄孙阿新为后"的用心,亦因未弄清唐人撰写墓志时叙述祖系的惯例而产生误解。
④ 《白居易集笺校》卷七一,第3815页。

字阿隆;景受小字阿新;景衍小字阿保。行简长子道昧(昧道),小字阿英;次子晦之,小字阿护;三子名龟郎。"①

　　景受并非白幼文之子,则行简三子必有一人为景受,白剑《白居易家世考辨》据《白邦彦墓志》认为白景受即阿龟,阿龟为白景受之乳名,应是的论。景受为龟郎的原因有二:一、因《墓志铭》中既以阿新为嗣孙,景受为嗣子,则可不再列其为侄。二、因龟郎自小受居易喜爱,常随侍居易左右。白集中有关龟郎之诗文随处可见,如最早的有《弄龟罗》:"有侄始六岁,字之为阿龟。"②此诗作于元和十三年(818)为江州司马时,当时还有《闻龟儿咏诗》:"怜渠已解咏诗章,摇膝支颐学二郎。莫学二郎吟太苦,才年四十鬓如霜。"③对其怜爱之心溢于言表。其《祭弟文》云:"龟儿颇有文性,吾每自教诗书,三二年间,必堪应举。"④晚年《刘白唱和集解》云:"因命小侄龟儿编录,勒成两卷。仍写二本,一付龟儿,一授梦得小儿仑郎。"⑤足见其视龟儿为子之意。其《白氏长庆集后序》(《外集》卷下)中记载,乐天曾在会昌五年(845)将留存之文集付龟郎一本。而《白胜碑》云:"遂遣敏中、景受奉公之灵至东都。"大和五年,元稹因部属在荆山发现白胜墓而致意居易,居易即将迁灵这一重要之事交由景受处理,可见景受与居易关系密切,正与集中阿龟身份地位相符合。

　　由此可见,《醉吟先生墓志铭》中"以侄孙阿新为后"并非误记,而是居易援引荀顗、阮孚典故,以阿新为嗣孙,故阿新应为景受之子白邦翰。白景受,即龟郎,他作为嗣孙之父,而被视为白居易的嗣子。

----

　　① 《白居易家谱》,第 48 页。
　　② 《白居易集笺校》卷七,第 393 页。
　　③ 《白居易集笺校》卷十七,第 1081 页。
　　④ 《白居易集笺校》卷六九,第 3716 页。
　　⑤ 《白居易集笺校》卷六九,第 3711 页。

第三节　白居易及其家族婚姻考论

　　唐代士人婚姻的选择非常重要,正如陈寅恪所云:"唐代社会承南北朝之旧俗,通以二事评量人品之高下。此二事,一曰婚。二曰宦。凡婚而不娶名家女,与仕而不由清望官,俱为社会所不齿。"①除了社会名声之外,在实际功用上,婚姻是官场中一条非常好的纽带,它往往对士人的宦途起到十分关键的作用。白居易自然也不能免俗,其对婚姻的选择也颇为慎重。关于其婚姻的具体情况,各种传记都有涉猎,另有专篇论文讨论②。近年来,新出土了一系列白居易家族成员的墓志,为白居易及其家族的婚姻研究提供了新的材料和证据,使我们能够全面观照和深入分析整个白氏家族的婚姻状况与具体特点。

一、白氏家族与杨氏家族的婚姻

　　白居易家族远祖虽可追溯到较为显赫的楚公族芈姓,远祖出现过著名的将军白起等人,但那是太遥远的辉煌了。汉时白山龟兹侍子被赐以白姓,使得白氏始杂有胡姓,以至于唐代贵为宰相的白敏中被崔慎由污为蕃人。从白居易的近祖来看,高祖志善是朝散大夫、尚衣奉御。曾祖温为朝请大夫、检校都官郎中,祖父鍠仅

---

　　①《元白诗笺证稿》,第112页。
　　② 主要有顾学颉《白居易和他的夫人——兼论白氏青年时期的婚姻问题和与"湘灵"的关系》(《江汉论坛》1980年第6期)、王辉斌《白居易的婚姻问题》(《云南教育学院学报》1994年第4期),后者认为居易曾两次结婚,第一次于元和三年夏与杨虞卿从父之妹结婚,"杨氏因病约卒于白居易出牧苏州的宝历元年之前。大和元年或翌年春夏间,与杨汝士妹第二次结婚。"作者误将"从父妹"解为"从父之妹",故得出的结论不可信。

为巩县令,父亲季庚官至襄州别驾,官皆不过五品,确非显族。白居易虽以文才得中进士,但要想在仕途上有所发展,难免要借助于婚姻的帮助。

白居易年轻时已有一位恋人湘灵,两人感情深挚,居易写了很多与她有关的诗歌,但并没能同她共结连理,而是在元和三年(808),与望族弘农杨氏联姻。杨氏为名门望族,欧阳修《杨侃墓志铭》云:

> 杨氏尝以族显于汉,为三公者四世。汉之乱,更魏涉晋,戕贼于夷胡,而汉之大人苗裔尽矣。比数百岁,下而及唐,然杨氏之后独在。大和、开成之间,曰汝士者与虞卿、鲁士、汉公,又以名显于唐,居靖恭坊杨氏者,大以其族著。①

但居易妻的身份,却有争议,需要首先加以考证。《旧唐书》卷一六六《白居易传》:"杨颖士、杨虞卿与宗闵善,居易妻,颖士从父妹也。"②《白居易集》中《与杨虞卿书》:"又仆之妻,即足下从父妹,可谓亲矣。"③则白居易夫人为杨颖士、杨虞卿之从妹。《杨宁墓志铭》云:"有子四人:汝士、虞卿、汉公,咸著名实;幼曰殷士,已阶造秀。"④《旧唐书》本传云汝士为虞卿从兄误。又《杨汉公墓志》云:"公出于长孙夫人,即太尉府君第三子也。……既长,顺两兄,抚爱弟,得古人之操焉。……公仲兄虔州府君时为京兆尹,显不附会。"⑤则杨汝士为长,虞卿为次,汉公为第三子,殷士即鲁士为幼。汝士为虞卿亲兄,白居易之妻亦为杨汝士从父妹。朱金城《白居易

① [宋]欧阳修:《欧阳修全集》卷六二,中华书局 2001 年版,第 911 页。
② 《旧唐书》,第 4354 页。
③ 《白居易集笺校》卷四四,第 2770 页。
④ 《唐代墓志汇编》元和 105,第 2024 页。
⑤ 《唐代墓志汇编续集》咸通 008,第 1037—1038 页。

年谱》认为居易于元和三年与杨汝士妹，杨虞卿从妹结婚有误。而顾学颉《白居易和他的夫人》指出居易妻是杨汝士、杨嗣复、杨虞卿的从妹，亦微误，杨嗣复与杨虞卿只是宗人，居易妻不当为其从妹。但据白居易《同梦得寄贺东西川二杨尚书》"鲁卫定知联气色，潘杨亦觉有光华"下自注云："予与二公皆忝姻戚。"①似乎居易与杨嗣复亦有姻亲关系，惜已不可考。《旧唐书·白居易传》所提到之杨颖士，白居易有诗《题杨颖士西亭》、《别杨颖士、卢克柔、殷尧藩》。岑仲勉《唐史余渖》卷三"杨颖士"条云：

> 是居易之妻，于颖士、虞卿均为从父妹，依《新书》七一下《宰相表》推之，则颖士、居易妻与虞卿一支，同为燕客之孙而各不同出者，但《表》于燕客只列子审、宁两人，应有遗漏，颖士是否审子，亦未之知。②

若其为居易妻从父兄，则与汝士四兄弟当亦为从父兄关系。岑仲勉推测《表》有遗漏，甚确。

居易与汝士、虞卿相识甚早，据《与杨虞卿书》云："且与师皋，始于宣城相识，迨于今十七八年，可谓故矣。"③此书作于元和十一（816）年，则杨虞卿与白居易相识于贞元十五六年。当时，白居易为宣州刺史崔衍所贡，而据《杨宁墓志》：

> 贞元初，鹤版再下，征阳公为谏大夫。天子欲其必至，以公阳之徒也，俾将其羔雁焉。礼成而偕，观者耸慕。寻转本县丞，亟迁监察御史，以守官忤时，左掾鄱阳，稍移陵阳。廉使博

---

① 《白居易集笺校》卷三三，第 2304 页。
② 岑仲勉：《唐史余渖》，中华书局 2004 年版，第 178 页。
③ 《白居易集笺校》卷四四，第 2770 页。

陵崔公优延礼貌,置在宾右,表授试大理司直,充采石军副使,进殿中侍御史。银艾赤绂,荐荣宠章。初,宣城大邑,井赋未一,公以从事假铜印均其户,有平其什一,茧茧允怀,主公赖之。永贞初,有诏征拜殿中侍御史,迁侍御史,转尚书驾部员外郎,出宰河南,入迁户部郎中,弥纶抚字,雅著名绩。①

可见,贞元末,崔衍为宣州刺史时,杨宁为其从事,虞卿跟随父亲至宣州,并与居易结识。元和二年(807)时,杨宁入京为官,居易为盩厔尉,常与杨汝士兄弟交游,有诗《宿杨家》《醉中留别杨六兄弟》。当时,杨宁宗人杨于陵在贞元文坛政坛有着广泛的影响,与柳宗元等人关系密切,永贞革新败后,也仅迁为华州刺史,后改越州刺史,元和初又入为户部侍郎。因此,杨氏家族对于居易来说,是比较理想的婚亲对象。

杨氏兄弟与白居易交游一直比较频繁。元和十年,白居易作《寄杨六》题下自注:"杨摄万年县尉,予为赞善大夫。"②杨六即杨汝士。长庆元年(821)科场案中,白居易为覆试官,持正公允,结果,牛党钱徽、李宗闵、杨汝士等人皆被贬,岑仲勉因此力辩白居易非牛党。③ 这是站不住脚的,当时科场案惊动朝野,在风口浪尖上,任何覆试官都只能是以公正的态度去覆试,如果略有偏向,就会造成身败名裂的结果,更何况事后杨汝士等人并未责怪白居易,而是和他保持着一如既往的亲友关系。大和元年(827),白居易有诗《新昌闲居招杨郎中兄弟》《和杨郎中贺杨仆射致仕后杨侍郎门生合宴席上作》可证。一直到杨汝士卒前,白居易亦与之唱和不绝。大和七年(833)四月,汝士自中书舍人除工部侍郎,八年(834)

---

① 《唐代墓志汇编》元和105,第2023页。
② 《白居易集笺校》卷十,第541页。
③ 岑仲勉:《隋唐史》,中华书局1982年版,第424页。

七月复自工部侍郎除同州刺史。白居易此年有诗《晚春闲居杨工部寄诗杨常州寄茶同到因以长句答之》。至九年九月复自同州入为户部侍郎，与居易相代。但白未赴任。九年九月入为户部侍郎。白居易有《晓眠后寄杨户部》诗。开成元年(836)春，白居易有《喜与杨六侍御同宿》、《残春咏怀赠杨慕巢侍郎》诗。开成二年(837)，杨汝士为东川节度使，宗人杨嗣复任西川节度使。居易作《杨六尚书新授东川节度使代妻戏贺兄嫂二绝》、《同梦得寄贺东西川二杨尚书》。会昌元年白作《杨尚书频寄新诗诗中多有思闲相就之志因书鄙意报而谕之》、《杨六尚书留太湖石在洛下借置庭中因对举杯寄赠绝句》。

杨虞卿元和十一年为鄠县尉，居易曾作《与杨虞卿书》，向其倾诉己冤，并赞虞卿孝敬友爱，志大言远，鼓励其修身自洁："然足下之美如此，而仆侧闻蚩蚩之徒不悦足下者，已不少矣。但恐道日长而毁日至，位益显而谤益多，此伯寮所以愬仲由，季孙所以毁夫子者也。昔卫玠有云：人之不逮，可以情恕。非意相加，可以理遣。故至终身无喜愠色。仆虽不敏，常佩此言。"①杨虞卿大和六年(832)为给事中，七年，出为常州刺史，白氏作《送杨八给事赴常州》："无嗟别青琐，且喜拥朱轮。五十得三品，百千无一人。须勤念黎庶，莫苦忆交亲。此外无过醉，毗陵何限春。"②白居易有诗《和杨同州寒食乾坑会后闻杨工部欲到知予与工部有敷水之期荣喜虽多欢宴且阻辱示长句因而答之》云："往来东道千余骑，新旧西曹两侍郎(原注：去年兄自工部拜同州，今年弟从常州拜工部)。家占冬官传印绶，路逢春日助恩光。停留五马经寒食，指点三峰过故乡。犹恨乾坑敷水会，差池归雁不成行。"③又有《和杨同州寒食

---

① 《白居易集笺校》卷四四，第2771—2772页。
② 《白居易集笺校》卷三一，第2126页。
③ [唐]白居易撰，[日]川濑一马监修：《金泽文库本白氏文集》第四册，勉诚社1983年版，第152页。此诗收录于朱金城《白居易集笺校》外集卷中，第3900页。

乾坑会后闻杨工部欲到知予与工部有宿醒》诗,可知虞卿大和九年
(835)春寒食后始至长安。虞卿为工部侍郎之时极短。九年四月,
除京兆尹,寻贬为虔州司马而死。

白居易与汝士、虞卿年龄相当,交游更为密切些。汉公与鲁士
年龄较小,白诗中也有与二人交游之证。《和东川杨慕巢尚书府中
独坐感戚在怀见寄十四韵》诗有注:"慕巢及杨九、杨十前年来,兄
弟三人,各在一处。"①诗作于开成二年,时虞卿已卒,汝士镇蜀,汉
公守舒,鲁士在洛阳。白居易开成二年所作《三月三日祓禊洛滨》
诗序有"检校礼部员外郎杨鲁士"。又开成三年(838)作《和杨六尚
书喜两弟汉公转吴兴鲁士赐章服喜成长句寄之》,开成五年(840)
杨鲁士撰《唐故濮阳郡夫人吴氏墓志并铭》,结衔为"朝议郎行尚书
水部员外郎分司东都上柱国赐绯鱼袋"②,赐绯事与此相合。

白居易与杨氏家族的密切关系不仅于此,《白邦彦墓志》载:

> 君讳邦彦,其先太原人也。远祖起,秦时有功业,封为武
> 安君。自汉魏已降,轩冕继袭,迄于唐朝,蓊然不绝。曾祖讳
> 季庚,皇任襄州别驾,赠大理少卿。王父讳行简,皇任尚书膳
> 部郎中。考讳景受,皇任监察御史。先府君婚杨氏,即汉太尉
> 震之后,门族不书可知也。外祖讳鲁士,皇任长□县令。

白居易之弟行简之子景受所娶乃杨鲁士之女。白景受即居易自
小养于身边所疼爱之"龟郎",《弄龟罗》诗作于元和十三年,中
云:"有侄始六岁,字之为阿龟。"③知龟郎当生于元和八年。又白
居易大和二年(828)作《祭弟文》云:"吾每自教诗书,三二年间,必

---

① 《白居易集笺校》卷三四,第2322页。
② 《唐代墓志汇编》开成035,第2193页。
③ 《白居易集笺校》卷七,第393页。

堪应举。"①大和五年,又作《白胜碑》云:"遂遣敏中、景受奉公之灵
至东都。"此时景受已长大成人,承担重任。开成二年白居易作《狂
言示诸侄》"人老多忧累,我今婚嫁毕"②时,其女儿与诸侄皆已婚
嫁完毕,则白景受之婚当在大和年间至开成二年(837)前。之后,
白景受之子邦翰既为白居易侄孙,又为其妻杨氏从侄孙,因而被立
为嗣,白氏家族与杨氏家族世代为婚,从家族利益与政治立场来
说,自然是一致的。

二、白氏家族与皇甫氏家族的婚姻

　　白居易家族又与皇甫曙家为姻亲,居易有诗《闲吟赠皇甫郎中
亲家翁(新与皇甫结姻)》,朱金城笺云:"居易无子,当为行简之子
龟郎与皇甫曙之女结婚。"③谓其女嫁与行简子龟郎,有误。如前
所述,行简子龟郎即景受,白景受所娶为杨鲁士之女,非皇甫曙之
女。《皇甫炜墓志》又云:

　　　　公即右丞第三子也,讳炜,字重光。……六年,丁右丞之
　　忧,痛深骨髓,孝齐闵参。……两娶太原白氏,并故中书令敏
　　中之息女。④

则皇甫曙之子皇甫炜曾两娶白敏中女。陶敏《全唐诗人名汇考》中
《闲吟赠皇甫郎中亲家翁》诗考云:"炜乃皇甫曙子,敏中乃白居易
亲弟,故曙与白居易为亲家。"⑤但白居易卒于会昌六年(846),皇

---

① 《白居易集笺校》卷六九,第 3716 页。
② 《白居易集笺校》卷三〇,第 2093 页。
③ 《白居易集笺校》卷三四,第 2326 页。
④ 吴钢:《全唐文补遗》第四辑,三秦出版社 1997 年版,第 233 页。
⑤ 陶敏:《全唐诗人名汇考》,辽海出版社 2006 年版,第 869 页。

甫曙卒于大中六年(852)。据《皇甫炜夫人白氏墓志》：

> 开成五年生夫人。……大中二年,以长女归于炜。……
> 十年二月廿五日,又以夫人归于炜。①

皇甫炜与白敏中长女婚于大中二年(848),此时白居易已卒,因此,白居易诗中称皇甫曙为亲家,既非指龟郎娶皇甫曙女,亦非指皇甫炜二娶敏中女。

白居易《祭浮梁大兄文》:"维元和十二年岁次丁酉,闰五月己亥,居易等谨以清酌庶羞之奠,再拜跪奠大哥于座前:……宅相痴小,居易无男,抚视之间,过于犹子。"②《祭弟文》:"宅相得彭泽场官,各知平善。"③宅相当比龟郎略大。白居易还有其他侄子:"三侄:长曰味道,庐州巢县丞。次曰景回,淄州司兵参军。次曰晦之,举进士。"④(《醉吟先生墓志铭》)《白氏先人行事实录》又载:"幼文长子景回小字阿隆;景受小字阿新;景衍小字阿保。行简长子道味(味道),小字阿英;次子晦之,小字阿护;三子名龟郎。"⑤两处记载相差甚远,混淆不清,现已无法弄清白居易侄子详况。但白居易有多个侄儿留在身边是事实,究竟是谁娶皇甫曙女现已无可考证。但从此可见,白居易家族至少与皇甫曙家族有过三次联姻,这种非同寻常的关系确实是耐人寻味的。

皇甫氏之族亦颇有渊源,史载其先祖曰:"皇甫规字威明,安定朝那人也。祖父棱,度辽将军。父旗,扶风都尉。"⑥"皇甫嵩字义

---

① 《全唐文补遗》第七辑,第 134 页。
② 《白居易集笺校》卷四〇,第 2661 页。
③ 《白居易集笺校》卷六九,第 3716 页。
④ 《白居易集笺校》卷七一,第 3815 页。
⑤ 《白居易家谱》,第 48 页。
⑥ [南朝宋] 范晔:《后汉书》卷六五,中华书局 1965 年版,第 2129 页。

真,安定朝那人,度辽将军规之兄子也。"①"皇甫谧字士安,幼名静,安定朝那人,汉太尉嵩之曾孙也。……以著述为务,自号玄晏先生。著《礼乐》、《圣真》之论。"②汉代皇甫家族不仅名将辈出,亦时出名重当时的学者。至唐朝,《皇甫炜墓志》云:"皇朝齐州刺史讳胤,公之曾大父也。齐州生蜀州刺史彻,永泰初登进士科,首冠群彦。由尚书郎出蜀郡守。文学政事,为时表仪。"③关于皇甫曙生平,《皇甫炜墓志》云:

> 蜀州生汝州刺史、赠尚书右丞讳曙,人艺兼茂,甲乙连登。历聘名藩,荐居郎位。亚尹洛邑,再相官坊,调护储闱,五典剧郡。以诗酒遣兴,以云水娱情,味道探玄,独远声利。至今言达识通理者,以为称首。

白居易与皇甫曙结识于大和年间任太子宾客分司东都时,《偶作寄朗之》云:"自到东都后,安闲更得宜。分司胜刺史,致仕胜分司。何况园林下,欣然得朗之。仰名同旧识,为乐即新知。有雪先相访,无花不作期。斗酎干酿酒,夸妙细吟诗。"二人交往深厚,唱和甚多。大和七年至九年,皇甫曙为郎中,白居易有不少与皇甫曙酬赠之作,如《蓝田刘明府携酌相过与皇甫郎中卯时同饮醉后赠之》、《池上清晨候皇甫郎中》等五首诗;大和九年秋,二人曾同游天宫阁,白居易有《和皇甫郎中秋晓同登天宫阁言怀六韵》、《龙门送别皇甫泽州赴任韦山人南游》等诗。开成元年,居易作《初冬月夜得皇甫泽州手札并诗数篇因遣报书偶题长句》,开成二年冬,皇甫曙由泽州回到洛阳,白居易有诗《闲吟赠皇甫郎中亲家翁》。开成三

---

①《后汉书》卷七一,第 2299 页。
②《晋书》卷五一,第 1409 页。
③《全唐文补遗》第四辑,第 233 页。

年至五年,皇甫曙官河南,《刘禹锡集》卷二八有《送河南皇甫少尹赴绛州》诗,白居易也有"知君能断事,胜负两如何"(《问皇甫十》)之语①。开成五年,皇甫曙官绛州刺史,白居易有《皇甫郎中亲家翁赴任绛州宴送出城赠别》之诗。会昌二年(842),白居易有《出斋日喜皇甫十早访》《携酒往朗之庄居同饮》诗,大概此时他已回洛阳做太子詹事与左右庶子之类的宫官(即宫相)。白居易《偶作寄朗之》约作于会昌二年至四年,诗云"里巷千来往,都门五别离。歧分两回首,书到一开眉。"②皇甫曙又赴外地去做刺史了。后卒于大中六年。白氏《醉吟先生传》云:"与嵩山僧如满为空门友,平泉客韦楚为山水友,彭城刘梦得为诗友,安定皇甫朗之为酒友。每一相见,欣然忘归。洛城内外六七十里间,凡观寺丘墅有泉石花竹者,靡不游。"③皇甫曙为居易晚年四友之一。白集中现存酬赠皇甫曙之作,基本上也都是与诗酒有关。对于这桩婚姻,白居易在《皇甫郎中亲家翁赴任绛州宴送出城赠别》云:"慕贤入室交先定,结援通家好复成。新妇不嫌贫活计,娇孙同慰老心情。洛桥歌酒今朝散,绛路风烟几日行? 欲识离群相恋意,为君扶病出都城。"④叙述自己因为仰慕其贤而定交,之后以儿女婚姻加固情感。开成五年,皇甫曙女儿已生子,故云"娇孙同慰老心情"。

白敏中是白居易曾祖弟。居易卒后,以白敏中为顶梁柱的白氏家族与皇甫家族仍然保持着相当密切的关系。《白敏中墓志》云:

公前娶博陵崔夫人,解县令宽第五女,有女三人,二人早

①《白居易集笺校》卷三四,第 2382 页。
②《白居易集笺校》卷三七,第 2554 页。
③《白居易集笺校》卷七〇,第 3782 页。
④《白居易集笺校》卷三五,第 2410 页。

殁,一女适今主客员外郎皇甫炜,亦殁。后娶今卫国夫人韦氏。秘书少监同靖之女。……女二人,一人继归今主客员外郎皇甫炜,亦殁。①

大中二年,白敏中将与崔夫人所生女儿嫁与皇甫炜。大中十年(856)二月,又以继室韦夫人之女归于炜。关于再次通婚原因,皇甫炜撰《皇甫炜夫人白氏墓志铭》云:"前夫人寝疾,炜方茕茕在疚,不克省视。以大中七年二月八日前夫人殁于东都。及炜再齿人伦,从事分陕。九年十一月□假,匍匐诉于司徒公。公以炜早忝科第,柔而自立,遂继姻好。"②大中十二年(858),白夫人卒于江陵,皇甫炜时任右拾遗,后官太常博士、主客员外郎、仓部员外郎、抚州刺史等职,咸通六年(865)卒。

三、白氏家族与张氏家族的婚姻

除与杨氏、皇甫氏的家族联姻外,白敏中还有一女嫁与张温士,见《白敏中墓志》:"一人归前集贤殿校理张温士,亦殁。"张温士其人,据《新唐书·宰相世系表》中"始兴张氏":"仲孚,监察御史、广州节度判官。……子温士,刑部郎中。"③张氏家族也是显族,"始兴张氏亦出自晋司空华之后,随晋南迁,至君政,因官居于韶州曲江。"④张仲孚弟仲方,《旧唐书·张仲方传》:

张仲方,韶州始兴人。祖九皋,广州刺史、殿中监、岭南节

---

① 《唐代墓志汇编续集》咸通005,第1034页。
② 《全唐文补遗》第七辑,第134页。
③ 《新唐书》卷七二下,第2698—2699页。
④ 《新唐书》卷七二下,第2681页。

度使。父抗,赠右仆射。仲方伯祖始兴文献公九龄,开元朝名相。仲方,贞元中进士擢第,宏辞登科,释褐集贤校理。①

张仲孚之父张抗,祖父为名相张九龄之弟张九皋。

白居易与张仲方颇有唱酬往来。大和七年,李德裕执政,白居易和张仲方皆被出为太子宾客分司东都。居易作《秋日与张宾客舒著作同游龙门醉中狂歌凡二百三十八字》:

> 暂停杯筋辍吟咏,我有狂言君试听。丈夫一生有二志,兼济独善难得并。不能救疗生民病,即须先濯尘土缨。况吾头白眼已暗,终日戚促何所成? 不如展眉开口笑,龙门醉卧香山行。②

大和八年(834),有《除夜言怀兼赠张常侍》、《早春招张宾客》皆为酬赠张仲方之诗,白居易又有《张常侍相访》诗:"忽闻车马客,来访蓬蒿门。况是张常侍,安得不开樽?"③可见二人的亲密关系。后来,李宗闵复召仲方为常侍。大和九年白居易作《送张常侍西归》云:"二年花下为闲伴,一旦尊前弃老夫。西午桥街行怅望,南龙兴寺立踟蹰。洛城久住留情否? 省骑省重归称意无? 出镇归朝但相访,此身应不离东都。"④白居易既与张氏家族如此熟悉,白敏中与之结为姻亲也是意料中事。更何况,据其本传云:"仲方贞确自立,绰有祖风。自驳谥之后,为德裕之党摈斥,坎坷而殁,人士悲之。有文集三十卷。兄仲端,位终都昌令。弟仲孚,登进士第,为监察

---

① 《旧唐书》卷一七一,第4442—4443页。
② 《白居易集笺校》卷二九,第2012页。
③ 《白居易集笺校》卷二九,第2020页。
④ 《白居易集笺校》外集卷上,第3833页。

御史。"①可见在党援上,张仲方为李党死敌,与白敏中有着共同的政治立场。

四、白氏家族婚姻的特点

从白居易及其家族与杨氏、皇甫氏、张氏家族的通婚状况,我们可以了解到,白氏家族在选择姻亲这方面有以下三个特点。

一是重视文学传统。杨氏兄弟皆善诗文,杨汝士尤通文学,《唐摭言》卷一三"惜名"云:

> 裴令公居守东洛,夜宴半酣,公索联句,元白有得色。时公为破题,次至杨侍郎曰:"昔日兰亭无艳质,此时金谷有高人。"白知不能加,遽裂之曰:"笙歌鼎沸,勿作此冷淡生活!"元顾曰:"白乐天所谓能全其名者也。"②

汝士又有"我今日压倒元、白"之语③。现《全唐诗》卷四八四存其诗七首,《全唐文》卷七二三存其文二篇。虞卿亦擅诗文,《唐诗纪事》卷四六云:"虞卿醉后善歌《扫市词》,又有小妓工琵琶,虞卿死,遂辞去。乐天《哭虞卿》诗云:何日重闻《扫市歌》,谁家收得琵琶妓?"④《全唐诗》卷四八四存其诗一首及残句一则,《全唐文》卷七一七存其文一篇。汉公诗文兼擅,《全唐诗》卷五一六存其诗二首,《全唐文》卷七六〇存其文一篇,又有其撰《郑本柔墓志铭》一文出土。杨鲁士之诗已不存,目前仅存其撰《唐故濮阳郡夫人吴氏墓志

---

① 《旧唐书》卷一七一,第4445—4446页。
② 《唐摭言》,第149页。
③ 《唐摭言》卷三,第32页。
④ [宋]计有功:《唐诗纪事》,上海古籍出版社1987年新1版,第707页。

并铭》一文。

皇甫氏家族为文学世家。《皇甫炜墓志》云："皇朝齐州刺史讳胤，公之曾大父也。齐州生蜀州刺史讳徹，永泰初登进士科，首冠群彦。由尚书郎出蜀郡守。文学政事，为时表仪。"宋计有功《唐诗纪事》载：

> 贞元十四年，澈刺蜀州（据《皇甫炜墓志》，"澈"当为"徹"之误。）。《赋四相诗》，序云：蜀州刺史厅壁记，居相位者前后四公，谟明弼谐，迁转历此。顾已无取，忝迹于斯，景行遗烈，嗟叹之不足也。谨述其行事，咏其休美，庶将来君子，知圣朝之德云尔。①

知皇甫彻有诗《赋四相诗》流传至今。《皇甫炜墓志》云："蜀州生汝州刺史、赠尚书右丞讳曙，人艺兼茂，甲乙连登。历聘名藩，荐居郎位。亚尹洛邑，再相宫坊，调护储闱，五典剧郡。以诗酒遣兴，以云水娱情，味道探玄，独远声利。至今言达识通理者，以为称首。"则皇甫曙亦为当时著名诗人，与白居易多有酬唱，又窦庠有《留守府酬皇甫曙侍御弹琴之什》，知与窦氏亦有酬唱。《全唐诗》卷四百九十录其诗一首，《全唐诗补编》收其诗一首，残诗一句。皇甫炜也有着相当高的文学才能，其墓志载："爰在童丱，即耽典坟。下帷而园囿不窥，嗜学而萤雪助照。穷经暇日，工为八韵。前后所缀，踰数百篇。体物清新，属词雅正，虽士衡称其浏亮，玄晏为之丽则，不是过也。"现有其妻《白氏墓志》一文传世。皇甫炜之兄燠以文学登第，且"孜孜于篆刻，拳拳以讽咏"。②

曲江张氏更是从盛唐时代开始就颇有文学传统，张仲方伯祖

---

① 《唐诗纪事》卷四八，第 735 页。
② 吴钢：《全唐文补遗·千唐志斋新藏专辑》，三秦出版社 2006 年版，第 409 页。

张九龄诗文兼擅,与许颙合称"燕许大手笔",现存诗文集二十卷。仲方祖九皋亦有声名,虽未曾有诗文传世,但据孙逖所作《授裴巨卿国子司业张九皋尚书职方郎中制》云:

> 朝请大夫、殿中丞、上柱国张九皋,雅量清才,体合明允,咸推远识,皆有令名。能励节于朝廷,将致美于兄弟。诗书是悦,宜当六学之师;章奏惟难,更擅一台之妙。①

其颇擅章奏。又宋王得臣《麈史》载:"予元祐丁卯假守唐州,唐时治今比阳县,后徙泌阳,今治是也。按开元间李适之尝为唐州刺史,既去,有德政碑,乃张九皋之文。"②知九皋曾作《李适之德政碑》,惜已不传。张仲方诗文兼擅,《全唐诗》录其诗二首,《全唐文》存文二篇。

二是重视科第。白居易、行简、敏中兄弟皆登进士第,婚娶时也特别重视对方的科第情况。杨氏四兄弟皆为进士出身,《旧唐书》载:"虞卿元和五年进士擢第,又应博学宏辞科。""汉公,大和(应为'元和'之误)八年擢进士第,又书判拔萃。"又载:"汝士,字慕巢,元和四年进士擢第,又登博学宏词科。"杨鲁士登科年岁不详:"汝士弟鲁士。鲁士字宗尹,本名殷士。长庆元年,进士擢第,其年诏翰林覆试,殷士与郑朗等覆落,因改名鲁士。复登制科,位不达而卒。"③

张氏家族仲方"贞元中进士擢第,宏辞登科,……弟仲孚,登进士第"④,张温士未知。皇甫家族皇甫彻"永泰初登进士科,首冠群

---

① 《全唐文》卷三百九,第 1387 页。
② [宋]王得臣:《麈史》卷二,上海古籍出版社 1986 年版,第 56 页。
③ 《旧唐书》卷一七六,第 4561—4564 页。
④ 《旧唐书》卷一七一,第 4443—4446 页。

彦"。皇甫曙"人艺兼茂,甲乙连登","元和十一年中书舍人李逢吉下登第。"①《皇甫炜墓志》载:"大中二年,故仆射封公敖之主春闱也,负至公之鉴,擢居上第。"②皇甫炜之兄燠亦登第:"大和六年,以文学登进士上第。"③最值得注意的是,皇甫炜在白夫人墓志中云:"公以炜早忝科第,柔而自立,遂继姻好。"特意指出自己早登科第是受到白敏中青睐的原因之一,可见白氏重视进士第的程度。

三是政治立场上的一致。中晚唐牛李党争卷入了很多士人,白氏家族与杨氏、皇甫氏、张氏无一例外皆属牛党,体现了家族势力在党争中的巨大作用。

杨氏兄弟汝士、虞卿、汉公为牛党要人,在牛党中起着举足轻重的作用。唐刘轲《牛羊日历》:"僧孺新昌里第,与虞卿夹街对门。虞卿别起高榭于僧孺之墙东,谓之南亭,列烛往来,里人谓之半夜客,亦号此亭为行中书。"④《南部新书》:"大和中,朋党之首:杨虞卿、张元夫、萧瀚。后杨除常州,张汝州,萧郑州。"又云:"大和中,人指杨虞卿宅南亭子为行中书。盖朋党聚议于此尔。"⑤刘轲又称:

> 僧孺乃与虞卿兄弟驱驾轻薄,毁短逢吉。又恶裴度之功,曾进曹马传以谋陷害。虞卿又结李宗闵,宗闵之门人尽驱之牛门,此外有不依附者,皆潜被疮痛,遭之者谓之阴毒伤寒,故京师语曰:"太牢笔,少牢口,南北东西何处走。"⑥(太牢僧孺,少牢虞卿)。

① 《唐诗纪事》卷五二,第 787 页。
② 《全唐文补遗》第四辑,第 233 页。
③ 《全唐文补遗·千唐志斋新藏专辑》,第 409 页。
④ [唐]刘轲:《牛羊日历》,《藕香零拾》本,中华书局 1999 年版,第 104 页。
⑤ [宋]钱易:《南部新书》,中华书局 2002 年版,第 67、82 页。
⑥ 《牛羊日历》,第 104 页。

杨虞卿是牛党党魁之一,与牛僧孺、李宗闵的官场升沉一致。"李宗闵待之如骨肉,以能朋比唱和,故时号党魁。八年,宗闵复入相,寻召为工部侍郎。""时李宗闵、牛僧孺辅政,待汝士厚。寻正拜中书舍人,改工部侍郎⋯⋯开成元年七月,转兵部侍郎。其年十二月,检校礼部尚书、梓州刺史、剑南东川节度使。时宗人嗣复镇西川,兄弟对居节制,时人荣之。"①《唐摭言》卷七《升沈后进》:"太和中,苏景胤、张元夫为翰林主人,杨汝士与弟虞卿及汉公,尤为文林表式。故后进相谓曰:'欲入举场,先问苏张;苏张犹可,三杨杀我。'"②《新唐书》卷一七五:

> 李宗闵、牛僧孺辅政,引为右司郎中、弘文馆学士。再迁给事中。虞卿佞柔,善谐丽权幸,倚为奸利。岁举选者,皆走门下,署第注员,无不得所欲,升沈在牙颊间。当时有苏景胤、张元夫,而虞卿兄弟汝士、汉公为人所奔向,故语曰:"欲趋举场,问苏、张;苏、张犹可,三杨杀我。"宗闵待之尤厚,就党中为最能唱和者,以口语轩轾事机,故时号党魁。③

以上资料因党争口诛笔伐的原因,有着强烈的倾向性,但杨汝士与虞卿为牛党党魁的事实大概是不可否认的。

《唐诗纪事》卷五二载:

> 曙,元和十一年中书舍人李逢吉下登第。逢吉所擢多寒素,时有诗曰:元和天子丙申年,三十三人同得仙。袍似烂银文似锦,相将白日上青天。是岁,高澣第一人,刘端夫、李行

①《旧唐书》卷一七六,第 4563、4564 页。
②《唐摭言》,第 75 页。
③《新唐书》,第 5248—5249 页。

方、周匡物、廖有方辈皆预选。①

皇甫曙是李逢吉的门生，注定与牛党密不可分。由于皇甫曙留下的材料比较少，但可以从其子的社会关系来推定。

　　一般来说，墓志铭撰者与墓主家庭多有着较为密切的关系，尤其在政治立场上是较为一致的。《全唐文补遗·千唐志斋新藏专辑》有皇甫炜之兄《皇甫燠墓志》，与皇甫炜的墓志作者皆为刘允章，《皇甫炜墓志》云："凝以玄章与公有奕世通家之旧契，忘形莫逆之交分，保岁寒身同我尔。"皇甫家族与刘氏家族关系之深可见一斑。刘允章父宽夫，祖伯刍，与牛党颇有渊源。刘伯刍早年与李德裕之父吉甫结怨，《新唐书·刘伯刍传》载：

　　　　裴垍待之善，擢累给事中。李吉甫当国而垍卒，不加赠，伯刍为申理，乃赠太子少傅。或言其妻垍从母也，吉甫欲按之，求补虢州刺史。稍迁刑部侍郎、左散骑常侍。卒，赠工部尚书。②

刘宽夫与牛僧孺也是熟知，《宝刻丛编》卷八载："唐崔群先庙碑，唐武昌军节度使牛僧孺撰，起居郎刘宽夫隶书，并篆额。"③又据李商隐《樊南乙集序》云：

　　　　时同寮有京兆韦观文、河南房鲁、乐安孙朴、京兆韦峤、天水赵璜、长乐冯颛、彭城刘允章。是数辈者，皆能文字。每著一篇，则取本去。是岁，葬牛太尉，天下设祭者百数。他日尹

①《唐诗纪事》，第 787 页。
②《新唐书》卷一六〇，第 4969 页。
③［宋］陈思：《宝刻丛编》，《丛书集成初编》第 1603 册，第 243 页。

言："吾太尉之薨，有杜司勋之志，与子之奠文，二事为不朽。"①

刘允章也对牛僧孺非常崇敬。可见，刘氏三代皆与牛党密不可分。
《皇甫炜墓志》载：

> 丧复常，故尚书高公少逸廉问陕虢（虢），熟公德行，奏授
> 大理评事，充都防御判官。俄而，府移华州，又请为上介。高
> 公两地之政，一咨于公。不激不沽，弘益斯著。宣宗皇帝励精
> 理道，渴伫谠言。聆公忠直，遂擢为右拾遗。

皇甫炜为高少逸从事多年，关系较为亲密。此高少逸为高元裕之
弟，《新唐书·高少逸传》云：

> 长庆末为侍御史，坐失举劾，贬赞善大夫，累迁谏议大夫，
> 乃代元裕。稍进给事中，出为陕虢观察使。中人责峡石驿吏
> 供饼恶，鞭之，少逸封饼以闻。宣宗怒，召使者责曰："山谷间
> 是饼岂易具邪？"谪隶恭陵，中人皆敛手。②

高元裕乃牛党中人："李宗闵高其节，擢谏议大夫，进中书舍
人。……及宗闵得罪，元裕坐出钱，贬阆州刺史。注死，复授谏议
大夫、翰林侍讲学士。"③而高元裕之子高璩正是《白敏中墓志》的
撰者。从皇甫炜墓志中所提供的信息，可知皇甫炜的交游都属于
牛党派系，他能深受白敏中器重，与此不无关系。

---

① ［唐］李商隐撰，刘学锴、余恕诚校注：《李商隐文编年校注》，中华书局 2002 年
版，第 2176 页。
② 《新唐书》卷一七七，第 5286 页。
③ 《新唐书》卷一七七，第 5285 页。

而张端士家族更与李党是死敌,《旧唐书·张仲方传》载:

> 会吕温、羊士谔诬告宰相李吉甫阴事,二人俱贬,仲方坐吕温贡举门生,出为金州刺史。吉甫卒,入为度支郎中。时太常定吉甫谥为"恭懿",博士尉迟汾请为"敬宪",仲方驳议曰:……自驳谥之后,为德裕之党摈斥,坎坷而殁,人士悲之。①

张仲方因驳吉甫谥号,而被李德裕嫉恨摈斥,但却受到牛党党魁李宗闵的厚爱:"三年,入为太子宾客。五年四月,转右散骑常侍。七年,李德裕辅政,出为太子宾客分司。八年,德裕罢相,李宗闵复召仲方为常侍。"②

由上可知,白氏家族联姻状况至少给予我们两种启示:一、白氏婚姻重视进士科第,以及在政治上倾向牛党的特点,又一次证明了陈寅恪"牛党重科第"的论断。二、唐代婚姻不仅仅是两个人,而是关系着整个家族利益和命运的重大事情。因此,在这种深刻的社会背景下,家族利益与命运在士人心里占据的分量极重,它可能会在各个方面对士人的生活产生重要影响。文学作为作家生活心理轨迹的反映,必然首当其冲地受到冲击,而在这之前,作家婚姻与文学的关系并未有人加以注目。杨氏、皇甫氏、张氏家族成员皆与白居易有诗文往来,既是文友,又是姻亲,这为我们了解唐代文学家族联姻状况及其对文学原生态的影响提供了一个良好的范本。

---

① 《旧唐书》卷一七一,第 4443—4446 页。
② 《旧唐书》卷一七一,第 4445 页。

第二章　白居易交游新考

　　白居易的交游很广,其中有不少当朝的重要官宦和著名诗人,因而学术界也很重视对其交游的考证。朱金城《〈白氏长庆集〉人名笺证》、《〈白氏长庆集〉人名笺证续编》比较系统地对白集中出现的人名进行了笺证,后来又有《白居易交游考》发表在《河北大学学报》1982年第1期上,最后加以补充,全部收录在《白居易研究》一书中。这是对白居易交游迄今为止最为系统而全面的考证。除此以外,还有些单篇论文对白居易的个别交游情况进行研究。① 随着近二十年来大量地下文献的出土,与白居易有交游的诗人官宦的事迹有不少披露,但尚未有人对此加以整理。对这些交游人物的整理与整合,既可为白居易与牛李党争各成员的关系提供新的视角来观照,又可佐证白居易的部分生平事迹,也可补正一些史料的不足。

---

　　① 如顾学颉《张好好与白居易》(《江汉论坛》1982年第8期)通过白居易与沈述师的赠答诗考证居易曾在诗中以樊素比张好好;肖瑞峰的《樊素、小蛮考》(《学林漫录》第10集,中华书局1985年版)考察白居易的家妓樊素与小蛮;陈增杰《白居易诗殷协律考辨》(《社会科学》2006年第4期)考证白居易诗中殷协律并非大多数学者所认为的殷尧藩,而是居易一名不得志的朋友;王勋成《白居易〈寄陆补阙〉诗考释》(《兰州大学学报》2002年第4期)认为陆补阙是与白居易、元稹同登贞元十九年吏部科目选科的陆复礼,《白居易年谱》、《元稹年谱》中认为的"李复礼",实际上是陆复礼之误。

第一节　牛李党争与白氏交游新证

牛李党争是横亘中唐的重要政治事件之一,它对诸多文人的生活与创作有重大影响,白居易也不能例外。学术界对此问题颇为关注,有多方专论。据本师胡可先先生总结,关于白居易的党争属性学界有三种态度:陈寅恪、傅锡壬认为白居易属牛党;岑仲勉、胡如雷反对白居易属于牛党的观点;傅璇琮认为白居易没有参加党争。① 近年来,一些新出土墓志不断被发现,包括白居易家族成员与交游人物的墓志,它们为白居易与牛李党争的关系提供了新的资料与新的视角。

一、白居易与牛党人物的交游

白居易与牛党有着深广的联系。首先,白氏家族的姻亲关系皆属于牛党。众所周知,姻亲关系在牛李党争中有着非常关键的作用。在几乎是非牛即李的党争中,士人的婚姻对象往往代表着自己的政治立场。杨汉公撰《郑本柔墓志铭》云:"祖审,皇秘书监。皆学深壸奥,文得精华。儒林宗师,士族领袖。……夫人出博陵崔氏,外祖鹏,郦坊殿中侍御史,以清直称。夫人从母故工部尚书裴公佶之夫人。"②郑本柔外祖父为崔鹏,从母为裴佶夫人。祖郑审,父郑逢。杨汉公尝为裴佶弟裴武郦坊从事,与崔鹏亦为同事。《杨汉公墓志》作者郑熏,乃杨汉公前妻郑本柔之弟,《旧唐书》卷一七

---

① 胡可先师:《唐代重大历史事件与文学研究》,浙江大学出版社 2007 年版,第 388—389 页。

② 乔栋、李献奇、史家珍:《洛阳新获墓志续编》,科学出版社 2008 年版,第 210 页。

八:"右丞郑熏,令狐之党也,撼畋旧事覆奏,不放入省,畋复出为从事。"①杨汉公为牛党要人,其内弟亦为牛党中人。可见,党争在士人婚姻方面有着极强的渗透力。在这种情况下,士人在婚姻关系中一旦处理不慎,就会导致后患无穷。著名诗人李商隐便是一个最典型的例子,他因择婚不慎,终身生活在牛李党争的夹缝中,导致仕图不顺,壮志难酬,抑郁而终。

从《白居易及其家族婚姻考论》一节可知,白居易与杨氏家族世代为婚,关系之深超乎寻常。而杨氏兄弟汝士、虞卿、汉公为牛党要人,在牛党中起着举足轻重的作用。白居易因为姻亲的关系,也一直与杨家兄弟共进退,同悲喜。大和七年春,虞卿为常州刺史。四月,汝士为工部侍郎。此次官职之降,实由李德裕入相,牛僧孺、李宗闵罢相之故,白居易亦由河南尹改授为太子宾客分司东都。白诗《晚春闲居杨工部寄诗杨常州寄茶同到因以长句答之》云:

> 宿醒寂寞眠初起,春意阑珊日又斜。劝我加餐因早笋,恨人休醉是残花。闷吟工部新来句,渴饮毗陵远到茶。兄弟东西官职冷,门前车马向谁家?②

表达了对杨氏兄弟降官的不满。晚年白居易退居洛阳任闲官,但对杨氏兄弟职位一直比较关注。当杨汝士有意退隐时,白居易总是勉励他不要放弃。如《近见慕巢尚书诗中屡有叹老思退之意又于洛下新置郊居然宠寄方深归心太速因以长句戏而谕之》:"近见诗中叹白须,遥知阃外忆东都。烟霞偷眼窥来久,富贵粘身摆得无? 新置林园犹濩落,未终婚嫁且踟蹰。应须待到悬车岁,然后东

---

① 《旧唐书》卷一七八,第4630—4631页。
② 《白居易集笺校》卷三一,第2159页。

归伴老夫。"①《杨六尚书频寄新诗诗中多有思闲相就之志因书鄙意报而谕之》：

　　君年殊未及悬车，未合将闲逐老夫。身健正宜金印绶，位高方称白髭须。若论尘事何由了？但问云心自在无？进退是非俱是梦，丘中阙下亦何殊。②

在得知杨汉公、杨鲁士获恩荣时，他欣喜地作诗《和杨六尚书喜两弟汉公转吴兴鲁士赐章服命宾开宴用庆恩荣赋长句见示》表示祝贺："华筵贺客日纷纷，剑外欢娱洛下闻。朱绂宠光新照地，彤襜喜气远凌云。荣联花萼诗难和，乐助埙篪酒易醺。感羡料应知我意，今生此事不如君。"③杨虞卿卒后，白氏有《哭师皋》诗云：

　　往者何人送者谁？乐天哭别师皋时。平生分义向人尽，今日哀冤唯我知。我知何益徒垂泪，篮舆回竿马回辔。何日重闻《扫市歌》？谁家收得琵琶妓？萧萧风树白杨影，苍苍露草青蒿气。更就坟边哭一声，与君此别终天地。④

杨虞卿之死确实是天下至冤，据《新唐书》载：

　　大和九年，京师讹言郑注为帝治丹，剔小儿肝心用之。民相惊，局护儿曹。帝不悦，注亦内不安，而雅与虞卿有怨，即约李训奏言："语出虞卿家，因京兆骀伍布都下。"御史大夫李固

------

① 《白居易集笺校》卷三五，第 2404 页。
② 《白居易集笺校》卷三五，第 2447 页。
③ 《白居易集笺校》卷三四，第 2361 页。
④ 《白居易集笺校》卷三〇，第 2086 页。

言素嫉虞卿周比，因傅左端倪。帝大怒，下虞卿诏狱。于是诸子弟自囚阙下称冤，虞卿得释，贬虔州司户参军，死。①

《杨汉公墓志》亦载："是时郑注以奸诈惑乱文宗皇帝，用事□禁中。公仲兄虔州府君时为京兆尹，显不附会。注因中以危法。"②可见，杨虞卿被贬死实因不附会郑注而被其党恶意中伤。居易诗中表达了对其冤死的悲痛义愤之情。

皇甫炜家族、张端士家族与杨氏家族一样，皆属于牛党，白氏兄弟与三家联姻的背后，体现着党争势力在婚姻关系中的强大作用，也体现出白居易家族利益与政治立场，从白居易就婚杨氏开始至白敏中执政时贬尽李党，牛党大获全胜，四十余年来，白居易是坚定地与牛党挂靠在一起的。

其次，除了与杨氏、皇甫氏、张氏等牛党中人的姻亲关系以外，他与牛党头目牛僧孺、令狐楚也有着密切的交往。但他与牛党中奸邪魁首保持较远的距离，这体现了居易正直不阿的良好品格与处世原则。

居易本是个疾恶如仇的人，在元和初任拾遗时，敢于直谏，得罪了当时朝廷不少权贵。元和十年武元衡被杀，他先谏官言事也是基于疾恶如仇的性格，以至被贬江州。后期，白居易对政治采取了消极避让的态度，但他痛恨奸邪，不与小人为伍的态度并没有变化。正如他在《续座右铭》里所提到的在人际交往中的原则是"游与邪分歧，居与正为邻。"③

杨汝士、虞卿虽与李宗闵善，但也并非十恶不赦之人。新旧《唐书》材料基于各朝皇帝实录，但诸朝实录的撰写成为牛李党人

---

① 《新唐书》卷一七五，第 5249 页。
② 《唐代墓志汇编续集》，第 1038 页。
③ 《白居易集笺校》卷三九，第 2625 页。

争夺的阵地,因此有些真伪莫辨。如《唐摭言》卷七《升沈后进》:"太和中,苏景胤、张元夫为翰林主人,杨汝士与弟虞卿及汉公,尤为文林表式。故后进相谓曰:欲入举场,先问苏张;苏张犹可,三杨杀我。"①这段话本是说苏、张把持着举场,汝士兄弟因文才出众,成为举场表式,令后进们羞杀。但至《新唐书》却变成:

> 虞卿佞柔,善谐丽权幸,倚为奸利。岁举选者,皆走门下,署第注员,无不得所欲,升沉在牙颊间。当时有苏景胤、张元夫,而虞卿兄弟汝士、汉公为人所奔向,故语曰:"欲趋举场,问苏、张;苏、张犹可,三杨杀我。"②

汝士兄弟与苏、张二人一起成了把持举场的关键人物。这明显是对《唐摭言》的误解和添油加醋。关于杨虞卿的为人,白居易在《与杨虞卿书》云:

> 及与独孤补阙书,让不论事;与卢侍郎书,请不就职;与高相书,讽成致仕之志。志益大而言益远,而仆爱重之心由是加焉。近者足下与李弘庆友善,弘庆客长安中,贫甚而病亟,足下为逆致其母,安慰其心,自损衣食,以续其医药甘旨之费,有年岁矣。又足下与崔行俭游,行俭非罪下狱,足下意其不幸,及于流窜赦下之日,躬俟于御史府门,而行李之具,养活之物,崔生顾其旁一无阙者。其余奉寡姊,亲护其夫丧;抚孤甥,誓毕其婚嫁;取贵人子为妇,而礼法行于家;由甲乙科入官,而吏声闻于邑。凡此者皆可以激扬颓俗,表正士林。③

① 《唐摭言》,第 75 页。
② 《新唐书》卷一七五,第 5248—5249 页。
③ 《白居易集笺校》卷四四,第 2771 页。

《唐摭言》亦载:"杨虞卿及第后,举三篇,为校书郎。来淮南就李郃亲情,遇前进士陈商启护穷窭,公未相识,问之,倒囊以济。"①杨虞卿并非恶人,而是有着志向远大、孝悌友于、乐于助人的美好品德的。《杨汉公墓志》亦云:

> 公在家称其孝悌,取友尚于信实。虔州府君与崔行检善,行检没,公深虔州之□,养其子,立其家,至于成人。公与故翰林学士路公群有深契,路公病累月,公躬亲省视,备其医药。路公之没,□公亲临之,始终无恨焉。②

这都和《新唐书》中塑造的恶人形象相差甚远。正因为杨氏兄弟尚有此美德,故居易与之终身交契,同升荣辱。

白居易与牛僧孺也一直保持着良好的关系。元和三年,牛僧孺、李宗闵等参加贤良方正策试,因直谏而被黜,考覆官为白居易。他欣赏牛僧孺等敢于直言时事的勇气,向宪宗上《论制科人状》,力论牛僧孺等不当贬黜。故白于二人有师生之谊。白集中所存与僧孺唱和之诗达 30 余首,僧孺虽为牛党魁首,亦有可取之处。傅锡壬《牛李党争与唐代文学》就曾考证牛僧孺不畏权贵,守法不阿,不贪污的人格。因此,白居易《洛下送牛相公出镇淮南》中有"何须身自得,将相是门生"③之语,对身为牛僧孺之师颇感自豪。

但对待牛党中奸邪之人李逢吉与李宗闵,白居易态度就不一样。李逢吉此人,"拘于方狱以排斥元稹、裴度,挑拨韩愈与李绅,使台府不协,又结纳宦官,聚集张又新等为'八关十六子'。《新唐书》就说他是'性忌刻,险谲多端,及得位,务偿好恶'

---

① 《唐摭言》卷四,第 53 页。
② 《唐代墓志汇编续集》,第 1038 页。
③ 《白居易集笺校》卷三一,第 2104 页。

的小人。"①白居易交游很广,但是集中却没有留下与李逢吉交往过的痕迹。

白居易对李宗闵态度的前后转变尤其能说明问题。李宗闵"性机警,始有当世令名,既寝贵,喜权势。初为裴度引拔,后度荐德裕可为相,宗闵遂与为怨。韩愈为作《南山》、《猛虎行》视之。而宗闵崇私党,熏炽中外,卒以是败。"②白居易早年本与李宗闵相善,二人在贞元末期就已相识,李宗闵撰《刘胜孙墓志》云:"余故与嗣居巢伯敦质善。盖敦质于君从祖兄也。贞元中,数以君之昆弟友爱,为余道之。"③贞元末,居易亦与刘敦质交往颇频,有《感化寺见元九刘三十二题名处诗》,又有诗句云"儒风爱敦质,佛理尚玄师(刘三十二敦质雅有儒风,庾七名师谈佛理有可赏者。)"④。永贞年间,敦质卒后有《哭刘敦质》、《过刘三十二故宅》等诗表达悼念之情。贞元中居易、宗闵与其皆有密切往来,此时二人极可能相识。元和三年科场案中,李宗闵也与白居易有师生之名,但两人关系远甚于此。元和十三年,白居易在贬谪地江州作《梦与李七庾三十二同访元九》:

> 夜梦归长安,见我故亲友。损之在我左,顺之在我右。云是二月天,春风出携手。同过靖安里,下马寻元九。⑤

又作《庐山草堂夜雨独宿寄牛二李七庾三十二员外》:

> 丹霄携手三君子,白发垂头一病翁。兰省花时锦帐下,庐山雨夜草庵中。终身胶漆心应在,半路云泥迹不同。唯有无

① 傅锡壬:《牛李党争与唐代文学》,东大图书有限公司1984年版,第6页。
② 《新唐书》卷一七四,第5237页。
③ 《全唐文补遗·千唐志斋新藏专辑》,第329—330页。
④ 《白居易集笺校》卷十三,第703—704页。
⑤ 《白居易集笺校》卷十,第571页。

生三昧观,荣枯一照两成空。①

　　次年,量移为忠州刺史时又作《京使回累得南省诸公书因以长句诗寄谢萧五刘二元八吴十一韦大陆郎中崔二十二牛二李七庾三十二李六李十杨三樊大杨十二员外》:

　　　　雪压泥埋未死身,每劳存问愧交亲。浮萍漂泊三千里,列宿参差十五人。禁月落时君待漏,畲烟深处我行春。瘴乡得老犹为幸,岂敢伤嗟白发新?②

三首诗歌写得很感人,表达了白居易被贬出京后的无奈与辛酸,他想念京城的旧友,也希望诸友能一伸援手。元和十五年(820)被征入京后,又作《初除主客郎中知制诰与王十一李七元九三舍人中书同宿话旧感怀》:

　　　　闲宵静话喜还悲,聚散穷通不自知。已分云泥行异路,忽惊鸡鹤宿同枝。紫垣曹署荣华地,白发郎官老丑时。莫怪不如君气味,此中来校十年迟。③

表达重逢后的惊喜交加之情。以上诸诗中"李七"皆指李宗闵。可见,居易与宗闵在贞元末、元和间交谊是比较深的,将其纳入"亲友"、"交亲"的范围内。但是长庆年后,随着牛李党争的进一步发展,李宗闵逐渐成为牛党魁首,处世越来越奸邪,居易便较少与其联系,文集中只有大和六年(832)作《早冬游王屋自灵都抵阳台上

---

① 《白居易集笺校》卷十七,第1117页。
② 《白居易集笺校》卷十八,第1156页。
③ 《白居易集笺校》卷十九,第1228页。

方望天坛偶吟成章寄温谷周尊师中书李相公》、大和九年作《寄李相公》二诗与宗闵有关，后诗云：“渐老只谋欢，虽贫不要官。唯求造化力，试为驻春看。”①是他寄与宗闵表达拒绝出仕的决心之作。由早期称其为“胶漆”、“交亲”、“亲友”，到长庆年后的形同陌路、简单应酬，这里面体现了白居易对牛党中人的另一种态度。

二、白居易与李党人物的交游

李党人物有李德裕、裴度、元稹、李绅等人。白居易与裴度、元稹、李绅关系相当不错。元稹与白居易号称“元白”，一生交契，自不必说。李绅与居易亦为知交，一直酬唱不断，白居易会昌六年作《予与山南王仆射淮南李仆射事历五朝逾三纪海内年辈今唯三人荣路虽殊交情不替聊题长句寄举之公垂二相公》诗云：“故交海内只三人，二坐岩廊一卧云。老爱诗书还似我，荣兼将相不如君。百年胶漆初心在，万里烟霄中路分。阿阁鸾凰野田鹤，何人信道旧同群？”②虽然二人异路，但友谊并未因此阻隔。李绅卒后，白居易为其撰写墓志铭就是个很好的证明。

白居易与裴度的酬唱始于元和十五年，有诗《和张十八秘书谢裴相公寄马》，似乎二人的诗歌往来，张籍起着中介的作用。大和初，居易被召入长安先后任秘书监、刑部侍郎。朱金城认为这是身为宰相的裴度援引的结果，应该是符合事实的。此后大和年间，白居易常出入裴家，先后赠鹤、寄两银榼于裴度。大和八年，裴度任东都留守，白居易更是裴度的座上客。二人宴游泉林，诗酒相酬，生活十分惬意。《旧唐书》本传云：

① 《白居易集笺校》卷三二，第 2208 页。
② 《白居易集笺校》卷三七，第 2582 页。

度视事之隙,与诗人白居易、刘禹锡酣宴终日,高歌放言,
以诗酒琴书自乐,当时名士,皆从之游。①

开成二年,裴度改为北都留守,仍常寄和。四年(839),裴度卒后,
居易作《雪后过集贤裴令公旧宅有感》、《过裴令公宅二绝句》等诗
表达对裴度的怀念与伤感。白居易对裴度非常尊重,常在诗中歌
颂其功德建树,以"谢公"、"梁王"称之,自称为其门客。

李德裕与白居易关系比较复杂些。元和三年(808)科场案中,
牛僧孺等人乃因直讽权贵而被黜,虽然学术界对此权贵是李吉甫
还是宦官有争议,但据李翱《杨於陵墓志》云:"会考制举人,奖直言
策为第一,中贵人大怒,宰相有欲因而出之者,由是为岭南节度
使。"②应当是李吉甫与宦官其同作用的结果。白居易上《论制科
人状》,力论牛僧孺等不当贬黜,自然因此得罪李吉甫。元和六年,
居易丁母忧期满后,一直未能入朝做官,当时执政者,正为吉甫,或
为其所阻挠。元和九年,吉甫卒,其年冬,白居易即入为太子赞善
大夫。白居易既与吉甫有怨,德裕便一直与其不协。白集中仅有
两首与德裕唱和之作《奉和浙西李大夫》、《小童薛阳陶吹觱篥歌
(和浙西李大夫作)》,后诗作于宝历元年(825)苏州刺史任上,同时
唱和者有刘禹锡、元稹。二人与李德裕善,又与居易颇洽,大概是
牵头企图调解白、李关系,但如朱金城注云:"今观白诗专就阳陶立
言,未及德裕一字,不心许之意,可以想见。"③白、李二人的关系并
未得到改善。

《旧唐书·白敏中传》载:"武宗皇帝素闻居易之名,及即位,欲
征用之,宰相李德裕言居易衰病不任朝谒,因言从弟敏中辞艺类居

① 《旧唐书》卷一七○,第 4432 页。
② 《全唐文》卷六三九,第 2857 页。
③ 《白居易集笺校》卷二一,第 1417 页。

易,即日知制诰,召入翰林充学士,迁中书舍人。"①《北梦琐言》卷
一亦载:

> 白少傅居易,文章冠世,不跻大位。先是,刘禹锡大和中
> 为宾客时,李太尉德裕同分司东都,禹锡谒于德裕曰:"近曾得
> 白居易文集否?"德裕曰:"累有相示,别令收贮,然未一披,今
> 日为吾子览之。"及取看,盈其箱笥,没于尘坌,既启之而复卷
> 之,谓禹锡曰:"吾于此人不足久矣,其文章精绝,何必览焉!
> 但恐回吾之心,所以不欲观览。"其见抑也如此。②

白居易见抑李德裕是无可辩驳之事,但正如宋代叶梦得《避暑录
话》卷一所称:"(白乐天与)李文饶素不相乐,而不为文饶所深
害。"③李德裕并没有过度打击白居易的举动,这和白居易在牛李
党争中的态度有关。

三、白居易在牛李党争中的态度

从家族利益与政治立场来说,白居易属于牛党派系,但他又与
李党元稹、裴度、李绅关系相当不错。这种人事关系,使他容易处
于夹缝之中,但他却能自如地应付,未受到什么重大打击,正如陈
振孙《直斋书录解题》卷一六载晁子止之语:"与杨虞卿为姻家,与
牛僧孺为师生,而不陷牛李党中。"④这主要取决于白居易在党争
中采取避祸以保全自我的态度。

---

① 《旧唐书》卷一六六,第4358—4359页。
② 《北梦琐言》,第24页。
③ [宋]叶梦得:《避暑录话》,《全宋笔记》第二编十辑,大象出版社2006年版,第
234页。
④ [宋]陈振孙:《直斋书录解题》,上海古籍出版社1987年版,第479页。

在牛李党争中保全自我,这也是白居易出于个人与家族利益不得已而为之。如前所说,白氏家族并没有什么深厚的背景,又没有丰厚的资产作生活保障。宝历二年(826),白行简去世,对白居易是个沉痛的打击,他在《祭弟文》中云:

> 今年春除刑部侍郎。孤苦零丁,又加衰疾。殆无生意,岂有宦情?所以僶俛至今,待终龟儿服制。今已请长告,或求分司,即拟移家,尽居洛下。①

作为家族的唯一中坚力量,整个家族的命运捏在他的手心里,他还有很多侄侄和家人需要去护佑,必须得小心行事。《戊申岁暮咏怀三首》其一云:"犹被妻儿教渐退,莫求致仕且分司。"其三云:"人间祸福愚难料,世上风波老不禁。万一差池似前事,又应追悔不抽簪。"②"前事"指早年白居易被贬江州,后转忠州刺史的惨痛过去,这段经历对他来说是教训深刻,心有余悸,以至于宝历二年卸任苏州刺史时,有《宝历二年八月三十日夜梦后作》诗:"尘缨忽解诚堪喜,世网重来未可知。莫忘全吴馆中梦,岭南泥雨步行时。"③描写自己在梦境中被贬岭南艰难步行。可见,此段经历已经给居易留下了沉重的心理阴影。一旦其卷入政治中心再次遭贬,白氏家族众人都要蒙受其害,故而其妻儿等家人都劝其致仕或分司。白居易便把家族兴盛的希望寄托在牛党后期要人从弟白敏中的身上,也可以说敏中正是在他的培养下逐渐崛起的。这从白居易与其交往诗中,有迹可循。

白居易《喜敏中及第偶示所怀》云:

---

① 《白居易集笺校》卷六九,第 3716 页。
② 《白居易集笺校》卷二七,第 1869—1870 页。
③ 《白居易集笺校》卷二四,第 1694 页。

　　　　自知群从为儒少,岂料词场中第频! 桂折一枝先许我,杨
　　穿三叶尽惊人。(自注:始予进士及第,行简次之,敏中又次
　　之)转于文墨须留意,贵向烟霄早致身。莫学尔兄年五十,蹉
　　跎始得掌丝纶。①

此诗作于长庆年间,当时白居易任中书舍人,白敏中的及第未必不
得益于白居易当时的影响与地位。诗中后四句满是白居易对敏中
的谆谆教导与殷切希望,希望他能超越自己,早日在政治上有所成
就。又《送敏中归邠宁幕》:

　　　　六十衰翁儿女悲,傍人应笑尔应知。弟兄垂老相逢日,杯
　　酒临欢欲散时。前路加餐须努力,今宵尽醉莫推辞。司徒知
　　我难为别,直过秋归未讶迟。②

此诗作于大和五年,时居易任洛阳尹,敏中佐邠宁节度使李听幕。
据《白胜碑》:"遂遣敏中、景受奉公之灵至东都。其年(大和五年)
五月五日,安神于龙门之南皋,礼也。"③大概敏中即因此事居洛甚
久,过了秋天才回邠宁。开成四年,《见敏中初到邠宁秋日登城楼
诗诗中颇多乡思因以寄和》:"想尔到边头,萧条正值秋。二年贫御
史,八月古邠州。丝管闻虽乐,风沙见亦愁。望乡心若苦,不用数
登楼。"④此诗充满了对白敏中在异地为官思乡的体贴劝慰之情。
《和敏中洛下即事》(时敏中为殿中分司):"昨日池塘春草生,阿连
新有好诗成。花园到处莺呼入,骢马游时客避行。水暖鱼多似南

---

　　① 《白居易集笺校》卷十九,第 1272 页。
　　② 《白居易集笺校》卷二五,第 1773 页。
　　③ 《河南科技大学学报》(社会科学版)2005 年第 1 期,第 21 页。
　　④ 《白居易集笺校》卷三五,第 2401 页。

国,人稀尘少胜西京。洛中佳境应无限,若欲谙知问老兄。"①描写兄弟共居洛阳以诗相和的融洽之情。《送敏中新授户部员外郎西归》:

> 千里归程三伏天,官新身健马翩翩。行冲赤日加餐饭,上到青云稳着鞭。长庆老郎唯我在,客曹故事望君传。前鸿后雁行难续,相去迢迢二十年。(自注:长庆初予为主客郎中、知制诰,迁中书舍人,去今二十一年也。)②

既有对敏中新授官职的欣喜祝贺,又有"上到青云稳着鞭"的劝诫,更有"客曹故事望君传"的期许。此外,更重要的是,在李商隐所撰的《白公墓碑铭》中有这样的记载:

> 景受尝跪曰:"大人居翰林,六同列五具为相,独白氏亡有。"公笑曰:"汝少以待。"其曾祖弟,今右仆射平章事敏中,果相天子。……仲冬南至,备宰相仪物,擘跪斋栗,给事寡嫂永宁里中。③

白敏中的入相是居易意料之中的,也是他们二人经营多年的结果,可以说,白敏中的胜利是白氏家族的胜利,也是白居易的胜利,白敏中的立场就是白居易的立场。敏中入相后,立刻向宣宗建议,将会昌中被贬的牛僧孺、李宗闵等人召回:"□日当□延□抗言□今□表穷□□前朝旧相当事主时,轻家族如毛缕。及为奸人所侍剽□任,乃焚□之本耳。此非必有缺陷,假若小不直亦束□□□,且

① 《白居易集笺校》卷三六,第 2502 页。
② 《白居易集笺校》卷三六,第 2503 页。
③ 《樊南文集》卷八,第 475 页。

全日□□□岂继圣所宜言耶。上惊喜,即诏还平宰相。"①之后,又将李德裕连贬二次至崖州而死,结束了以牛僧孺和李德裕为首的牛李党争。

因此,从家族利益与政治产场来说,白居易自始至终都是属于牛党,但他没有卷入政治权力和党争中心,一方面是源于他淡泊自守的人生态度,另一方面也是出于个人与家族生存的实际利益,他所倾力培养的再从弟白敏中最后以终结者的姿态使牛党大获全胜,这是白居易在牛李党争中政治态度的延续。

第二节　新出墓志与白氏交游发覆

白居易《胡吉郑刘卢张等六贤皆多年寿予亦次焉⋯⋯纪之传好事者》诗内提到两位卢贞,一为前侍御史内供奉官范阳卢贞,一为河南尹卢贞。居易又有诗《览卢子蒙侍御旧诗多与微之唱和感今伤昔因赠子蒙题于卷后》提及卢子蒙,《元稹集》中也有《刘氏馆集隐客归和子元及之子蒙晦之》、《初寒夜寄卢子蒙》等多首与卢子蒙的寄赠酬和之作。计有功《唐诗纪事》卷四九云:"卢贞。字子蒙。会昌五年,为河南尹。"②《全唐诗》卷四六三云:"卢贞,字子蒙。官河南尹。开成中,为大理卿。终福建观察使。"③皆认为卢子蒙是河南尹卢贞。朱金城详细辨析元稹诗中之卢子蒙为前侍御史内供奉卢贞,与河南尹卢贞并非一人。④ 之后,陈冠明《唐诗人卢贞考辨》在朱说基础上搜罗众多资料,详细考证了两位诗人卢贞

---

① 《唐代墓志汇编续集》,第 1033 页。
② 《唐诗纪事》,第 748 页。
③ [清]彭定求等:《全唐诗》,中华书局 1960 年版,第 5270 页。
④ 朱金城:《白居易研究》,陕西人民出版社 1987 年版,第 128—132 页。

的生平与仕历①。朱、陈二人观点基本得到了学术界的认同,一些笺注类著述皆吸收此成果。然《容斋随笔》云:"但唐两卢贞而又同会,疑文字或误云。"②所疑甚是。随着近几年新出土文献的不断发现,这一混乱不清的问题终于拨云去雾,可以得到澄清了。

一、白居易与卢载交游考

1. "卢子蒙"为"卢载"考

卢子蒙与两位卢贞的关系一直混乱不清,最近新出土《卢载墓志》为此提供了新的重要信息,其云:

> 载字子蒙,其门阀既承先大夫之后,不备书也。载性灵疏愚,言语方质,才知耸善,未及有方。③

此自撰墓志之卢载是否即元、白诗中之子蒙呢? 若只因为同字,尚难认定其为元、白诗中之卢子蒙,则其夫人之墓志一出,可令人相信七分。《卢载妻郑氏墓志铭》亦为卢载所撰,中云:

> 元和四年五月廿六日,寓终于长夏门外司农之官墅,享年三十始满。两子四女:男甫十岁,女尤未笄,循而视之,下及抱乳。行道犹恻,□余之心。其年八月十一日,窆于河南县万

---

① 陈冠明:《唐诗人卢贞考辨》,《安徽师范大学学报》(社会科学版)1991 年第 4 期,第 478 页。

② [宋]洪迈:《容斋随笔》四笔卷八,中华书局 2005 年版,第 721 页。

③ 《全唐文补遗·千唐志斋新藏专辑》,第 376—377 页,以下《卢载墓志》皆同,不再注出。

安山之南原,祔先茔,礼也。①

卢载妻卒于元和四年五月廿六日,葬于元和四年八月十一日。而元稹妻卒于同年七月九日,葬于同年十月十三日,这正与元稹诗《初寒夜寄卢子蒙》诗自注"子蒙近亦丧妻"相合。元稹另一诗《城外回谢子蒙见谕》云:"十里抚枢别,一身骑马回。寒烟半堂影,烬火满庭灰。稚女凭人问,病夫空自哀。潘安寄新咏,仍是夜深来。""潘安寄新咏"用潘安悼亡妻典故,表示卢子蒙丧妻后,以所作悼亡新诗寄与元稹。卢载妻卒时,有二男四女,男甫十岁,女尚未笄,最小者年方抱乳。正与元稹诗《谕子蒙》"抚稚君休感,无儿我不伤"②颇合。《郑氏墓志铭》又云:

> 故门下侍郎平章事、文宪公讳珣瑜,夫人之从祖父也。旧相、今东都留守检校兵部尚书余庆,夫人之叔父也。……幼而孤,育于相府夫人之室,以淑质而被善训,由女仪而得妇道。

卢载夫人为相国郑余庆侄女,自小养于家中。郑氏卒时,郑余庆为东都留守,并因卢载家贫而为其妻营葬。其时元稹官御史分务东台,二人有交往之可能。此又以卢载为元、白诗中子蒙之证。《郑氏墓志铭》又云:"亦既归我,遂安穷居。食艰糟糠,衣至补缀。而雅度深远,果相晓察。且有芳讯,惠然广余。因而益随,不慢其贱。非屯难离别,未尝咨怨焉。……十有五年,不更便止。"卢载与妻生活十五年,情投意合,感情极深,墓志写得深婉哀切,沉痛悲伤,与

---

① 《全唐文补遗·千唐志斋新藏专辑》,第308—309页,以下《卢载夫人郑氏墓志》皆同,不再注出。

② [唐]元稹撰,杨军笺注:《元稹集编年笺注》,三秦出版社2002年版,第170、171、172页。

元稹悼亡诗风格颇为相似。从元、卢交往诗看,当时卢载当亦作诸多悼亡诗,惜皆不存,其深情只可从此墓志略窥一二。卢载与元稹皆云其妻贫而无怨,深有懿德,故二人颇有同病相怜之感。

此外,穆员《陕虢观察使卢公(岳)墓志铭》:"三子载、戢、戡。"①元稹与卢载弟戡有交游,元稹有诗《诮卢戡与予数约游三寺戡独沉醉而不行》《寄卢戡》等,又有诗《卢评事子蒙》:"唯公两弟闲相访,往往潸然一望公。"②卢子蒙亦有两弟,故卢子蒙为卢载已确定无疑。周相录《元稹年谱新编》在引此诗时,谓:"(卢子蒙)'两弟'当指卢戡与其一兄。"③甚有卓见,然受前人影响,仍以子蒙为卢真(贞),惜乎!

卢子蒙为卢载已可确定。那"卢贞"是否为"卢载"之误呢?答案也是肯定的。白居易《览卢子蒙侍御旧诗多与微之唱和感今伤昔因赠子蒙题于卷后》作于会昌元年,时卢子蒙为侍御,而白居易诗《胡吉郑刘卢张等六贤皆多年寿予亦次焉……纪之传好事者》作于会昌五年,诗后有文称"前侍御史内供奉官范阳卢贞,年八十二"④。朱金城认为卢子蒙与卢贞为一人,甚是。那么,卢贞当为卢载之误。另据《卢载墓志》,卢载卒于大中二年,年七十五岁,则其生于大历九年(774),会昌五年为七十二岁。前诗所引"年八十二",马元调本、《唐音统签》、《全唐诗》皆作"年七十二",正与卢载年龄相合,他本作"八十二"误。白诗谓"七人五百七十岁",诸本多不同,且数目不合,如汪本实数合"五百八十三",而作"五百八十四"。他本皆作"五百七十岁",实数合为"五百七十一岁"。与诗后注云"已上七人合五百七十岁"不合。今据卢载墓志可考定版本真

① [宋]李昉:《文苑英华》九三九,中华书局1966年版,第4937页。
② 《元稹集编年笺注》,第477页。
③ 周相录:《元稹年谱新编》,中华书局2004年版,第43页。
④ 《白居易集笺校》卷三六,第2564页。

伪。七人中张浑墓志亦出土,其云:"公讳浑,字万流,其先洛阳人。……罢永居于洛师,与少傅白公为嵩少琴酒之侣,遂绝意于宦途。以会昌六年八月廿三日疾,薨于河南府洛阳县仁风里,年七十六。"[1]张浑会昌六年卒,年七十六,会昌五年(845)参与五老会时应为年七十五,诸本误将"七十五"书成"七十四",而汪本、《全唐诗》卷四六三收张浑《七老会诗》,题下原注:"浑年七十七",亦误。又据汪本,胡杲作"八十九",吉皎作"八十八",刘真作"八十七",郑据作"八十五",今考此年卢载七十二,张浑七十五,居易七十四,正合五百七十岁之数。可见汪本较诸本优,它保持了原集的风貌。

卢载为卢贞已无疑义,其因何而致诗名为卢贞所掩,现已无法考证。幸有其自撰墓志出土,以辨正讹误,澄清史实,还卢载之清名。

2. 卢载生平考

卢载自撰墓志是一篇比较特别的墓志,内容与其他托请人所作之客观冷静墓志不同,而带有作者强烈个性特征与文学色彩,较少详写墓主生平仕历。因而对卢载的生平仕历勾勒尚须结合传世文献与其他出土墓志详加考辨。

卢载生于大历九年,据《新唐书·宰相世系表》、穆员《陕虢观察使卢公(岳)墓志铭》,其高祖为唐绵州长史安寿,曾祖汝州司马正纪,祖绛州闻喜令抗(《文苑英华》作"杭"误),父陕虢观察使岳,弟戣、戢。卢岳贞元四年卒于洛阳,时卢载年方十六,尚未成年,卢岳兄永州司马卢峤令兄子嘉猷"泣血襄事,见托于铭。"[2]四年后,卢峤亦卒,赵佶撰《卢峤墓志》载:

---

① 洛阳市文物工作队:《洛阳新出土历代墓志辑绳》,中国社会科学出版社1991年版,第667页。又载于周绍良、赵超《唐代墓志汇编续集》大中001,第969页。

② 《文苑英华》卷九三九,第4936页。

　　嗣子嘉瑗，不幸早世。嘉瑗之子曰立，哀缠于自性，礼得
于生知，号先父而斩焉无怙，追皇祖而逮事不及。犹子载，广
孝根天，执丧逾礼，泣次遗懿，愿树芳猷，以佶尝业于儒，曾学
旧史，表能旌美，见征斯文。①

则卢峤卒时，其孙尚幼，只能以侄卢载协助卢峤葬礼，请托赵佶
撰铭。

　　贞元十一年（795），卢载婚郑氏。元和四年，郑氏卒。卢载撰
写墓志时结衔为"前黔中观察推官试太常寺协律郎"，知其元和四
年前曾官黔中观察推官。卢载撰《天水赵氏墓志铭并序》时结衔为
"前乡贡进士"②，墓主葬于元和九年五月，则卢载于元和九年前进
士及第。元稹诗《贻蜀五首》序云："元和九年，蜀从事韦臧文告别，
蜀多朋旧，稹性懒为寒温书，因赋代怀五章，而赠行亦在其数。"③
五首之三为《卢评事子蒙》，可知元和九年，卢载以大理评事为剑南
西川节度使从事。

　　《卢载墓志》云："为魏博田侍中与镇州兵马留后王侍御承元
书、及为田公初到镇州祭王侍中承宗文、任商州刺史日告城隍神碑
文等一二十篇，庶几及伦。其在魏镇幕庭，沐中令与萧中立同知之
诚，难具言也。"可知卢载曾从事魏博镇，墓志中"魏博田侍中"为节
度使田弘正，据郁贤皓先生《唐刺史考全编》，田弘正任魏博节度使
在元和七年（812）至十五年，则卢载任职魏博约在元和九年后至十
五年之间。又据白居易《杨景复可检校膳部员外郎郓州观察判官
李绶可监察御史天平军判官卢载可协律郎……六人同制》（卷四
九），朱金城将此文系年于长庆元年或二年，时间颇相合，可知卢载

　　①《唐代墓志汇编》贞元041，第1866页。
　　②《唐代墓志汇编》元和071，第1997页。
　　③《元稹集编年笺注》，第474页。

长庆初任天平军判官。《卢载墓志》又有"任商州刺史日告城隍神碑文",据司空图《书屏记》载:"元和、长庆间,先大夫(司空舆)初以诗师友兵部卢公载,从事于商於。"①可见,长庆间或曾升任商州刺史。

《卢载墓志》云其"为旧相今宾客李公所知,引拔成就,自使府至谏议大夫"。"旧相"指李宗闵,开成四年冬由杭州刺史改太子宾客分司东都,故称。《卢嘉猷墓志铭》为卢载撰,墓主葬于大和六年,卢载结衔为"朝议郎、守谏议大夫、上柱国、赐绯鱼袋"②,则卢载大和六年为谏议大夫。《旧唐书·文宗纪》:

> (开成元年五月)丁未,以给事中郭承嘏为华州防御使。给事中卢载以承嘏公正守道,屡有封驳,不宜置之外郡,乃封还诏书。……(三年)二月辛亥,左丞卢载为同州防御使。③

新旧《唐书》中《郭承嘏传》略同。《唐仆尚丞郎表》卷二载:"二月二十三辛亥由右(当为'左'之误)丞出为同刺。"④此段记载与《卢载墓志》颇同,可互相印证:"事文宗尽忠,尝恨边备不修,戎狄堪虑,风俗奢侈,黎庶饥寒,每因事必上表,极言皆发于至忧,亲厚者感之。"

《卢载墓志》云:"累迁同州刺史,擢拜兵部侍郎。虽祗命来赴阙庭,而脚疾不任朝对,遂自揽分,聿来成周。"《卢载墓志》之后又附有其子嗣自述墓志撰写时间和撰写缘由之语:"公开成五年为太子宾客,分司东都。以常馔小减,遂自制此铭。后迁礼部尚书致仕,又转兵部尚书致仕。"可知卢载开成四年左右,擢拜兵部侍郎,因犯

① [唐]司空图撰,祖保泉、陶礼天笺校:《司空表圣诗文笺校》,安徽大学出版社2002年版,第219页。
② 吴钢:《全唐文补遗》第九辑,三秦出版社2007年版,第149页。
③ 《旧唐书》卷十七下,第565—573页。
④ 严耕望:《唐仆尚丞郎表》,上海古籍出版社2007年版,第66页。

脚疾不任朝对。开成五年，为太子宾客分司东都。又据前所证，卢载会昌元年左右为侍御史内供奉，后预白居易"七老会"、"九老会"时当已经以礼部尚书、兵部尚书致仕。陈冠明《唐诗人卢贞考》考出河南尹卢贞终太子宾客、尚书，恰有张冠李戴之嫌。

现存史料中除元、白诗中将卢载误为卢贞之外，其他文献尚有相似讹误。赵璘《因话录》卷六载：

> 卢宾客贞白父曰老彭，有道术，兼号知人。元和初，宗人弘宣、简辞、弘正、简求，俱候焉。留坐目之甚久，命贞亦序坐。又目之曰："一行五节度使，可谓盛矣！"卒如其言。①

张读《宣室志》卷三载：

> 太子宾客卢尚书贞犹子，为僧，会昌中，沙汰僧徒，斥归家，以荫补光王府参军。②

此二条卢贞皆为卢载之误。此外，唐代还有一卢载，《全唐文》卷四三五《卢载》小传："载，肃宗朝官中书舍人。"③并载其作《元德秀诔》，元德秀卒于天宝十三年（754年），为其作诔之卢载非中唐卢载。《全唐文补遗》第一辑《唐故朝散大夫绛州曲沃县令郑府君故夫人天水赵氏墓志铭并序》撰者卢载下小传云："《全唐文》卷四三五有传。撰此志时署前乡贡进士。"④误将两卢载相混。陈尚君《唐代石刻文献的重要收获》："遗憾的是，（卢载）虽然官至兵部侍

---

① ［唐］赵璘：《因话录》，上海古籍出版社1979年新1版，第113页。
② ［唐］张读：《宣室志》，中华书局1983年版，第33页。
③ 《全唐文》，第1964页。
④ 吴钢：《全唐文补遗》第一辑，三秦出版社1994年版，第265页。

郎,但仅存《元德秀诔》一文和写于南岳的两句诗。"①亦将两位卢
载混为一谈,应予以更正。

3. 卢载与白居易交游考

虽然早在长庆年中,白居易曾写过与卢载有关的制诰,即《杨
景复可检校膳部员外郎郓州观察判官李绶可监察御史天平军判官
卢载可协律郎……六人同制》,但此时二人并无私人往来。白居易
与卢载的交游主要在其晚年时期,且与元稹有着较深渊源。

卢载生于大历九年,比元稹大五岁,年龄相仿,志趣相投,经历
相似,交游甚契。元和四年,卢载与元稹俱负丧妻之痛,频繁酬唱,
以诗歌相慰。《元稹集》中现存交游最早之诗《初寒夜寄卢子蒙》
云:"月是阴秋镜,寒为寂寞资。轻寒酒醒后,斜月枕前时。倚壁思
闲事,回灯检旧诗。闻君亦同病,终夜远相悲。"同类诗尚有《城外
回谢子蒙见谕》《谕子蒙》《答子蒙》《卢十九子蒙吟卢七员外洛
川怀古六韵命余和》等作。元和五年春,元稹在洛阳与卢载、吕炅、
庾及之、窦晦之等人颇有宴集往来,有诗《刘氏馆集隐客归和子元
及之子蒙晦之》《惧醉答卢子蒙》。《拟醉》诗自注云:"与卢子蒙饮
于窦晦之,醉后赋诗共十九首,子蒙叙为别卷。自此至狂醉,皆是
夕所赋。"之后有《劝醉》《任醉》《同醉》《狂醉》等诗。元稹早期
与卢载等人的交往宴游,有助于他从丧妻之痛中早日走出来。元
和九年,元稹有《卢评事子蒙》诗云:"为我殷勤卢子蒙,近来无复昔
时同。懒成积疹推难动,禅尽狂心炼到空。老爱早眠虚夜月,病妨
杯酒负春风。唯公两弟闲相访,往往潜然一望公。"其时,元稹在江
陵任法曹参军,卢载入剑南西川节度使李夷简幕,卢载弟卢戡、卢
戣则在江陵,与元稹交游。元稹有《诮卢戡与予数约游三寺戡独沉
醉而不行》《送卢戡》诗,前诗有"如何卢进士,空恋醉如泥"。此时
卢戡尚未及第,为乡贡进士,故元稹长庆四年作《和乐天示杨琼》叙

① 赵力光:《碑林集刊》第十二辑,陕西人民美术出版社 2007 年版,第 330 页。

及江陵旧友现状："卢戡及第严涧在，其余死者十八九。"而卢戡及第之年为元和十五年，见《登科记考》卷十八，与此甚合。《送卢戡》云："红树蝉声满夕阳，白头相送倍相伤。老嗟去日光阴促，病觉今年昼夜长。顾我亲情皆远道，念君兄弟欲他乡。红旗满眼襄州路，此别泪流千万行。"①为卢戡离江陵时元稹送别之作。之后，未见元稹与卢载兄弟酬唱之作。

元和四年、五年，元稹与卢载在洛阳频繁交往，而此时白居易在长安为官，卢、白未有联系，然二人从元稹处互相知道对方，故白居易《览卢子蒙侍御旧诗多与微之唱和感今伤昔因赠子蒙题于卷后》云"早闻元九咏君诗，恨与卢君相识迟"。②直至开成五年，卢载为太子宾客分司东都，时白居易以太子少傅分司东都，二人始得相识。白居易会昌元年诗《览卢子蒙侍御旧诗多与微之唱和感今伤昔因赠子蒙题于卷后》云：

> 早闻元九咏君诗，恨与卢君相识迟。今日逢君开旧卷，卷中多道赠微之。相看掩泪情难说，别有伤心事岂知？闻道咸阳坟上树，已抽三丈白杨枝。③

时卢载已改官侍御史内供奉，二人于此时共同怀念挚友元稹，回首一生，恍如隔世，关系亦因之密切。卢载比白居易小两岁，且亦长寿之人。会昌中，二人先后以尚书官致仕，均退居洛阳，相互酬唱。会昌五年，白居易、卢载与吉皎、郑据、刘真、张浑等七人组成"七老尚齿会"。七人皆有诗作，卢载亦有《七老会诗》传世。其年夏，李元爽、僧如满入斯会，为"九老会"。白居易与卢载晚年诗歌酬唱，

---

① 以上六条依次出自《元稹集编年笺注》，第170、281、477、499、911、507页。
②《白居易集笺校》卷三六，第2507页。
③《白居易集笺校》卷三六，第2507页。

优游岁月，直至居易谢世。

　　白居易晚年与刘禹锡号称刘白，和作颇多。卢载也曾参与其中，与白居易、刘禹锡、牛僧孺等皆有唱和。《全唐诗》有卢贞《和刘梦得岁夜怀友》诗云：

　　　　文翰走天下，琴尊卧洛阳。贞元朝士尽，新岁一悲凉。名早缘才大，官迟为寿长。时来知病已，莫叹步趋妨。①

陶敏认为此诗题当作《奉和刘宾客二十八丈岁夜咏怀》，作者为元稹友卢子蒙，非河南尹卢贞之作②，甚是。开成四年末，卢载因脚疾归洛养病，其时白居易、刘禹锡亦犯足疾，故卢载诗云"时来知病已，莫叹步趋妨"。刘禹锡诗牛僧孺、白居易亦有和作，然牛、白二人之诗皆承禹锡意，慨叹交游沦没，年华易逝。卢载和诗与三人境界不同，尤其是后四句抚慰刘禹锡官迟寿长，将时来运转，再展宏图，立意高于众人。刘禹锡被人称为"诗豪"，诗中总有一种"沉舟侧畔千帆过，病树前头万木春"的百折不挠精神，但自晚唐"甘露之变"后，受政治影响，也丧失了进取精神。卢载此诗有鼓励其重获信心、誓不低头之意。

　　此外，卢载与张祜、李商隐、司空舆等人亦有交往。张祜与卢载交往仅存《寄卢载》诗：

　　　　故人卢氏子，十载旷佳期。少见双鱼信，多闻八米诗。侏儒他甚饱，款段尔应羸。忽谓今刘二，相逢不熟槌。③

---

　　①《全唐诗》卷四六三，第5270页。
　　②［唐］刘禹锡撰，陶敏、陶红雨校注：《刘禹锡全集编年校注》，岳麓书社2003年版，第728页。
　　③《全唐诗》卷五一〇，第5800—5801页。

张祜以"八米卢郎"之典故与卢载戏谑,可见两位诗人的关系较为亲密。李商隐有诗《奉寄安国大师兼简子蒙》:"忆奉莲花座,兼闻贝叶经。岩光分蜡屐,涧响入铜瓶。日下徒推鹤,天涯正对萤。鱼山羡曹植,眷属有文星。"朱鹤龄注云:"又按《元氏长庆集》有《寄卢评事子蒙作》,疑即此子蒙。"冯浩不同意此说,认为"此题必非其人,不可妄指。"①朱注甚是。李商隐大中元年(847)与卢戢为桂州使府同事,并代卢戢作谢聘钱启(见《为桂州卢副史谢聘启》)。商隐既与卢戢相识,与其兄卢载有书信往来亦属正常。且张读《宣室志》载:"太子宾客卢尚书贞犹子为僧,会昌中,沙汰僧徒,斥归家,以荫补光王府参军。"卢载有侄为僧,正与此诗云安国大师与卢子蒙为眷属相合,故此子蒙为卢载无疑。又据前引司空图《书屏记》,司空图父司空舆曾向卢载学诗,后成诗友。

综上所述,卢载不仅与白居易有密切交游,而且与中晚唐其他著名诗人也有广泛交游,其诗作颇多,亦曾结卷,惜今多不传。现可确定为卢载作品的有诗《七老会诗》、《奉和刘宾客二十八丈岁夜咏怀》和一联诗句"五千里地望皆见,七十二峰中最高"②传世;据其墓志有《建中德音述》、《文定》、《黄叔度碑序》等一二十篇佚文,现存《卢载墓志》、《卢载妻郑氏墓志铭》、《天水郑夫人墓志铭》、《卢嘉猷墓志铭》等文。

二、白居易与卢贞交游考

卢载子蒙之生平仕历已基本弄清楚,我们再对白居易、刘禹锡、李商隐等人诗文中之河南尹卢贞的生平、仕历与交游作仔细考辨。

---

① 〔唐〕李商隐撰,刘学锴、余恕诚集解:《李商隐诗歌集解》,中华书局 2004 年第 2 版,第 697—698 页。

② 《全唐诗》卷七九五,第 8960 页。

1. 卢贞生平考

卢贞，新、旧《唐书》无传。《唐大诏令集》卷一百十七"政事"《遣使宣抚诸道诏》：

> 朕纂承宝位，司牧黎人，夕惕朝兢，期于康乂。一夫不获，实疚于怀。如闻淮南等道，歉旱颇甚，比频救援，尚未底宁，言念流庸，岂忘宵旰？又虑灾荒之际，赋敛以兴，不有矜宽，能无重困？故令宣抚，俾克慰安。令殿中侍御史卢贞，往浙东、浙西道，殿中侍御史李行修，往江南、宣歙等道安抚。①

《册府元龟》卷六五三载："李行修，长庆三年为宣抚使。至楚州，举费冠卿之至孝。至泗州，举刺史李宜臣之赃犯。时以为奉使得人。"②同书卷四六八："李行修，为殿中侍御史。贞元中，费冠卿及第归，而父母卒。尝恨不及荣养，遂绝迹不仕。元和三年，行修荐之，授右拾遗。"③二者所记有出入，据《唐摭言》载："费冠卿元和二年及第，以禄不及亲，永怀罔极之念，遂隐于九华。长庆中，殿中侍御李行修举冠卿孝节，征拜右拾遗，不起。"④并载其授右拾遗之制，可知后条所记"元和三年"当为"长庆三年"之误。此诏为穆宗长庆年间所颁布，则卢贞长庆中任殿中侍御史。

宝历二年，卢贞时任度支员外郎。《旧唐书》卷一七〇："（宝历二年）帝不听，令度支员外郎卢贞往东都已来检计行宫及洛阳大内。"⑤《资治通鉴》卷二百四十三也载："（宝历二年）宰相及朝臣谏

---

① ［宋］宋敏求：《唐大诏令集》，中华书局 2008 年版，第 612 页。
② ［宋］王钦若等编纂，周勋初等校订：《册府元龟》（校订本），凤凰出版社 2006 年版，第 7536 页。
③ 《册府元龟》（校订本），第 5291 页。
④ 《唐摭言》，第 92 页。
⑤ 《旧唐书》，第 4428 页。

者甚众,上皆不听,决意必行,已令度支员外郎卢贞按视,修东都宫阙及道中行宫。"①

《郎官石柱题名考·户部郎中》有卢贞名,在李固言、李石后,王质前。据《旧唐书·李固言传》:"大和初,累官至驾部郎中、知台杂。四年,李宗闵作相,用为给事中。"②《新唐书·李固言传》:"累官户部郎中。温造为御史中丞,表知杂事,进给事中。"③李固言任户部郎中在大和初,又《旧唐书·王质传》:"入为户部郎中,迁谏议大夫。大和中,王守澄构陷宰相宋申锡,文宗怒,欲加极法。质与常侍崔玄亮雨泣切谏,请付外推,申锡方从轻典。"④王质官户部郎中在大和五年前,则卢贞大和初为户部郎中。《唐方镇年表》系卢贞为户部郎中在开成五年误。

大和末开成初,卢贞为太常少卿。白居易诗《寄卢少卿》作于大和八年,朱金城云:"卢贞任大理卿前之官职,史无明文,或即大理少卿之类。"⑤推测颇有理,但略误,据《册府元龟》卷一百六十二帝王部:

> 开成元年二月庚寅,中书门下奏:准赦文诸道黜陟。便以给事中卢均、司农卿李玘、吏部郎中薛廷光、太常少卿卢贞、刑部郎中房直温分命之。⑥

此时卢贞应为太常少卿。宋乐史《太平寰宇记》卷八《汝州·梁

---

① [宋]司马光编著,[元]胡三省音注:《资治通鉴》,中华书局1956年版,第7848—7849页。

② 《旧唐书》卷一七三,第4506页。

③ 《新唐书》卷一八二,第5357页。

④ 《旧唐书》卷一六三,第4267页。

⑤ 《白居易集笺校》卷二九,第2027页。

⑥ 《册府元龟》(校订本),第1807页。

县》："崆峒山,在县西南四十里。有广成子庙,即黄帝问道于广成
子之所也。按唐开元二年,汝州刺史充本州防御史卢贞立碑。"①
《宝刻丛编》卷五亦引。《唐刺史考全编》认为"开元"为"开成"之
误,疑此卢贞为河南尹卢贞。按,开成元年卢贞为太常少卿,四年
前为大理卿,中间似不当有汝州刺史之拜,疑陈冠明所考此卢贞为
盛唐时人较为准确,俟考。

《旧唐书》载："(开成四年闰正月)丙午,以大理卿卢贞为福建
观察使。"②刘禹锡有《夜燕福建卢常侍宅因送之镇》作于此时。
《太平广记》卷一七五"林杰"条载："至九岁,谒卢大夫贞、黎常侍
殖,无不嘉奖。寻就宾见日,在宴筵,李侍御远、赵支使容深所知
仰。"③似卢贞又曾在福建观察使任上带御史大夫之衔。《新唐
书·孝友·王博武传》：

> 王博武,许州人。会昌中,侍母至广州,及沙涌口,暴风,
> 母溺死,博武自投于水。岭南节度使卢贞俾吏沉罟,获二尸
> 焉,乃葬之,表其墓曰"孝子墓"。诏为刻石。④

则卢贞后来在会昌中转岭南节度使。

白居易《会昌元年春五绝句》中之《卢尹贺梦得会中作》："病闻
川守贺筵开,起伴尚书饮一杯。任意少年长笑我,老人自觅老人
来。"⑤此卢尹,朱金城认为是卢贞,而郁贤皓先生《唐刺史考全编》
以会昌三年敬昕任河南尹,而云"若为卢贞,则卢贞两任河南尹

---

① [宋]乐史撰,王文楚点校：《太平寰宇记》,中华书局 2007 年版,第 145 页。
② 《旧唐书》卷十七,第 577 页。
③ [宋]李昉等：《太平广记》,中华书局 1961 年版,第 1302 页。
④ 《新唐书》卷一九五,第 5591 页。
⑤ 《白居易集笺校》卷三五,第 2439 页。

欤?"①疑非卢贞,甚是。前南卓记其为洛阳令时与刘、白宴游。白居易此时本与河南尹卢某有交游,若此卢某为卢贞,则卢贞为南卓顶头上司,为何其未述及卢贞,又岂会有"及陕府卢尚书任河南尹"之语? 可见此卢尹,当为另一卢姓河南尹。此时卢贞尚在京外为观察使或节度使等职。

李商隐有《为河南卢尹贺上尊号表》,据《旧唐书·武宗纪》:"(会昌)五年春正月己酉朔,……宰臣李德裕杜悰李让夷崔铉、太常卿孙简等率文武百寮上徽号曰仁圣文武章天成功神德明道皇帝。"②可知会昌五年春,卢贞已为河南尹。明欧大任《欧虞部集十五种》之《嵩山石刻记》载:"河南尹卢贞、前殿中侍御史元勰、前润州参军事卢寅,会昌五年二月二十六日,饭于此寺,刻其右旁。"③清孙星衍撰《寰宇访碑录》卷四亦载此石刻:"河南尹郑澣宿少林寺诗。正书。太和九年六月。下有会昌五年卢贞题名。"④又李商隐《上河南卢给事状》,钱振伦注、张采田笺皆从文中"方今维新庶政,允伫嘉谋,载考前人,聿求往躅"⑤推知此诗作于会昌六年,甚是,则会昌五年、六年卢贞皆任河南尹,《马攸墓志铭》(大中十一年二月二十二日葬):"后任河南府巩县丞,……果为尹长卢公贞之知,会河南尉(府)洛阳尉阙,是委公假之。"⑥马攸大中八年(854)正月卒,年四十九。据墓主经历,也可推知卢贞在会昌五年、六年为河南尹。至于其罢任时间,约在会昌六年末大中元年初,宋钱易撰《南部新书》卷庚:

　①　郁贤皓:《唐刺史考全编》,安徽大学出版社 2000 年版,第 612 页。

　②　《旧唐书》卷十八上,第 603 页。

　③　[明]欧大任:《欧虞部集十五种》之《嵩山石刻记》,《四库禁毁书丛刊》集部第 47 册,第 154 页。

　④　《寰宇访碑录》,《丛书集成初编》第 1584 册,第 148 页。

　⑤　《李商隐文编年校注》,第 1149 页。

　⑥　《唐代墓志汇编》大中 127,第 2350 页。

> 白傅葬龙门山，河南尹卢贞刻《醉吟先生传》，立于墓侧，至今犹存。洛阳士庶及四方游人过其墓者，莫以卮酒，冢前常成泥泞。①

此条材料《唐语林》也有记载。白居易葬于会昌六年十一月，则卢贞至此尚为河南尹。据《唐刺史考全编》，卢贞后任崔璪约在会昌六年至大中元年左右任职，时间正合。而同书卷二五七以会昌五年、六年卢贞任岭南节度使，误。

《何溢墓志》载：

> 连帅范阳卢公贞复以表论，拜陵州刺史。歼蓫蒲之盗，墝逋悬之租，屮毫借留，不忍其去。后拜是郡，柔氏羌之殊种，燸仁义之大风，化茬三年，华夷一致。嘻！天与善人，党行正直也；神福正人，悯无颇邪也。若公之业，履其不党。悯哉！大中庚午祀，以寒暑所伤，医治不效；……春秋七十，夏五月廿九日长逝于郡舍。②

何溢大中四年（850）卒于官舍，在任三年，则其为卢贞论拜陵州刺史在大中二年左右。陵州属剑南东川，知大中初，卢贞为剑南东川节度使。

《孙瑝墓志》载："由是一贡第进士于李公褒，议者不以为速。其后从卢公贞于甘棠、敬公晦于浙右。旋罹先太尉艰，毁殆灭性。"③甘棠即指陕州。据《登科记考补正》，孙瑝大中三年登进士

---

①《南部新书》，第 103 页。
②《唐代墓志汇编》大中 047，第 2284 页。
③ 吴钢：《全唐文补遗》第五辑，三秦出版社 1998 年版，第 46 页。

第,时李褒知贡举。① 而《孙公乂墓志》②载孙瑝父孙公乂卒于大中五年(851),则卢贞曾于大中三年、四年左右为陕州刺史。《唐刺史考全编》卷五一亦考为大中四年。又唐南卓《羯鼓录》曰:

> 会昌元年,卓因为洛阳令,数陪刘宾客、白少傅宴游,白有家僮,多佐酒。卓因谈往前三数事,二公亦应和之,谓卓曰:"若吾友所谈,宜为文纪,不可令湮没也。"时过而未录。及陕府卢尚书任河南尹,又话之,因遣为纪,即粗为编次,尚未脱稿。至东阳,因曝书见之,乃详列而竟焉。……前录大中二年所著,四年春阳罢免。③

时间正相合,"陕府卢尚书"即河南尹卢贞,时带检校尚书之衔。陈冠明《唐诗人卢贞考》认为卢贞以尚书出镇陕虢在大中二年至四年之间,微误。卢贞任陕虢观察使在大中三年、四年。此后未有卢贞相关材料面世,大概其卒于大中四年后。

2. 白居易与卢贞的交游

白居易与卢贞的交游是在其晚年时期,其大和八年作《寄卢少卿》诗云:

> 老诲心不乱,庄诫形太劳。生命既能保,死籍亦可逃。嘉肴与旨酒,信是腐肠膏。艳声与丽色,真为伐性刀。补养在积功,如裘集众毛。将欲致千里,可得差一毫。颜回何为者?箪瓢才自给。肥酏不到口,年不登三十。张苍何为者?染爱浩

---

① [清]徐松撰,孟二冬补正:《登科记考补正》卷二二,北京燕山出版社 2003 年版,第 907 页。

② 《唐代墓志汇编》大中 054,第 2289 页。

③ [唐]南卓:《羯鼓录》,古典文学出版社 1957 年版,第 10—11 页。

无际。妾媵填后房，竟寿百余岁。苍寿有何德？回夭有何辜？谁谓具圣体，不如肥瓠躯？遂使世俗心，多疑仙道书。寄问卢先生，此理当何如？①

此时，白居易为洛阳太子宾客分司东都，卢贞为太常少卿。从诗意来看，白居易以回夭苍寿来质疑老庄仙道，进而以此理请教卢贞。诗中呼对方为"卢先生"，口气较为随意，二人应该已经熟识。

会昌末年，卢贞为河南尹时与白居易交游甚频，卢贞诗《和白尚书赋永丰柳》作于会昌五年：

> 永丰坊西南角有垂柳一株，柔条极茂。白尚书曾赋诗，传入乐府，遍流京都。近有诏旨取两枝植于禁苑。乃知一顾增十倍之价，非虚言也。因此偶成绝句，非敢继和前篇。
> 一树依依在永丰，两枝飞去杳无踪。玉皇曾采人间曲，应逐歌声入九重。②

此为卢贞现存已知的唯一诗作。

卢贞与白居易的交契之深最令人感动的是《南部新书》卷庚所载："白傅葬龙门山，河南尹卢贞刻《醉吟先生传》，立于墓侧，至今犹存。洛阳士庶及四方游人过其墓者，奠以卮酒，冢前常成泥泞。"卢贞刻《醉吟先生传》于墓侧，体现了他对白居易的尊敬与怀念，这一举动也让更多的士庶了解白居易的一生，而去深情地缅怀和祭奠他，以致冢前常成泥泞。

---

① 《白居易集笺校》卷二九，第 2027 页。
② 《全唐诗》卷四六三，第 5270 页。

三、申论

从以上元稹、白居易与卢贞、卢载等人的交游还可以窥见牛李党争中的复杂人事关系。元和初,发生了被称为是牛李党争之肇始的元和三年科举事件,虽然从大的方向来说,以牛僧孺、李宗闵为首的年轻进士与李吉甫、李德裕父子之间的恩怨已经开始,但此时的人事关系尚未形成长庆年间的复杂格局,后来的牛李双方中间力量此时尚处于年轻气盛的时期,交游也比较单纯广泛。此时,元稹与卢载有较深交往,白居易、李宗闵、元稹等人也是关系非常亲近的好友。从这可以看出,元和年间的牛李党争氛围还是相对比较淡薄的。

元和初期,元稹与卢载因年纪相当,经历相同,关系比较密切,而且在元和五年元稹被贬至通州司马时,与卢载三兄弟都保持着较好的关系。然而元和末年至长庆中,卢载与元稹没有留下交往的痕迹。但是大和以后,卢载却有受知李宗闵的记载:“为旧相今宾客李公所知,引拔成就,自使府至谏议大夫。”卢载长庆初尚任天平军判官,受知李宗闵后曾在使府任职,大和六年为谏议大夫。可见卢载受知李宗闵,大概在长庆后期至大和初年,这正是牛李党争白炽化之时。元稹与牛僧孺、李宗闵的阵营壁垒分明,很明显卢载站在了牛党这边。之后卢载一直属于牛党一派,故其晚年能与白居易、牛僧孺等牛党中人相互酬唱。白居易会昌元年诗《览卢子蒙侍御旧诗多与微之唱和感今伤昔因赠子蒙题于卷后》云:

> 早闻元九咏君诗,恨与卢君相识迟。今日逢君开旧卷,卷中多道赠微之。相看掩泪情难说,别有伤心事岂知?闻道咸阳坟上树,已抽三丈白杨枝。①

----

① 《白居易集笺校》卷三六,第 2507 页。

诗中所说卢载与元稹相和之诗亦当是早年所和。二人由早期挚友因党争之故发展成陌路人,而在元稹逝后多年,白居易与卢载再开旧卷,怀念故人,心情之复杂可想而知,"相看泪眼情难说,别有伤心事岂知?"诗中表达得非常含蓄,可谓言有尽而意无穷。

第三章　白居易诗文版本综考

　　白居易的作品版本研究取得了很高的成就,从上个世纪初至今,大致可分为三个重要阶段,一是 20 世纪 50 年代以前,以岑仲勉对白集的校勘整理与陈寅恪的笺证为代表成果,重在考订作品真伪,笺证作品故实;二是 20 世纪 90 年代以前,以顾学颉校点《白居易集》、朱金城《白居易集笺校》为代表成果,重在校勘文字,笺订史实典故与人物交游;三是 20 世纪 90 年代至今,以贾晋华《汝洛集》和谢思炜《白居易诗集校注》为代表成果,重在利用日本版本资料还原诗集和校勘作品文字。国内对日本版本资料有所涉猎始于岑仲勉《从金泽图录白集影页中所见》,之后朱金城《白居易集笺校》利用了花房英树《白氏文集批判研究》的校勘成果,贾晋华又利用日本学界还原作品原集的精神,对白居易唱和集《汝洛集》、《刘白唱和集》等进行了原集再现,而利用日本众多版本资料进行大规模校勘作品的集大成者当属谢思炜。然而,关于日本所藏白集版本的情况远不止于此,基于国内对此尚不明确,本章在收集众多日本版本及版本研究资料的基础上,再现日本白集流传的情况。同时,白居易作品在中日的石刻本与书迹本,也是本章关注的内容。

第一节　白居易诗文石本考

　　诗文流传除收集在传世文献中以外,还有一种独特的传播方

式——石刻本,石刻因其载体坚固牢靠,不易损毁,为扬名万代提
供了可能性而倍受古人青睐,立碑刻石成为古人的风雅盛事。唐
代以来,诗文刻石渐成一大风气,以至于从宋代开始形成一门新学
问——金石学,它的不断发展使石本的价值日益为人们所注意。
白居易作为中唐最著名的作家之一,其诗文刻石自然也十分壮观。
据李格非《洛阳名园记》所载:"大字寺园,唐白乐天园也。……寺
中乐天石刻存者尚多。"①仅大字寺就有不少石刻,可见乐天作品
石刻之多当无可计算。然而,石刻在风霜雪雨等自然侵袭以及兵
刀战火的人为破坏下,大多数已经佚失不可再得,只有在各种文献
记载当中可以梳理它们曾经存在的痕迹。这些记载同样具有十分
重要的价值,透过它们能从另一个角度探索白居易诗文在社会历
史发展中的流传过程,而那些残存的石本或拓本更是具有很高的
文献价值,值得人们重视。白居易诗文的石本有些为居易自书,但
大多数为他人所书。以下将对其流传过程仔细梳理,以求有助于
白居易研究的发展。

一、诗歌石本

1. 裴度白居易联句

最早于《金石录》卷九著录:"第一千七百九十,唐裴度白居易
联句。正书,无姓名。太和三年十二月。"②《宝刻丛编》卷二十也
据此引录,但此后无文著录。按,朱金城《白居易集笺校·外集》卷
上收此诗,题为《宴兴化池亭送白二十二东归联句》,笺云:"此诗为

---

① [宋]李格非:《洛阳名园记》,《丛书集成初编》第 1508 册,商务印书社 1935 年
版,第 14 页。

② [宋]赵明诚撰,金文明校证:《金石录校证》,广西师范大学出版社 2005 年版,
第 170 页。

大和三年（八二九）三月居易辞刑部侍郎归洛阳时作。录自汪本
《补遗》卷下，又见《刘集》外二、《全唐诗》卷七九〇《联句》三。"①
《金石录》著录大和三年十二月，当为刻石年月。

　　2. 游坊口诗

　　《金石录》卷十："第一千八百三，唐白居易游济源诗。正书。
太和五年九月。冯宿诗附。"②《宝刻丛编》、《天下金石录》据此引
录。清毕沅《中州金石记》卷四对此碑流传有详细考证："重刻白居
易诗，大中祥符八年闰六月立。段群玉行书，在济源济渎庙。《金
石录》有太和五年白居易《游济源诗》，冯宿诗附。今后有太和五年
题字，又一行云：段群玉重书立。似居易诗刻，北宋时已失之，因
重刻于石。宜今访之不得，但不知赵明诚何以见其原刻耳。"③其
书卷五又载："重刻白乐天诗。元光元年九月立。贾献臣正书。在
济源。诗为'济源山水好，老尹知之久'五古一首，后题太和五年九
月二十六日，后云贾献臣重录。是居易有原刻，或失于宋金时也。
献臣时遥授昌武军节度判官。"④由上可知《游济源诗》即集本中
《游坊口悬泉偶题石上》（按，金泽本"坊"作"枋"）。孙星衍《寰宇访
碑录》著录与此相同，其云："重刻白乐天游枋口诗。贾献臣正书。
元光元年九月。江苏嘉定钱氏拓本。"⑤则其时尚见其拓本。黄本
骥《金石萃编补目》卷一亦收此碑。按，白居易大和五年与六年都
曾游济源。《白居易集》卷二五有《题崔常侍济源庄》，朱金城《白居
易年谱》系于大和五年。又《白居易集》外集卷中有《济源上枉舒员
外两篇因酬六韵》诗，作于大和六年。所谓冯宿诗，当指冯宿《酬白
乐天刘梦得》，一作《尹河南酬乐天梦得》诗，载《全唐诗》卷二七五

　　① 《白居易集笺校》外集卷上，第 3864 页。
　　② 《金石录校证》，第 178 页。
　　③ ［清］毕沅：《中州金石记》，《丛书集成初编》第 1523 册，第 85 页。
　　④ 《中州金石记》，第 107 页。
　　⑤ ［清］孙星衍：《寰宇访碑录》卷十，《丛书集成初编》第 1586 册，第 436 页。

冯宿诗卷。冯为河南尹在大和二年十月至四年十二月，见《旧唐书》卷一七《文宗纪》上。

3. 游王屋诗

《金石录》卷十著录云："白居易撰，正书，太和六年十月。"①据《宝刻丛编》卷五所引《复斋碑录》载，此碑为道士张弘明所书。明周锡珪《唐碑帖跋》卷四"白居易"下亦著录："游王屋诗，太和六年十月，公撰并正书。"②则此碑明代尚存，但云此碑为居易所书，当是对《金石录》著录之误解。按，《白居易集》卷二二有《早冬游王屋自灵都抵阳台上方望天坛偶吟成章寄温谷周尊师中书李相公》有"霜降山水清，王屋十月时"语③，当即此诗。

4. 阳明洞天诗

《舆地碑记目》卷一《绍兴府碑记》与元稹同题诗著录，石立于龙瑞宫，题为太和三年（829），《宝刻丛编》卷十三引《复斋碑录》云二诗为王璹分书，刘蔚篆额，立于太和三年正月十五日，《嘉泰会稽志》卷十六则云元稹诗于正月十五日立石，白居易和诗立于同年八月十五日。今考二集内原诗，元稹诗为正月十五游越州龙瑞宫时所作，时白居易在长安，白诗为后和作，诗刻不当立于正月十五日。又《嘉泰会稽志》卷一六《碑刻》："元威明春分投简阳明洞天诗。王璹分书，刘蔚篆额。大和三年正月十五日立石龙瑞宫。……白居易继春分投简阳明洞天诗。王璹分书，大和三年八月十五日。"④则元稹与白居易诗刻并非同时，而《复斋碑录》合二人刻石于大和三年正月十五日，微误。《嘉泰会稽志》卷一一《井》又云："阳明洞

---

① 《金石录校证》，第179页。
② ［明］周锡珪：《唐碑帖跋》，《四库全书存目丛书》第278册，齐鲁书社1996年版，第248页。
③ 《白居易集》卷二二，第500页。
④ ［宋］施宿：《嘉泰会稽志》，《宋元方志丛刊》第七册，中华书局1990年版，第7021页。

天在宛委山龙瑞宫。《旧经》云：三十六洞天之十一洞也。一名极玄太元之天。唐观察使元稹以春分日投金简于此。诗云：'偶因投秘简，聊得泛平湖。穴为探符坼，潭因失箭刳。'白乐天和云：'去为投金简，来因絜玉壶。'洞外飞来石下为禹穴。传云禹藏书处。一云禹得玉匮金书于此。"①按，此诗现存《白居易集》卷二六，题为《和微之春日投简阳明洞天五十韵》。元稹原作见《元稹集》卷二六，题为《春分投简阳明洞天作》。朱金城《白居易年谱》大和三年："'投简'或称投龙。《唐会要》卷五○：'开元二十四年五月十三日敕：每年春季，镇金龙王殿功德事毕，合献投山水龙璧，出日宜差散官给驿送，合投州县，便取当处送出，准式投告。'《刘禹锡集》外三有《和令狐相公送赵常盈炼师与中贵人同拜岳及天台投龙毕却赴京师》诗。投龙简传世者有唐铜简、吴越玉简及宋徽宗投龙王简。投龙王简出黄河沿，高建初尺一尺五寸八，宽三寸二，刻文七行，为崇宁四年乙酉六月三日赵佶所投。见《东方杂志》美术专号。"②

5. 寄韬光禅师

《舆地碑记目》卷二《赣州碑记》："天竺寺白乐天诗。在水东三里，白乐天赠韬光禅师墨迹旧存，眉山老苏尝至寺观焉。后四十七年，东坡南迁再访，惟见石刻。因赋诗云：'香山居士留遗迹，天竺禅师有故家。空咏连珠并叠璧，已无飞鸟及惊蛇。'"③苏轼《天竺寺并引》序云："予年十二，先君自虔州归，为予言：'近城山中天竺寺，有乐天亲书诗云：一山门作两山门，两寺原从一寺分。东涧水流西涧水，南山云起北山云。前台花发后台见，上界钟清下界闻。遥想吾师行道处，天香桂子落纷纷。笔势奇逸，墨迹如新。'今四十七年矣。予来访之，则诗已亡，有石刻存耳。感涕不

① 《嘉泰会稽志》，第6908页。
② 朱金城：《白居易年谱》，上海古籍出版社1982年版，第205—206页。
③ [宋]王象之：《舆地碑记目》，《丛书集成初编》第1580册，第37页。

已;而作是诗。"①据《咸淳临安志》,韬光禅师本住灵隐,白居易刺杭州时与之交往,宝历元年白居易刺苏州,寄诗与韬光,后韬光移锡至虔,故遗迹在虔州。据东坡所载,则此石在北宋已不载原诗。

此外,杭州天竺寺亦有此诗石刻,《武林旧事》卷五载:"灵隐天竺寺门。俗呼'二寺门'。袁居中书白乐天诗:'一山门作两山门,两寺元从一寺分。'正此也。"②《西湖游览志》卷十云:"合涧桥,在飞来峰路口。北涧自灵隐而下,南涧自天竺而下,合流于此,号曰钱源。唐时有灵隐天竺,寺门袁居中所书白乐天诗:'一山门作两山门……'"③清李中简《韬光寺》诗末句"金莲池畔句,长庆两仙翁"下有自注云:"池上石刻乐天与韬光禅师赠答诗。"④

6. 独游玉泉寺

《湖北金石志》卷八引《湖北金石诗注》云:"马案:右碑宋庆历间荆门军守曲台谢颙使寺僧悟空录唐张九龄、孟浩然、周朴、常建、白居易、僧齐己六人诗八篇,大理评事张田为之序,镌诸石。初立荆门惠泉侧,后为好事者移去。元至大间,寺僧铸请于郡侯,舁回玉泉本寺,于碑题下刻'皇庆改元大岁壬子结制日当代住持佛光普照永福大师广铸重立'二十七字。碑先列张田序,题'宣德郎大理评事监郢州酒税张田撰',文下接书'八年七月七日谨序'。无年月,文内有'庆历七年冬,田自武当再谪郢,又明年春始造山'之语,知为庆历八年也。……白居易诗云:'云树出泉寺,肩舆半日程。更无人作伴,惟共酒同行。新叶千万影,残莺三两声。闲游意未足,春尽有余情。'本集题作《独游玉泉寺》,自注:三月三十日。此诗之前闲吟二首,末'闻道山榴发,明朝向玉泉',则玉泉寺指洛中

---

① [宋]苏轼撰,[清]王文诰辑注,孔凡礼点校:《苏轼诗集》卷三八,中华书局1982年版,第2056页。

② [宋]周密:《武林旧事》,西湖书社1981年版,第87页。

③ [明]田汝成:《西湖游览志》,上海古籍出版社1998年版,第110页。

④ [清]李中简:《嘉树山房集》,清嘉庆六年嘉树山房刻本,第10页。

之玉泉,均与此无涉,谢颢误录之也。"又引《金石存佚考》云:"碑在当阳玉泉寺中,乃皇庆元年本寺住持广铸重立者。碑载唐张说以下诗八篇,然常建白居易二首尚属假借也,其旁刻云:'万历元年,御史中丞、西蜀张佳胤、新安任参军梦榛同观。'"①此诗原属误刻,与集本字略有异同,"肩舆"集本作"肩舁","惟"集本作"秖"。

7. 赴黄鹤楼崔侍御宴与上江夏主人

《金石萃编》卷一百三十七中载有碑刻《江夏黄鹤楼杂诗》,云石连额高七尺八寸,广四尺三寸八分,分五层书。第一层四十五行,余四层皆四十四行,行约十四字,行书额题"鄂州杂诗"四字篆书,熙宁二年六月日立。又云:"按黄鹤楼诗,刻南齐一人、唐二十人凡诗三十九首,谢朓一人载入《文选》,宋之问以下亦皆载入《全唐诗》,故但存其目,不录其诗。碑不知何人所书及因何刻石,惟存年月而已。"②《湖北金石志》卷九引《金石存佚考》云:"予以乾隆甲寅觅得之,拓得一纸。嘉庆戊寅,儿子守仕,偕工人往拓,则字多漫灭矣。爰以旧拓及所传集本参考异同,逐层附注于后,装池成册,又辑而录之,入于此编。"其中有白居易《赴黄鹤楼卢侍御宴》和《上江夏主人》二诗,《湖北金石志》校云:"《赴黄鹤楼卢侍御宴》。本作《卢侍御与崔评事为予于黄鹤楼置宴宴罢同望》。……《上江夏主人》,本作《行次夏口先寄李大夫》。"③其他与集本无异,今考《湖北金石志》所录《卢侍御宴》末句"醒来堪赏醉堪愁",集本作"醉来堪赏醒堪愁",当为误刻。

8. 题袍诗

《宝刻类编》卷七王宗懿下有云:"白居易题袍诗。行书。武成

---

① [清]杨守敬:《湖北金石志》,《续修四库全书》第 913 册,上海古籍出版社 2002 年版,第 441—442 页。

② [清]王昶:《金石萃编》,《石刻史料新编》第一辑第四册,新文丰出版公司 1977 年版,第 2554 页。

③《湖北金石志》,第 452、451 页。

元年二月二十三日立。成都。"①王宗懿为五代人,考白集中未有
《题袍诗》,当为佚诗,惜无可考证。

9. 八节滩诗

《宝刻丛编》卷四引《访碑录》云:"唐八节滩诗并龙门二十韵。
唐白居易撰。"②郑樵《通志·金石略》卷七十三亦录:"龙门二十韵
诗、醉吟先生传、香山寺八节滩诗。"③《墨池编》卷六著录云《龙门
十二韵》,但集中无《龙门二十韵》诗。后《河朔访古记》卷下《河南
郡部》和《天下金石志》卷二《河南府》皆著录乐天《龙门八节滩诗》
碑,并云为乐天自书。按,八节滩诗,今存集本卷三七,题为《开龙
门八节石滩诗二首并序》,序云:"东都龙门潭之南有八节滩、九峭
石,船筏过此,例反破伤。舟人楫师推挽束缚,大寒之月,裸跣水
中,饥冻有声,闻于终夜。予尝有愿,力及则救之。会昌四年,有悲
智僧道遇,适同发心,经营开凿,贫者出力,仁者施财。于戏! 从古
有碍之险,未来无穷之苦,忽乎一旦尽除去之,兹吾所用适愿快心,
拔苦施乐者耳! 岂独以功德福报为意哉? 因作二诗,刻题石上,以
其地属寺,事因僧,故多引僧言见志。"④诗作于开成四年。

10. 与刘梦得唱和

郑樵《通志·金石略》卷七十三录:"白居易与刘梦得唱和。苏
州。"⑤《御定佩文斋书画谱》卷六十三引《墨池编》:"白居易与刘梦
得唱和诗。在苏州。无书人姓名。"⑥

11. 韦白诗石

白居易《吴郡诗石记》云:"韦在此州歌诗甚多,有《郡宴》诗云:

① 《宝刻类编》,《丛书集成初编》第1514册,商务印书馆1935年版,第233页。
② 《宝刻丛编》,第83页。
③ [宋]郑樵:《通志二十略》,中华书局1995年版,第1869—1870页。
④ 《白居易集笺校》,第2550页。
⑤ 《通志二十略》,第1872页。
⑥ [清]王原祁等:《御定佩文斋书画谱》,中国书店1984年版,第1799页。

'兵卫森画戟,燕寝凝清香。'最为警策。今刻此篇于石,传贻将来,因以予《旬宴》一章亦附于后。虽雅俗不类,各咏一时之志。偶书石背,且偿其初心焉。宝历元年七月二十日,苏州刺史白居易题。"①《同治苏州府志》卷一四一:"《韦白诗石》,白居易撰,宝历元年《姑苏志》云:在郡斋。"②

12. 建昌江

《明一统志》卷五十二:"唤渡亭。在建昌县治南。唐白居易谪江州司马,尝过此赋诗:建昌江水县门前,立马教人唤渡船。好似昔年归蔡渡,草风莎雨渭河边。因摘诗中二字名亭,宋黄庭坚书于亭中,碑刻尚存。"③"忽似"作"好似","沙雨"作"莎雨",与集本有异。《光绪江西通志》卷一一七载此诗并引《名胜志》云:"唤渡亭在修水南。"④王士祯《带经堂诗话》卷十三引《皇华纪闻》云:"唤渡亭在修水南岸,白居易过此有诗云:'建昌江水县门前,立马教人唤渡船。好似当年归蔡渡,草风莎雨渭河边。'黄庭坚书之亭上,明知县梁崧重刻,石今存。"又引《南来志》云:"过唤渡亭,亭以白傅诗得名,有白诗石刻。堤行二里,人家种竹为藩篱,鸡声人语,皆在竹中。"⑤

13. 寄贾常州崔湖州诗

《嘉泰吴兴志》卷九"长兴县"下云:"披云亭、仰高亭、镜会亭,以上三亭见旧编云:仰高亭在顾渚山顶,披云亭在官山上,镜会亭

　　①《白居易集笺校》卷六八,第3663页。

　　②[清]冯桂芬等:《同治苏州府志》,《中国地方志集成》本,江苏古籍出版社1991年版,第608页。

　　③[明]李贤等:《明一统志》,《文渊阁四库全书》第473册,台湾商务印书馆1986年版,第72页。

　　④[清]曾国藩、刘坤一等:《光绪江西通志》,《续修四库全书》第658册,第773页。

　　⑤[清]王士祯:《带经堂诗话》,人民文学出版社1963年版,第338页。

在啄木岭,唐刺史于頔建,取白居易《寄贾常州崔湖州诗》题其上。"①

14. 虚白堂

《乾道临安志》卷二:"虚白堂。《旧图经》云:在旧治。晏殊《舆地志》云:为刺史,在官清严,人无犯者。唐长庆中,刺史白居易有诗刻石堂上。罗隐《虚白堂牡丹诗》云:莫背栏杆便相笑,与君俱受主人恩。盖谓白太傅手植此花也。郡守梅挚十诗,皆以'堂有虚白闲'为首章。堂前有紫薇两本,世传居易所植。苏轼有《虚白堂》、《紫薇花》诗。废。"②《方舆胜览》卷一:"虚白堂,白居易诗刻石堂上。"③《雍正浙江通志》卷三十九:"虚白堂。《古迹考》:在郡圃。唐时建,后为钱氏都会堂。……白居易《郡亭》诗:平旦起视事,亭午卧掩关。除亲簿领外,多在琴书前。况有虚白堂,坐对海门山。潮来一凭槛,宾至一开筵。终朝对云水,有时听管弦。持此聊过日,非忙亦非闲。山林多寂寞,朝阙空喧烦。惟兹郡阁内,嚣静得中间。"④《民国杭州府志》卷九十八:"白居易虚白堂诗,《西湖志》:旧在凤凰山府治,刻石立堂上。"⑤按,今《白居易集》卷二十存《虚白堂》诗,当即此刻石之诗,非《雍正浙江通志》所载之《郡亭》诗。

15. 登西山望硖石湖

《峡石山水志》载:"紫微山高十八丈,周一里。其土黄壤,其石多火。唐长庆三年,中书舍人白居易刺杭州。秋八月,登此山,望峡石湖。中书为紫微省,山以人传,故名。旧有居易碑记。嘉靖中,关西孙太初《微山诗》有'白傅断碑樵斧砺'之句,以知砺斧碑石

① [宋]谈钥:《嘉泰吴兴志》,《宋元方志丛刊》第五册,第4729页。
② [宋]周淙:《乾道临安志》,《宋元方志丛刊》第四册,第3235页。
③ [宋]祝穆:《方舆胜览》,中华书局2003年版,第14页。
④ [清]雍正:《雍正浙江通志》,商务印书馆1934年版,第894页。
⑤ [清]陈琼:《民国杭州府志》,《中国地方志集成》本,第736页。

犹在,而今不见矣。夫昔人得吕梁古碑文泐可认者止三十六字,犹护如拱璧,视此不大可慨欤!"①秦瀛《小岘山人诗文集》卷四《碛石紫微山白刺史祠记》:"《碛川志》又称唐长庆三年居易刺杭,秋八月登此山,望峡石湖,作诗勒石。明孙一元诗有'白傅断碑樵斧砺'之句,即今紫微山也。顾志中所载公诗,不见于公集,当是元、明间人傅会,而一元沿习传讹,未可遽信。"②此诗见《海昌胜迹志》,《全唐诗续拾》卷二八录。陈尚君按:"同书引秦瀛语,谓疑出后人附会。"③

16．海漫漫

清姚文田撰《邃雅堂集》卷七《己亥春读书杭州之万松书院时余与同邑丁溶孝丰吴五凤鄞黄定衡张文照俞德纲皆以次岁迎銮献赋……》中有诗句"危亭倚山半,长歌风浩浩",下有自注云:"亭有圣祖御书白居易《海漫漫》、《新乐府》石刻。"④

17．新妇石诗

《咸淳临安志》卷二十六:"新妇石。白乐天有《新妇石诗》:'堂堂不语望夫君,四畔无家石作邻。蝉鬓一梳千岁髻,蛾眉长扫万年春。雪为轻粉凭风拂,霞作胭脂使日匀。莫道面前无宝鉴,月来山下照夫人。'"⑤《民国杭州府志》卷九十八:"白居易新妇石诗。《于潜县志》:诗镌石上。"⑥此诗收录在朱金城《白居易集笺校》诗文补遗二中。

18．游大林寺

宋陈舜俞《庐山记》卷二:"今有陈氏祠堂,有保大、中移寺等三

①　[清]蒋宏任:《峡石山水志》,《丛书集成初编》第3171册,第7页。
②　[清]秦瀛:《小岘山人诗文集》,《续修四库全书》第1465册,第195页。
③　陈尚君:《全唐诗补编》,中华书局1992年版,第1086页。
④　[清]姚文田:《邃雅堂集》,《续修四库全书》第1482册,第520页。
⑤　[宋]潜说友:《咸淳临安志》,《宋元方志丛刊》第四册,第3610页。
⑥　《民国杭州府志》,第736页。

碣。好事者刻白乐天《游大林寺》诗并前后序坎石于屋壁。"①

19. 题法华山天衣寺

《宝庆会稽续志》卷三:"天衣寺在县西南三十里,寺有唐人徐季海、王(按:当为元之误)微之、白乐天、李公垂诸作者诗文碑刻。"②《王十朋全集》卷二十三《游天衣诗序》:"俄有钟磬声出乎翠微之端,盖天衣寺也。十峰堆秀,双涧涵碧,朝阳、法华二峰,尤苍然崒绝乎其中。寺有唐人李泰和、徐季海、元微之、白乐天、李公垂诸作者诗文,其碑刻尚无恙。"③此诗见于《会稽掇英总集》卷八,朱金城《白居易集笺校》外集卷中收录。

20. 和盛山十二诗

《舆地碑记目》卷四《开州碑记》:"盛山十二题诗。唐韦处厚撰。韩文序云:韦侯所为十二诗,其诗其意,以入溪谷、上岩石、追逐云月不足,日为事,读而咏歌之,令人欲弃百事,往与之游。和者元稹、许康佐、白居易、李景俭、严謩、温造,于是盛山十二诗与其和者广行于时。"④《全蜀艺文志》、《四川通志》都据此引录。《韩昌黎先生文集》卷二十有《韦侍讲盛山十二诗序》为长庆二年(822)四五月间所作。白居易此诗不见集中,惜此碑后不见载录。楼钥《攻媿集》卷五云:"盛山十二诗具在石刻,而不见于诸公集中。唱和之盛,未有如西山者。旧轴既不知所在,后来跋语亦仅存录本尔。"⑤

21. 修香山寺诗

《宝刻丛编》卷四引《访碑录》云:"唐修香山寺诗三十韵。唐白居易撰,贺拔基书。"⑥《墨池编》卷六、《通志》卷七十三均著录此

① [宋]陈舜俞:《庐山记》,《丛书集成新编》第 90 册,第 289 页。

② [宋]张淏:《宝庆会稽续志》,《宋元方志丛刊》第七册,第 7127 页。

③ [宋]王十朋:《王十朋全集》,上海古籍出版社 1998 年版,第 960 页。

④ 《舆地碑记目》,第 100 页。

⑤ [明]楼钥:《攻媿集》,《四部丛刊》本,第 7 页上。

⑥ 《宝刻丛编》,第 83 页。

碑。按，白居易《修香山寺诗三十韵》诗，今集中未见。而《白居易集》卷三一有《重修香山寺毕题二十二韵以纪之》诗，是重修时所作诗，盖其初修时，白氏已作三十韵诗，今已不存。

22. 赠休粮开士巨川上人诗

《咸淳临安志》卷八十五《寺观》十一：“宝乘寺，在县西十八里。旧为灵远寺，上元二年建。初，梓州刺史罗石朔掘地，得铜铸佛像二，并钟载之以归。一旦，失钟与像所在，而新城人获之于野，因建寺焉，新登乡有佛岭事由此。会昌间废。大中十三年，复建为圣像寺，吴越王迎其像入城。大中祥符元年，改今额，有妙香堂、深静堂、鉴轩、绿竹轩、分秀轩，寺后有蜕龙洞、濯龙池、嘘云亭、刺史白居易《赠休粮开士巨川上人》诗。”①此诗集中卷十四收录，题为《同钱员外赠绝粮僧巨川》。

23. 与贾岛问答诗

《大清一统志》卷二百四十六：“白侍郎洞，在镇安县西三十五里。相传唐白居易、贾岛游此。今洞门有居易与岛问答诗。”②此诗今集不传。

24. 春游诗

朱彝尊《白居易草书春游诗拓本跋》载：“右白傅草书一十九行，钱穆父在越勒石，置蓬莱阁下。今《长庆集》不载，或以是诗补入《元微之集》中，误也。散字，《广韵》未收，而毛晃《增注礼部韵略》有之，引白诗为证，且注云‘重增’。然则今之《广韵》，亦非唐韵之旧矣。‘从’雕本讹‘终’，‘爱’雕本讹‘怯’，皆所当勘正者。”③按，此诗乃元稹所作，白居易书之，见下节《白居易诗文书迹考·中国部分》。

---

① 《咸淳临安志》，第4147页。
② 《大清一统志》，《续修四库全书》第618册，第130页。
③ ［清］朱彝尊：《曝书亭集》卷四九，世界书局1937年版，第593页。

二、文章石本

1. 白蘋洲五亭记

最早著录于《金石录》卷十:"第一千八百三十八,唐白蘋洲五亭记。白居易撰,马缵正书。开成四年十月。"①《舆地碑记目》卷一、《宝刻类编》和《宝刻丛编》皆有著录,宋谈钥《嘉泰吴兴志》卷十八:"白蘋洲五亭记。在墨妙亭,唐太子少傅分司东都、冯翊县开国侯、赐紫金鱼袋白居易撰,知州事马缵书。开成四年十月建。又见《金石录》。"②据陆心源撰《吴兴金石记》卷四,此石至清时已佚,引文乃据《白氏长庆集》补入。

2. 唐上弘和尚石塔碑铭

《金石录》卷九载:"第一千七百三十四,唐上弘和尚塔碑。白居易撰,李克恭正书。元和十三年。"③《舆地碑记目》卷二《抚州碑记》下著录:"唐抚州景云寺故律大德上宏和尚石塔碑铭,白乐天撰。"又同卷《江州碑记》下云:"唐(上)宏和尚石坟。元和十年,白居易撰碑。"同卷《建昌军碑记》:"唐大德和尚石塔碑铭并序,白居易撰。"④据集本原文云:"元和十一年春,庐山东林寺僧道深、……等凡二十辈,与白黑众千余人俱斋持故景云大德弘公行状一通,赍钱十万,来诣浔阳府,请司马白居易作先师碑,会有故不果。十二年夏,作石坟成,复来请,会有疾不果。十三年夏,作石塔成,又来请,始从之。……故元和十年十月己亥,迁化于东林精舍。示灭有所,故是月丙寅归全于南冈石坟。……由是艺松成林,琢石为塔。

---

① 《金石录校证》,第181页。
② 《嘉泰吴兴志》,第4837页。
③ 《金石录校证》,第165页。
④ [宋]王象之:《舆地碑记目》,《丛书集成初编》第1580册,第35—38页。

塔有碑,碑有铭曰……"①又唐刘轲《庐山东林寺故临坛大德塔铭》云:"(元和十年)是月丙寅,归舍利于塔,从故事也。轲不得让,荐诚于铭。"②则《舆地碑记目》颇误,《江州碑记》中所载石坟撰碑当即元和十年刘轲所撰之石塔铭,误系为乐天。居易所撰碑原在江州而误系抚州,此碑曾重立,见宋陈舜俞(1026—1076)的《庐山记》卷五载:"唐抚州景云寺故律大德上弘和尚石塔碑铭并序。江州司马白居易纂,摄淮南观察试大理评事兼监察御史李克恭书,淮南节度参谋监察御史里行段全纬篆额。大中八年七月十五日重立。"③《宝刻丛编》卷十五引《复斋碑录》也载:"唐抚州景云寺上弘和尚石塔碑。唐白居易撰,李克恭正书,段全纬篆额。大中八年七月十五日重立。在东林寺。"④此后该碑无著录,盖宋后已佚。

3. 张诚碑

《金石录》卷九:"第一千七百五十一,唐张诚碑,白居易撰,武翊黄正书,侄孙磻篆。长庆二年六月。"⑤《宝刻丛编》卷二十、《宝刻类编》卷五亦著录此碑。此碑即集本中《唐赠尚书工部侍郎吴郡张公神道碑铭》,文云:"以长庆二年某月某日立神道碑。……公讳诚,字老莱,吴郡人。"⑥"诚",马本、《文苑英华》、《全唐文》皆作"诚",宋本、那波本、卢校本等作"诚",今据此石刻,当以"诚"为是。

4. 凑公塔铭

《金石录》卷九著录:"第一千七百五十二,唐律大德凑公塔铭。白居易撰,僧云皋正书。长庆二年闰十月。"⑦宋陈舜俞《庐山记》

① 《白居易文集校注》卷四,第194—196页。
② [清]董诰等:《全唐文》卷七四二,上海古籍出版社1990年版,第3404页。
③ [宋]陈舜俞:《庐山记》,日本国立公文书馆藏南宋绍兴年间刻本卷五,第6页。
④ [宋]陈思:《宝刻丛编》,《丛书集成初编》第1604册,第429页。
⑤ 《金石录校证》,第167页。
⑥ 《白居易集笺校》卷四一,第2687页。
⑦ 《金石录校证》,第167页。

卷五:"唐庐山兴果寺律大德凑公塔碣铭并序,忠州刺史白居易篆,僧云皋书。长庆二年闰十月一日建,大中八年七月十五日重立。"《宝刻丛编》卷十五亦引《复斋碑录》云此碑:"长庆二年闰十月一日建,武宗时废。宣宗大中八年七月十五日重立。"①而《舆地碑记目》卷二《江州碑记》则云"元和十二年,白居易撰碑"②,当误。据集本云:"元和十二年九月七日遘疾,二十六日反真,十月十九日迁全身于寺西道北,祔雁门坟左。……门人道建、利辩、元审、元总等封坟建塔,思有以识之。以先师常辱与予游,托为铭碣。初,予与师相遇,如他生旧识,一见讯合,不知其然。及迁化时,予又题一四句诗为别,盖欲会前心,集后缘也。不能改作,因取为铭曰……"③,则此文当为长庆二年封坟建塔时所作,不当作于元和十二年。朱金城《白居易集笺校》卷四一引《舆地碑记目》将此文系于元和十二年,误。此石刻郑樵《通志·金石略》卷七十三有著录,但之后不见诸文字,当宋后已佚。

5. 与刘禹锡书

《金石录》卷十著录,只知为行书,未载书者,《宝刻丛编》卷十四引《诸道石刻录》录此碑,书者、所在地不详。《宝刻类编》卷七"白居易"下有:"与刘禹锡书。杭。"④系为白居易所书,且云此碑在杭州。《墨池编》卷十八载:"白居易与刘梦得书。苏州。"⑤明周锡珪《唐碑帖跋》卷四"白居易"下云:"又与梦得作。行书。《淳熙帖》五卷中亦有刻。"⑥则《墨池编》所载亦为此书,"杭州"或为"苏

① 《宝刻丛编》,第 427 页。

② 《舆地碑记目》,第 35 页。

③ 《白居易集笺校》卷四一,第 2702 页。

④ 《宝刻类编》,第 228 页。

⑤ [宋]朱长文:《墨池编》,《中国书画全书》第一册,上海书画出版社 1993 年版,第 364 页。

⑥ 《唐碑帖跋》,第 248 页。

州”之误。《淳熙秘阁续帖》载有居易所书《与刘禹锡书》,石刻本应即此书,朱金城认为此石刻乃乐天大和六年所作之《与刘苏州书》,甚善。

6. 东林寺白氏文集记

宋陈舜俞(1026—1076)的《庐山记》卷五:“东林寺白氏文集记,大和九年夏,太子宾客晋阳县开国男太原白居易乐天记,朝散大夫守江州刺史上柱国赵蕃奉侍郎命建碣,僧云皋书。”《金石录》卷十:“第一千八百二十四,唐东林寺白氏文集记。白居易撰,僧云皋正书。太和九年八月。”①

7. 醉吟先生传

《金石录》卷十著录:“一千八百八十二,唐醉吟先生传并墓志。《传》,白居易自撰;《碑》,李商隐撰;谭邶正书。大中五年四月。”②《宝刻丛编》卷四亦据此引录《醉吟先生传》。关于《醉吟先生传》之刻,《南部新书》卷七载:“白傅葬龙门山,河南尹卢贞刻《醉吟先生传》,立于墓侧,至今犹存。洛阳士庶及四方游人过其墓者,奠以卮酒,冢前常成泥泞。”③《宝刻丛编》又引《金石录》云:“唐白居易碑。唐李商隐撰,谭邶书,大中五年四月。”又引《复斋碑录》云:“唐醉吟先生白公西北岩石碣,乐天自著墓碣也。白敏中书,会昌六年十一月立。”④《墨池编》卷十七亦载:“白居易碑。白敏中书。”⑤则会昌六年必立有白敏中所书乐天自著之墓碣,惜后来不存,现集中有《醉吟先生墓志铭》,或为此居易自书之墓碣?《通志》卷七十三元纳新撰《河朔访古记》卷下“河南郡部”著录为谭邶所书李商隐撰志,并误将《醉吟先生传》系为《白居易墓志》。《关中陵墓志》又载:

---

① 《金石录校证》,第180页。
② 《金石录校证》,第184页。
③ 《南部新书》,第103页。
④ 《宝刻丛编》,第83页。
⑤ 《墨池编》,第349页。

"唐白居易墓。乐天与其弟行简、敏中三墓,在渭南县北紫兰村,乐天自为墓志。旧有碑。今泐而裂矣。"①

8. 照公塔碑

此碑《集古录目》卷十引《宝刻丛编》著录云:"照公塔铭。太子少傅分司东都白居易撰,刘禹锡为秘书监、分司东都时书。照公名神照,姓张氏,蜀州青城人,居东都奉国寺。碑以开成三年立。"②《集古录目》卷十、《宝刻类编》卷五皆引录,碑之具体状况不详。原文传世。

9. 大彻禅师传法堂记

《舆地碑记目》卷一《衢州碑记》云:"唐白居易大彻禅师传法堂记。在西安县北玉泉乡月果禅寺。"③《浙江通志》卷二百五十八:"月果禅寺传法堂记。《弘治衢州府志》:白居易记,石刻见存。"④则此石刻明代尚存。白集卷四十一有《传法堂碑》即此。

10. 冷泉亭记

《舆地碑记目》卷一《临安府碑记》云:"冷泉亭记。唐长庆二年,白居易文。"⑤据本集原文所载,应为长庆三年八月十三日记。《咸淳临安志》卷二十三云:"冷泉亭,在飞来峰下。唐刺史河南元藇建,刺史白居易记刻石亭上。"⑥《民国杭州府志》卷九八:"冷泉亭记。《西湖志》:旧在冷泉上,长庆三年八月刺史白居易撰。又碑记旧在亭上,吴越宝大元年癸未立石。"⑦则可知记原刻在亭上,吴越时立石。《咸淳临安志》卷二三:"政和中,僧慧云又于前作小亭,郡守毛友命去之,见后诗序。……守毛宝文友诗并序:昔人以

① [明]祁光宗:《关中陵墓志》,《续修四库全书》第720册,第42页。
② [宋]欧阳棐:《集古录目》,《丛书集成续编》第91册,第503页。
③ 《舆地碑记目》,第20页。
④ 《浙江通志》,第4376页。
⑤ 《舆地碑记目》,第1页。
⑥ 《咸淳临安志》,第3582页。
⑦ 《民国杭州府志》,第732页。

为冷泉未极其妙,因加小亭其上。然泠然水光,潋然山翠,以故去者过半。予以谓不必加工,但去其尤赘者,斯善也。如明镜中而加缋画,非不美好,所以为清明者逝矣。拂拭菑翳,旧观复还。"①又《武林旧事》卷五云:"有亭在泉上。'冷泉'二字,乃白乐天书;'亭'字乃东坡续书。"②清王棠《燕在阁知新录》卷三十驳此而云:"白水潜夫《武陵遗事》有云:题额三字非出一手,'冷泉'乃白公书,'亭'字乃坡公所书。考《冷泉亭记》,白公备悉此亭肇造之由,又安遗此一'亭'字以待后之人?某月某日,天子将临幸,有司先期净道,名贤题额尽为撤毁,或曰扁久不存矣。日月迁流,字无影响。二公之妙墨,或后人不能探讨欤?抑书扁之由来后人不复深信欤?元夔构造,遗事流传,竟置之如弁髦之不相惜,深可慨也。"③可谓深得其理。

11. 西湖石函记

《舆地碑记目》卷一《临安府碑记》:"西湖石函记。《唐史》:长庆四年,白居易文。"④白集内卷六十八《钱塘湖石记》云:"予在郡三年,仍岁逢旱。湖之利害,尽究其由。恐来者要知,故书于石。"⑤此石在宋代曾重刻,见《乾道临安志》卷三:"(王济)字巨川。性刚直无所畏避,出知杭州,真宗面加慰谕。大中祥符四年,迁刑部。郡城西有钱塘湖,可溉田千余顷。岁久湮塞,命工浚治,增置斗门,以备溃溢之患,仍以白居易旧记刻石湖侧,民颇利之。"⑥又《杭州府志》卷九八引《西湖志》云:"旧在石函桥侧,长庆四年三月,白居

① 《咸淳临安志》,第 3582—3584 页。

② 《武林旧事》卷五,第 88 页。

③ [清] 王棠:《燕在阁知新录》,《续修四库全书》第 1147 册,第 272—273 页。

④ 《舆地碑记目》,第 1 页。

⑤ 《白居易集笺校》,第 3669 页。

⑥ 《乾道临安志》,第 3240 页。

易撰。"①

12. 鸟窠禅师问答颂

《舆地碑记目》卷一《临安府碑记》："唐白舍人鸟窠禅师问答颂。在定业院。"②白集中无此文,据宋释普济撰《五灯会元》载："元和中,白居易侍郎出守兹郡,因入山谒师。问曰:'禅师住处甚危险。'师曰:'太守危险尤甚!'白曰:'弟子位镇江山,何险之有!'师曰:'薪火相交,识性不停,得非险乎?'又问:'如何是佛法大意?'师曰:'诸恶莫作,众善奉行。'白曰:'三岁孩儿也解恁么道。'师曰:'三岁孩儿虽道得,八十老人行不得。'白作礼而退。"③或为此文。

13. 法华院石壁经碑文

《舆地碑记目》卷一《平江府碑记》："重玄寺法华院石壁经碑文。太和三年春,郡守白居易记。"④《同治苏州府志》卷一四一:"法华院石壁经碑文,白居易撰。太和三年,在报恩寺子院。"⑤大和三年居易虽在洛阳任太子宾客分司,但此碑为居易长庆二年出刺杭州刺史时始作,成于大和三年,故有此署名。

14. 千佛堂转轮经石记

《舆地碑记目》卷一《平江府碑记》："南禅院千佛堂转轮经石记。开成二年二月一日,白乐天撰。"⑥白集中原文亦署"开成二年二月一日",而《同治苏州府志》卷一四一《金石二》则系于开成四年三月。《文苑英华》、《全唐文》亦同。白集原文云:"大和二年秋作,开成元年春成。……藏成经具之明年,……又明年,院之僧徒三诣

---

①《民国杭州府志》,第 732 页。

②《舆地碑记目》,第 2 页。

③ [宋]释普济著,苏渊雷点校:《五灯会元》卷二,中华书局 1984 年版,第 71 页。

④《舆地碑记目》,第 7 页。

⑤《同治苏州府志》,第 608 页。

⑥《舆地碑记目》,第 7 页。

洛都,请予为记。"①则此记当作于开成二年之后,当以开成四年二月为正。朱金城系于开成二年作,误。

15. 江州司马厅记

《舆地碑记目》卷二《江州碑记》:"江州司马厅记。元和十三年七月八日,白乐天撰。"②文见白集卷四三。

16. 圆震大师碑

《新定九域志》卷五"蕲州"条载:"双峰寺,有四相真身塔。鼓角山,天欲雨,即先鼓角鸣。唐震觉大师碑,白居易文。"③《舆地碑记目》据此载录。《宝刻类编》卷五记载较详,云其为李球元和十二年书,会昌三年刻。《方舆胜览》卷四十九:"乌牙山,在黄梅东北五十里。有灵峰院,白居易、张商英碑记存焉。"④即指此碑。《天下金石志》卷四《湖广·黄州府》亦著录此碑。《湖北金石志》卷六详细记载此碑流传,引《古今碑刻记》云:"白居易文,在黄梅县灵峰院。"又载:"按《舆地纪胜》:乌牙有灵师院,黄梅县东北五十里有白居易所撰碑,以在鼓角南,一曰南山圆证祖师道场。嘉庆通志分为二碑,不考之甚。"⑤又云此碑已佚。此文集中不载,是为佚文。

17. 张尚书碑铭

《舆地碑记目》卷三《韶州碑记》:"张尚书碑铭。尚书讳仲方,白居易撰。"⑥此碑见集本卷七十《范阳张公墓志铭》。翁方纲《粤东金石略》卷五云清时此碑已不存。

---

① 《白居易集笺校》卷七十,第3785—3786页。
② 《舆地碑记目》卷二,第36页。
③ [宋]王存撰,王文楚、魏嵩山点校:《元丰九域志》,中华书局1984年版,第614页。
④ 《方舆胜览》,第881页。
⑤ 《湖北金石志》,第394—395页。
⑥ 《舆地碑记目》,第65页。

18. 荔枝图序

《舆地碑记目》卷四《忠州碑记》："荔枝图序。白文公文。"①后无著录。

19. 三游洞序

《天下金石志·荆州府》："唐三游洞记，白居易与弟行简及元稹游此，刻记石壁。"②《湖北金石志》卷六引《金石存佚考》："唐白乐天量移忠州，道峡江，与其弟知退及元微之三游洞中，赋诗纪胜。而乐天又为序，刻之石壁，岁久剥落，知州匡铎重勒。"③则此碑明人匡铎曾重刻此石，《湖北金石志》云此碑已佚。

20. 白氏文集石记

李绅《看题文集石记因成四韵以美之》诗《全唐诗》题作《题白乐天文集》，注云："乐天藏书东都圣善寺，号《白氏文集》，绅作诗以美之。"诗云："寄玉莲花藏，缄珠贝叶局。院闲容客读，讲倦许僧听。部列雕金榜，题存刻石铭。永添鸿宝集，莫杂小乘经。"④则此《白氏文集石记》尝刻石。

21. 香山寺碑

《宝刻丛编》卷四引《诸道石刻录》云："唐香山寺碑。唐白居易撰。"⑤《墨池编》卷十七所云"修香山寺记。白居易撰并书"⑥，当即此碑。《天下金石志》卷二"河南府"亦载。此碑废于金元之际，见汤右曾《重修香山寺记》："元萨天锡《龙门记》云：旧有八寺，无一存，但东崖巅有累石址两区，余不可识。有数石碑多仆，其立者字剥落不可读。则兹寺之废，在金元之际。今岿然惟两石

① 《舆地碑记目》，第103页。
② ［明］于奕正：《天下金石志》，《续修四库全书》第886册，第343—344页。
③ 《湖北金石志》，第395页。
④ 《全唐诗》卷四八三，第5495页。
⑤ 《宝刻丛编》，第82页。
⑥ 《墨池编》，第356页。

塔在耳。"①又据《怀清堂集》卷十四《退谷将归吴中小诗道别》诗中句"千尺磨崖健笔题"下自注云:"又书香山寺碑及白少傅墓碑各一。"②由汪士鋐所书之碑尚存,现收于《北京图书馆藏历代石刻拓本汇编》,并载:"清康熙四十八年(1709)三月十五日刻。石在河南洛阳龙门。拓作十二纸,均高 190 厘米,宽 49 厘米,唐白居易撰,汪士鋐行书并跋。"③白居易又有《香山寺新修经藏堂记》:"尔时道场主佛弟子香山居士乐天欲使浮图之徒游者归依,居者护持,故刻石以记之。"④此文亦刻石,《墨池编》卷十七载录:"修香山寺经藏记。白居易。"⑤

22. 崔孚碑

《宝刻类编》卷七著录:"白居易。崔宏礼碑。撰并书。洛。"⑥《宝刻丛编》卷四引《访碑录》:"唐崔弘礼碑。唐白居易撰并书。"⑦然《墨池编》卷十七:"崔浮碑,白居易撰。……崔弘礼碑,瓘璩书。"⑧白集卷六十九《唐故湖州长城县令赠户部侍郎博陵崔府君神道碑铭并序》,故朱金城按语云:"此碑《宝刻丛编》四《清河县》下引《访碑录》作《崔弘礼碑》,误,居易撰书者乃弘礼父碑也。"⑨

23. 沃洲山禅院记

《舆地碑记目》卷一《绍兴府碑记》:"沃洲山禅院记。晋宋以

---

① [清]孙灏、田文镜等:《雍正河南通志》卷七九,《四库全书》第 538 册,第 681 页。

② [清]汤右曾:《怀清堂集》,《四库全书》第 1325 册,第 566 页。

③ 北京图书馆金石组:《北京图书馆藏中国历代石刻拓本汇编》第 66 册,中州古籍出版社 1989 年版,第 125 页。

④《白居易集笺校》卷七一,第 3805 页。

⑤《墨池编》,第 356 页。

⑥《宝刻类编》,第 228 页。

⑦《宝刻丛编》,第 93 页。

⑧《墨池编》,第 349—350 页。

⑨《白居易集笺校》,第 3726 页。

来,有罗汉僧西天竺人白道猷居焉,次有高僧竺法潜、支道林居焉。又有乾、兴、渊、支、道、开、成、蕴、崇、实、光、识、裴、藏、济、度、逞、印凡一十八僧居焉。高士名人,有戴逵、王洽、刘恢、许玄度、殷融、郗超、孙绰、柏彦表、王敬仁、何次道、王文度、谢长霞、袁彦伯、王濛、卫玠、谢万石、蔡叔子、王羲之凡十八人,或游焉,或止焉。"①此段所录与集本稍异,"晋宋以来"后集本有"因山洞开,厥初"六字。"又有"前集本有"次"。"成",集本人"威"。"柏",集本作"桓"。《天下金石志·绍兴府》:"唐真觉寺碑,白居易撰。"②《嘉泰会稽志》卷八云:"沃洲山真觉院,在(新昌)县东四十里。方新昌未为县时,在剡县南三十里。居沃洲之阳,天姥之阴,南对天台山之华顶。……有头陀白寂然来游,恋恋不能去,廉使元微之始为卜筑,白乐天为作记。"③真觉寺即沃洲山禅院,此碑即真觉寺碑。《雍正浙江通志》卷二百五十七《碑碣·绍兴府》也著录此碑。

24. 元稹碑

《宝刻丛编》卷八引《京兆金石录》载:"唐武昌军节度使元稹碑。唐白居易撰。元和中立。"④《嘉定赤城志》卷四十:"检校尚书工部郎中前兼台州刺史李师望,……咸通三年罢郡,九月十一日北归,因留题。以上皆师望自纪,见于桐柏观元稹碑阴,观其所刻,盖捕裘甫时也。"⑤此碑在台州天台山,与前碑似非同一碑石。

25. 吴兴灵鹤赞

《嘉泰吴兴志》卷十八:"吴兴灵鹤赞。在天庆观,唐白居易之作也。宋朝雍熙四年,知州事郑建为之序,始刻石焉。"⑥《吴兴金

---

① 《舆地碑记目》,第13—14页。
② 《天下金石志》,第294页。
③ 《嘉泰会稽志》,第6854页。
④ 《宝刻丛编》,第265页。
⑤ [宋]陈耆卿:《嘉定赤城志》,《宋元方志丛刊》第七册,第7596页。
⑥ 《嘉泰吴兴志》,第4838页。

石记》卷六："吴兴云鹤赞。石佚，文见《白氏长庆集》。"①《全唐文》亦作"云鹤"，当为"灵鹤"。

26. 宝应寺碑记

《天下金石志·抚州府》："唐宝应寺碑记。白居易撰。寺有'翻经台'三字，为谢灵运翻大涅槃处。"②白集中未有关于抚州宝应寺之诗文，或为佚文。

27. 龙兴寺华严经石记

《舆地碑目记》卷一《临安府碑记》："龙兴寺华严经柱石记。宝历三年九月二十五日，苏州刺史白居易撰，寺僧南操立。"③《（同治）浙江通志》卷二五五和《杭州府志》卷九七据此引录。

28. 唐故会王墓志铭

此墓志出土原石现藏陕西省博物馆，为白氏自书自撰文之仅存石刻。《唐代墓志汇编》载此文，与白集之文相校，尚有不少相异处。题款为"翰林学士将仕郎守京兆府户曹参军臣白居易奉敕撰"④为集本所无，"五年"下集本多"冬"字，"上皆不举乐"，《唐代墓志汇编》作"上为之不举"，集本"礼也"下多"是日又诏翰林学士白居易为之铭志，故事也"，集本"字某"，石刻作"字繻"，"陛下"作"皇帝"，"受封曰会"作"受封于会"，"呜呼"石刻为"而"，"二十一而终"石刻为"廿一而薨"，"惇睦"石刻作"敦睦"，"故王薨也"作"故其薨也"，"有加于常情"作"有以加情"，"王之葬也，遣奠之仪，有加于常数。哀荣俱备，斯其谓乎"作"其葬也，哀荣之仪，有以加等。仍诏掌文之臣居易为其墓铭"。文字出入较大，相对来说，石刻本大概因其体例之故较为简洁，集本则可能在此后经过修改，显得更加

---

① ［清］陆心源：《吴兴金石记》，《续修四库全书》第 911 册，第 505 页。

② 《天下金石志》，第 320 页。

③ 《舆地碑目记》卷一，第 2 页。

④ 《唐代墓志汇编》，第 1980 页。

严谨而铺排。集本亦在流传过程中，出现一些讹误，如"敦"误为
"惇"，"冬"字衍等等。

29. 阙塞山碑铭

《(雍正)河南通志》卷七十九："唐白居易阙塞山碑铭：高阙嵬
峨，群山迤逦。乃固王城，是通伊水。形胜居多，英灵萃止。螺髻
偏垂，雁塔高峙。奠玉河滨，回舆山趾。驻跸称奇，贞珉斯纪。"①
此碑铭宋袁褧《枫窗小牍》卷下载其为宋真宗祀汾而还过伊阙
作。②《河南通志》误系为白居易作。

30. 与运使郎中状

此状见于《淳熙秘阁法帖》，为佚文，已收录于《白居易集》中。
此文曾刻石，见《法帖》文末："淳熙十二年三月十九日奉圣旨摹勒
上石。"③

31. 与□□书

此书札与《春游》诗为明代王氏所藏宋拓四名人法书册页，现
藏于历史博物院，乃北宋钱勰知越州时刻于会稽之拓本。此书札
又见于《初拓星凤楼法帖》，藏于故宫博物院，为南宋时复摹刻石之
拓本。此书未详送与何人，顾颉刚《白居易所书诗书志石刻考释》
认为此诗乃与元稹书，书云："违奉渐久，瞻念弥深。伏……"④从
该书口吻来判断，似不像是写与元稹。

32. 尊胜大悲心陀罗尼跋语

温玉成《白居易故居出土的经幢》考证白居易故居考古发掘出
土的石质残经幢《佛顶尊胜陀罗尼》与《大悲心陀罗尼》为白居易晚
年书写的，未有明确证据，但其石刻中有白居易所撰之跋语云："唐

---

① 《雍正河南通志》，第 692 页。

② [宋]袁褧：《枫窗小牍》，《丛书集成初编》第 2784 册，第 19 页。

③ 《白居易集》外集卷下，第 1555 页引。

④ 顾学颉：《白居易所书诗书志石刻考释》，《文物》1979 年第 8 期，第 60 页。

大和九年，……开国男白居易造此佛顶尊胜大悲心陀罗尼……及见幢形、闻幢名者，不问胎卵湿化，水陆幽明……悉愿同发菩提，共成佛道。"①为白集所无，实为佚文。

33. 鄂州何大夫创制夏亭诗序

《湖北金石志》卷六引《湖北金石录》载："鄂州何大夫创制夏亭诗序。白居易撰。在鄂州。"②此诗《文苑英华》、《全唐文》皆署符载作，考白集中无此诗序与相关记载，当为误载。

第二节　白居易诗文书迹考

白居易诗文历来受人喜爱，因而历代或有人藏其石刻拓本帖子，或有人自书传世，或有人临摹前人墨宝，书迹载录成为白居易诗文流传的重要途径之一。此类墨宝有的独立而书，有的与画同书，但多以诗歌为主，盖一因诗多简短，二因诗、书、画易通之故。但是由于时代变迁，国内白居易诗文书迹流传下来的较少，而在日本国，由于历代对汉文化的重视与尊崇，反而保存了大量的白居易诗文真迹与模本书迹作品。

一、中国部分

1. 白居易乐府一卷

《石渠宝笈》卷三十："明董其昌书白居易乐府一卷。上等云一。朝鲜镜光笺乌丝阑本，行书款识云：书白太傅诗，董其昌。下有太史氏、董其昌二印，又自跋云：盛唐人亦作达语，然不落格律，如李峤《汾阴行》之'富贵荣华能几时？山川满目泪沾衣。不见即

---

① 温玉成：《白居易故居出土的经幢》，《四川文物》2001 年第 3 期，第 64 页。
② 《湖北金石志》，第 397 页。

今汾水上,惟有年年秋雁飞。'可以动悟,竟无僧气元宰。下有董其昌一印。卷高八寸,广三尺四寸。"①《石渠宝笈》卷二《御临董其昌书白居易诗一卷》:"宋笺本,行书乐府一首、五言古诗一首。款识云'御临董其昌书白居易诗',后有乾隆宸翰'含经味道'二玺,卷前有'观书为乐'一玺,卷高八寸五分,广三尺五分。"②

2. 题香山新经堂招僧

《乾隆江南通志》卷四十三《江宁府》:"国朝康熙四十六年,圣祖仁皇帝南巡临幸,赐御书'灵谷禅林'四字匾额,御书'天香飘广殿,山气宿空廊'对联,御书石刻《金刚经》一部,御书泥金《心经》一卷,御书白居易绝句金扇一柄:'烟满秋堂月满庭,香花漠漠磬铃铃。谁能来此寻真谛,白老新开一藏经。'"③此绝句为白集卷三十五中之《题香山新经堂招僧》诗。

3. 偶眠

元陆友仁《研北杂志》卷上载:"李伯时《雅集图》有两本在。元丰间,宴于王晋卿都尉之第所作;一盖作于元祐初,安定郡王赵德麟之邸。刘潜夫书其后云:重屏图,至汝阴王明清氏始定正坐者为南唐李中主像,尝见楼宣献公家周文矩所画初本,前有徽宗御书白乐天《偶眠》一章云:放杯书案上,枕臂火炉前。老爱寻思事,慵多取次眠。妻教卸乌帽,婢为展青毡。便是屏风样,何劳画古贤。此白乐天诗。江南李中主兄弟四人围棋,屏上书乐天前诗,纸上着色,人皆如生。"④清陆心源《穰梨馆过眼叙录》卷一云:"周文矩重屏图卷。……此南唐画院周文矩所画,李中主璟兄弟四人围棋之像。宋人称为重屏图者也,见陆友仁《研北杂志》卷二,原本画于屏

---

① [清]张照:《石渠宝笈》,《四库全书》第 825 册,第 244 页。
② 《石渠宝笈》,《四库全书》第 824 册,第 60 页。
③ 《乾隆江南通志》,《四库全书》第 508 册,第 374 页。
④ [元]陆友仁:《研北杂志》,《丛书集成新编》第 87 册,第 396 页。

风。画中又有屏,上绘白乐天诗意,故曰重屏。至宋祐陵得之,始装为轴,而书白诗于上。"①载其流传甚明。明张丑《清河书画舫》卷六"李煜"条云:"重屏图,旧藏汝阴王明清家,图中正坐者为南唐李中主也。此图与周文矩同作。"②误以图为李煜与周文矩同作。又同卷引《寓意编》云:"李后主重屏图,后有宋人书白乐天及荆公诗、元滕玉霄词。杨仪部藏,杨致仕回,问之,则已赠京师人矣。"③《重屏图》故宫博物院有藏本,绢本设色,高 40.3 厘米,长 70.5 厘米,图上无乐天之诗(见《中国古代书画图目》,编号京 1-234)。盖刘克庄所见《重屏图》为宋摹本,又元袁桷《清容居士集》卷四一《题模本重屏图》、清陆心源《仪顾堂集》卷二十《周文矩重屏图卷跋》,皆载宋摹本流传,且云摹本中白诗已佚。吴荣光《辛丑销夏录》卷二云:"宋人画重屏图轴。绢本,失记尺寸,有庄字、石氏、永保等印,签题'南唐周文矩重屏图西斋珍藏'。……其屏风上所图人物乃白乐天《偶眠》一章诗意也。诗曰:……顺治丁亥,先宫詹公甫登第,官翰林,因得是图于京师。舟车南北恒绨囊,携贮行笈中自随,迄今袭藏已五十余年矣。……《寓意编》云:宋人书白乐天及荆公诗、元滕玉霄词,皆失之,惟画白乐天屏空处有'非礼勿视非礼勿听非礼勿言非礼勿动'四句小篆,非谛审,几不可辨。画是宋人摹本,故附宋末。伯荣。"④则此图摹本亦历诸多变迁。

4. 八渐偈与逍遥咏

《秘殿珠林》卷二《释氏经册》:"明董其昌书白居易诸偈一册,上等黄八金粟笺本,行楷书。前书《八渐偈》,识云:白香山得法于鸟窠禅师,其生平宦路升沈皆以禅悦消融,入不思议三昧。此八偈

---

① [清]陆心源:《穰梨馆过眼续录》,《续修四库全书》第 1087 册,第 439—440 页。

② [明]张丑:《清河书画舫》,《四库全书》第 817 册,第 233 页。

③ 《清河书画舫》,第 250 页。

④ [清]吴荣光:《辛丑销夏录》,《续修四库全书》第 1082 册,第 491—492 页。

名为渐偈,实顿宗也。苏端明亦是乐天辈人,笔铓更峻利,不知受用处似香山何如耳。乙丑九月朔,书于采芹堂,次书六偈识云:右六偈亦香山太傅作。乙丑九月二十日为孙庭生日书以付之。后有思翁印一,末附《逍遥咏》,识云:此亦白文公诗,亦可为禅偈。公所得法于鸟窠和尚者如此。款署其昌,下有董其昌印一,计十六幅,幅高六寸八分,广四寸八分。"①又据明妙声《东皋录》卷上《题虞侍讲书白太傅八渐偈》一诗云:"香山居士《八渐偈》,青城先生隶古书。金薤琳琅殊可爱,文章官阀总相如。"②则虞侍讲亦曾书此《八渐偈》。但未见书著录,盖已不传。

5. 池上篇

明汪砢玉《珊瑚网》卷十三"秦瀚广白居易池上篇"条载:"百仞之山,数亩之园。有泉有池,有竹千竿。有繁古木,清荫盘旋。勿谓土狭,勿谓地偏。足以容膝,足以息肩。有堂有室,有桥有船。有阁焕若,有亭翼然。菜畦花径,曲涧平川。有书有酒,有歌有弦。有叟在中,白发飘然。识分知足,外无求焉。如鸟择木,姑取巢安。如鱼在坎,不知海宽。动与物游,矫若飞仙。静与道契,寂如枯禅。灵鹤怪石,紫菱白莲。皆我所好,尽在目前。携筐摘果,举网得鲜。约我生计,斯亦足焉。时饮一杯,或吟一篇。老怀熙熙,鸡犬闲闲。天地一瞬,吾忘吾年。日居月诸,莫知其然。优哉悠哉,吾将终老乎其间。"③此书与集本相差较大,比集本多出许多文字,为明代诗人秦瀚所增广。清孙岳颁《佩文斋书画谱》卷九十四《历代鉴藏四》、清卞永誉《式古堂书画汇考》卷二八亦著录此书,皆云《秦瀚广书白居易池上篇》,将秦瀚误作秦瀚广。高士奇《苑西集》卷十二《史冑司编修属题尊人子修前辈字卷》亦载:"日长山静唐庚句,种竹穿池白傅吟。

---

① [清]敕撰:《秘殿珠林》,《四库全书》第823册,第509页。
② [明]妙声:《东皋录》,《四库全书》第1227册,第572页。
③ [明]汪砢玉:《珊瑚网》,《中国书画全书》第5册,第829页。

修禊亭边敝庐在,披来顿起故园心。(自注:卷中书唐子西《山居志》,白乐天《池上篇》及《兰亭叙》。"①又《池上篇》历来受后人欣赏,除此之外,还有多人所书著录。明王世贞撰《弇州山人四部稿》卷一二九《题池上篇彭孔嘉钱叔宝书画后》云:"余少读《归去来辞》,虽已高其志而窃难其事,以为非中人所能,后得白乐天《池上篇》,览之颇有合,谓此事不甚难办,此文不甚难构,而千百年少俪者,何也?苏长公云:乐天事事可及,唯风流一事不可及。余则云:风流亦可及,唯晓进退不可及也。友人彭孔嘉尝为余书此篇,遒劲丰美,备得颜、柳骨态。长夏无事,钱叔宝复系以图,宛然履道里白叟退休所矣。吾名位虽小薄而年差壮,小祇园水竹差胜,图籍差具,酒量差益,今年湖田不沮洳,亦何必请分司奉耶?便当一决,书此以俟。"②此书清彭蕴章《松风阁诗钞》卷上《题九世从祖隆池山人年书白乐天〈池上篇〉》载:"有明一代传隐逸,山人高节居其一。鹤书屡却当路征,岂惟翰墨工无匹?书此乐天《池上篇》,故纸流落三百年。信哉通神贵瘦硬,岩岩酷似颜平原。当时争购山人书,盛名藉藉倾三吴。弇州题诗珍什袭,名流鉴别知非虚。(原注:此卷为王弇州属,书后有弇州诗并题跋。)齐名只有文征仲,山人手迹世尤重。平生不轻为人书,残缣落落朝阳凤。又闻山人之终先自知,炷香测晷果如期。西州石折文翁癙,算数岂等景纯推?樊笼不久栖鸾鹤,云霄一举穷遐邈。谁向隆池访故庐,欲寻古墓寒山麓。"③清胡敬《胡氏书画考三种》载:"伏读圣祖御临董其昌《池上篇》识云:康熙己巳春,偶临董其昌池上篇,命钦天监五官焦秉贞取其诗中画意。"④张照《石渠宝笈》卷四十亦著录此幅。董其昌所书《行书池

---

① [清]高士奇:《苑西集》,《四库未收书辑刊》第七辑第 26 册,第 726 页。

② [明]王世贞:《弇州山人四部稿》,《四库全书》第 1281 册,第 164 页。

③ [清]彭蕴章:《松风阁诗钞》,《续修四库全书》第 1518 册,第 399—400 页。

④ [清]胡敬:《胡氏书画考三种》,《国朝院画录》卷上,《续修四库全书》第 1082 册,第 33—34 页。

上篇》原迹现存于苏州博物馆,高 21.8 厘米,长 92.8 厘米。作于万历三十一年(1603)(《中国古代书画图录》著录,编号为苏1-124)。

据《中国古代书画图目》著录,明张瑞图曾作《行书白傅池上篇》,轴式,金笺,现存于北京市文物商店,编号为京 12-105。文字与集本略异,集本"识分知足",书作"安分知足"。"如甕在坎",书作"如鱼在泽"。"尽在我前",书作"尽在目前"。"时引一杯",书作"时饮一杯"。"吾将终老乎其间",书作"聊以总年"。[1] 明陈继儒书《行书白居易池上篇》,绢本一卷,《书画图目》著录,编号粤 2-085,长 469.5 厘米,高 22.7 厘米。文字与集本同,有个别相异处,如"时饮一杯"[2],集本作"时引一杯"。"如龟居坎"的"龟",与马本同,宋本、那波本、卢校作"甕"。清梁同书也有《行书池上篇》,作于乾隆五十六年(1791),现藏于天津市文物公司,《书画图目》著录,编号津 6-139。

6. 九老诗并序

《梦园书画录》卷二十五录《陈世南楷书九老诗册》云:"绫本,今尺高五寸一分,阔三寸七开,计十四页。页五行,行十四字,楷书。唐白居易《九老诗并序》,首钤'春晖堂'三字长印,末钤'映山珍藏'方印。辛丑七夕后一日,书于知载堂。"[3]除陈邦彦之外,尚有刘松年画、马夅书九老图诗。松年,钱塘人,绍兴间待诏画院,师郭礼,工人物山水,神气精妙,远过其师,世称之为暗门刘。马夅,宋人,跋称中书舍人事,其他未详。明汪砢玉撰《珊瑚网》卷三十"名画题跋六"著录并录文,卞永誉《式古堂书画汇考》卷书考十四亦著录。此册诗与序与集本多不同,其序云:"会昌五年三月二十

---

① 中国古代书画鉴定组:《中国古代书画图目》第一册,文物出版社 1986 年版,第 186 页。

② 中国古代书画鉴定组:《中国古代书画图目》第八册,文物出版社 1996 年版,第 42 页。

③ [清]方浚颐:《梦园书画录》,《续修四库全书》第 1086 册,第 777 页。

四日,胡吉刘郑卢张等六贤皆多年寿,予亦次焉。于东都敝居履道坊,合尚齿之会。七老相顾,既醉且欢。静而思之,此会希有,因各赋诗一章以纪之,或传诸好事者。其年夏,又有二老,年貌绝伦,同归故乡,亦来斯会。续命书姓名年齿,写其形貌,附于图右。仍以一绝赠。"①诗序与集本相异之处,盖与白居易《七老会诗》之诗题《胡吉郑刘卢张等六贤皆多年寿予亦次焉偶于弊居合成尚齿之会七老相顾既醉甚欢静而思之此会稀有成七言六韵以传好事者》渗入而成。此册共载八首诗,一首为白居易《九老图诗》。另七首为七位老人所作的七老会诗,多与集本有异。其中白居易所写七老会诗云:"七人五百八十四,拖紫纡朱垂白须。囊里无金莫嗟叹,樽中有酒且欢娱。吟成六韵神还旺,饮到三杯气尚粗。巇峨狂歌教婢拍,婆娑醉舞遣孙扶。天年高过二疏傅,人数多于四皓图。除却三山五天竺,人间此会且应无?"②"八十四"与汪本同,它本作"七十岁";"囊里无金",诸本皆作"手里无金",比诸本优。"吟成六韵"与汪本同,诸本作"诗吟两句";"神还旺",绍兴本作"神还王",马本、《唐音统签》作"神犹王",汪本作"神还壮"。"饮到"与汪本同,它本作"酒饮"。"图",汪本作"国"。"且应无",诸本作"更应无"。厉鹗撰《南宋院画录》卷四著录此图册。张照《石渠宝笈》卷六亦著录,并录冯资、邓文原、赵孟頫、王缘、陈芹、朱曰藩等诸家题跋,后云:"按诸跋字体皆出一手,或前人别有九老图曾经名流题跋,收藏家集,录于此耳。"③《石渠宝笈》卷三四又著录"明黄彪画九老图一卷",末云:"皇明万历甲午蜡月立。明年春,黄彪图识拖尾,陆士仁隶书九老诗并序。"④明祝允明也有《楷书洛中会昌九老会序》,纸

---

①　[明]汪砢玉:《珊瑚网》,《中国书画全书》第五册,第1036页。

②　《珊瑚网》,第1036页。

③　《石渠宝笈》,《四库全书》第824册,第167页。

④　《石渠宝笈》,《四库全书》第825册,第408页。

卷,25.2 厘米高,108.4 厘米长。作于弘治二年(1489),现藏于上海文物商店,《书画图目》著录,编号为沪 11 - 006。文字与前册相似处较多,但也有相异处,诗序大体与前册相同,有个别删减,"时会昌五年三月二十四日"放在序尾。如"神还壮"与汪本同,"疏傅"与汪本等同,"四皓图",汪本又作"四皓国",①可见此本白居易诗文文字颇佳。清金农有《隶书九老图记》,绢本一轴,高 117 厘米,长52.3 厘米,现藏于广东省博物馆,《书画图目》著录,编号粤 1 - 0726。文字与祝允明所书白居易《九老图序》略同,多出二老事。

又明王夫之亦有《楷书香山九老诗》,上有欧阳中鹄、刘人熙、康有为、庄蕴宽、章士钊等人题跋。章士钊题:"船山墨迹世所罕觏。此册藏余斋甚久,南海见之,诧为奇迹。今距此老题额时已二十年矣。顷来北京,与予倩兄昆仲相见,颇信故物应还旧主,爰题三绝于后归之。此是神物,时难年荒,经余手而不丧失,类有神助,欧阳氏子孙其永宝之。"②此册流传至今。

7. 七德舞

《玉海》卷三四《淳熙书七》"德舞御书扇"条:"(五年)十一月二十五日,书白居易《七德舞》,赐翰林学士周必大。"③周必大有《谢御书札子》、《跋御书》、《进谢御书古诗》等,皆为宋孝宗赐书《七德舞》而作。《跋御书》云其书"鸾翔凤腾,体备八法,钟繇羲献,方之蔑矣。"④

8. 紫薇花诗

周必大《谢御书札子》:"本朝太宗皇帝以宋玉《大言赋》赐苏易

---

① 中国古代书画鉴定组:《中国古代书画图目》第十二册,文物出版社 1993 年版,第 129—130 页。
② 董国强:眠琴山房博客,http://blog.sina.com.cn/s/blog_54858677010009z4.html,2007 年 10 月 22 日。
③ [宋]王应麟:《玉海》,上海书店 1987 年版,第 649 页。
④ [宋]周必大:《玉堂类稿》卷十,《丛书集成三编》第 18 册,第 699 页。

简,哲宗皇帝以白居易《紫薇花诗》赐苏轼,皆以宠待词臣,垂光简册。"①

9.《大巧若拙赋》

《玉海》卷三十四"淳熙太上皇帝御书"条:"三年,九月十五日,太上书白居易《大巧若拙赋》赐夏执中。"②周必大有诗云:"大巧都无迹可窥,春来物物自芳菲。不因亲御香山赋,谁识当年造化机?(自注:太上皇帝近书白居易《大巧若拙赋》,赐夏执中。)"③

10. 饱食闲坐诗

《益公题跋》卷七《御书白居易诗跋》:"右唐白居易太和八年以太子宾客分司东都,赋《饱食闲坐诗》一首。淳熙五年,皇帝亲御翰墨,下臣拜受而宝藏之。谨按:居易先以长庆二年过汉江,赋诗云:秋水浙红稻,朝烟烹白鳞。今复云:红粒陆浑稻,白鳞伊水鲂。盖于一饮食间默寓忠爱不忘君之意。所谓造次必于是者。时文宗虽恭俭儒雅,而中人之祸已萌,其云'朝廷重经术,草泽搜贤良',殆讥不能用刘蕡也。又云'尧舜求理切,夔龙启沃忙',言上虽锐意于治而王涯□□为相,非徒无益也。又云'怀才抱智者,无不走遑遑',指李训、郑注等也。明年而甘露之乱果作,居易其知几乎?生虽不逢其时,孰知三百余载之后,乃一遇圣明,发挥其语,光荣多矣。臣叨陪近侍,获此宸奎,敬题卷末以示来裔。翰林学士臣周某记。后七年当淳熙乙巳岁四月戊辰,臣某稽首重观于西府。"④

11. 白居易诗二首

《玉海》卷三十四《淳熙书诗赋》"制春昼诗"条:"十二年,九月,癸巳,洪迈直禁林,赐宸翰唐白居易诗二首。"⑤

---

① 《玉堂类稿》卷十,第698页。

② 《玉海》,第649页。

③ 《玉堂类稿》卷十八,第764页。

④ [宋]周必大:《益公题跋》,《丛书集成新编》第50册,第528页。

⑤ 《玉海》,第650页。

12. 长恨歌

王世贞《弇州山人四部稿》卷一三二《王雅宜长恨歌后》云："白学士歌绵丽详缛,宛然开元宫中韶景。履吉以行草书之,艳冶之极,并得玉真情态。余乃乞莫云卿书陈鸿小传,家弟书手删外传,俱小楷补之,翩然有晋人意。尤子求复系以图,令人恍恍有乘槎犯斗之兴,然不欲多展,展则恐费蒲团工力也。"①王雅宜所书《长恨歌》,孙矿撰《书画题跋》卷一、《珊瑚网》卷二二、卞永誉《式古堂书画汇考》亦著录。清顾复撰《平生壮观》卷五云:"《长恨歌》。宋笺,十余幅,行书。经寸极精,莫云卿小楷写陈鸿《传》,王麟洲小楷写《太真外传》,尤凤邱补图。白描叶法,善见太真,后王弇州二跋。"②此书亦即王雅宜所书《长恨歌》。

《弇州山人四部稿》卷一三八又载:"吴中善书者,俞仲蔚《连昌宫词》,彭孔嘉《长恨歌》,周公瑕《津阳门行》,黄淳父《清平调》八首及袁鲁望、张伯起、王百榖、王元驭、华幼圆、舍弟辈,各以小楷书宫词,遂成佳本,其它固所不暇论也。"③彭孔嘉即彭年,王世贞《吴中往哲像赞》云:"(彭年)以文行举为郡诸生,寻谢病免。……书初法晋人,已为楷,其小者信本(欧阳询),大者清臣(颜真卿),行、草则子瞻(苏轼)。"④年著有《隆池山樵集》。又葛金烺《爱日吟庐书画录》卷二载:"明文彭分隶《长恨歌传》册。纸本,凡十七帧。高八寸,阔五寸,每帧乌丝界九行,行十五字。《传》全文不录,《歌》全文不录。乐天《长恨歌》清婉凄绝,当时秀才陈鸿复为作传以记之,又称合作。袁永之索予分隶一过,予笑谓:子建《洛神》,大令为书数十本,是为千古三绝。予书何得附黄绢幼妇之例,第令白家樊姬见

---

①《弇州山人四部稿》一三二,第 199—200 页。

②［清］顾复:《平生壮观》第二册,上海人民美术出版社 1962 年版,第 45 页。

③《弇州山人四部稿》,第 281 页。

④《弇州山人四部续稿》卷一五〇,《四库全书》第 1284 册,第 175 页。

之,不掩口足矣。嘉靖四十五年七月晦日雁门文彭识。印二:文彭之印,朱文方印;三桥居士,白文方印。"①文彭曾书隶书《长恨歌》与《传》,其父文征明曾书有《隶书长恨歌》,并书《歌》、《传》,且流传至今,现藏于镇江博物馆,书作于嘉靖八年(1529),宽155.5厘米,长32厘米。见《书画图目》,编号苏13-004。

又翁方纲亦曾书《长恨歌》,见秦祖永《桐阴论画》三编上卷:"余秋室集,绘事精工,尤擅长士女,有余美人之目。向藏杨妃出浴图,写杨妃蹁跹马上,娇柔弱态,生动尽致。内监宫娥,扶挈左右,深得浴后神趣。上翁覃溪《长恨歌》小楷,可称双绝。"②丁仁《八千卷楼书目》十四载:"《长恨歌图说》五卷。不著撰人名氏。日本刊本。"③

此外,还有不少书写《长恨歌》后所作之诗流传,万梦丹有《书长恨歌后》诗云:"翠羽西巡唤奈何? 六军兵谏逼金戈。拼将一死纾君难,愧杀从行将士多。"④邱炜菱《五百石洞天挥麈》卷七:"谭康侯农部《书长恨歌后》云:马嵬沙草没孤坟,剑阁淋铃不可闻。但使千秋《金鉴》在,何劳七夕钿钗分。张南山太守《咏曲江相公》云:岂徒风度立朝廷? 良相能知乱未形。若使早依《金鉴录》,至尊何至雨淋铃。后二语词意正复相近。"⑤

13. 琵琶行

关于《琵琶行》的书迹载录较多,最早的当是李清照所书,见明宋濂《宋学士文集》卷七十《题李易安所书琵琶行后》:"乐天谪居江州,闻商妇琵琶,抆泪悲叹,可谓不善处患难矣。然其辞之传,读者犹怆然,况闻其事者乎! 李易安图而书之,其意盖有所寓,而永嘉

---

① [清]葛金烺:《爱日吟庐书画录》,《续修四库全书》第1088册,第411页。
② [清]秦祖永:《桐阴论画》,《续修四库全书》第1085册,第380页。
③ [清]丁仁:《八千卷楼书目》卷十四,第18页上。
④ [清]蔡殿齐:《国朝闺阁诗钞》卷十,《续修四库全书》第1626册,第709页。
⑤ [清]邱炜菱:《五百石洞天挥麈》,《续修四库全书》第1708册,第174—175页。

陈傅良题识,其言则有可异者。"①此书有南宋永嘉学派代表人物陈傅良题识,但之后未见著录。宋元尚有詹初、艾性夫之书,见《寒松阁集》卷三《书白乐天〈琵琶行〉后》:"浔阳夜泊送客船,船上谁人白乐天。坐闻一曲琵琶奏,青衫何用涕泗涟。岂知通穷良有命,君子当之无怨焉,虚使歌行世上传。"②艾性夫《剩语》卷下《书琵琶行后》:"儿女情怀易得怜,悲伤容或涕涟涟。独疑迁客方沦落,犹着朝衣夜入船。"③

　　至明代,书《琵琶行》者甚众。著名书法家如董其昌、文征明、彭年等皆有书写。董其昌《书琵琶行题后》云:"白香山深于禅理,以无心道人,作此有情痴语,几所谓木人见花鸟者耶? 山谷为小词而禅德诃之,谓不止落驴胎马腹。则慧业绮语,犹当忏悔在。余书此歌,用米襄阳楷法兼拨镫意,欲与艳词相称,乃安得大珠小珠落研池也。"④高士奇曾收藏此书,并在诗词中述及此书以寄托人世变迁与悲欢离合之感,见《竹窗词》中《小重山令》(原注:题董又敏书白太傅琵琶行后)与《高士奇集》中《独旦集》卷七《再题董文敏所书琵琶行》。《石渠宝笈》卷三亦有著录:"明董其昌书琵琶行一册,次等洪八。"⑤胡敬《西清劄记》卷一著录:"董其昌书琵琶行册。茧纸本,界朱丝栏,行书。……谨案:此册今刻《小玉烟堂帖》中,墨迹苍劲。刊本但饶姿媚,苍劲处全失之。是知书以墨迹为贵也。"⑥是知此册尚曾刊印。按:董其昌曾书行书、草书两册,董其昌《书琵琶行题后》自述其书为行楷,留存至今,称《琵琶行诗卷》,为董其昌晚年所作,共64行,原迹现存于天津历史博物院,著录于《书画图

①　[明]宋濂:《宋学士文集》,《四部丛刊初编》第1514册,第5页下。
②　[宋]詹初:《寒松阁集》,《丛书集成续编》第131册,第161页。
③　[元]艾性夫:《剩语》,《四库全书》第1194册,第426页。
④　[明]董其昌:《画禅室随笔》,中国书店1983年版,第19页。
⑤　《石渠宝笈》,《四库全书》第824册,第95页。
⑥　[清]胡敬:《西清劄记》,《续修四库全书》第1082册,第71—72页。

目》，编号为津 2－036。董其昌草书《琵琶行》亦传世，中国书店 1989 年据神州国光社本影印出版。此书尾题："恨不逢张伯高书之，余以醉素笔意，仿佛当时清狂之状，得相似否？昆山道中舟次同观者，陈征君仲醇及夏文学、庄山人、孙太学也。"①此卷文字与集本略有不同。"秋瑟瑟"，马本、《唐音统签》、汪本同，他本作"秋索索"。"惨相别"，集本作"惨将别"。"犹抱"，绍兴本、《文苑英华》本作"犹把"。"三两声"，《文苑英华》作"三五声"。"不得志"，马本、《唐音统签》、汪本同，他本作"不得意"。"拨复挑"，他本作"抹复挑"。"六幺"，马本、《唐音统签》、汪本同，绍兴本作"绿腰"。"水下滩"，绍兴本作"水下难"，那波本、金泽本等作"冰下难"，他本与此书同。"凝绝"，绍兴本、汪本作"疑绝"。"幽愁"，《文苑英华》、汪本作"幽情"。"东船"，绍兴本作"东舟"。"悄无闻"，他本皆作"悄无言"。"月秋白"，诸本作"秋月白"。"沉吟抽拨"，诸本皆作"放拨"。"常教"，马本、《唐音统签》、汪本作"长教"，绍兴本等作"曾教"。"舞"为"服"之误。"银篦"，马本、《唐音统签》同，他本作"云篦"。"轻别离"，金泽本、管见抄本，《文苑英华》作"轻离别"。"明月"，马本、《唐音统签》本同，他本作"月明"。"梦啼妆泪"，《文苑英华》作"啼妆泪落"。"相逢"，金泽本、管见抄本作"相悲"，《文苑英华》校："集作悲"。"地僻"，马本、《唐音统签》、汪本同，绍兴本作"小处"。"啼血"，那波本、马本、《唐音统签》、汪本同，绍兴本作"啼哭"。"春江花朝秋月夜，往往取酒还独倾"漏书。"唧唧"，诸本作"嘲哳"。"夜坐"，诸本作"更坐"。"满座闻之"，诸本作"满座重闻"。"就中"，马本、《唐音统签》、汪本作"座中"。行楷本与草书本文字基本相同，只有个别属于误书情况，如"秋瑟瑟"误为"鸣瑟瑟"②，"声暂歇"误为"声断歇"，"复明年"误为"又明年"，"鞍马稀"

---

① 《董其昌草书》，中国书店 1989 年版，第 106 页。
② 《明董其昌琵琶行》，上海书画出版社 1988 年版。

误为"车马稀"，"溢江"误为"溢城"；漏书"丝竹声"之"竹"；但也纠正了草书本误书的情况，如"善才服"，草书误为"善才舞"。从以上校勘来看，董其昌二书底本在字句上与明马元调本颇同，二者当属同一版本系统。此外，首都博物馆尚存有董其昌《琵琶行图并书》一卷，纸质墨笔，《书画图目》著录。此本文字与以上二本相同，有个别误写，如"举酒欲饮"误作"举酒不饮"等等。但"惨将别"与集本同，未误。①

　　明代书画家文征明、文彭、文嘉父子与《琵琶行》皆颇有渊源。文征明曾与唐寅合作书画《琵琶行》，见清陶梁《红豆树馆书画记》卷八载："《明唐子畏文衡山琵琶行书画合轴》。绢本。高五尺二寸一分，宽一尺六寸四分，官舫中主客对饮，二女奴侍。后商妇抱琵琶，侧身隔坐，意尚羞涩。鹢首旁泊小舟，仆从于岸上笼烛系马，夜色微茫，约略可辨。九派浔江与枫叶芦花同此萧瑟。画法工整细润，自是桃花庵本色。衡山书《琵琶行》共三十二行，结体瘦劲，与此图允称双绝。"②张照《石渠宝笈》卷四十："明唐寅《琵琶行图》一轴。上等天一。宣德笺本，淡着色，画款署'吴趋唐寅'，下有'唐伯虎'一印，右方下有'吴趋'一印，左方下有'谢湖'一印。上幅素笺，乌丝兰本。文征明小楷书《琵琶行》款识，云：'嘉靖二十一年壬寅秋八月五日书于玉兰堂。'"③文征明还曾作行书、草书《琵琶行》。《行书琵琶行》现存于中国历史博物馆，编号为京 2 - 119。作于嘉靖三十三年(1554)。④《草书琵琶行》，纸卷，作于嘉靖三十六年(1557)，现藏于湖南省博物院，《书画图目》著录，编号为湘 1 - 006。故宫博物院尚藏其书《行草琵琶行》七开。《书画图目》著录，编号

---

① 《中国古代书画图目》第一册，第 96 页。
② [清] 陶梁：《红豆树馆书画记》，《续修四库全书》第 1082 册，第 400—401 页。
③ 《石渠宝笈》，《四库全书》第 825 册，第 542 页。
④ 《中国古代书画图目》第一册，第 68 页。

为京- 2207。文征明长子文彭曾用隶书写《琵琶行》,清庞元济撰《虚斋名画录》卷四:"明陆包山浔阳秋色图,文三桥隶书《琵琶行》合璧卷。引首点金笺,高八寸八分,长二尺九寸八分。《浔阳秋色》,旧吴彭年。图,纸本设色,山水兼人物。高七寸,长三尺一寸四分。嘉靖甲寅九月包山陆治作。书,纸本,界乌丝格,高八寸八分,长四尺二寸七分,张锡庚题书于拖尾。"又载文彭、张锡庚题书云:"叔平丈作《琵琶行图》,予为书《歌》于后,书虽拙,附叔平丹青以传,则予有大幸矣。三桥文彭隶古。""叔平山水虽派出衡山,而秀逸清劲,愈简愈远,愈澹愈真,直可入悟言室中抗置一席。此图江天浩淼,秋色萧疏,枫叶含愁,荻花带怨,能使乐天抑郁之气毕现楮墨间。此传神之笔,不当作绘事观也。文三桥隶古,亦有自在流行之趣,与画为双璧云。丁巳夏六月,张锡庚题。"①文征明次子文嘉曾作《琵琶行图》,王穀祥书字,见清陆时化《吴越所见书画录》卷三载:"又文休承《琵琶行图》立轴,纸高三尺九寸四分,阔一尺一寸六分,即于本身画乌丝格,王禄之书小楷《琵琶行》,文不录。嘉靖己未十月望,文嘉写意。……嘉靖己未冬十月十又七日,酉室王穀祥书。"②此图现藏于故宫博物院,《书画图目》著录,编号京 1- 1685。从文字校勘来看,此本与董其昌行书底本颇相似,当与马本同源。③又明有张翀《琵琶行诗意图》一轴,绢本设色,作于崇祯十四年(1641),高 115 厘米,长 60 厘米,现藏于广东省博物馆,《书画图目》著录,编号粤 1- 0285。文字与董其昌草书本颇同。

此外,明代书《琵琶行》者尚有黄姬水、华之方、张凤翼等人,见明李日华《味水轩日记》卷五:"七日,歙人胡长卿来,……长卿出前

---

① [清]庞元济:《虚斋名画录》,《续修四库全书》第 1090 册,第 384 页。

② [清]陆时化:《吴越所见书画录》,《续修四库全书》第 1068 册,第 149 页。

③ 中国古代书画鉴定组:《中国古代书画图目》第二十册,文物出版社 1999 年版,第 361 页。

在武林所示鲜于伯机书《归去来辞》、袁清容诗稿、赵子昂手札、余忠宣致危太朴书,共装一卷,再一展阅。又唐子畏《浔阳江商女琵琶图》后,黄姬水草书乐天《琵琶行》,颇豪壮淋漓。"①《弇州山人四部续稿》卷一百六十四文部《书迹跋》:"华茂才之方书《连昌宫辞》、《琵琶行》,精密可爱,吾从子士骐甫脱涂鸦,而亦与骆宾王歌行,颇有致,将来不妨箕裘。"②明张凤翼撰《处实堂续集》卷四《跋书琵琶行后》:"予读《琵琶行》,而重有感焉。夫在迁谪中送饯,正毁誉易生之日,乃因闻琵琶声,召商人妇弹之座上,且为作《琵琶行》传播之。见者不以为骇闻者,不以为非,乐而不淫,有若国人不称其乱者,其风流率真可想也。自宋季讲学以来,动欲绳趋尺步,此事遂罕闻见。即有之,则谤议滋起矣。古今悬绝如是哉?叔宝写得是图,自谓逼古,属予为书此行。予时适有计偕之役,未遑及也。迄今廿年,画再易主,偶得重阅,忽忆宿诺,漫为书一过,并志所感云。"③《古今名扇录》:"第十幅小楷书《琵琶行》,款署隐鸥汎三字。"④《石渠宝笈》卷十二亦著录此书。又据《书画图目》载,首都博物馆尚存明杨嘉祚草书《琵琶行》,编号京5-300。明郭诩有《琵琶行图》,并书《琵琶行》,作于正德四年(1509),现藏于故宫博物院。《书画图目》著录,编号京1-1162。文字与董其昌本多同。

　　清代以来,也有不少书画家对《琵琶行》情有独钟,如清齐学裘《见闻续笔》卷十九载:"吴渔山白傅溢江图。纸本,高八寸五分,长五尺九寸四分。自题绝句一首,张迪书《琵琶行》并跋,是卷得于吴门。"⑤此图与书现存于上海博物馆,作于康熙二十年(1681),《书画图目》著录并有图版,编号沪1-2983。此书有《琵琶行》之序。

①　[明]李日华:《味水轩日记》,上海远东出版社1996年版,第332页。

②　《弇州山人四部续稿》,第377页。

③　[明]张凤翼:《处实堂集》,《续修四库全书》第1353册,第444页。

④　[清]陆绍曾:《古今名扇录》,《续修四库全书》第1111册,第664页。

⑤　[清]齐学裘:《见闻续笔》,《续修四库全书》第1181册,第559页。

"闻舟中"①,《文苑英华》、金泽本、马本、汪本等同,绍兴本作"闻舟船中"。"六百一十二言",各本同,《文苑英华》作"六百一十六言"。"命曰琵琶行",金泽本,管见抄本,《文苑英华》本作"命曰琵琶引"。正文中多与汪本同,如"疑绝",绍兴本、汪本同,他本作"凝绝"。"幽情",《文苑英华》、汪本同,他本作"幽愁"。但也有与马本、汪本相异处,如"曾教",绍兴本同,马本、《唐音统签》、汪本作"长教"。汪本与马本相异处,多与汪本相同,可见此本当与汪本关系密切,或源于同本。又清代著名书画家朱耷书《行书琵琶行》纸本一卷,藏于故宫博物院。康熙三十八年(1699)作,长 203.5 厘米,高 25.4 厘米。《书画图目》著录,编号为京- 4244。此本文字与董其昌行书颇相似。

《国朝院画录》卷下载:"《题廷标〈琵琶行〉图》诗后识语:内府弆唐寅画《琵琶行》,于江边扁舟,直写一女抱琵琶。廷标此图不画琵琶女,而画居易等属耳之情,便觉高出其上。此与宋人画'踏花归去马蹄香',以数蝶随骑意同,向未题句,兹偶见之,因拈其妙。"②清李佐贤辑《书画鉴影》载:"余年十一二,大人以敬慎老人书《琵琶行》及《溪上》等律七首同册付学字,此余生平学字之始也。"③石韫玉《唐六如琵琶行画册跋》云:"吾乡画家莫不尊文、沈、唐、仇,石田苍老,十洲精致,子畏介乎二者之间,而兼有其妙。此册李生觉夫所遗,摹写白傅《琵琶行》诗意分作八段,段系以诗。树石秀润,人物都雅,非庸手所能仿佛万一,后有王雅宜、王敬美二跋,亦佳。唯末幅款印不甚可信,似原无题署,而后人附益之者。书画名迹,往往为愚人簸弄如此,不必因此致疑也。"④又清严绳孙

---

① 中国古代书画鉴定组:《中国古代书画图目》第四册,文物出版社 1990 年版,第 423 页。

② [清]胡敬:《国朝院画录》,《续修四库全书》第 1082 册,第 45 页。

③ [清]李佐贤:《书画鉴影》卷九,《续修四库全书》第 1085 册,第 742 页。

④ [清]石韫玉:《独学庐三稿》卷四,《续修四库全书》第 1466 册,第 591 页。

书《行书琵琶行扇面》,保存于中国文物商店总店,《书画图目》著录,编号京 9 - 090 号。沈宗骞有《琵琶行图》,上书《琵琶行》,墨笔纸轴,长 36.3 厘米,高 93.5 厘米,作于乾隆五十年(1785),《书画图目》著录,编号津 2 - 160。又清廷怀书《小楷琵琶行》,扇页纸本,藏于南京博物院。《书画图目》著录,编号苏 24 - 1428。

14. 白乐天诗

《匏翁家藏集》卷第五十五《跋旧所书白乐天诗》:"予昔过凌,鸿胪季行为书此卷。季行既没,无子,书画散失。后二十年,有持此卷过市中求售者,东巷叶惟立见而购之。盖惟立为童子时,尝师事季行。今六十年矣,犹念其师。故物藏弄惟谨,其意可谓厚矣。"①

15. 闺妇、候仙亭同诸客醉作

郑簠有《隶书白居易诗》,为白集卷十九、二十绝句各一首,藏于天津市文物公司,纸轴,147 厘米高,79 厘米长。《书画图目》著录,编号津 6 - 055。书于康熙二十九年(1690)。《闺妇》中"红绡",《唐音统签》、汪本同,他本作"红销"。《候仙亭同诸客醉作》,"不及湖亭今日醉",②他本作"争及湖亭今日会",与汪本所校云"一作不","一作醉"之本相合。

二、日本部分

日本保存了形式多样的白居易诗文书迹,有名家真迹本及其临摹本、双钩本及法帖刊本等。这些书迹多以平安朝时代为主,与保持了白集原貌的日本古抄本有着较深的渊源,而平安朝以后的书迹也略能窥见白集在各朝的流传情况。平冈武夫《校本白氏文

---

① [明]吴宽:《匏翁家藏集》,《四部丛刊初编》第 1564 册,第 1 页下。
② 《中国古代书画图目》第八册,第 275 页。

集》就采用了藤原行成、尊円亲王的真笔书迹为校勘资料。可见，无论是从文字校勘价值还是版本流传的发展，这些书迹都有着不可忽视的重要作用。本文以小松茂美氏的《平安朝传来〈白氏文集〉与三迹研究》、《白居易研究讲座》、《白居易研究年报》为借鉴，从文字校勘与版本源流等方面，对日本平安朝以后白氏诗文书迹进行考证。

1. 玉泉帖——《白氏文集》卷六十四①中四首诗歌

平安时代小野道风（894—966）的《玉泉帖》是日本所存白诗最早的残篇。现藏于宫内厅，因其卷头诗中有"玉泉南涧花奇怪"而呼为《玉泉帖》，明治十一年（1878）八月由近卫家献纳宫中，现藏于京都御所东山御文库。箱书原有近卫家熙楷书"道风真迹"，同时有其父基熙（1648—1722）书状一通。之后有添状一通，是左中将飞鸟井雅胤（1586—1651）借取《三迹物数》（四卷）后返进之状。此帖选录《白氏文集》卷六十四中四首律诗，共四十行。《玉泉寺南三里涧下多深红踯躅繁艳殊常感惜题诗以示游者》，通行本"惟我到"，书中作"只我到"，"辜负"作"孤负"。《早夏游平原回》中首句"早夏日初长"，通行本作"夏早日初长"。《宿天竺寺回》中，"逐日且偷闲"作"逐日献长句"。《侍中晋公欲到东洛先蒙书问期宿龙门思往感今辄献长句》中"功成名遂来已久"②句，集本"已"作"虽"。此书迹为草书，艺术价值很高，但从文献校勘学来说，却非佳本，其与集本相异字多为误写，可见其书写的随意性与自由性。此书现存一种摹本和二种墨拓本，摹本为东京根本谦三旧藏，墨拓本其一为天保三年（1832）上梓的法帖，另一本为宽政六年（1794）刊行，与原本颇近。《集古帖》卷四收载，《玉泉帖》自此得名。

_____

① 指先诗后笔本卷三十一，本节所引卷数皆指保持原貌的前后续集本而言（可参照那波本卷数），以下不再注出相应先诗后笔本卷数。

② ［日］小松茂美：《古笔学大成》第二十五卷，讲谈社1993年版，第36—39页。

2. 三体白诗卷——《白氏文集》卷五十三中六首诗歌

日本学界称之为"三体白诗卷",现藏于大阪美术馆,初公开于1935年,又曾名《新居帖》、《小野道风笔白氏诗卷》。卷末有两纸奥书,第一纸为享禄二年(1529)伏见宫贞敦亲王(1489—1572)的奥书,其云:"右小野道风笔,端真物诗二首,行诗二首,草诗二首,总纸数四枚也。三枚与四枚之续目有里书。享禄二年七月十九日记之(花押)。"①诗歌真、行、草排序与之后面世时不同。后纸有著名古笔鉴定家二代畠山牛庵识语云:"真行草诗一卷,小野道风朝臣真迹也。世呼三迹,道风其随一也。今其笔法之豪,行行碎金;字画之精,句句联珠。可以刮凡尘之膜。野迹之善书,岂翅鸣于本朝而已?虽中华之巨笔,不能擅其美。可谓间出之妙手也。且中书王及梶井应胤法亲王挥亲笔以明焉。今仆证之,犹似雪上霜乎。虽然,恳请不得拒,叨染秃笔而已。法桥牛庵。天和癸亥大吕下旬。"②该书迹书写时以楷书、行书、草书相互交错,"浓淡干湿、大小错落,极尽变化,酿出浑然一体的调和美。"③

选录《白氏文集》卷五十三中共六首诗歌,《题新居寄宣州崔相公》、《池西亭》为楷书,《吾庐》、《秋晚》为行书,《九日思杭州旧游寄周判官及诸客》、《梦行简》为草书,故称"三体"。六首诗歌排序与集本多不同。作为书迹,六首诗歌中也有些误书之处,如"扫掠莎台欲待春","掠"误书为"略";"还似钱塘夜","塘"误书为"唐"。但也有优于他本处,如"心中唯拟挂冠时",集本"唯拟"作"准拟"。"唯拟"是只打算之意,表达诗人对挂冠生活已是心无旁骛,一意求之,当比"准拟"更优。又《九日思杭州旧游寄周判官及诸客》中"忽

---

① [日]小松茂美:《平安朝传来的白氏文集与三迹研究》第二册,旺文社1997年版,第281页。

② 《平安朝传来的白氏文集与三迹研究》第二册,第281—282页。

③ 韩天雍:《三笔三迹》,中国美术学院出版社2001年版,第43页。

忆郡南山顶上，去年同醉是今辰。"①"去年"，集本作"昔时"。此诗作于长庆四年（824），白居易长庆三年（823）有诗《予以长庆二年冬十月到杭州明年秋九月始与范阳卢贾汝南周元范兰陵萧悦清河崔求东莱刘方舆同游恩德寺之泉洞竹石籍甚久矣及兹目击果惬心期因自嗟云到郡周岁方来入寺半日复去俯视朱绶仰睇白云有愧于心遂留绝句》，可知白居易与周元范等人正是在长庆三年九月九日一同醉游。此书"去年"确应为版本原文。又《梦行简》中"阿连"，集本作"阿怜"，此书亦比集本优，《白居易集校注》卷二三有详细考证。可见此真迹既可以用来补正金泽文库本旧抄本的欠落，亦可起到校勘文字、解决争议的作用。

3. 宽仁本白氏诗卷——《白氏文集》卷六十五八首诗歌

藤原行成笔《宽仁本白氏诗卷》一卷，东京国立博物馆藏。此书迹作于宽仁二年（1018），有藤原行成及其玄孙定信等三种奥书，可以确证其为行成真迹，其中行成奥书云："宽仁二年八月廿一日书之。以经师笔点画，失所来者。不可哭……"②此卷曾由伏见天皇、伏见宫家、霊元天皇等收藏，后从有栖川宫家传入高松宫家，战后归日本政府所有。此卷八首诗采自大集本卷六十五，卷头诗《八月十五夜同诸客玩月》与第二诗《送兖州崔大夫驸马赴镇》之间有"李侍□"等残字，有可能是同卷诗歌《春早秋初因时即事兼寄浙东李侍郎》，此诗最后一句即为"遥忆多情李侍郎"。可见二诗之间原有其他诗篇存在，当是后来残破后两纸相接。

《八月十五夜同诸客玩月》，集本"十五"后有"日"字③。"白头相劝强欢娱"中漏书"劝强"二字。"诚知亦有明年会"④，集本"明"

①　[日]下中弥三郎编：《书道全集》第十二册，平凡社 1930—1931 年版，第 33 页。
②　《古笔学大成》第二十五卷，第 42 页。
③　本节诗歌与日本书迹相校之本为谢思炜《白居易诗集校注》，文章书迹相校之本为朱金城《白居易集笺校》。
④　《古笔学大成》第二十五卷，第 40—43 页。

作"来"。"保得清明强健无",他本"清明"皆作"晴明"。《送兖州崔大夫驸马赴镇》中"孤风景"与金泽本同,他本作"辜风景"。《晚上天津桥闲望偶逢卢郎中张员外携酒同饮》,"饮"他本作"倾"。"此处相逢倾一酌","酌"字与金泽本同,他本作"盏"。《夜宴醉后留献裴侍中》中"飘摇舞袖双花蝶"与金泽本同,他本作"翩翻舞袖双飞蝶"。"临散更踟蹰"与金泽本同,他本作"初散又踟蹰"。《和韦庶子远坊赴宴未夜先归之作兼呈裴员外》中"思归",集本作"归思"。"按辔"误作"接辔","石榴裙"误作"石摇裙"。《集贤池答侍中客问》中集本无"客"字。《和河南郑尹新岁对雪》,此诗金泽本卷六五有,其他大集本原无,《唐音统签》本、汪本《补遗》卷上、《全唐诗》收。"吟时",金泽本同,他本作"吟诗"。"铜街",《唐音统签》本同,金泽本作"铜驼"。最后一首为《即事重题》,集本同。由上校勘可见,此本与金泽本关系非常密切,很可能二者是有相同的底本,都属于保存了原集本来面貌的古抄本系列。

4. 后嵯峨院本白氏诗卷——《白氏文集》卷六十三等二十一首诗歌

藤原行成笔《后嵯峨院本白氏诗卷》,大阪正木美术馆藏。此卷有"贞治五年正月廿五日□□法印所进也。此本者,自后嵯峨院故二品亲王□□□秘藏也。而赐"①跋语,故被称为后嵯峨院本。收诗四题二十一首,《题文集柜》(《白氏文集》卷六十三)、《叹老三首》(卷十)、《对酒》(卷十)、《效陶潜体十六首并序》(卷五)。正好是按大集的逆向顺序排列。

《题文集柜》中"前后七十卷"②,"前后"马本、《唐音统签》本作"前有"。"诚知",《唐音统签》本作"我知"。《叹老》三首中"今如素

---

① 《平安朝传来的白氏文集与三迹研究》第二册,第 308 页。
② 《书道全集》第十二册,第 73 图。

丝色"①，"今如"，马本、《唐音统签》本、汪本同，绍兴本等作"如今"。从诗意看，前句为"昔似玄云光"，"今如素丝色"较近原文。"但惊物成长"，马本、《唐音统签》本、汪本作"长成"。"如何"，集本作"何如"。《对酒》中"为爱延年术"，"延年"，马本、《唐音统签》本作"长生"。"为贪政事笔"下缺"药误不得老，忧死非因疾。谁人言最灵，知得不知失"四句。

《效陶潜体十六首》②，"会家醅新熟"缺"醅"字。"早见在朝市"，文集抄本、要文抄本同，他本作"早出向朝市"。"万万随化迁"，"万万"，绍兴本同，马本、《唐音统签》本作"萬萬"，顾学颉《白居易集》校改为"兀兀"。"念此"，《唐音统签》本作"持此"。"朝饮两杯酒"，集本"两"作"一"。"嘉话"误书为"喜话"。"安弦有余暇"，"安"，那波本作"按"。"特用"，马本、《唐音统签》本同，他本作"持用"。"独往人"，马本、《唐音统签》本、汪本作"独住人"。"雨来亦怨恣咨"衍"恣"字。"黄金脂"，"脂"那波本作"卮"。"连延四五酌"，"连延"马本、《唐音统签》本作"速进"。"勿嫌饮太少"，"勿嫌"，马本、《唐音统签》本作"勿言"。"多饮人"，集本作"多饮者"。"林外生白轮"，"林外"，马本、《唐音统签》本作"林下"。"床头残半榼"，集本"半榼"作"酒榼"。"况有好交亲"，集本作"何况有交亲"。"同心人"漏书"心"字。"于今四五年"，"四五"，马本、《唐音统签》本、汪本作"三四"。此诗朱金城认为作于元和八年，以"三四"为正。"四人来晤时"之"时"，集本作"言"。"家醅无酒赁"，"赁"，那波本作"赊"，马本、《唐音统签》本作"沽"。"坐愁今夜醒"，集本"醒"作"醒"。"有以忘饥寒"，《唐音统签》本"有以"作"有意"。"不及"，马本、《唐音统签》本作"不比"。"十数间"，马本、《唐音统签》本作"数十间"。"前驱十万卒"，"十万"集本作"千万"。"勇愤气勃

①《书道全集》第十二册，第74—76图。
②《平安朝传来的白氏文集与三迹研究》第二册，第313—320页。

呴",“勃呴",集本作“呴勃"。“孝妇"误书为“李妇"。“一酌酹其
魂",“酹"那波本作“酬"。“乃彼幽忧疾",“乃",集本作“及"。“得
春日",那波本作“得春力"。“烟云隔玄圃",“烟云",马本、《唐音统
签》本、汪本作“烟霞"。“天海路阻修",文集抄本、管见抄本同,他
本作“大海",从首句“烟云隔玄圃,风波限瀛洲"来判断,当以“天
海"为正。“逝者"误作“游者"。“念此",《全唐诗》作“持此"。“言
貌甚奇瑰",“瑰"误为“环"。“落拓",马本、《唐音统签》本、汪本作
“落魄"。“归乡种禾黍",“归乡"集本作“及归"。“落藜杖",集本作
“桑藜杖"。“遍西五都"衍“西"字。“布裙行赁舂"下缺“短褐坐傭
书,以此求口食,一饱欣有余"。“未知间"误书为“未知闻"。“颜回
与原宪",文集抄本、管见抄本同,他本作“黄宪"。“何德",文集抄
本、管见抄本同,他本作“何得"。从校勘上看,此本底本较为复杂,
多与文集抄本、管见抄本同,与马本、《唐音统签》本、汪本也兼有异
同,似难断定其版本来源。

　　5. 咏史、因梦有悟

　　藤原行成笔《白氏文集》卷六十三《咏史》、《因梦有悟》断简一
幅。此幅较早即以权迹流行。文政二年(1819)付梓的《集古浪华
帖》第四以原寸大小模刻收录。《尚古法帖》之《行成卿之部》也作
为《权大纳言藤原行成卿》之笔上木,并有“右白居易诗权迹,根津
文库藏,源柳先生遗物之甲观也"①之记。此源柳即森尹祥,此幅
被认为是从《后嵯峨院本白氏诗卷》中逸脱下来的。有《咏史》、《因
梦有悟》(下列一副《春游》排在此诗后面,中间隔四首诗)二首十九
行。此二首诗在集本中排列在《题文集柜》后面。《因梦有悟》与之
相隔八首诗,《咏史》紧排《因梦有悟》之后,二诗题后皆有“六十三"
字,是书者所加,即所在大集卷。《咏史》,“秦磨利刀轩斩李斯"②。

────────────

　　①《平安朝传来的白氏文集与三迹研究》第二册,第 321 页。
　　②《古笔学大成》第二十五卷,第 44—45 页。

"轩"字衍,当为误书后改。"俎醢",金泽本同,他本作"葅醢"。"几上尽",应作"机上尽"。"此作鸾皇天外飞","鸾皇",金泽本、马本、《唐音统签》本作"鸾凤"。《因梦有悟》,"劳梦思"后"平"字磨灭。诗注"梦中所见事",残宋本、金泽本作"梦中之见"。"初是",残宋本、金泽本同。"中作",马本、《唐音统签》本、汪本作"中遇"。"能知",金泽本同,绍兴本作"得知"。"忘分别"之"忘",集本作"妄"。"苦依依"后绍兴本缺。

6. 春游

藤原行成笔《白氏文集》卷第六十三《春游》断简,此诗当亦为《后嵯峨院本白氏诗卷》的逸脱。完整有两叶,其中一叶现藏于静冈 MOA 美术馆,另一叶为诗歌的最后二行,为东京田中亲美旧藏,古笔手鉴《翰墨城》中收录此诗。诗题下也有"六十三"小字。"老夫身"①,金泽本同,他本作"老大身"。"新又新",金泽本同,他本作"新更新"。"言百岁",马本、《唐音统签》本、汪本作"年百岁","下坂轮","坂",《唐音统签》本同,他本作"坡"。"但恐是痴心",他本作"但恐是痴人"。

7. 效陶潜体诗八首

传后京极良经影写本《白氏文集》卷五,宫内厅书陵部藏,以"后京极良经公御笔新乐府"传,实际上是《白氏文集》卷五残卷《效陶潜体诗》。现存从《效陶潜体诗》八首"虽已过,篱菊有残花"部分至十五首②,其中十二首"旬,愀然忽不乐"至十五首"出扶落藜杖"错放在十六首"卧蜗牛庐"后,第十六首只余"理不可测"至"日醉手中觞"。"有以忘饥寒","有以",《唐音统签》本作"有意"。"幽且闲",集本作"安且闲"。"十数间",马本、《唐音统签》本作"数十间"。"可自乐",集本作"自可乐"。"心必一",集本作"心如一"。

---

① 《书道全集》第十二册,第 78 图。
② 《平安朝传来的白氏文集与三迹研究》第三册,第 62—71 页。

"酹其魂"，那波本作"酬其魂"。"待春日"之"待"，集本作"得"。"春日"，那波本作"春力"。"烟云隔玄圃"中"烟云"，马本、《唐音统签》本、汪本作"烟霞"。"天海"与文集抄本、管见抄本同，他本作"大海"。"念此"，《全唐诗》作"持此"。"性"为"怀"之误。"钓"，为"约"误。"虽有殊"，"殊"误为"珠"。"彼此"误为"彼是"（疑为翻字误）。"未知中"，集本作"未知间"。"但效"，集本作"且效"。"落拓"，马本、《唐音统签》本、汪本作"落魄"。"荣"，为"策"之误。"归乡种禾黍"，"归乡"，集本作"及归"。小松茂美推测其写于室町时代，并认为传称此书笔者为后京极良经（1169—1206）有误，其元本可能是藤原行成真迹本。从字句校勘来看，此本与《后嵯峨院本白氏诗卷》中《效陶体诗》确属同一系统。

　　8.《白氏诗卷》一卷——《白氏文集》卷十三共十三首诗

　　伏见天皇临摹藤原行成本《白氏诗卷》一卷，爱知不二文库藏。原为京都般舟三昧院旧藏。书大集本卷十三共 13 首诗，次第为《三月卅日题慈恩寺》、《县西郊秋寄赠马造》、《宿杨家》、《醉中留别杨六兄弟》、《醉中归盩厔》、《游云居寺赠穆卅六地主》、《过天门街》、《游山》、《长安闲居》、《凉夜有怀》、《秋江晚泊》、《长安正月十五日》、《过高将军墓》等。顺序与那波本等通行本一致。"影上阶"，《唐音统签》本、马本作"影下阶"。"酒狂"，集本作"醉狂"。《游仙游山》诗题，仅书为《游山》。"未全画"，集本作"未全尽"。"犹爱云泉"，漏书"爱"字。"烟松"，马本、《唐音统签》本、汪本同，绍兴本作"松烟"。"清风"，汪本作"凉风"。"贫群动"，集本作"群易动"。"息"误为"恩"。"帝王"误为"亭"。"羁旅"，集本作"羁病"。"宾阁"，集本作"宾客"。

　　9. 尊圆亲王临模本《白氏诗卷》一卷——《白氏文集》卷十三等六首

　　爱知不二文库藏，原为益田钝翁（1847—1938）珍藏。存诗《三月卅日题慈恩寺》（卷十三）、《池上早秋》（卷五四）、《酬思黯相公晚夏后感秋见赠》(卷六七)、《和谈校书秋夜感怀呈朝中亲友》(卷十三)、《看棋赠人》、《九日寄微之》(卷五四)等六首。第四首之前有利刃切断的痕迹,和后面两首中间应还有其他作品。排序与通行本相比较为错乱。与现存传道风笔绢地切诗配列相同。《池上早秋》中"新晴水满池","晴",与金泽本所校菅家本同,他本作"秋"。"秋悲",与金泽本所校菅家本同,他本作"愁悲"。《酬思黯相公晚夏后感秋见赠》中"暮去朝来",马本作"暮来朝去"。"清辞"误为"清同"。《九日寄微之》中"肺",误作"脯"。"吴地",与金泽本所校菅家本、管见抄本同,他本作"吴郡"。"越州",汪本作"越中"。"多散分",绍兴本作"多分散"。"厌听笙歌",误为"厌歌笙"。《看棋赠人》一诗为集本所无,诗云:"寻常怪笑烂柯非,今日亲观自忘归。回眺地形超面势,群山逦迤尽斜飞。"①从文字校勘上看,此卷当与金泽本、管见抄本等旧抄本属同一系统。

10.《白氏诗卷》(灵岩帖)——卷五十一共二首

传小野道风笔,东京国立博物馆藏。此卷为元禄年间浪花豪商淀屋辰五郎(？—1717)珍藏,后传至土岐山城守,天保年中转归本屋平藏所有。明治十三年(1880),帝国博物馆购入。因其首诗为《题灵岩寺》而称"灵岩帖"。此卷中有古笔鉴定家畠山牛庵(1625—1693)附属的折纸一通,可知其明历三年(1657)三月上旬曾鉴定此书。收《白氏文集》卷五一《题灵岩寺》、《花前叹》二篇诗。小松茂美推测此卷为日本南北朝时期名手临摹道风原本。"厀廊",马本、《唐音统签》本、汪本同,绍兴本作"厌廊"。②

11.晚春登大云寺南楼赠常禅师、宿灵岩寺上院

摹本《白氏文集》卷十六《晚春登大云寺南楼赠常禅师》、卷五

---

① 《平安朝传来的白氏文集与三迹研究》第三册,第86—89页。

② 《平安朝传来的白氏文集与三迹研究》第三册,第93页。

十四《宿灵岩寺上院》,传藤原佐理笔,三扇,文政二年(1819)浪花的森川世黄刊刻的《集古浪华帖》卷三《参议佐理卿书》收。十行草书。前后之间不连续,有较大的脱漏。前诗题只剩"赠常禅师"和首句"花尽头新白,登楼意"①,后诗无题,但诗全共八行。"绿沉沉","绿",《文苑英华》宋刻本作"渌"。原本为岩崎小弥太秘藏,现编入国会图书馆。

12. 新乐府

(1) 传小野道风笔模本,《新乐府上》残卷一卷,东京国立博物馆藏。收《白氏文集》卷三《新乐府》中《七德舞》、《法曲歌》、《二王后》。小松茂美根据书卷笔式风格推测此模本当为平安朝末期以前所书。卷头"七德歌"下残 12 字。文字与传源俊房(1035—1121)笔绢本装饰下绘本相同,应属古抄本系统。《法曲歌》中"合夷歌",《白氏讽谏》、汪本作"杂夷歌"。"夷声邪乱华声和",《白氏讽谏》本作"夷声杂雅乱声和"。《二王后》,守成君作"守文君"。"引居宾位",公文本、曾本《白氏讽谏》作"列君宾位",光绪本作"列君宝位"。②

(2) 伏见天皇(1265—1317)临摹小野道风笔《新乐府》残卷二卷,宫内厅三之丸尚藏馆藏。小松茂美昭和三十六年(1961)六月八日拍摄了全卷照片。表纸有伏见天皇书《新乐府》(上、下)。共四十纸。卷上《五弦弹》、《蛮子朝》、《骠国乐》三首和卷下《两朱阁》、《西凉伎》、《八骏图》、《李夫人》、《黑潭龙》、《天可度》、《秦吉了》、《鵶九剑》、《采诗官》九首脱落。《母别子》至《杏为梁》有大的脱落和错简。卷下有奥语:"右新乐府上下二卷,伏见院所亲临小野道风之真迹也。奥书一枚则伏见院之宸翰也。飞鸟井雅康卿又观写。于其未明宸翰无疑。加茂县主藤木主殿家藏之久矣。右奥

---

① 《古笔学大成》第二十五卷,第 20—21 页。
② 《平安朝传来的白氏文集与三迹研究》第三册,第 19—23 页。

书,曾使加茂县主藤木加贺,备于万治帝之叡览。罹于万治辛丑之
火,烧失于官库。乐府二卷,今幸现然矣。因希代之珍物书学家之
龟鉴也。恐久而失其来历。故请予记其始终不得已,聊记其后云。
天和三历季秋下澣。散位藤定诚。"①记载书迹缘起与保存。散位
藤定诚是花山院定诚(1640—1704),当时宫廷著名书法家。伏见
天皇是历代天皇中最擅长书法之人。

　　(3)国立历史民俗博物馆藏(高松宫家旧藏)《新乐府上》残卷
一卷。即上面所提到的卷上脱落的《五弦弹》、《蛮子朝》、《骠国乐》
三首。《五弦弹》,题下有"忘节之□雅也"。②"疏韵",《白氏讽谏》
作"声韵"。"君试听",《白氏讽谏》作"君更听"。"铮铮",《白氏讽
谏》作"丁丁"。"铁声杀冰声寒",神田本等抄本、《白氏讽谏》、《文
苑英华》、汪本同。绍兴本、那波本、马本、《唐音统签》本原脱。"肤
血惨",汪本、《白氏讽谏》、神田本等抄本同,绍兴本作"肤血寒",
《文苑英华》、《全唐诗》作"肤血憯"。"寒气",汪本、《白氏讽谏》、神
田本等抄本同,绍兴本等作"惨气"。"中身",集本作"中人"。"远
方士尔"至"清庙歌"多残字。"洩洩",《文苑英华》、神田本等抄本
同,他本作"曳曳"。"更从",《文苑英华》本作"自从"。《蛮子朝》,
"泛波船",集本作"泛皮船"。"蜀川"下缺"过蜀"。"样"后残"柯
西"。"屈强",集本作"倔强"。"鲜于仲"下缺"通六万卒征蛮"字。
"西"后缺"洱"字,"磨些",时贤本等抄本同,《白氏讽谏》、郭本作
"摩娑",他本作"摩挲"。"大军将",与神田本等抄本同,绍兴等本
作"大将军"。"咄嗟",绍兴等本作"呔嗟",光绪本《白氏讽谏》作
"佉嗟"。"隔日",神田本等抄本同,他本作"朝日"。《骠国乐》,"天
海",神田本等抄本同,他本作"大海"。"雍羌",神田本等抄本同,
他本作"雍羌"。"千击",马本、《唐音统签》本、汪本作"一击"。"珠

---

①《平安朝传来的白氏文集与三迹研究》第三册,第27页。
②《平安朝传来的白氏文集与三迹研究》第三册,第30—35页。

缨"，《白氏讽谏》作"珠璎"。"斗薮"，马本、《唐音统签》本、汪本作
"斗擞"。"皆称"，《白氏讽谏》、神田本等抄本同，汪本、《文苑英
华》、《全唐诗》作"至尊"，绍兴本作"皆尊"。"闲独语"无"独"。"吾
闻君□"，公文本、曾本《白氏讽谏》作"吾闻君王"，光绪本《白氏讽
谏》作"吾闻君主"，时贤本等称"吾闻吾君"，绍兴本"闻君政化"。
"人心致太平"缺"致"，"君如心兮民如体"漏书"心兮民如"。"苟无
病"，《白氏讽谏》作"若无病"。

　　(4) 近卫家熙模本《新乐府》残卷二卷，阳明文库藏。下卷余
白有近卫家熙手书"元禄二岁腊月初五模书毕（花押）"。① 卷头
《七德舞》、《法曲歌》脱漏。与此本大同小异之本除上面三本外，还
有以下五本：宫内厅书陵部藏传藤原忠通临摹《新乐府上》残卷一
卷、铃鹿三七旧藏北向云竹临模《新乐府》残卷一帖、小笹喜三旧藏
汤浅时哉旧藏《新乐府》一册、东京国立博物馆藏文化十年墨拓本
《新乐府》、古笔学研究所此君书屋藏《世尊寺法帖》所载《新乐府》
残卷一册。

　　(5) 近卫家熙模本《新乐府》残卷一卷，不二文库藏。卷四中
《井底引银瓶》卷末十八句，《官牛》、《紫毫笔》、《隋堤柳》、《草茫茫》
五篇共百十五行。上有"家熙"二字印。与前述八本属于不同系
统，与净弁本一致，净弁本《时世妆》以下现存。"遥相顾"，《白氏讽
谏》作"遥相见"。"知君"，上野本等抄本作"正知"，"断肠"，神田本
等抄本作"肠断"。"聘则为妻"，《白氏讽谏》作"聘即是妻"。"亲
情"，那波本作"情亲"。"更不"，《白氏讽谏》作"既不"。"痴小"，神
田本等抄本作"痴少"。"慎勿"，《白氏讽谏》作"慎莫"。《官牛》，
"驱载"，《白氏讽谏》、《文苑英华》、汪本、神田本等抄本同，绍兴本
作"般载"。"一石沙"，神田本等抄本作"一石之沙"。"几石重"，
《白氏讽谏》、神田本等抄本同。绍兴本等作"几斤重"。"朝载"，

――――――――

　　① 《平安朝传来的白氏文集与三迹研究》第三册，第37页。

《白氏讽谏》、《文苑英华》作"朝驾"。"铺沙堤",《白氏讽谏》、《文苑英华》作"填沙堤"。"恐畏",《文苑英华》、神田本等抄本同,绍兴等本作"恐怕"。"牛颈牵砂",神田本等抄本同,绍兴等本作"牛领牵车"。"济人治国",《白氏讽谏》作"济民理国"。《紫毫笔》,"纤如锥",《白氏讽谏》、神田本等抄本同,绍兴本作"尖如锥"。"生紫毛",神田本等抄本同,他本作"生紫毫"。"拣一毫",马本、《唐音统签》本、汪本作"选一毫"。"毫虽轻",神田本等抄本作"一毫虽轻"。"愿颁左右台起居",《白氏讽谏》作"愿赐左右史起居"。"搦管",马本、《唐音统签》本作"握管"。"立在",《白氏讽谏》作"直立"。"白玉除",《白氏讽谏》、汪本作"白玉墀"。"兔毛之价",神田本等抄本同,他本作"紫毫之价"。"空将",《白氏讽谏》作"虚将"。《隋堤柳》,"秋深",神田本等抄本同,他本作"年深"。"风飒飒",《白氏讽谏》、神田本等抄本同,他本作"风飘飘"。"夹流水",《白氏讽谏》作"傍流水"。"东到淮",神田本等抄本同,《白氏讽谏》、《文苑英华》、《唐音统签》作"东接淮",他本作"东至淮"。"如雪",《文苑英华》、《唐音统签》本作"似雪"。"此树",神田本等抄本、《白氏讽谏》同,绍兴本作"此柳"。"系龙舟",公文本、曾本《白氏讽谏》、汪本作"荫龙舟"。"御女",神田本等抄本同,绍兴本等作"御史"。"此时竭",神田本等抄本作"此时歇"。"炀自言福祚无(前三字衍)欢乐殊未极,岂知明年正朔归武德",《白氏讽谏》、《文苑英华》、神田本等抄本同有此句,《白氏讽谏》"殊未极"作"殊无极"。他本无此句。"长无穷",《白氏讽谏》、《文苑英华》、上野本等抄本作"垂无穷"。"岂知后年",光绪本《白氏讽谏》、《文苑英华》、神田本等抄本同,公文本、曾本《白氏讽谏》作"岂知明年",他本作"岂知"。"人事变",公文本、曾本《白氏讽谏》作"事太变"。"沙草水烟",神田本等抄本同,公文本、曾本《白氏讽谏》、卢校作"露草水烟",光绪本作"莎草水烟"。《草茫茫》,"苍苍茫茫",《白氏讽谏》本作"茫茫苍苍"。"此何处",《白氏讽谏》、神田本等抄本同,他本作"在何处"。"下锢",

公文本、曾本《白氏讽谏》、神田本等抄本、卢校等同,绍兴等本作"下涸"。"银水",敦煌本、神田本等抄本同,他本作"水银"。"象江海",敦煌本作"作江海"。《白氏讽谏》作"似江海"。"于其间",白氏讽谏作"在其间"。"坟陵",敦煌本作"坟墓"。"回眼",神田本等抄本同,敦煌本作"回目",绍兴等本作"回首"。"霸陵",神田本等抄本同,他本作"灞陵"。①

（6）铃鹿三七旧藏北向云竹临摹《新乐府》下残卷一帖,有和本文同笔的"道风真笔写"行书。收集本卷四从《骊宫高》至《古塚狐》二十一篇诗。曾由卷子本改装为折本,排序与集本不尽相同。卷末加有奥书两种:"此一卷道风之写也。飞鸟井宋世之以写书也。墨纸四十一。于时,宽永廿年。南吕三旦、贺茂住居、县主季芳。""右新乐府,最以道风正笔,飞鸟井宋世所令写之正本也。三月十二日(花押)。"②小松茂美推测,后者早于前者,后者花押为鸟丸光广所书。此书临摹者北向云竹(1632—1703)是江户中期京都首屈一指的书家,称八郎右卫门,别号溪翁、太虚庵、玉兰堂,法号云竹。以善书小楷著称。

（7）小笹喜三旧藏汤浅时哉旧藏《新乐府》残卷一册

道风真迹本的模本,书者未明。现存三十五枚零本,诗篇为《涧底松》(首欠、后半 11 行)、《牡丹芳》(44 行)、《红线毯》(25 行)、《杜陵叟》(22 行)、《缭绫》(25 行)、《卖炭翁》(19 行)、《母别子》(23 行)、《时势妆》(16 行)、《阴山道》(26 行)、《陵园妾》(30 行)、《盐商妇》(25 行)、《杏为梁》(25 行)、《井底引银瓶》(32 行)、《官牛》(14 行)、《紫毫笔》(21 行)、《隋堤柳》(首 3 行,以下欠)。卷四《骊宫高》以下六篇及后半部《草茫茫》以下七篇欠缺。旧藏者小笹喜三《书道大师流综考》中《大师流书家传记资料举

---

① 《平安朝传来的白氏文集与三迹研究》第三册,第 40—45 页。
② 《平安朝传来的白氏文集与三迹研究》第三册,第 47—48 页。

要》著录。

（8）净弁所传奥书本《新乐府》下残卷一卷，田中块堂旧藏，表纸右端上有"行成卿真迹写"墨书，下端有"吉田茂久"印，之上有"块"丸印。左端上有"行成卿写"贴纸片，上有"吉"朱文圆印。此卷经吉田茂久、谷森善臣、田中块堂传承。现存部分为《时势妆》、《李夫人》、《陵园妾》、《盐商妇》、《杏为梁》、《井底引银瓶》、《官牛》、《紫毫笔》、《隋堤柳》、《草茫茫》等十篇。此卷与不二文库近卫家熙临摹本残卷大多一致，为同本临摹。

（9）摹刻本传藤原行成笔，《草茫茫》断简七扇，《集古帖》卷三所收。一首全部二十行。可能是田中块堂旧藏"净弁传领本"最卷末，是其元本直接雕刻的墨拓本，并有部分脱漏。

（10）近卫家熙临模传藤原行成笔《官牛》断简一叶，阳明文库藏，收在《予乐院临书手鉴》中，含诗题十二行。行书为主体，夹有草书。左端下空白有家熙朱笔小注"权迹"，非行成笔完全形态的临摹，而是有家熙自己的笔端风格。

（11）文化十年刊墨拓本《新乐府上》二帖，东京国立博物馆藏，为战后德川宗敬氏寄赠本。折本装上下二册，现存二种。一本上卷卷头有行书"墨宝"二字和"保孝之印"，冈本保孝（1797—1878）是江户中期至明治初年著名汉学家。上卷收诗《七德舞》、《法曲歌》、《二王后》、《海漫漫》、《立部伎》、《华原磬》、《上阳白发人》、《捕蝗》、《昆明春水满》等篇目。下卷收《道州民》、《驯犀》、《五弦弹》、《蛮子朝》、《骠国乐》、《缚戎人》等。《上阳白发人》下《胡旋女》、《新丰折臂翁》、《太行路》、《司天台》四篇和《昆明春水满》下《城盐州》一篇脱漏。卷末有跋语"本邦之善书者，弘法大师以降，以野公为翘楚。惜乎真迹之存者几乎亡矣。坊间所刻，赝者十八九，独《新乐府帖》，先辈以为法书第一。然模手不一，运笔失真矣。余见华山藤公所藏双钩精妙。呜呼真迹不可见，幸存此本足以窥拨镫之妙焉。属者村上生恳请公左右将上之梓,属余模勒同书梗概以跋其尾。湖南源易。文化十年癸酉冬模勒上梓。"①详细记载模刻时间与缘由。另一本藏于古笔学研究所此君书屋,卷下零本,此本内容与上本多同,但较短些,可能是同时刊行装订相异的二种。《白居易研究学报》第五、六号刊登此墨拓本中八首诗篇的影印与翻字,日本学者通过与神田本、绍兴本、那波本、各种讽谏本等版本进行校勘比对,发现其文字多与神田本及讽谏本一致,而与敦煌本有六个一致处。最后认定此书迹本文系统与神田本接近。②

13. 涧底松

小野道风笔,绢本断简一幅,山形木间美术馆藏。战后由作州津山藩松平家秘库流出。收字从"材不与地"至"未必愚"。"金张世禄黄宪贤"③,"世禄",《白氏讽谏》作"世族"。"贤",《白氏讽谏》、《文苑英华》、神田本等抄本同,绍兴本作"贫"。《文苑英华辨正》认为"黄宪贤"是。"牛医",神田本等抄本同,绍兴本作"牛衣"。谢思炜据此反驳朱金城以"牛衣"为正,甚是。从以上校勘看,其底本当是日本古抄本。京都阳明文库藏《涧底松》绢本装饰下绘断简一叶,近卫家熙曾用楷书书写"道风草书涧底松"。存文字与上幅相接。从"未必贤"至"种白榆"④。"海底",《文苑英华》作"水底"。京都阳明文库又藏其近卫家熙笔模本两行,字为"逢工度之,天子明堂欠梁木。此求彼弃"。"梁",《白氏讽谏本》作"栋",《文苑英华》校:"集作栋"。"此求彼弃",神田本等抄本同,《白氏讽谏》、《文苑英华》作"彼求此弃"。以上三种笔迹不尽相同,但其底本却皆与日本神田本等古抄本同。

---

①《平安朝传来的白氏文集与三迹研究》第三册,第59页。

②［日］渡濑英仁、神鹰德治:《〈传小野道风法帖〉的翻字与本文系统》,《白居易研究年报》第六号(2005年),第211页。

③《书道全集》第十二册,第34页。

④《书道全集》第十二册,第34页。

14. 骊宫高

传藤原行成笔,京都阳明文库藏。外箱里表有近卫家熙书"骊宫高行成卿真迹",此叶后有一添加折纸,上有寂源(1630—1696)的花押和奥书:"行成卿骊宫高之一纸,无纷正笔二而候。于御所望者,御求可被成候。尚,期面谒候。不宣,谨言。九月三日,竜禅院寂源。"[①]寂源是藤木敦直(1582—1649)的第四子。始名虎藏権七,后在比叡山出家成僧,号竜禅院实源,后改名为寂源。晚年归京都栖居于鹰ケ峰。书学其父与本庄道芳,在笔迹鉴识方面有造诣。"朱楼紫殿","殿"字,公文本、曾本《白氏讽谏》作"紫阁",曾本、卢校作"翠阁"。"迟迟春日"中无"兮"。"玉甃暖",公文本、曾本《白氏讽谏》、卢校作"玉蝶飞"。"嫋嫋秋风"中无"兮"。"一幸乎",马本、《唐音统签》本、汪本作"一幸于"。"西去",《白氏讽谏》作"西出"。"都门",《文苑英华》明刊本作"都城"。"多少地",集本作"几多地"。"吾君不游","游",《文苑英华》作"来"。"一人兮出"误,当为"一人出兮"。"我君"误,当为"吾君","修己人不"后漏书"知","不自逸不自嬉"中漏书"兮"字。"不伤财"后无"兮"字。"不夺力",《白氏讽谏》、《文苑英华》、神田本等抄本同,绍兴本作"不伤力"。"君之不来为万人",《白氏讽谏》无"兮"字,"人",《白氏讽谏》、《文苑英华》作"民"。[②]

15. 百炼镜

传菅原道真笔《白氏文集》卷第四《新乐府下》二叶,静冈 MOA 美术馆藏。相传为古笔了仲的古笔手鉴《翰墨城》曾收此断简。战前为益田孝(1848—1938)所有,战后归现藏。此书从书风推断当为十一世纪初书写。共十三行,与阳明文库藏《骊宫高》同笔。"处所",《文苑英华》作"置处"。"灵且奇",敦煌本、神田本同等抄本、

---

① 《平安朝传来的白氏文集与三迹研究》第二册,第 264 页。
② 《古笔学大成》第二十五卷,第 52—53 页。

《文苑英华》同,他本作"灵且祇"。缺"五月五日日午时"一句。"扬州长史手自封"[1],"史",马本、《唐音统签》本、汪本、神田本作"吏"。敦煌本、《白氏讽谏本》无此句,而有"钿函珠匣销几重"一句。《白氏讽谏》作"钿函金匣销几重"。神田本抄本有此句,下有"钿匣珠函销几重"句。"不敢照",敦煌本、神田本等抄本、《文苑英华》同,公文本、曾本《白氏讽谏》作"不合用"。"九五",敦煌本、光绪本《白氏讽谏》作"五色",公文本、曾本《白氏讽谏》作"五爪"。"呼作",绍兴等本作"呼为",敦煌本作"呼云"。"照掌内"[2],敦煌本、神田本等抄本同,绍兴本作"居掌内"。"理乱",《白氏讽谏》、《文苑英华》、神田本等抄本同,敦煌本作"理化",绍兴本作"治乱"。

16. 红线毯

小野道风笔,绢本断简一幅。东京春敬记念书道文库藏。大正二年(1913)年七月发行的《书苑》(三卷第一号)的《佐理卿笔白诗草书绫地切》公开此书,据大口周鱼翁解说,此叶从明治末年至大正初年为赤星家所藏,大正六年(1917)为益田钝翁所有,战后归现藏者。文字从诗题"红线毯"至"染为红线"[3]。"红线毯"题下有"忧蚕丝之费也",《白氏讽谏》、神田等古抄本同,他本无。"拣丝",汪本作"练丝"误。"练线",光绪本《白氏讽谏》作"拣线"。

17. 道州民

传小野道风笔,绢本断简一叶,兵库白鹤美术馆藏。昭和五年(1930),嘉纳治兵卫翁蒐集的古美术品豪华图录《白鹤帖》刊行,《书迹篇》收录此叶图版。南都一乘院宫旧藏《古笔大手鉴》也收录。文字从"不贡无"至"宜悉罢"[4]。集本"吾君感悟"误作"吾感

---

① 《书道全集》第十二册,图1,第49页。

② 《古笔学大成》第二十五卷,第54页。

③ 《书道全集》第十二册,第35页。

④ 《古笔学大成》第二十五卷,第17页。

君悟"。"岁进",敦煌本、神田本等抄本同,他本作"岁贡"。

18．蛮子朝、骠国乐

绢本断简一叶,传小野道风笔,切断处与上述《道州民》相连续,应属同笔。《白氏文集》卷三《新乐府》,文字从《蛮子朝》末尾"在怀远蛮"到《骠国乐》诗题①,共八行。"隔日惟闻对一刻"②,"隔日",神田本等抄本同,他本作"朝日"。(《书道全集》认为是传藤原佐理笔)

19．二王后、海漫漫

装饰下绘传小野道风笔断简一叶,神奈川原三溪旧藏,昭和三年八月刊《手かかみ》收录。曾由原富太郎翁收藏,现不知所终。文字甚残,为《二王后》末尾"独兴灭国,不独继绝世"至《海漫漫》"天水茫茫无"③。"守文君",郭本作"守成君"。"直下",《乐府诗集》作"其下"。"但闻名",光绪本《白氏讽谏》作"但传名"。

20．胡旋女

装饰下绘绢本断简,传小野道风笔模本,爱知观音寺藏。盖表有古笔了仲"本朝笔迹之长道风真迹"④之字,小松茂美推测其为室町时代的模本。

21．阴山道

装饰下绘断简一叶,京都阳明文库藏,外桐箱盖表中央有近卫家熙手书"道风真迹阴山道九行"。内容从诗题至"五十匹",中阙至"阙将军呼万岁,捧授金银与"⑤,下缺。"阴山道,疾贪虏也",公文本、曾本《白氏讽谏》、卢校下有"胡从阴山来贡马"。"每至戍人送马时","送",《文苑英华》作"进"。"道傍",神田本等抄本作"道

<hr>

① 《古笔学大成》第二十五卷,第17—19页。
② 《书道全集》第十二册,第24页。
③ 《古笔学大成》第二十五卷,第9页。
④ 《平安朝传来的白氏文集与三迹研究》第二册,第355页。
⑤ 《古笔学大成》第二十五卷,第4—5页。

旁"。"马病"下漏书一"羸"字。"但印",《白氏讽谏》作"促节"。以上中间脱落十三句五字大部分可在另一断简一叶中补充。此叶图见于平凡社出版《书道全集》第十二卷中,所藏者不明。文字从"六七缣丝"到"疏短织"。①"缣丝不足女工苦",漏书"不"。"短截",神田本原本、郭本作"短裁"。"三丈",马本、《唐音统签》本作"三尺"。"回鹘",《文苑英华》作"回纥"。"频奏论",公文本、曾本《白氏讽谏》作"时奏论"。"江淮",《白氏讽谏》作"江南","马价缣",御物本作"添价缣",或作"添马价"。

22. 井底引银瓶

装饰下绘伏见天皇临模,断简一叶,《谈书会志》所收。连诗题共五行,与伏见天皇临模御物本、卫家熙本字配一致。诗题下有"止婬也"。"银瓶半上丝绳绝","半上",神田本等抄本同,绍兴等本作"欲上"。"瓶沉",漏书"沉"字。"其奈何",神田本等抄本同。以下残缺。藤原佐理笔装饰下绘绫本断简一幅,东京梅泽记念馆藏。存四行"鬓秋蝉翼"至"弄清梅"②,中残"转双"二字。"双蛾",《白氏讽谏》本作"蛾眉"。"戏伴"《白氏讽谏》本作"女伴"。"咲",集本作"笑"。"未与君相识",神田本等抄本、《白氏讽谏》同。他本作"与君未相识"。此书所本似为神田本等古抄本一系。

23. 七德舞

绢本装饰下绘一帖,传源俊房(1035—1121)笔,宫内厅三之丸尚藏馆藏。现存一帖三叶缝合的折本。盖表右端有近卫家熙手书"七德舞　堀川左大臣俊房书"。③昭和四年(1929)四月,通过佐佐木信纲博士从七条书房刊发其原寸复制,有昭和二年(1927)七月神田信畅博士的跋语。《七德舞》诗题下有"美拨乱

---

① 《书道全集》卷十二册,第 37 页。

② 《古笔学大成》第二十五卷,第 28 页。

③ 《平安朝传来的白氏文集与三迹研究》第二册,第 362 页。

陈王业"六字①。"二十有四"后残二字。"九即帝位"前残一字。"功成理定何"后残"神速"二字。"子夜泣",神田本、《文苑英华》、《乐府诗集》、《唐音统签》本同,他本作"天子泣"。"张谨",《白氏讽谏》作"张瑾"。"奋呼","呼",《文苑英华》本校:"一作身"。"则知",马本、《唐音统签》本、汪本脱二字。"尔来"残"来"字。《白氏讽谏》、《乐府诗集》"尔"作"今"。通篇无居易原注。

24. 华原磬

素绫本断简一叶,藤原佐理笔,东京前田香雪旧藏。古笔手鉴《笔阵》收录一叶,是早期的卷子本上断简下来的。有古笔家二世了荣(1607—1678)书的"小野道风前之字不见朽"②的鉴定。"朽"字为其误认,当为"新"字。存文为"新声□□□□浮磬出泗滨,立弁致死声感人。宫□□□华原石,□□遂"③。"弁",绍兴本等作"辩",神田本、《文苑英华》等作"辨"。"声",敦煌本、《白氏讽谏》本作"能"。此本京都阳明文库藏其模本一叶,《予乐院临书手鉴》收录,为近卫家熙师寺田无禅之笔。文字比原本更残破。

京都龙兴寺藏绫本此诗断简一叶,附属极札有"佐理印(琴山)",此为古笔了佐书。与前田香雪旧藏本相连续,中间脱漏"忘封疆臣果然胡寇"八字。④ 共三行,从"从燕起"至"铿锵而矣"。"岂听",《白氏讽谏本》作"岂独"。爱知不二文库藏此相关断简一幅。共四行,从"磬襄"至"谁知得",中缺"人"、"去不归"、"师华原"、"与"、"两声"等字。"市儿",神田本等抄本、《文苑英华》、汪本作"市人"。"谁知得",集本作"谁得知"。此叶添有幕末屈指的古笔鉴定家大仓好斋极札一枚。

----

① 《古笔学大成》第二十五卷,第30—35页。
② 《平安朝传来的白氏文集与三迹研究》第二册,第367页。
③ 《古笔学大成》第二十五卷,第23页。
④ 《平安朝传来的白氏文集与三迹研究》第二册,第369页。

阳明文库亦藏此绫本装饰下绘断简模本一叶。传藤原佐理笔。只残文字"听今人听，泗滨石，泗滨石，今人不击古人击。古人今人何下同，用之"①、"吕知有新声"、"磬出"。"古人今人"，神田本等抄本、《文苑英华》同，他本作"今人古人"。

25. 杏为梁

藤原佐理笔，装饰下绘绫本断简一叶，东京山内香溪旧藏。大正二年(1913)七月《书苑》(三卷第一号)收录原寸写真，大口周鱼翁解说。草书，含诗题四行。诗题脚注"刺居处奢也"五字剥落。从诗题至"碧砌红轩色身未干，去年"②。"堂室"，《白氏讽谏》作"堂宇"。又有加贺前田家传来，现为金泽市中村纪念美术馆藏的古笔手鉴所收一叶绫地断简，附属于初代古笔了佐(1572—1662)的极札。文字与上本相接，从"身殁今移主"至"今岁官收别赐人"③。

26. 陵园妾

藤原佐理笔，装饰下绘绫本断简一幅。昭和二十六年(1951)十二月二日，东京国立博物馆小讲堂名笔鉴赏会陈列，昭和三十八年(1963)三月东京国立博物馆特别陈列"白氏文集与和汉朗咏集"时展出过。仅存二行"谗得罪配陵来老□啼呼趁□□中□监"④。又有小松茂美藏藤原佐理笔《陵园妾》绫本断简一叶，卷末字四行，字迹剥落，难以判明。所存约从"(三千)人，我尔君恩何厚薄。愿令轮转直陵园，三岁一来均苦乐"⑤等字。庆安四年(1651)九月上梓的《御手鉴》收此本摹写。

27. 缭绫

摹本，传藤原佐理笔，装饰下绘绫本断简一叶，兵库白鹤美术

---

① 《平安朝传来的白氏文集与三迹研究》第二册，第380页。
② 《书道全集》第十二册，第64图。
③ 《古笔学大成》第二十五卷，第27页。
④ 《古笔学大成》第二十五卷，第29页。
⑤ 《古笔学大成》第二十五卷，第25页。

馆藏,草书,奈良一乘院宫传袭古笔大手鉴类品中最出色的,但笔致欠精彩,一见即知为模本。仅存"裁衫袖长制金斗"一行。又有相同模本一叶,藏于阳明文库。

28. 琵琶引

江户时代刊行的由木户常阳所编的著名法帖中收有道风的书迹《琵琶引》。然道风《琵琶行》的真迹现已不传,也没有道风书写《琵琶引》的古笔文献记载,故有人怀疑原迹为伪笔。通过与管见抄本、金泽文库本、宋刊本、那波本的比校,可以看出,它与旧抄本的本文相一致,应来源于旧抄本。还有不少本文,与以上诸本不同,可能是道风法帖的误写或误刻。法帖中最大的异文在于《琵琶引》序末尾同序文字大小相同的二十五字评语:"其抑扬顿挫流离沉郁之态虽千岁之下宛然琵琶哀怨之声也。"①这段评语在被称为俗本的《古文真宝》上有,被推定为古本系《古文真宝》本文二种单篇《琵琶行》也都有。古本系的二本(清原宣贤本与《歌行诗谚解》本)与道风法帖在异文上有半数多一致。神鹰根据唐宣宗《吊白居易》"童子解吟长恨曲,胡儿犹唱琵琶行",认为中唐有单行篇《琵琶行》,并认为这二十六字评语是中唐流布过程中被追加的。他将其与另外两个单行本《琵琶行》和宋刊本、那波本比较,发现有部分本文与单行本同,与金泽文库本、宋本相异,因此判断法帖《琵琶行》当与金泽文库、宋刊本等大集本不是同一系统。它的直接底本很可能来源于大集之外的民间流布的别个单篇《琵琶引》。有可能是在平安时代,遣唐使带回了单行唐抄本《琵琶行》,当时的书法家小野道风照此书写,真迹在江户时代流传,后世多有摹刻。

神鹰德治藏法帖尊圆亲王(1298—1356)《琵琶引》、《琵琶引附诸国·官名》,江户前期刊,大一册。原装浓缥色表纸,外题剥离,卷首题"琵琶引一首并序,大原白居易",卷末有"右祖师尊圆亲王

---

① [日]神鹰德治:《书迹资料》,《白居易研究讲座》第六卷,第56页。

真迹,可谓家珍者也。管城身'花押',亲王志之",这是尊朝法亲王(1552—1597)的奥书。卷末有"安永十岁丑正月吉详日,持主白石楮关造"的识语。表纸及里表纸有本书的模写"米泽大町下片町"、"下和田村住人、白石吉次郎"等人的墨署。有"心祐"、"宗藤"①等藏书印押捺。此册从其翻字来说,与国内流传售本多有不同。神鹰德治《尊圆亲王法帖所载〈琵琶引〉的本文系统》(《东书国语》265号,1986 年 9 月)考证其属于日本旧抄本系统。通行本《白氏文集》的《琵琶引(行)》28 句中作"幽咽泉流水下滩",绍兴刊本作"冰下滩",那波本作"水下难"。此二本作"冰下难",是最符合白诗原意的版本。可见其校勘价值之高。

29. 长恨歌

法帖尊圆亲王书《长恨歌》模本,外题《长恨歌》,刊于文化十年(1814),江户山田佐助、北村长四郎,大折一帖,神鹰德治藏。表纸中央原题笺《(尊圆)长恨歌全》。首书《长恨歌序》,次书《长恨歌》。卷末有"祖师大乘院赠一品尊圆亲王真迹,尤可谓奇珍者也。临池末流记之判此一卷草书长恨歌者,大乘院赠一品亲王御遗迹,本朝古今之笔神。而藤木氏所藏,诚家宝可为尊信之者也"识语。之后有"模写,文屋主人。彫手,木村嘉平。东都书肆,两国广小路吉川町,山田佐助。神田锻冶屋町二丁目,北岛长四郎"之语。里书记"安政庚申正月,谨案:皇朝古贤温厚有余。故其书法厚有余也。后学喜其肥肉、不得筋骨、即为俗体。不知者以为,虽古名迹有和臭焉"。② 后有兰亭序双行模写。据神鹰德治考证,此法帖本文属旧抄本系统。③

① 《白居易研究年报》第四号(2003 年),第 242—264 页。
② ［日］神鹰德治:《法帖尊圆亲王〈长恨歌〉》,《白居易研究年报》(2002 年),第161—163 页。
③ ［日］神鹰德治:《尊円亲王法帖〈长恨歌〉的本文系统》,《汉文教室》166 号,大修馆书店 1990 年版。

　　30. 常乐里闲居

　　小野道风笔,东京前田育德会藏。此笔为《白氏文集》卷第五第一首诗歌《常乐里闲居偶题十六韵兼寄刘十五公舆王十一起吕二炅吕四颍崔十八玄亮元九稹刘三十二敦质张十五仲方》。一直作为藤原行成之书流传,《世尊寺法书》卷一、《集古续帖》卷四、《尚古法帖》等书收录。简素桐箱盖里贴细长短册形云纸,上书三行字"森尹祥,字源流,称传右卫门、莫府右笔。宽政十年戊午三月十六日没。年七十一,葬谷中本寿寺。屋代轮池受书法尹祥云_{藏书印谱}"①。全文二十二行,行书体。有四种奥书,最古老者云:"右本者,后深草院御代被下最胜寺殿之御手本之随一也。而,故俊济法印_{本名定信}自京都,被召下之初,依闻召能书之由,以城介_{于时九郎兵卫尉时显}为御使,为引出物,拜领之。抑此本多年,为野迹之由。虽有其沙汰,行尹朝臣关东下向之时,令披见之,权迹也_{云云}。为拾遗纳言家督所判定,有所见欤? 但三贤内重之轻之,可依人之好欤。"②记载当时对此书迹作者为小野道风或藤原行成的争议情况,并据奥书判定作者为小野道风。第二种云:"文和二年二月为后辈,修复之了。建武五年卯月十二日,依感申右笔御器量,所推进喜久寿殿也。有宽。"最后二种为江户时期的奥书,皆认为是行成笔。其一为天明六年(1786)森尹祥(1740—1798)云:"右常乐里闲居一卷,入木道太祖拾遗纳言行成卿真迹,太田家希代之珍藏也。"最后为宽政四年(1792)古笔了意所鉴定的奥书。《世尊寺法书》编者云"某侯所藏真迹,上亲模之",《尚古法帖》云"静胜文库真本"③。日本学者小松茂美仍认定其为小野道风书迹。从字句校勘上来说,题名"闲居"以下皆省,"鸡鸣无安居"缺"无"字,"日日常晏如",《唐音统签》

---

　　①《平安朝传来的白氏文集与三迹研究》第二册,第 288 页。
　　②《平安朝传来的白氏文集与三迹研究》第二册,第 288 页。
　　③《平安朝传来的白氏文集与三迹研究》,第二册,289 页。

作"常"字作"长"。"己知",《唐音统签》、马元调本作"知己"。"谈咲"集本作"谈笑"。"酒沽"作"酒酤"。

31. 松声

绫本断简一叶,传藤原佐理笔,京都善田喜一郎旧藏。为小松茂美氏偶然发现,此叶现收在《毫战》的古笔手鉴上。只有一行残墨,为"秋琴泠泠弦一闻滁"八字。[1]

32. 续古诗十首

装饰下绘《双鬟帖》一卷,传小野道风笔,东京前田育德会藏。明治四十三年(1910),明治天皇临幸前田家时刊行记念着彩石版一卷中收。盖表有"道风"二字,为乌丸光广所书。此书笔致与藤原佐理相近。崛江知彦认为此书为藤原佐理真迹。[2] 所书内容为《白氏文集》卷二《续古诗十首》中第五首至第九首诗歌,中间第五首末、第六首、第七首中(从"唱黄花曲"至"不察")脱漏。从文字来说,"无所拘"误书为"无拘所"。"不能舒",集本作"不得舒"。"坐吁"中漏书"长"字。"之俱"中漏"子"。"禽之鱼不知",应为"禽鱼之不如"。"游"前残"出"字。

33. 昭国闲居

传藤原佐理笔,《昭国帖》一卷,东京根津美术馆藏。外箱盖表下方有贴札"子爵榊原政敬出品",知其由榊原家传来。现存一卷有错简,第一纸和第二纸有大的脱漏。此卷箱中有一枚上木本,据《群书一览》卷二《法帖类》:"白诗二首,一帖。榊原家藏佐理卿草书,始题《昭国闲居》四字,料纸为古代诗笺,四围画龙,中画藻间游鱼鸳鸯等。跋曰:右白乐天《昭国闲居》及《酬吴七见寄》二诗,皆见于文集第六卷。辑真迹旧残破之余以成卷。诗多错置。今据原

---

① 《古笔学大成》第二十五卷,第 29 页。
② 《书道全集》第十二册,第 158 页。

本。井上清风谨刻。"①当是模刻上木之后赠于榊原家一叶,被纳于箱内传存。"尽寒",集本为"昼寂寂"。"仅人绝行迹",漏"绝"。"清凉风寸夕"漏"凉"。"勿嫌禄"后残缺。下接《酬吴七见寄》"似漱寒玉水",马本"水"作"冰"。"高",集本作"商"。"思言",集本作"笑言"。"安邑里"漏"邑"。"车",误书为"在"。"等南地",集本作"市南地"。"壶中天"漏书"天"字,"君本上清人名"下残。

34.东坡种花

模本传藤原佐理笔《白氏文集》卷十一断简一叶,东京渡边昭氏藏,幕府御用绘师住吉家累代的蒐集《住吉家攒集手鉴》中保存。存诗《东坡种花》中的《又一首》卷首"东坡春向暮"至"每日领僮仆",可能是镰仓时代模写。近卫家熙家临模本有与此相连续的断简一叶,从"锄仍决渠"至"必先救根株",现藏于阳明文库。二本巧拙不同,非同一祖本,但从此可确认,行成曾写有《白氏文集》第十一卷。据小松茂美翻字,"树木"②,《文苑英华》作"树下","生初",《文苑英华》校:"集作初舒"。"决渠",《文苑英华》作"凿渠"。"来几时",马本、《唐音统签》本、汪本作"未几时"。"齐扶蔬",《全唐诗》作"随扶疏"。

35.自题小草亭

传醍醐天皇宸翰,宫内厅三之丸尚藏馆藏,后有伏见天皇"延喜圣主宸笔也,尤可贵重本也"③。宫内省出版的《宸翰集》收原寸横卷的复制《醍醐天皇宸翰白居易诗句》(西川宁博士《书道》10-1)。此书为《白氏文集》卷十四《自题小草亭》一诗。东京国立博物馆藏其模本一卷,为加茂流书道大家加贺守藤木清茂双钩填墨技法的忠实模本。奥书云:"延喜圣主宸笔者,伏见宫累代御相传,天

---

① 《平安朝传来的白氏文集与三迹研究》第三册,第74页。
② 《平安朝传来白氏文集与三笔三迹研究》第三册,第99页。
③ 《书道全集》第十二册,第5页。

下无双之御物也。予平生祇候之间，不虑蒙思许谨遂模写之功，诚可谓小家之大宝者也。朱圈者本纸之续目为觉悟也。加贺守贺茂清茂。"①此卷《集古续帖》卷第二《醍醐天皇御书》收录。帖末尾有南部高桥元吉跋文："续帖第一既成未半岁，得延喜帝御书。……唯恨天皇斯御书不得收诸正帖卷首。鸣乎，吾老矣，事不可缓，乃令侄铉併收以为续帖第二。"②书迹存白集卷十四《自题小草亭》残句："阴合藤连架，丛香近菊篱。壁宜藜杖倚，门称荻帘垂。窗里风清(夜)，流连尝酒客，勾引坐前僧。"③

36. 南湖早春

传藤原忠通笔，多多良切，断简白集卷十七《南湖早春》，若州酒井家所藏古笔手鉴《见ぬ世の友》所收，东京出光美术馆藏。残存"翅低白雁飞仍重，舌涩黄鹂语未成"④二句。是十二世纪半道风抄写《白氏文集》原本的临摹本断简。

37. 岁暮枉衢州张使君并诗因以长句报之

模本传藤原佐理笔，白集卷二十《岁暮枉衢州张使君并诗因以长句报之》断简一叶，小春日故相泽春洋翁主宰的二水会机关志《手习》所收。小松茂美从笔法推测此叶与春敬记念书道文库所收一叶酷似，也应是伏见天皇临模。共三行，字为"(新)题思有余，贫薄诗家无好物，反投桃李报琼琚"⑤。"题"，《文苑英华》校："一作成"。从此二页可推定《白氏文集》卷二十曾有手本流传。

38. 腊后岁前遇景咏意

模本传藤原佐理笔卷二十《腊后岁前遇景咏意》断简一叶，东京春敬记念书道文库藏，马越恭平翁旧藏的古笔手鉴《笔鉴》中收。

---

① 《平安朝传来的白氏文集与三迹研究》第二册，第263页。
② 《平安朝传来的白氏文集与三迹研究》第二册，第263页。
③ 《书道全集》第十二册，第4—5页。
④ 《古笔学大成》第二十五卷，第50页。
⑤ 《平安朝传来的白氏文集与三迹研究》第三册，第100页。

有古笔了仲的极札,鉴定其为佐理笔,这也是临模本。存二行:"腊都无苦霜霰,迎春先有好风光。郡"①。

39. 九日思杭州旧游寄问判周及诸客

模刻本小野道风笔卷五十三断简四扇,奥州南部的北条世行审定《集古帖》(五帖),宽政五年(1793)十月至第二年六月模刻上石,其中有卷第四《小野道风书》中的《玉泉帖》、《秋荻帖》、《白氏文集》卷五十三《九日思杭州旧游寄问判周及诸客》一首十一行模刻。后一首与正木美术馆藏小野道风笔《三体白氏诗卷》第五首相同,二者比较字形字配适合,此首可能是北条世行根据原本直接模刻的。

40. 闻行简恩赐章服喜成长句寄之

传小野道风笔,绢本断简一副,卷五十四诗二首(有《郡中夜听李山人弹三乐》残字),所藏者不明。平安书道研究会编《日本名笔全集》(第二卷)载录其图版。仅存"闻行简恩赐章服喜成长(句)寄之吾年五十加朝散,……彩动(绫袍雁趁)行。凡(衍)大抵著绯宜老大,莫嫌秋鬓数茎霜"②等字。又东京春敬记念书道文库藏《闻行简恩赐章服喜成长句寄之》诗一叶,古笔了仲鉴定为小野道风笔迹。马越恭平旧藏古笔手鉴《笔鉴》收入,断残厉害,文字难以辨认。

41. 正月三日闲行

绢本白集卷五十四断简一叶,传小野道风笔迹,东京五岛美术馆藏。鸿池家旧藏《古笔大手鉴》收录。田山方南编《兰叶集》(昭和十八年四月刊)有图版介绍。连诗题共五行,从诗题"正月三日"至"西南水红"③。"正月",马本作"五月"。"冰尽销",金泽本校誊

① 《平安朝传来的白氏文集与三迹研究》第二册,第102页。
② 《古笔学大成》第二十五卷,第10—11页。
③ 《古笔学大成》第二十五卷,第12页。

家本同，马本"水欲销"，绍兴本"冰欲销"。"南北水"，漏"北"字。又东京春敬记念书道文库藏同诗绢本断简一叶。文字残损，部分文字可辨认者为"荡(漾)双双翅，杨(柳交)加万万条。借问春"①。

42. 河亭晴望

模本传小野道风笔，白集卷五十四绢本断简二叶，京都阳明文库藏。《予乐院临书手鉴》收录。无诗题与题下小注，存文字从"风转云"至"官初罢乡"②。"秋雁橹声来"中"雁"误书为"声"。

43. 想归田园

绢本断简一幅，传小野道风笔。东京国立博物馆藏。集本卷五十五中诗《想归田园》末尾部分。自"罢郡家仍"至"能有几多(人)"③，后有"太湖石"的诗题。通行本二诗相隔五首。京都阳明文库藏其模本二叶，皆为近卫家熙笔，收录在《予乐院临书手鉴》。其中一叶文字为"一壶好酒□销春，归乡年亦非全老"④。

44. 太湖石

绢本断简一叶，传小野道风笔。收录在古笔手鉴《武藏野》中。只存"体小应是华山"⑤六字。

45. 答苏六

绢本断简一叶，小松茂美从故相泽春洋翁处见其写真，字甚残，仅余"但喜暑随三伏去。不知秋"十字。⑥

46. 池上即事

藤原佐理笔，绢本断简一叶，MOA 美术馆藏古笔手鉴《翰墨城》所收一叶，白集卷五七断简《池上即事》中的两行断简："闲当贵

---

① 《古笔学大成》第二十五卷，第 13 页。
② 《古笔学大成》第二十五卷，第 14 页。
③ 《古笔学大成》第二十五卷，第 15 页。
④ 《古笔学大成》第二十五卷，第 293 页。
⑤ 《古笔学大成》第二十五卷，第 16 页。
⑥ 《平安朝传来的白氏文集与三迹研究》第二册，第 344 页。

真天爵,官散无忧即地仙。林。"①

47. 早春忆苏州寄梦得

模本断简一幅,传小野道风笔,神奈川村山舍吉旧藏,是白集卷六四《早春忆苏州寄梦得》卷子本的断简。从"吴苑四时风景好"至"离乡已四年"。②"草色",集本作"水色"。

48. 喜刘苏州恩赐金紫遥相贺谨以诗贺之

"海内姑苏太守贤,恩加章绶岂徒然。贺宾喜色欺杯酒,醉妓欢声遏管弦。鱼佩茸鳞光照地,鹘衔瑞草势冲天。莫嫌鬓上些些白,金紫由来称长年。"后有"菱湖卷大任书"③署名。卷菱湖(1777—1843),名大任,号菱湖,是日本诗人、书家集大成者。

49. 村雪夜坐、友人夜访

《白乐天闲适二首》,池大雅(1723—1776)四十岁前后的杰作。"南窗北灯坐,风霰暗纷纷。寂寞深村夜,残雁雪中闻。""檐间清风簟,松下明月杯。幽意正如此,况乃故人来。"后有"《白乐天闲适二首》无名书"④署名。无名为其名,大雅、九霞、霞樵为其号,通称池野秋平,以天真烂漫、无欲恬淡的人格著称。

50. 白乐天狂吟七言对句

三条梨堂(1837—1891)笔,为白居易《狂吟》七言十四韵中的两句。此书可以见出三条担任太政大臣的繁忙重任时仍保持着泰然自若、清静平稳的心境。字句为"性海澄净平少浪,心田洒扫静无尘"。⑤ 后署名"明治乙酉秋日实美书"。实美为其名,其为明治初期元勋。

51. 江州司马厅记

传藤原行成笔《白氏文集》卷二六《江州司马厅记》,共存三叶

---

① 《古笔学大成》第二十五卷,第 22 页。
② 《平安朝传来的白氏文集与三迹研究》第三册,第 96 页。
③ 《书道全集》第二十三册,图 69—71。
④ 《书道全集》第二十三册,图 18。
⑤ 《书道全集》第二十三册,图 62。

断简。一叶断简三行，为田中亲美旧藏。残字句自"退不殿其不能"至"适不适在乎"①。此叶有阳明文库藏模本，中有"予乐院临书手鉴"捺印。多二行，自"于省寺军府者"至"进不课其能"。②"软弱"，"软"，《文苑英华》作"懦"，注云："二本作'软'。""安于独善者处之"，漏书"之"。"终身"，误为"身终"。另一叶真迹藏于兵库白鹤美术馆，为一乘院宫传来的《古笔大手鉴》收载。文字接着田中亲美旧藏本，字句自"人也"至"足以冗身食"③，以下残。"不可远"，《文苑英华》本作"不远"，"可以从容"，《唐文粹》、《文苑英华》无"以"字。"从"误书为"纵"。"风篁"误为"风黄"。"冗身"，与那波本同，《文苑英华》作"亢"，他本作"庇"。"唐典"，《文苑英华》作"唐六典"。

52. 草堂记

传藤原行成笔，《白氏文集》卷二六，断简共两叶，一叶藏于东京国立博物馆，字句从"年秋太原人白乐天"至"不加白。碱"④。"草堂成"，《文苑英华》作"成草堂"。"两柱"，《文苑英华》本作"两注"，误。"碱"，那波本同，宋本作"瑊"，《文苑英华》、马本作"堿"。"南甍"误书为"南荣"。佐野隆上旧藏一叶，字句自"不外适内和"至"凡所止虽一日"⑤。文字与集本无异。

53. 醉吟先生传

模本藤原行成笔《醉吟先生传》（卷六一）断简一叶，阳明文库藏。此本与《江州司马厅记》、《草堂记》等断简笔致相同，可能其原本是行成的真迹本。存字从"每一相遇"至"靡不观"⑥。"相遇"，

① 《书道全集》第十二册，图80—81。
② 《古笔学大成》第二十五卷，第50页。
③ 《古笔学大成》第二十五卷，第47页。
④ 《古笔学大成》第二十五卷，第48页。
⑤ 《古笔学大成》第二十五卷，第49页。
⑥ 《古笔学大成》第二十五卷，第49页。

与《文苑英华》同，马本作"相见"。

54.《白氏文集》卷一

古笔了以知旧藏藤原行成笔《白氏文集》卷一一残卷，古笔家后裔古笔了以知保留了一些历代的古记录。其一合古柜中有一纸载："贺雨诗、读张君籍古乐府诗者，本朝三迹之一。大纳言行成卿之真迹，无类之一卷。大字行草之笔体，殆稀也。今幸得之。以为笔迹关之珍宝。权迹以来入木之末流，无不学此笔体者，实可谓我中笔之笔圣者欤。明治元年季冬，日本，古笔了仲（墨印）。"①了仲是古笔别家五代之人。

三、申论

白氏诗文书迹本主要是指中日古代书法家所书的白居易诗文之本。对于手抄本流传众多的日本国来说，有时候抄本与书迹本的界限比较模糊。一般来说，书迹本是由书法家随意所抄，内容多少不限，少则一首一句，多则一卷或多卷，但其出发点是以书法审美为目的。而抄本则是系统抄录白集一卷以上，并以欣赏文学或保存白集为目的。传宗尊亲王笔熊野切《白氏文集》虽被小松茂美收入《古笔学大成》，但它所抄为卷六，且被施以训读和注释，故将其视为手抄本而未收录。

我国书法事业极其发达，历代以白诗为题材的书法作品当亦不少，但遍寻载录历代书法的众多书籍，却发现与白氏诗文书迹相关的记载不多，留存下来的相关书法作品就更为罕见了。然而在日本，由于白居易在平安朝以来的古代文学发展上占据着重要的地位，与其相关的日本古代书法作品极多。前文所录者皆为流传至今之作，由此推测日本典籍中载录当倍于此数，可惜因文献搜集

---

① 《平安朝传来的白氏文集与三迹研究》第三册，第108页。

困难,无法证之。即使从前录中日白氏诗文书迹考,也可知二者发展呈现出不同的面貌。

一、书迹存在形式不同。我国白氏诗文书迹留存少,虽也有《九老图诗》等以册流传者,但多为单篇流传,且部分作品有书画合体的特色,如《偶眠》书于《重屏图》之中。彭年书《池上篇》,钱叔宝系图。刘松年画、马囗书《九老图诗》。《明唐子畏文衡山琵琶行书画合轴》,即为唐寅画文征明所书《琵琶行》。日本白氏诗文书迹则多书写于绢本、绫本或带有装饰下绘的绢本、绫本中,较少有书画合体的现象。诗、书、画结合是我国文学艺术互通有无的结果,三者融于一体,能扩大彼此的文化内涵,产生震撼人心的艺术效果。而日本古代文化重视书道本身所产生的无穷魅力,也有其特殊的一面。

二、书迹创作时间分布与书写规模的不同,日本白氏诗文书迹多作于平安朝,以小野道风、藤原佐理、藤原行成等三迹为主要代表人物,之后有不少相关摹本,呈现出极不平衡的分布。但从此亦可窥见平安朝时期《白氏文集》流传情况。从书写规模来看,小野道风、藤原行成等人皆有成卷书写的情况,如东京国立博物馆藏传小野道风笔模本《新乐府上》残卷一卷,收《白氏文集》卷三《新乐府》中《七德舞》、《法曲歌》、《二王后》。宫内厅三之丸尚馆藏伏见天皇(1265—1317)临摹小野道风笔卷上《五弦弹》、《蛮子朝》、《骠国乐》三首,卷下有《两朱阁》、《西凉伎》、《八骏图》、《李夫人》、《黑潭龙》、《天可度》、《秦吉了》、《鸦九剑》、《采诗官》九首脱落,从此可推断小野道风当曾完整书写《新乐府》五十首。据爱知不二文库藏伏见天皇临摹本藤原行成《白氏诗卷》一卷,书大集本卷十三诗共十三首,次第为《三月卅日题慈恩寺》、《县西郊秋寄赠马造》、《醉中留别杨六兄弟》、《醉中归盩厔》、《过天门街》、《游山》、《长安闲居》、《凉夜有怀》、《秋江晚泊》、《长安正月十五日》、《过高将军墓》等。顺序与那波本等通行本一致。从残存各类断简可推断,小野道风等人当是根据所得抄录书写,故其所书卷佚众多,且多按卷内排列书写。统计下来发现,小野道风所传书迹涉及白居易大集中的卷二、三、四、五、十二、五十三、五十四、五十五、五十七、六十四,藤原行成书迹涉及卷一、四、五、十、十三、二十六、六十一、六十三、六十五。藤原佐理书迹涉及卷三、四、五、六、十一、十六、二十、五十四、五十七。去掉重复之卷,有一、二、三、四、五、六、十、十一、十二、十三、十六、二十、二十六、五十三、五十四、五十五、五十七、六十一、六十三、六十四、六十五共二十一卷。从书法领域内也可窥见当时白集流行盛况。而中国著录的书迹多以宋、明以后所书为主,其中有不少御书之作。虽也有《九老图诗》等以册流传者,但书写具有较大的随意性,多为单篇流传。可见在中国书法史上,对白诗的关注较少,只是个别情况的受容。从各朝所书之诗来说,除《长恨歌》、《琵琶行》之外,多为白乐天抒写风流娴雅的闲适之作及与佛理有关之作。如描写居易识分知足、安于闲居的《池上篇》,描写居易在"怀才抱智者,无不走遑遑"之时饱食闲坐、超然物外的《饱食闲坐诗》、描写白居易等人举行风雅情趣的九老会的《九老诗并序》。又康熙御书石刻《金刚经》一部,御书泥《金心经》一卷,御书白居易绝句《题香山新经堂招僧》金扇一柄,将白居易与佛教紧密相连。董其昌书白居易《八渐偈》与《逍遥咏》,并在《画禅室随笔》卷一《书琵琶行题后》评云:"白香山深于禅理,以无心道人作此有情痴语,几所谓木人见花鸟者耶?"①可见董其昌认同并关注白居易诗中的禅理成分。如此可知,白氏诗文书迹虽流传甚少,但亦可略窥书法界对白居易诗文的受容更多地偏重其风流儒雅的人生态度与出入释道的圆融生活。从书法本身的发展来说,将诗、书、画与佛禅意境结合起来,更能增加书法艺术本身所承载的文化内涵与信息量,从而造就一种文学艺术的最佳结合体。

---

① 《画禅室随笔》,第19页。

附录：白居易书迹考

　　白居易以诗文名世，但其书法亦为世人所重，据明周锡珪《唐碑帖跋》卷四载："常见小说（按：见王明清《玉照新志》卷四所载）云，宋南渡时，一人凭楼，望见一老士夫携小童捧一瓮至僻静，潜埋以去。后其人发之，则乐天绝句一纸耳，当时人重其手迹如此。"①小说固然未必为真，但宋人对居易手迹之膜拜大抵如此。考历来石刻与碑帖中，有居易所书之文，其中自书己作者已见上录，约有《天竺寺》、《龙门八节滩诗》、《寄元微之诗》、《与刘禹锡书》、《修香山寺记》、《崔宏礼碑》、《唐故会王墓志铭》、《与运使郎中状》、《与口口书》等九种。此外，尚有居易所书之书迹流传，附考于下。

　　1. 元稹拜相告身状

　　王明清《挥麈前录》卷三："明清少游外家。年十八九时，从舅氏曾宏父守台州。有笔吏杨涤者，能诗，亦可观，言其外氏唐元相国之裔，一日持告身来，乃微之拜相纶轴也。销金云凤绫，新若手未触。白乐天行并书，后有毕文简、夏文庄、元章简诸公跋识甚多。寻闻为秦熺所取，恨当时不能入石，至今往来于中也。"②此文为元稹长庆二年（822）拜相时，居易为其所作谢词。《嘉定赤城志》卷三十八载："元相国墓在县东一十五里，旧传唐元稹之后尝为州通判，而死葬于此。按今城东有元其姓者居之，藏其祖拜相麻，乃白居易行词并书。后有守取以遗秦熺。"③鲜于枢《困学斋杂录·书画见闻》、张丑《清河书画舫》卷六下皆著录。后此帖藏于郭北山御史家（见《式古堂书画汇考》卷四"书四"）。

---

① 《唐碑帖跋》，第 248 页。
② ［宋］王明清：《挥麈录》，中华书局 1961 年版，第 25—26 页。
③ 《嘉定赤城志》，第 7582—7583 页。

2. 丰年帖、洛下帖、刘郎中帖、生涯帖、送敏中归邠宁幕

《宣和书谱》卷九："观其书丰年、洛下两帖，与夫杂诗，笔势翩翩。大抵唐人作字无有不工者，如居易以文章名世，至于字画，不失书家法度，作行书妙处与时名流相后先。盖胸中渊著流出，笔下便过人数等。观之者亦想见其风概云。今御府所藏行书五：丰年帖、洛下帖、生涯帖、刘郎中帖、送敏中归邠宁幕等诗。"①据《式古堂书画汇考》卷四"书四"所载，《丰年帖》后为贾似道悦生堂所藏。《淳化秘阁法帖考正》卷十《博古堂帖》："《闲者轩帖考》云：宋人集诸家善本为一帖。三代止周'穆王坛山'四字……唐人则虞、褚、欧、柳小楷，颜鲁公行楷及白乐天书。"②此《法帖》所云白乐天之书盖与《宣和书谱》同。

3. 元稹春游诗

此诗拓本见于明代王氏所藏宋拓四名人法书册页，现藏于历史博物馆。此诗是否为元稹所作颇有争议，明安世凤《墨林快事》卷六："世传白春游诗并一札都为一卷。诗，公诗也，字即未必公书。"③对此提出疑问，但没有确切证据。清朱彝尊《白乐天草书春游诗拓本跋》云："右白傅草书一十九行。钱穆父在越勒石，置蓬莱阁下。今《长庆集》不载。或以是诗补入元微之集中，误也。'散'字，《广韵》未收，而毛晃《增注礼部韵略》有之，引白诗为证，且注云'重增'。然则今之《广韵》，亦非《唐韵》之旧矣。'从'雕本讹'终'，'爱'雕本讹'怗'，皆所当勘正者。"④顾学颉据此认为《春游诗》为白居易所作，并推测其作载于长庆四年元旦前后。考《容斋随笔》五笔卷二"元微之诗"条云："外《春游》一篇云：'酒户年年减，山行

① ［宋］官方修：《宣和书谱》，《丛书集成初编》第1632册，第225—226页。
② ［清］王澍：《淳化秘阁法帖考正》，《四部丛刊三编》第217册，第30页下。
③ ［明］安世凤：《墨林快事》，《四库全书存目丛刊》子部第118册，第336页。
④ 《曝书亭集》卷四十九，第593页。

渐渐难。欲终心懒慢,转恐兴阑散。镜水波犹冷,稽峰雪尚残。不能辜物色,乍可怯春寒。远目伤千里,新年思万端。无人知此意,闲凭小栏干。'白乐天书之,题云《元相公春游》。钱思公藏其真迹,穆父守越时,摹刻于蓬莱阁下,今不复存。集中逸此诗,文惠为列之于集外。……乐天所书,予少时得其石刻,后亦失之。"①洪迈详细记载石刻在宋代之流传,并云曾得其石刻,其载当确实可信。诗歌以第一人称口吻写春游时的感受,又有"稽峰"云云,并非如顾颉刚所云为"春初悬想会稽气候寒冷,元稹不愿出游,因劝元不能孤负物色"②之作。又元稹《和乐天仇家酒》有句:"病嗟酒户年年减,老觉尘机渐渐深。"诗人常会重复用语,亦可为其证。石刻拓本与《容斋随笔》校对,则略有不同,"从"为"终","辜"为"孤","怯"为"爱","小"为"曲"。

4. 楞严经一册

此书宋代已有流传,据《云自在龛随笔》卷五所载:"唐白居易书《楞严经》一百幅,三百九十七行。唐笺楷书系第九卷,后半卷赵明诚跋云:淄川邢氏之村邱地平弥,水林晶澈,墙麓硗确布错,疑有隐君子居焉。问之,兹一村皆邢姓而邢君有嘉故潭长好礼,遂造其庐。院中繁英正发,主人出接,不厌余为兹州守而重余有素心之馨也。夏首后相经过,遂出乐天所书《楞严经》相示,因上马疾驰归与细君共赏。"③赵明诚与李清照尝因睹此书而欣喜若狂。又《秘殿珠林》卷二《释氏经册》云:"唐白居易书《楞严经》一册。上等天一。唐笺本。楷书。款云香山白居易书,无印。音译八字后有'宝庆改元花朝后三日重装于宝易楼逊志题'十八字,前后俱有'绍兴玺波罗蜜室'印。……按此卷虽残阙,然的是乐天真迹。笔意圆劲

---

①［宋］洪迈:《容斋随笔》,中华书局 2005 年版,第 852 页。

②顾学颉:《白居易所书诗书志石刻考释》,《文物》1979 年第 8 期,第 61 页。

③［清］缪荃孙:《云自在龛随笔》原稿本卷五,第 6 页。

飘逸,雅称其诗。"①清乾隆时此书已云残阙。但据白高来《白居易的〈楞严经册〉》一文,此部经册至今仍在故宫博物院保存,共 100 页,以行楷抄写,凡 397 行。从文中展示的第一百幅影印件来看,落款为"香山白居易书",之后有白居易所书经文中八个字的读音注。白高来考证此经册为白居易七十岁左右所书。从书法角度来看,"点画精秀,笔致楚楚,章法疏朗,气息清雅,颇具褚遂良行楷书的韵味。"②

5. 寄元微之诗

《虚舟题跋》卷七《唐白乐天书》:"右白傅《寄元微之诗》,和明畅悦,生态块然,翻觉颜、柳为拘,信所谓散仙入圣者也。白傅《到杭州帖》比于《寄微之》诗已觉大就规程。然意思洒洒终不可绳以格律,良由胸次高故,了乏笔墨蹊径也。"③

黄伯思《跋白傅书后》尝云:"乐天书不名世,然投笔皆契绳矩,时有佳趣。乃知唐世书学之盛如此。"④诚如是也。

第三节　日本白集版本源流综考

相对于唐代其他大诗人的作品集来说,《白氏文集》国内流传的版本系统不算太复杂,先诗后笔本最重要的有宋绍兴刻本和明马元调刊本等,诗集单行本有敦煌本《新乐府》、明刻本《白氏讽谏》、清汪立名《白香山诗集》等,此处尚有一些总集或选集里收录白集。但在隔海相望的日本国,所存白集版本却十分丰富,有按先诗后笔编排的宋刊本和明刊本,有按前后续集编排的古抄大集本

---

① 《秘殿珠林》,第 502—503 页。
② 《老年教育》2008 年第 1 期,第 18 页。
③ [清]王澍:《虚舟题跋》,《中国书画全书》第八册,第 817 页。
④ [宋]黄伯思:《东观余论》,《中国书画全书》第一册,第 869 页。

和宋、明刊本与古抄本的校合本,还有体现日本国对白集受容的选抄本和选刊本,以及《新乐府》、《长恨歌》等单行本,呈现出极为复杂的状况。笔者收集了日本白集的诸多版本资料,并利用了日本学者的相关研究成果,如太田次男的《神田本白氏文集本文研究》、《以旧抄本为中心的白氏文集本文研究》、花房英树的《白氏文集批判研究》等专著,对日本白集版本源流的状况作出了勾勒,力图推进中日两国白居易研究的共同进步与发展。

一、《白氏文集》大集本

日本的古抄本中最有价值的是金泽文库本《白氏文集》,①它保存了白集原始编集面貌的前后续集本,原本由丰原奉重及其雇佣写手唯寂房、融范、康经等人从宽喜三年(1231)至贞永二年(1233)费时三年抄写而成,因曾保存在镰仓中期幕府武将金泽实时所创建的文库而得名。目前留存共有三十卷,可以大致区分为两种抄本:一是宽喜三年至建长四年(1252)二十年间丰原奉重校订的镰仓抄本,一是与奉重无关的平安末至镰仓初的写本,称之为别本。奉重校订本有:大东急记念文库藏卷六、九、十二、十七、二十一、二十二、二十四、二十八、三十一、三十八、三十九、四十一、四十七、五十二、五十四、六十二、六十三、六十五、六十八,天理图书馆藏卷三十三,田中穰氏旧藏卷十四、五十九,保阪润治氏旧藏卷四十,以及存否不明之卷四十四、六十一(大垣市立图书馆藏那波本的书入记载)。别本包括田中穰氏旧藏卷八、三十五、四十九,三井高坚氏旧藏卷二十三、三十八。

从本文源流上来看,金泽文库本的直接底本是博士家菅家传

本,而菅家本则是据中世流传的惠萼本传写的。金泽文库本最重要的价值就是保留了这些惠萼本的奥书,现共十一卷有惠萼会昌四年的识语。其中奉重本卷十二、五十二、五十九、别本四十九中各卷识语在本文尾后,尾题之前,可能是本文书写者之笔,因而其祖本是惠萼本的可能性较大。卷三十一、三十三、四十一卷的识语在本文书写完之后,校订时由奉重之笔转记,与原本无直接关系。此外,金泽文库本有的卷子与宋刊本关系密切,如卷五四奥书云:"此卷书写之本欠之,问寻折本,书入之处,折本又折销,所所多之。故或遗料纸,或付置轮,毕以证本重可令比校之也。"①可知抄本原佚,此卷以折本为底本。折本即宋刊本,太田次男推测为北宋刊本,因为此卷与宋绍兴本比校,有诸多相异处。卷三十一、三十三的底本也是宋刊本的重抄本,但惠萼会昌四年的识语仍被转写下来。可见,金泽本的版本源流十分复杂,谢思炜概括为:"它是一个以唐写本系为主体、部分采纳了北宋刊本的古抄本。"②金泽本的价值是无与伦比的,它不仅保留了惠萼本与日本北宋刊本曾经存在的痕迹,而且对《白氏文集》的校勘一直作出着独特的贡献。

　　据日本近代学者岛田翰《古文旧书考》(又名《汉籍善本考》)所载,他曾于狩谷掖翁那里得一极珍贵之覆宋刊本,旧人载目皆不曾著录,第十九、二十八、三十一各卷末有"应安六年(1373)、永和元年(1375)读过"之记。书中有掖翁载云:"皇国贞和纪元刻"③,但岛田翰认为此说无据,他推断此书确为应安六年以前的刊本。此本亦为前后续集本,共七十一卷,岛田翰根据字画式样推定其祖本为宋初刻本,并认为它是上承东林寺本的宋真宗时期刻本,也是那

---

① [日]川瀬一马:《金泽文库本白氏文集》(影印)第 4 册,勉诚社 1981 年版,第 47 页。

② 《白居易集综论》,第 46 页。

③ [日]岛田翰:《汉籍善本考》卷三,北京图书馆出版社 2003 年版,第 475 页。

波本之祖本。此本虽极其珍贵，但不见载录流传，故而影响有限。之后，与金泽本对日本白集版本影响同样深远的是那波本，它是那波道圆元和四年（1618）以朝鲜本为底本刊刻的活字本，是保持了白集原貌的前后续集完整本。

那波本的面世使当时学者欣喜若狂，他们纷纷利用那波本来与古抄本相校，力求让白集更加完善。其中首当其冲者是林道春，据庆应义塾大学的斯道文库所藏本《林家白氏文集跋》中题有涩江抽斋的《金泽本校正篇目》中载："罗山先生所校，有依金泽本，有依宋刊本。今虽不能悉识别，而春斋先生跋文所谓旧点四十卷者，略可考知。因举卷数之目如右，其载金泽本跋者，以朱圈标之。"①《经籍访古志》亦载：

> 按，林祭酒家藏白集，罗山先生就金泽本校过者，校止半部。间载宽喜三年、贞永元年唯寂房、寂有，右金吾原泰（当为奉）重等书写校点记，及会昌四年旧跋，冠"菅本云"、"本云"等字，即知金泽本系宽喜、贞永间依菅氏本重抄，而会昌跋文亦从菅本传录也。②

由此可知，林罗山本以那波本为底本，以金泽本、宋刊本为校本，并将金泽文库原来的奥书移写入本书。此本现藏于东京国立博物馆。但林道春只校点四十卷，剩下之卷是由其子鹅峰于宽文十二年（1672）至延宝元年（1673）冬点完，称为林读耕斋校本。林罗山本多用力于训点和句读，而读耕斋本更关注与金泽本为中心的诸

---

① ［日］太田次男：《以旧抄本为中心的白氏文集本文研究》上册，勉诚社 1997 年版，第 195 页引。

② ［日］澁江全善、森立之：《经籍访古志》卷六，《日本藏汉籍善本书志书目集成》第 1 册，第 373 页。

本对校。

　　林罗山校本对后来的校本影响较大。阳明文库藏校本、书陵部藏校本和蓬左文库藏校本都在其基础上对白集进行校勘。其中阳明本使用了林罗山未见的旧抄本对校。书陵部本卷四有奥书"宽永元季冬，西山期远子贞子元志"，可知它继承了贞子元本，又吸收了林罗山本和阳明本成果，校语比二本更为详细。蓬左文库本成于宽永六年（1629），有识语云："元和九年夏五月望日写点焉，期远子。宽永六年季夏廿六日写之。洛阳默室主人。"可见其亦继承了贞子元校本，并且在综合以上诸本对校之外，还利用了金泽本以外的旧抄本来校正。如卷十一云："古本云：大唐吴郡苏州南禅院日本国头裹僧惠萼自写文集，时会昌四年三月十四日，日本承和十一年也。"①此"古本"即为金泽本以外之本。卷六五诗题的校正也用了其他的旧抄本，可能是尊经阁藏天海校本所据之本。因此，蓬左文库本代表了当时最广泛的校勘成果。此外，还有金子彦二郎博士藏校本和和学讲谈所校本，前者为神护寺旧藏本，书写年代和校者不明，属于阳明本系列，与书陵本成书时间差不多，校勘的程度亦与之匹敌。后者据识语成书为宽永八年，利用的校本有林罗山本、金泽本、管见抄本等，校语不如书陵部详细。以上校本成书时间相对集中，基本上是在林罗山校本成立后至林读耕斋本成立前，足以窥见当时校对《白氏文集》的盛况。

　　校本当中最重要的还有天海校本，即慈眼大师天海僧正校尊经阁文库藏本。天海校本利用梶原性全本与那波本校对，其珍贵之处在于祖本是比金泽文库本更早的本子。其卷二五下有识语云："元亨四年（1188）仲春一日以藤宗重之本朱墨共了"，又有"保安二年（1121）春二月二日，于待贤里亭以平祐俊之本移点讫。藤

---

　　① ［日］花房英树：《白氏文集批判研究》，朋友书店1974年版，第224、226、227页引。

宗重。"性全本曾以藤宗重本为校点本,而藤宗重所据之本为平祐俊(承保二年(1075)在世)本,从卷一三中惠萼会昌四年的识语可断定平祐俊本也是惠萼苏州南禅院本的重抄本。卷六十又有识语:"大治四年(1129)六月上旬以式部大辅敦光之本,息男文章生邦光点全了。"卷六三有识语:"大治四年十一月一日以李部大卿本,息男进士邦光所点之。"①"式部大辅敦光之本"、"李部大卿本"都是当时的博士家证本,则藤原宗重(? —1131)又采用了博士家证本。可见天海校本所据之祖本比金泽本成书的宽喜三年要早百余年,是保存了旧抄本面目的重要资料,可惜大部分已残缺,令人颇感遗憾。

此类校本之后还有文政六年(1823)刊行的官版《白氏文集》,此本现藏于内阁文库、东京都立中央图书馆等地。据神鹰德治考证,本文是以那波本为底本,参以金泽本、管见抄等旧抄本及其校注来校异。如卷三十一中那波本所无的九篇作品,即以金泽本为订补。与林罗山校本、蓬左校本一样,使用了旧抄本中的校注。但此本有不少明显的误刻之处,并非善本。②

近世以来,日本收藏了不少明刊本,如明正德八年(1513)锡山华坚兰雪堂铜活字刊本,有大仓文化财团藏本和鹤见大学图书馆藏本;嘉靖十七年(1538)吴郡伍氏龙池草堂刊本,有多个藏本;③明正德十二年郭勋编的《白乐天诗集》,藏于东京都立中央图书馆;正德十四年郭勋所编的《白乐天文集》三十五卷《年谱》一卷,藏于宫城县立图书馆。此外,明万历三十四年,马元调校本《白氏长庆集》七十一卷刊定,后流传至日本。仅五十年后,后西天皇明历三年(1657),京师出云寺林和泉掾松柏堂刊印马元调本,由日人立野

---

① 《白氏文集批判研究》,第 232、233 页引。

② [日]神鹰德治:《官版白氏文集》,《白居易研究讲座》第 6 卷,第 280 页。

③ 详见《日藏汉籍善本书录》,第 1479 页。

春节句读,称为明历本。立野春节跋云:"虽有菅江之旧点,世以不易获也,时书林闻予偶得菅家点本而强求焉。予嘉其扩世与众俱而许之。"①知立野春节以菅家本移点覆刻。后来此本多次重印,主要有后西天皇万治元年(1658)本、宽文二年(1662)京都出云寺本、孝明天皇嘉永元年(1848)本等。

二、单行本

白诗当中,在日本最受瞩目的诗歌是《新乐府》、《秦中吟》、《长恨歌》和《琵琶行》,如十四世纪三条西实隆自笔本,就只收这四组诗歌。它们体现了日本对白诗的独特受容,因此,需特意拿出来论述。在谈及版本时,不只涉及其单行本,也论及大集或选抄本中所收之本。而这些诗歌的单行本有的成书时间很早,流传广泛,对后世影响十分深远,校勘价值也很高,需要格外加以关注。

1.《新乐府》与《秦中吟》

《新乐府》是日本白集中版本留存最多,源流也最为复杂的组诗。大集刊本中的且不论,就是单卷(卷三卷四)留存的古抄本,据《神田本白氏文集研究·校勘记》中所列,就有近三十种之多。有的存卷三,如时贤本、猿投本、真福寺本;有的存卷四,如顺德天皇建保四年(1216)本、四条天皇嘉祯四年(1238)本;有的卷三卷四皆存,如神田本、飞鸟进雅本、醍醐三宝院藏镰仓本。这些本子保留着"白氏文集卷三"、"白氏文集卷四"的题头,很明显是从大集中抄出而流传的,其中最重要的是神田本、时贤本、正应本和永仁本。

神田本即堀河天皇嘉承二年(1107)写本,为藤原茂明所书。

---

① 〔日〕汤浅吉美:《明历刊本和马元调本的校异》,《白居易研究讲座》第 6 卷,第243 页。

今存卷三、卷四,有奥书云:"天永四年三月廿八日点了。藤原茂明。"①它是现存最早的《新乐府》古抄本。太田次男原先认为神田本的祖本为唐抄单行本,后来对此观点作了修正,指出它应选抄自大集中,因其卷次明记为卷三、卷四,藤原茂明又在卷三的奥书中说明它是白诗的入门书。②尽管如此,它仍然是保持了唐抄本《白氏文集》本文实态的贵重资料,这一点可以从它与唐抄本敦煌本《新乐府》中的本文相似处看出。神田本的版本源流和金泽本一样复杂,既有唐抄本和日本旧抄本的本文系统,又有与宋刊本相近的本文。太田次男在比较了神田本与诸本之间的关系后,认为宋刊本与神田本的一致可以说明宋刊本本身的优越性,这一点对于日本学界长期以来盲目重视日本古抄本而忽视中国的宋刊本起到了振聋发聩的作用。

时贤本即后醍醐天皇元亨四年(1324)写本,今存卷三,可能取自白氏原本传抄,卷中白氏自注极多,宋本以下皆不见。卷尾有识语曰:

> 元亨四年十月一日以菅家证本书写讫。侍从时贤。
> 以式部大辅正家朝臣侍读本见合了,彼点以朱写之,校了。③

可见,它是以日本古抄本菅家本为底本,同藤原正家本进行校对的。有的校语来自宋刊本,应是时贤本所据旧抄本本身就有宋本系统中的文字。

---

① (神田本)《文集卷第四》影印本,古典保存会1929年版,卷末。

② 原观点见于太田次男《神田本白氏文集研究》,第174页,谢思炜《白居易集综论》第40页曾转录。修正后观点,见《以旧抄本为中心的白氏文集本文研究》上册,第616页。

③ 《以旧抄本为中心的白氏文集本文研究》上册,第698页引。

天理图书馆藏伏见天皇正应二年(1288)写本,今存卷四,卷尾有手识文云:"正应二年己丑七月十六日书写了。严竑传。"①首题"文集卷四　太原白居易",次行低一格题"新乐府　讽谕四　杂言凡三十首",这种题式与其他宋刊本相异,那波本、绍兴本"讽谕四"在"新乐府"之上。"杂言"二字宋刊本以下诸本无,当是脱落,日本学者推测这可能是白居易集本的原态。在文本源流上,它继承了平安末抄本。

永仁元年(1293)抄本,今存卷三,奥书为:"永仁元年八月十七日于镰仓金刚寿福寺书了。朝誉。六十五。"②卷首题为:"文集卷第三　太原白居易",绍兴本无"太原白居易"五字。神田本与此本同,清少纳言《枕草子》卷九中"书是《文集》、《文选》"③也与这个标题相呼应,这有可能是白氏撰集的本来面目。序和本文与绍兴本、那波本都有不同,而多与神田本相似。可见,此本亦继承了平安抄本。

除了抄本以外,日本也有一些对《新乐府》进行注释的书,有的是以汉文注释,有的以和语谚解。汉文注释书有真福寺藏宽喜三年写本《新乐府略意(第七)》和醍醐寺藏室町初期写本《白氏新乐府略意》二卷,撰者皆为山阶寺僧信救。真福寺本为残本,原分上下卷,上卷分三卷,下卷分四卷,此存第七卷,为白集卷四《草茫茫》至卷末七首,皆加注。醍醐寺本《新乐府》五十首全部加注,其奥书云:

　　　宽喜二年闰正月二日,于醍醐寺地藏院书写了。此书先

---

　　①《文选·赵志集·白氏文集》,天理大学出版社1980年影印出版,第473页。
　　②《文选·赵志集·白氏文集》,第420页。
　　③[日]清少纳言著,周作人译:《枕草子》,中国对外翻译出版公司2001年版,第301页。

年之比参笼信贵山之时,撰者信救(本名信阿)适持来之,卒余之间才上卷许诔人书留了。其后已经数年,而今不虑之外感得他本,仍所书加也。俗书虽有斩泥之诚,乐天之志已达深理,大圣诚言也。且为后叶书了而已。同年三日点了。深贤记之。①

可知此本为深贤抄写加点。二本中真福寺本比醍醐寺本的注释要更加详细些,注文中所引书名涉及《史记》、《文选》、《左传》、《毛诗》、《书》、《管子》、《五行大义》、《五连图》、《法苑珠林》等十余种经、史、子、集类汉籍。至于其《新乐府》的本文使用的底本,可能是与神田本相近的《白氏文集》。

和语注释书有《白氏长庆集谚解》,虽称全集之名,但实际上只是卷三、四的《新乐府》的注释。本书著者、时代不明,据解说者从纸质、笔迹、书志等推测,大体是宽文、延定年间至贞亨年间。② 本文与古抄本不一致,而与近世刊本多一致。解说者以元和四年刊那波本、明历本与之相校,发现它和明历本相近,当成于明历本之后。从字汇的使用来说,它引用了宽文十二年(1672)所出的《增注改正头书字汇》,也可证此书当成于宽文十二年以后。

日本《新乐府》单行本主要有镰仓末期伏见天皇临摹小野道风书迹《新乐府》二轴(被称为"御物本")和后光明天皇庆安三年(1650)片山舍正刊印《新乐府》一卷。御物本原分两卷,外题"新乐府上(下)",内题卷首为"新乐府",太田次男将其本文与《新乐府》诸本进行比校,发现它与敦煌本相近处最多,其次是《白氏讽谏》本,可见其与中国单行诸本关系密切,其祖本可能是唐抄单行

①《以旧抄本为中心的白氏文集本文研究》下册,第13页引。
② [日]森孝太郎、[日]尾崎知光:《白氏长庆集谚解》,和泉书院1986年版。

本。①　庆安本为奥田松庵手抄本的摹刻，卷末奥书云"以菅家相传之秘本写之毕"②，有卷子本、折帖、册子本等多种形态保存本。与御物本一样，它没有标明卷三卷四，且省略双行小注，但有首序，其本文介于抄本与刊本中间，与后者更近些，祖本可能是最接近旧抄本的宋刊本。

《秦中吟》现存单行本主要有仁和寺藏延庆二年书写本（1309）一轴和宫内厅书陵部藏三条西实隆自笔本一轴。仁和寺本有识语云：

> 延庆二年五月十一日，以极秘本书写了。阿阇梨祐惠。本奥云：文治四年（1188）三月十九日，侍禅定大王御读于大圣院御所北窗奉授了。散位从四位上藤原敦经。又云：健保元年（1213）九月十四日，召大内记长贞读之了。往年虽受传敦经说更点，少少依有相违重，今寻伺菅说也。③

可知它原是博士家藤原家藏本，所加训点亦是菅家训。古抄本还有酒井宇吉氏藏《白氏文集》卷二院政初期本，又称后二条本。选抄本有《文集抄》和《管见抄》所收之本。太田次男将以上五本与那波本、宋刊本等诸本校勘，发现旧抄本如后二条本、仁和寺本、文集抄本、管见抄本多一致，三条西本多和宋刊本、那波本一致。可以确定三条西本是以刊本为底本的，而其他抄本在本文上也存在差异，管见抄本可能用宋刊本校合过。《秦中吟》本文最重要的问题是诗题的差异，《才调集》与宋刊本的诗题不同，而以上日本旧抄本原本都没有题目。管见抄本虽有题目，但是用小字写在上栏，当是

---

① 《以旧抄本为中心的白氏文集本文研究》中册，第 629 页。
② 《以旧抄本为中心的白氏文集本文研究》中册，第 619 页引。
③ 《以旧抄本为中心的白氏文集本文研究》中册，第 476 页引。

用宋刊本校勘时增人，而且，平安、镰仓时代的国书、汉籍金句集中所引用的《秦中吟》也不曾有诗题。太田次男据此怀疑《秦中吟十首》唐本本无题，而是宋本在刻时为方便起见而加的。如果这种观点得到证实，这对于《秦中吟》的研究有重大的推动作用。

2.《长恨歌》与《琵琶行》

除了《新乐府》以外，《长恨歌》和《琵琶行》是白诗中在古代日本流行最广的了，尤其是《长恨歌》，对日本古代文学的发展影响尤为深远。两诗在中国没有发现单行本，但在日本却有不少单行本，有二诗同体，也有两诗各自独立单行。

日本《长恨歌》单行本是从大集中抽出来的。最早的本子是后伏见天皇正安二年（1299）写本。此本被称为正宗敦夫本，书者未详，奥书云：

> 正安二年五月二日以中院三位有房卿本书写之毕。
> 本云：文永五年二月廿一日以菅宗本书写之毕。在判。①

可见，正宗敦夫本据有房卿本，有房卿本则以菅宗本为底本，而菅宗本又以僧惠萼会昌四年书写的六十七卷本为底本，足见其文献价值。从与其他本子的比校情况来看，它与古抄本相近，而多与刊本相违。古抄本中，又与金泽本关系疏远，而与正安二年七月写本更近。解说者认为："正宗敦夫本应是从菅家本《白氏文集》中提取出《歌》和《传》的比较忠实的再转写本。"②从训点来看，正宗敦夫本主要是以菅原家的训说为基础，并采取了大江家等其他异说。

正安二年七月写本即三条西家旧藏本，其奥书云："于时正安

---

① 《正宗敦夫文库本长恨歌》（影印本）卷末，株式会社福武书店，1981 年版。
② 《正宗敦夫文库本长恨歌》（影印本），第 19 页。

二年七月廿四日于新熊野泷尻房书写毕。执笔寻亲。源命德丸之。"①它仅比正宗敦夫本晚两个月写成,与正宗敦夫属于同一系统,将《歌》、《序》、《传》合载,独立一卷相传。这里值得注意的是,两本皆收有在日本流传的《长恨歌序》②,从奥书来看,此《序》在文永五年(1264)之前形成,以《序》置于《传》、《歌》之间的形式在此之前即已流传。其他《长恨歌》单行本文和元年(1352)写本、斯道文库藏室町期写本和阳明文库藏江户初期墨迹二卷本却都无《序》,尽管从本文上考察,它们与正安写本十分相近。可见,当时无《序》本与有《序》本是并行的。

　　日本十六世纪以来出现了很多《长恨歌》与《琵琶行》的注释本,对后世影响最深远的是清原宣贤自笔本《长恨歌琵琶行》。此本现藏于京都大学图书资料室,识语为:"天文十二年八月十五日十六日,于万里小路亭讲之_{长恨歌琵琶行}。环翠轩宗尤。"③卷首有和语之序,正文列一句诗,下面是和语翻译和解读。受《长恨歌琵琶行抄》注释影响的抄本有很多种,如天理图书馆藏分阳仲恩笔《长恨歌琵琶引》室町期写本、内阁文库藏《长恨歌琵琶行和解》天正五年(1577)写本等。国田百合子还对八个版本的《长恨歌琵琶行抄》进行了翻字和校异④,这八本都不同程度地受到宣贤自笔本的影响,属于宣贤本系统。受宣贤系统注释影响而成书的还有浅井了意的《やうきひ物语》。本书为万治宽文(1658—1672)年间刊行,但改

---

　　①《正宗敦夫文库本长恨歌》,第26页引。

　　②序文可参见本书第四章第一节转引松本隆信《中世国语资料》所录,《正宗敦夫文库本长恨歌》与此本文字略有不同。

　　③[日]近藤春雄:《长恨歌·琵琶行研究》,明治书院1981年版,第129页。

　　④此八本为大东急纪念文库藏庆长版《长恨歌抄》、宽永版《长恨歌》、旧洒竹文库藏《长恨歌》和国田百合子藏《长恨歌抄》等四个古活字片假名抄,中田祝夫博士藏古版《长恨歌》,内阁文库藏《长恨歌抄》、国田百合子藏《长恨歌新抄》等两个平假名抄,以及ライデン民族博物馆藏《长恨歌》外国资料一本,见国田百合子《长恨歌·琵琶行诸本国语学的研究翻字校异篇》,樱枫社1983年版,第1页。

变了宣贤的注释,而为《长恨歌》的平假名抄,并参考了其他资料。另外还有贞享元年(1684)小佐治半左卫门、同半右卫门刊行的《歌行诗谚解》,收录有《长恨歌》,它亦为宣贤的复写本,上段注解,下段本文,本文附训点。训点以宣贤本为参考,注解引用宣贤抄文,同时有"愚按"之语,为著者的见解。

《长恨歌》在流传过程中与绘画艺术相结合,产生了图抄本。如ライデン民族博物馆藏的奈良绘本,它是继承了室町时代平易的汉文注后加入插绘而成,中野幸一氏所藏等五个绘卷本属于此系统。筑波大学藏《やうきひ物语》也有插绘,属于其系统的有东洋大学藏《ちやうごんか》奈良绘本和大谷女子大学藏《长恨歌绘卷》等多本。① 另有狩野山雪笔《长恨歌绘卷》二卷,对《长恨歌》诗句逐一绘图,忠实于原典,本书现存有模写本久鬼家本。狩野山雪之子永纳于延宝五年(1677)刊行之本有大英图书馆藏《长恨歌图抄》及内阁文库藏《长恨歌抄》,两书内容完全相同,内阁文库本先刊行,注释简略,卷末有跋文。元禄二年(1689)刊行的《长恨歌新抄》,所据为宣贤本和《歌行诗谚解》,但也用了其他新材料进行订补,并受到《图抄》的影响,插入画图。

在以上各种抄本与刊本中,有《序》与无《序》依然是并行的状态。清原宣贤自笔本和三条西实隆自笔本、庆长刊古活字本、宽永四年刊本、《歌行诗谚解》等有序,和刊本庆长敕版《白氏五妃曲》无序;东大国语研究室藏天文二年写本、茨城县六地藏寺藏近世初写本、松花堂昭乘墨迹庆长十九年写本又皆有序。中国并没有出现过此序,它在流传过程中渐渐有人认为是白居易的原序,如外记入道雪庵讲、日重注的《长恨歌琵琶行闻书》(阳明文库藏)云:"此序,

---

① 详见安野博之《关于江户时代〈长恨歌〉享受的一齣》,《白居易研究年报》2003年,第144页。

乐天自序也。"《歌行诗谚解》云:"此序,乐天之自序也。"①后者视此为乐天自序影响深远,一直以来人们就相信此序为乐天自序。

《琵琶行》又称《琵琶引》,除了大集中所含之篇以外,主要是与《长恨歌》等其他篇章合抄之本,如上面所提到的一些本子,以及小林真赞雄氏藏室町写本、长泽规矩也氏藏室町末近世初写本、阳明文库藏《长恨歌琵琶行》近世初写本等。单行本中重要版本有小林真赞雄氏藏贞和五年(1349)传尊圆亲王写本、斯道文库藏松崎慊堂天保十年(1839)传世尊寺行能笔影写古抄本②、国立公文书馆藏尊圆亲王小野道风法帖《琵琶引》江户初期模刻本。神鹰德治以法帖与管见抄本、金泽本、宋刊本、那波本等校勘发现,法帖与金泽本、管见抄本等旧抄本本文相近,有少量本文是道风法帖的误写或误刻,但也有部分本文与诸本相异,这些特异处多与清原宣贤本与《歌行诗谚解》本相同。他判断法帖直接底本很可能来源于大集之外民间流布的别个单篇《琵琶引》,并推测是在平安时代,遣唐使带回了单行唐抄本《琵琶行》,当时的书法家小野道风,照此书写,真迹在江户时代流传,后被木户常阳收入法帖中。③ 这种看法只是其一家之言。

三、白集选本

白集选本是指日人从大集中选录出来部分白诗的抄本或刊本。古选抄本主要有《要文抄》、《管见抄》、《文集抄》等,它们都反映了镰仓时代对白集的受容情况。近世的选刊本有《白少傅诗

---

① 《长恨歌与琵琶行研究》,第112页。

② 以上版本见于桂诚一郎、隽雪艳《琵琶引本文的校异》(《白居易研究讲座》第六卷,第66页),具体情况不明。

③ [日]神鹰德治:《墨迹资料》,《白居易研究讲座》第六卷,第39页。

抄》、《五妃曲》等等。白集选本多选白诗，或以题材选诗，或以体裁归类，或因便蒙学而编，或因热爱其诗而选，皆体现了白集在日本不同时期的受容状况，有的古抄本还有着非同寻常的校勘价值。

　　古选抄本中最重要的是镰仓时代的《白氏文集要文抄》和《重抄管见抄白氏文集》写本。《要文抄》由日本僧宗寺抄写，现分藏于东大寺图书馆和正仓院圣语藏。东大寺藏建长元年(1249)至四年宗性自写本，抄出白集卷一至卷二十中255首诗歌。正仓院圣语藏藏文永十一年(1274)宗性写本残卷五十一，自《有感二首》中"来狂歌酒一杯"后皆藏于东大寺图书馆，此本共抄录白集卷五十一至六十的诗文，中间略有残缺。据太田次男考证，《白氏文集要文抄》与金泽文库本有相当程度的吻合，亦抄录于前后续集本，是保持了白集原貌的选抄本之一。《重抄管见抄白氏文集》写本藏于内阁文库，共十册，第三册已佚。第九册末识语云："永仁三年六月十七日未刻，于关东田中坊驰笔了，于此日十卷皆终篇功者也。墨点者无本，仍不加之也，以他本更可写之耳。"①则重抄时间为永仁三年(1295)。此本抄录白集作品的三分之一，卷四十五至卷五十策、判类全部抄入，可知其选抄标准以政治实务类的作品为主②。太田次男认为，此本末册虽抄有北宋刊本的部分篇目，但大部分与金泽文库本接近，属前后续集本。以上二本具有较高的校勘价值，平冈武夫、今井清校定《白氏文集》时，曾把它们作为参校本。

　　镰仓时代白集流行十分广泛，其中选抄白集之风尤为盛行。现存即有三种《文集抄》，一为国会图书馆藏本，抄录白集卷一、二、五中诗歌63首。卷末奥书云：

　　　　建长第二之天仲冬中旬之候，于醍醐寺观心院西面部屋

---

①《以旧抄本为中心的白氏文集本文研究》中册，第126页。

② 具体情况可以参看谢思炜《白居易集综论》，第47页。

折松烟染燕弗毕。桑门极非人阿忍。同年十二月廿五日午终
以円莲房本付注毕。①

太田次男将此本与诸本本文校勘对比后,认为它是平安时代传来
的白集唐抄本的重抄本。二为斯道文库藏《重抄文集抄上》抄本,
抄录卷一、二、五41首诗歌。此书识语与国会图书馆所藏本识语
颇同,二者关系应比较密切,但所抄之诗却不完全相同。三为金刚
寺藏《文集抄》,外题《文集抄》,内题、尾题皆为《文集抄上上》,全册
皆施详密训点,奥书云:"以证本校合了。建治元年五月九日,于小
坂亭书之。桑门愿海在判。建治二年九月日,于白川之遍写
了。"②抄赋2首,"杂诗"49首,是日本古代选抄本中唯一一个抄录
赋的本子。

　　江户时代以来,关于白居易诗的选集刊本日渐增多。这和
印刷技术的发展有关,也和白居易的诗歌进一步流行有关。选
集刊本大致分为三类,一为按内容收选,二为按诗体编排,三为
按诗人编年选录。按内容分类而选刊的较古之本有后阳成天皇
庆长八年(1603)敕选《五妃曲》③活字刊印本,收集《白氏文集》中
《上阳白发人》、《陵园妾》、《李夫人》、《王昭君二首》、《昭君怨》和
《长恨歌》等七首描写宫妃的作品。《庆长日件录》中"庆长八年
正月二十一日"条载:"朝微雪,晴。已刻参内,《白氏文集》之中,
《上阳人》、《陵园妾》、《李夫人》、《王昭君》诗四五首,《长恨歌传》
等,《五妃曲》卜名被撰拔,以一字版百部被新折,细工众二予申

---

　　①《以旧抄本为中心的白氏文集本文研究》中册,第212页引。
　　②[日]后藤昭雄:《金刚寺藏〈文集抄〉》,见《白居易研究年报》创刊号,勉诚社
2000年版,第78页。此文后被译成中文收录在后藤昭雄《日本古代汉文学与中国文
学》中,中华书局2006年版,第67—74页。
　　③《日藏汉籍善本书录》误为《王妃曲》。

渡者也。"①详细记录了《五妃曲》的编撰时间和过程。此版底本为朝鲜本,反映了 17 世纪日本对白居易作品的受容情况。此外,按内容而分的,还有东山天皇元禄十一年(1698)千种市兵卫、中村五兵卫刊印明释袾宏编《长庆集警悟选》一卷。

选刊本中较多的是分体诗选抄本,主要有灵元天皇宽文十一年(1671)安井治右卫门刊印《新刻拔粹分类白氏七言八句》一卷、《新刻白氏长庆集绝句七言诗》一卷、《新刻拔粹分类白氏绝句五言》一卷等。以上分体诗选抄多以律诗绝句为主,大概是近体诗有着既定的规则,更适于普及和模仿。而 18 世纪末期所选刊之诗体则开始变得丰富,如光格天皇宽政九年(1797)须原屋伊八等刊印日人源世昭所编《白诗选》八卷②,选诗三百首,其底本与《全唐诗》相近,所选诗体分别为五古、七古、五律、七律、五排、七排、五绝、七绝,基本囊括了白诗中的所有诗体。此后不久,还出现了将诗体与诗歌内容结合起来编排的选刊本《新选白诗集》二卷,它是文化十四年(1817)宍户方鼎所选,由神谷重绳、加藤秉彝校对,三河刈谷宍户氏米华堂刊行的。卷一上为五绝、七绝,以春夏秋冬分类,卷二上下册为七言杂部。此本后为汲古书院《和刻本汉诗集成·唐诗十》所收。

编年选本要求对白居易诗歌的解读达到相当的熟悉程度,并需要考证清楚各诗的创作时间,是选本中编写最为困难的,因而此类选本相对较少。日人相马肇《白香山诗抄》就是其中的重要选本。它一共四卷,孝明天皇嘉永六年(1853)由立诚堂刊印,是相马肇以《唐宋诗醇》中白集为底本删定而成,题为《唐宋六家诗定本》。

---

① [日]安野博之:《庆长敕版〈长恨歌琵琶行〉〈白氏五妃曲〉之刊行》,《汲古书院·汲古》1999 年第 12 期,第 31 页引。

② 据严绍璗《日藏汉籍善本书录》,中华书局 2006 年版。此本还有仁孝天皇天保四年(1834)京都须磨勘兵卫重印本、京都出云寺重印本等。

相马肇有小引云：

> 此集乃删定《唐宋诗醇》也。《诗醇》所删而收之者，间亦不少所见有异同也。初予课蒙学，读《唐宋诗醇》，又忧其卷帙博大，难遽卒业也。就中拔其醇之又醇兼及其所漏，此集之所以作也。《诗醇》评诸公诗极称允当。今皆取之，所以同于《诗醇》也。浦二田曰："读杜者编年为上。古今分体次之，分门为类，乃最劣。"今次诸公诗而逐年谱之，所以异于《诗醇》也。六家中杜诗最难乎解，古今注家千百不少。浦氏独获其心，隐括其文取而附之，亦所以便蒙学也。顷日，相与计刻之家塾，命曰：六家诗定本。所以省笔墨之劳也。①

　　序已将其版本源流和编纂目的说得很清楚。此本共选诗 238 题，256 首。作品编年为卷一贞元三年至元和四年，卷二元和五年至十二年，卷三元和十三年至宝历元年，卷四大和元年至会昌元年。

　　综上所述，日本白集的版本种类繁多，源流复杂，其中不乏有许多校勘价值很高的写本和刊本。日本国内对白集版本的研究十分深入，他们利用各种版本对白集进行校勘，出现了一系列成果，如平冈武夫、今井清所校的《白氏文集》与太田次男校异的《神田本白氏文集》，但目前刊印出来仅限于金泽文库本的二十余卷。我国学者谢思炜已利用中、日版本资料成功校对白居易的诗文，出版了《白居易诗集校注》、《白居易文宋校注》。

　　（本节部分资料由本师胡可先先生提供，成文后承蒙日本明治大学文学部教授神鹰德治先生、广岛大学大学院副教授陈翀先生批评指正，特此致谢！）

---

　　① ［日］相马肇：《白诗抄定本》卷首，孝明天皇嘉永六年（1853）立诚堂刊。

附录(一)：日本白集主要版本系统图

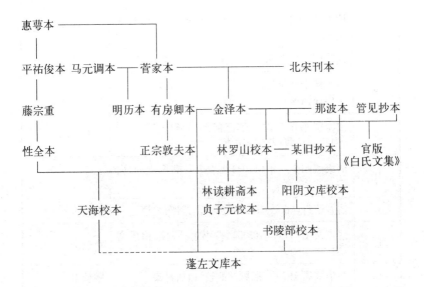

附录(二)：中日主要白集诗文版本图表

序　号	版　　本	简　称
1	1955年文学古籍刊行社影印宋绍兴刻《白氏文集》本	绍兴本
2	国家图书馆藏宋刻《白氏文集》(存十七卷)本	残宋本
3	国家图书馆藏明正德年间(1506—1521)曾大有刻《白氏讽谏》本	曾本
4	明嘉靖十七年(1538)吴郡伍氏龙池草堂刊本	龙池草堂本
5	明正德十二年(1517—1519)郭勋编《白乐天诗集》《白乐天文集》本	郭勋本

序　号	版　　　本	简　　称
6	明万历三十四年(1606)马元调校《白氏长庆集》本	马元调本,马本
7	国家图书馆藏明公文纸《白氏讽谏》印本	公文本
8	清光绪十九年(1893)费念慈影宋《新雕校正大字白氏讽谏》本	光绪本
9	国家图书馆藏佚名临清何焯(1661—1722)校《白香山诗集》及辑录黄校	何校、黄校
10	清康熙四十三年(1704)汪立名一隅草堂刻《白香山诗集》本	汪本
11	清查慎行(1650—1727)《白香山诗评》校语	查校本
12	清卢文弨(1717—1795)《群书拾补》校《白氏文集》	卢校本
13	中华书局1979年版顾学颉校《白居易集》	顾校本
14	上海古籍出版社1988年朱金城笺校《白居易集笺校》	朱笺本
15	徐俊《敦煌诗集残卷辑考》录敦煌文书引白诗	敦煌本
16	中华书局1966年影印隆庆刊本《文苑英华》引白居易诗文	《文苑英华》本
17	北京故宫博物院藏抄补本影印明胡震亨《唐音统签》引白诗	《唐音统签》本
18	中华书局1960年版《全唐诗》引白诗	《全唐诗》本
19	唐会昌四年(844)惠萼抄本	惠萼本
20	博士家菅家传本	菅家本
21	宽喜三年至贞永二年(1233)丰原奉重等抄校金泽文库《白氏文集》本	金泽本

续　表

序　号	版　　　本	简　　称
22	平祐俊(承保二年 1075 在世)之本	平祐俊本
23	保安二年(1121)左右藤宗重之本	藤宗重本
24	元亨四年(1188)左右梶原性全本	梶原性全本
25	应安六年前刊本(狩谷掖翁载为贞和刻本)	应安六年前刊本
26	元和四年(1618)那波道圆刻本	那波本
27	延宝元年(1673)林道春父子校那波本	林罗山校本、读耕斋校本
28	阳明文库藏校本	阳明本
29	书陵部藏校本	书陵部本
30	蓬左文库藏校本	蓬左本
31	天海僧正校尊经阁文库藏本	天海校本
32	后西天皇明历三年(1657)京师出云寺林和泉掾松柏堂刊印马元调本立野春节句读	明历本
33	文政六年(1823)官版《白氏文集》	官版校本
34	日本京都大学人文科学研究所 1971—1973 平冈武夫、今井清校《白氏文集》	平冈校
35	嘉承二年(1107)神田喜一郎藏藤原茂明写本《新乐府》	神田本
36	上野精一氏藏建保四年(1216)写本《文集》卷四	上野本
37	天理图书馆藏正应二年(1289)伏见天皇写本《文集》卷四	正应本
38	永仁元年(1293)抄本	永仁本
39	高野山三宝院镰仓时代写本	高野本
40	元亨四年(1324)后醍醐天皇写本《新乐府》	时贤本

序　号	版　　　　本	简　　称
41	爱知县猿投神社藏观应三年(1352)、文和二年(1353)书写	猿投本
42	爱知县猿投神社藏贞治二年(1363)《文集》卷三	猿投本一本
43	镰仓末期伏见天皇临摹小野道风书迹《新乐府》二轴	御物本
44	后光明天皇庆安三年(1650)片山舍正刊印《新乐府》一卷	庆安本
45	真福寺藏宽喜三年(1231)写本《新乐府略意(第七)》	真福寺本
46	醍醐寺藏室町初期写本《白氏新乐府略意》	醍醐寺本
47	宽文十二年(1672)以后《白氏长庆集谚解》卷三卷四	《谚解》
48	酒井宇吉氏藏院政初期《白氏文集》卷二本《秦中吟》	后二条本
49	宫内厅书陵部藏三条西实隆(1455～1537)自笔本《秦中吟》一轴	书陵部本
50	后伏见天皇正安二年(1299)五月《长恨歌》写本	正宗敦夫本
51	正安二年(1299)七月《长恨歌》写本	三条西家旧藏本
52	天理图书馆藏室町期分阳仲恩笔《长恨歌琵琶引》写本	天理本
53	京都大学图书资料室藏天文十二年(1543)左右清原宣贤自笔本《长恨歌琵琶行》	清原宣贤自笔本
54	内阁文库藏《长恨歌琵琶行和解》天正五年(1577)写本	《和解》
55	万治宽文(1658—1672)年间浅井了意《やうきひ物语》	《やうきひ物语》

序　号	版　　　　　本	简　　称
56	贞享元年(1684)小佐治半左卫门、同半右卫门刊行的《歌行诗谚解》	《歌行诗谚解》
57	ライデン民族博物馆藏的奈良绘本	奈良绘本
58	狩野山雪笔《长恨歌绘卷》二卷模写本久鬼家本	本久鬼家本
59	延宝五年(1677)狩野山雪之子永纳刊行之本大英图书馆所藏的《长恨歌图抄》	《长恨歌图抄》
60	延宝五年(1677)狩野山雪之子永纳刊行之本内阁文库藏《长恨歌抄》	内阁文库本
61	元禄二年(1689)刊行的《长恨歌新抄》	《长恨歌新抄》
62	松花堂昭乘墨迹庆长十九年(1614)《长恨歌》写本	庆长本
63	茨城县六地藏寺藏近世初写本《长恨歌》	六地藏本
64	阳明文库藏外记入道雪庵讲、日重注的《长恨歌琵琶行闻书》	阳明本
65	贞和五年(1349)小林真赞雄氏藏传尊圆亲王写本《琵琶引》	小林真赞雄本
66	天保十年(1839)斯道文库藏松崎慊堂传世尊寺行能笔影写古抄本《琵琶引》	斯道文库本
67	国立公文书馆藏尊圆亲王小野道风法帖《琵琶引》江户初期模刻本	公文书馆本
68	东大寺图书馆藏建长元年(1249)至四年僧宗寺抄写《要文抄》	东大寺本
69	正仓院藏文永十一年(1274)僧宗寺抄写《要文抄》	正仓院本
70	内阁文库藏永仁三年(1295)《重抄管见抄白氏文集》写本	管见抄本

序 号	版 本	简 称
71	国会图书馆藏建长二年(1250)《文集抄》	国会图书馆本
72	斯道文库藏《重抄文集抄上》抄本	斯道文库本
73	金刚寺藏建治二年(1276)《文集抄》	金刚寺本
73	和刊本庆长八年(1603)勅版《白氏五妃曲》	《五妃曲》
75	元禄十一年(1698)千种市兵卫、中村五兵卫刊印明释袾编《长庆集警悟选》	《长庆集警悟选》
76	嘉永六年(1853)立诚堂刊印相马肇编《白香山诗抄》	《白香山诗抄》

上表为中日主要白集诗文版本图,图表排列的顺序为先中国再日本,先大集后单行本,最后为选本。

附录(三):中日书法名词对照表

日语概念	中 文 涵 义	备 注
笔	书迹	
笔者	书写者	
权迹	权大纳言(即藤原行成)的笔迹	
奥书	识语	
上木	模刻	
一叶	一页	
翻字	把书迹整理成现代文字	
以写书	模仿别人的书迹书写	"此一卷道风之写也。飞鸟井宋世之以写书也",意为飞鸟井宋世模仿道风之书迹书写。

日语概念	中 文 涵 义	备　注
装饰下绘	指书写载体上有绘画装饰为背景	
极札	鉴定家的鉴定意见	多写在一张小纸片（札）上，故称极札
笔致	书画用笔的风格	
手本	示范	
书入	跋语、批语	

第四章　《长恨歌》与《琵琶行》新证①

　　《长恨歌》、《琵琶行》是白居易的代表作，在当时已流播天下，正如宣宗诗《吊白居易》所云："童子解吟长恨曲，胡儿能唱琵琶篇"②。《长恨歌》以流利优美的语言歌颂了帝妃爱情的坚贞不渝，受到后人的热情传颂与深深喜爱，理所当然地成为当代白居易研究的一大热点，尤其是关于《长恨歌》的主题与《歌》、《传》是否一体的讨论，更是重中之重。本章在前人研究的基础上，引进日本保存的珍贵史料，对以上两个问题进行再讨论。虽有推论居多之嫌，但目的也是为了促进学术界对此问题的进一步研究。《琵琶行》是白居易元和十年被贬江州后所作，抒发了自己的迁谪之感以及与歌女"同是天涯沦落人"的身世之感。后人关于此诗的评论与研究虽很多，但多关注诗中所体现的迁谪之意及其对音乐摹写的成功。此诗所包含的唐代教坊乐妓制度的珍贵史料及其在中唐妓诗乃至整个文学史上的地位与影响，尚未有人注意到。这是本章着力解决的另外两个重要问题。

---

　　① 本章第一、二节主要内容乃与本师胡可先先生合作而成，《论〈长恨歌〉的序与传》在《社会科学战线》2008年第5期上发表，《〈长恨歌〉主题考论》在《东南大学学报》（哲学社会科学版）2008年第2期上发表。

　　②《全唐诗》卷四，第49页。

第一节 论《长恨歌》的序与传

日本流传的《长恨歌》多种早期抄本,前面都有序,而中国本土流传的《长恨歌》,却并没有序,这一情况长期以来并没有引起国内学者的注意。本文在中日学者《长恨歌》研究的基础上,根据一些重要抄本和相关文献资料,对《长恨歌》与《长恨歌序》、《长恨歌传》之间的关系进行研究,并在对《长恨歌》与《长恨歌传》流传情况考察的基础上,对《长恨歌传》的版本问题加以探讨。

一、《长恨歌》的流传

《长恨歌》的流传主要有两个系统。一个是《白氏文集》系统。《白氏文集》流传也有两个系统,一个是前后续集本,一个是先诗后笔本。前者比较完整地保持了白集编集的原貌,现存最早的本子是日本金泽文库所藏的卷子本,其中卷三三末云:"会昌四年五月二日夜,奉为日本国僧惠萼上人写此本,且缘忽忽夜间睡梦,用笔都不堪任,且宛草本了,皆疏书之,内题内也。"[①]白居易卒于会昌六年(846),故此本在其生前就传到了日本。白氏也知道此事,其《白氏长庆集后序》云:"其日本、新罗诸国及两京人家传写者,不在此记。"[②]而保存最全面的是日本那波道圆翻宋本刻印的本子,后传回中国,收录在《四部丛刊》内。先诗后笔本可以说是宋代以后

---

① 白居易:《白氏文集》卷三三,第 515 页,[日本]八木书店昭和五十三年(1978)影印《天理图书馆善本书丛刊·汉籍之部》本。按,这段文字所言的《白氏文集》卷三三,[日本]勉诚社昭和五十八年(1983)影印的《金泽文库》本《白氏文集》缺载,八木书店昭和五十三年影印《天理图书馆善本书丛刊》本则载有《金泽文库》所藏的《白氏文集》卷三三。

② 《白居易集笺校》外集卷下,第 3916 页。

白集在中国流传中产生的一次大变动,但这种变动只是整卷的移动,篇目之间并没有太大的出入。现在所能见到的最早的先诗后笔本是宋绍兴刊本,文学古籍刊行社于1955年影印出版。保存较好的版本则是明万历三十四年(1606)马元调刊本。无论是前后续集本还是先诗后笔本,《长恨歌》前都附有陈鸿的《长恨歌传》。

另外一个就是单独抄本流传系统。如日本的《弄花抄》有这样一段话:

> 唐刻本《长恨歌》多作"鸳鸯瓦冷霜华重,翡翠衾寒谁与共",今作"旧枕故衾",或出于日刻本,姑且存疑。余谓《古文真宝》所载"翡翠衾寒"等语,系据唐刻本《白氏文集》第十二勘引之者,而"旧枕故衾谁与共"等语尤谐源氏之心。永正七年七月三日记之。①

所谓"源氏"指紫式部的《源氏物语》。《源氏物语》是产生于日本平安时代的一部古典文学名著,其内容与《长恨歌》关系至为密切,有的是直接引用《长恨歌》故事,有的是化用《长恨歌》事,如:

> 皇上看了《长恨歌》画册,觉得画中杨贵妃的容貌,虽然出于名画家之手,但笔力有限,到底缺乏生趣。诗中说贵妃的面庞和眉毛似"太液芙蓉未央柳",固然比得确当,唐朝的装束也固然端丽优雅,但是,一回想桐壶更衣的妩媚温柔之姿,便觉得任何花鸟的颜色与声音都比不上了。以前晨夕相处,惯说"在天愿作比翼鸟,在地愿为连理枝"之句,共交盟誓。如今都变成了空花泡影。天命如此,抱恨无穷!②

---

① 周相录:《〈长恨歌〉研究》,巴蜀书社2003年版,第181页引。
② [日]紫式部著,丰子恺译:《源氏物语》,人民文学出版社1980年版,第10—11页。

这里的桐壶更衣,是指日本桐壶帝的妃子,受到桐壶帝的宠爱,更衣丧亡后,桐壶帝对她非常思念,故而《源氏物语》实模仿《长恨歌》表现其思念之情。可见《长恨歌》在日本已有单独流传,且受到了日本皇帝的深深喜爱。

因此,研究《长恨歌》必须利用日本的抄本资料,否则就不能恢复其真实面目。有关《长恨歌》的抄本资料,笔者已收集到三种:其一是日本正宗敦夫文库本《长恨歌》抄本;其二是六地藏寺藏本《长恨歌》并序;其三是日本平安镰仓时代的抄本。平安时代相当于中国中唐后期到南宋初期,所以是一个很古老的抄本,具有很高的文献价值。

值得注意的是,日本这三个主要抄本前皆有序,而中国本土流传刊刻的《长恨歌》,却并没有序文。只是与白居易同游仙游寺的陈鸿写了《长恨歌传》,叙其原委:

> 元和元年冬十二月,太原白乐天自校书郎尉于盩厔,鸿与琅邪王质夫家于是邑,暇日相携游仙游寺,话及此事,相与感叹。质夫举酒于乐天前曰:夫希代之事,非遇出世之才润色之,则与时消没,不闻于世。乐天深于诗,多于情者也,试为歌之如何? 乐天因为《长恨歌》,意者不但感其事,亦欲惩尤物,窒乱阶,垂于将来者也。歌既成,使鸿传焉。①

日本《长恨歌》抄本并没有将《长恨歌传》置于歌前,这是其与《白氏文集》本《长恨歌》流传的最大不同。以上这些情况,均值得深入研究。

---

① 《文苑英华》卷七九四,第 4201 页。

二、《长恨歌》、《长恨歌序》与《长恨歌传》的关系

中国学者由于尚不知《长恨歌》有序文,故对《长恨歌》与《长恨歌传》之间的关系,一直存在较大的争议,主要有两种截然不同的观点。一是《长恨歌》与《长恨歌传》一体化,以陈寅恪之说为代表。陈寅恪从文体方面着眼,先引用宋人赵彦卫《云麓漫钞》卷八的话说:

> 唐之举人,先藉当世显人以姓名达之主司,然后以所业投献;逾数日又投,谓之温卷,如《幽怪录》、《传奇》等皆是也。盖此等文备众体,可以见史才、诗笔、议论。至进士则多以诗为贽。今有《唐诗》数百种行于世者是也。①

然后根据此一段文字推论出《长恨歌》与《长恨歌传》的关系:

> 既明乎此,则知陈氏之《长恨歌传》与白氏之《长恨歌》非通常序文与本诗之关系,而为一不可分离之共同机构。赵氏所谓"文备众体"中,"可以见诗笔"(赵氏所谓诗笔系与史才并举者。史才指小说中叙事之散文言。诗笔即谓诗之笔法,指韵文而言。其笔字与六朝人之以无韵之文为笔者不同。)之部分,白氏之歌当之。其所谓"可以见史才"、"议论"之部分,陈氏之传当之。

随后进一步推论说:

———————————

① [宋]赵彦卫:《云麓漫钞》,中华书局1996年版,第135页。

　　综括论之,《长恨歌》为具备众体体裁之唐代小说中歌诗部分,与《长恨歌传》为不可分离独立之作品。故必须合并读之、赏之、评之。①

陈氏的观点迄今在学术界仍具很大的影响,如邓乔彬、高翠元《〈长恨歌〉与〈长恨歌传〉》一文,就是在陈说的基础上进一步"从体裁的亲缘关系来感受它们同样为'不可分离之共同机构'。"②

　　二是《长恨歌》与《长恨歌传》疏离。夏承焘在《读〈长恨歌〉》中从三个方面对陈寅恪的观点提出商榷,最后得出结论说:

　　《歌》与《传》之可以分离独立,此即为最自然、最了当之解答。元和间人虽好为小说,然白氏此《歌》,只是一篇故事诗而已。陈君必牵率以入小说之林,又强绳以赵彦卫温卷之体,求之过深,反成失实,是亦不可以已乎?③

后来,吴庚舜发表了《唐代传奇繁荣的原因》一文,对陈寅恪的观点也提出不同看法:

　　所谓一韵一散的结合,却根本不是唐传奇的本来面貌。首先,陈寅恪和他的赞同者举出的那些作品,除《长恨传》在叙述创作过程的部分提到《长恨歌》,《莺莺传》提到《莺莺歌》外,互相之间连这一点小小的、外在的联系也没有。也就是说,这

_____

　　① 陈寅恪:《元白诗笺证稿》,第4—44页。

　　② 邓乔彬、高翠元:《〈长恨歌〉与〈长恨歌传〉》,《西北师大学报》(社会科学报) 2005年第3期,第37页。

　　③ 夏承焘:《夏承焘集》第八册,浙江古籍出版社、浙江教育出版社1998年版,第178页。按,本文原载1949年4月《国文月刊》第78期,题为《读〈长恨歌〉:兼评陈寅恪教授之〈笺证〉》。

些各自独立的、完整的诗篇和传奇，尽管题材相同，但它们是由两个不同的作家用不同的体裁写成的两个作品，不能生拉活扯硬拼在一起算作一个作品。……其次，《太平广记》把《长恨传》和《长恨歌》刻在一起，在传末还有几句话来钩连《长恨歌》，似乎可以作为孤证来支持陈先生的论点。但这个孤证是不足据的。①

以上所引陈寅恪的观点，以及其后学者无论是沿袭还是反对陈寅恪观点的文字，都有一个共同的缺陷，就是没有全面利用日本流传的《长恨歌》资料。我们现在运用日本流传的《长恨歌序》，对《长恨歌》与长恨歌传加以研究，虽然尚难彻底解决《歌》与《传》的关系问题，但至少可以为《长恨歌》研究提供新的视角，并补充新的材料。

日本流传的《长恨歌序》有写本和抄本多种，写本有三条西家旧藏正安二年七月本（据日本《长恨歌》正宗敦夫文库本载），抄本主要有六地藏寺藏本、《正宗敦夫文库》本、贞享元年刻印的《歌行诗谚解》所收的《长恨歌序》影印本，以及日本京都博物馆所藏的庆长古活字版影印本。序文如下：

> 长恨者，杨贵妃也。既葬马嵬，玄宗却复宫阙，思悼之，致令方士求致，其魂魄升天入地，求之不得，乃于蓬莱山仙室，见素颜惨色。流泪谓使者曰：我本上界诸仙，先与玄宗恩爱之故，谪居于下世，得为夫妻。既死之后，恩爱已绝，今来求我，恩爱又生，不久却于人世为配偶，以此为长恨耳。使者曰：天子使我至此，既得相见，愿得平生所玩之物，以明不谬。乃授钿合一扇，金钗一股，与之曰：将以此为验。使者曰：此常用

---

① 《文学研究集刊》1964年第1期，人民文学出版社1964年版，第77—78页。

之物也，不足为信。曾与至尊平生有何密契，愿得以闻。答曰：但七月七日长生殿，夜半无人私语时，曾复记否？使者还以钿合金钗奏。玄宗笑曰：此世所有，岂得相怡？使者因以贵妃密契以闻。玄宗流泪恸绝，良久语使者曰：方不谬矣！今世犹言玄宗与贵妃处世间为夫妻至矣。①

　　《长恨歌序》的形成与流传，是白居易研究的一个重要问题，需要进一步探讨下去。根据序本身的文字，大概有这样两种可能：其一是白居易《长恨歌》原来就有自序，而中国的传本却散佚了，而白居易的诗在其生前就传到日本，故而在日本保存了下来。其二是日本人由于对唐玄宗与杨贵妃爱情故事的钦慕，根据《长恨歌》与《长恨歌传》的内容，撰写出这样一篇序文。

　　两种可能中，我们认为第一种可能更接近事实。下面综合杨贵妃故事在日本的流传，与日本古代说话的情节，并结合唐代安史之乱前后的政治背景加以考察。

　　日本中世以后，有关《长恨歌》的故事很多，如平安末期《俊懒髓脑》就收有《长恨歌》物语，《今昔物语》卷十四有《唐玄宗后杨贵妃依皇宠被杀语》，稍后一点的有《唐物语》与《平家物语》所收的《长恨歌》物语。日本说话集有一本名为《注好选》（东寺观智院本），产生于十一世纪初期，是较早的说话集，现有东寺贵重资料刊行会编纂，东京美术株式会社昭和五十八年（1983）影印的本子。此本是仁平二年（1152）的古写本，时为宋高宗绍兴二十二年，是南宋初期的一个写本。其中《汉皇帝密契》第一百一有这样的一段故事，更为重要：

---

　　① 此据六地藏寺藏本所录，并加以标点。载《六地藏寺善本丛刊》第六卷《中世国语资料》影印本第85页，[日] 汲古书院1985年版。

　　此汉皇别杨翁女之后,心肝不安,夜天更难明,昼英却不
暮,痛心安息,悲泪弥润,于方士令赍魂魄。方士升碧落,入黄
泉,适于蓬莱仙宫见索(素)儿,相更问答,贵妃云:为遂宿习,
生下界暂为夫妇,使者求吾丁宁得相见,早退依实可奏。方士
云:御宇恋慕甚重,以言为证哉。贵妃授金钗一枝、钿合一扇
云:此皇始幸时所赐物也。是以为证哉。使者云:是世所有
物也。未决。犹有何密契? 杨贵妃云:有天愿为比翼鸟,在
地愿为连理枝。使者归报皇,时皇信之泣血流也。①

　　在这个写本中,就如此详细地叙述了杨贵妃与唐玄宗的故事,
可见这一故事在日本中世以后流传非常广泛。日本学者新间一美
写了《白居易与〈长恨歌〉》一文②,认为日本流传的《长恨歌序》是
《注好选》这段故事派生出来的。但是我们以这一故事与《长恨歌
序》仔细对照,则知序文所言情况较《注好选》记载更为复杂,《长恨
歌序》的语言也较《注好选》所载故事流畅通达,《注好选》所载故事
出于日本人之手是无疑的。故而笔者以为《注好选》的文字应该是
从《长恨歌序》再融合《长恨歌》所叙述的内容而成的。
　　我们如果对当时的政治背景加以考察,就可以了解人们对于
杨贵妃是颇为同情的。因而白居易作《长恨歌》,以杨贵妃之死,作
为长恨的因缘,也是顺理成章的。
　　对于安史之乱发生的主因,唐人的看法往往与后人不同,他们
认为是李林甫的误国造成的。即如陈鸿《长恨歌传》即云:

　　　　开元中,泰阶平,四海无事。玄宗在位岁久,倦于旰食宵

_____

　　①《注好选》卷上,日本东京美术株式会社昭和五十八年(1983)影印东寺观智院藏
本,第40页。
　　②《白居易研究讲座》第二卷,勉诚社1993年版,第208—228页。

衣,政无大小,始委于右丞相。稍深居游宴,以声色自娱。①

这里的"右丞相"就是李林甫。《资治通鉴·唐纪》"天宝三载"称:

> 初,上自东都还,李林甫知上厌巡幸,乃与牛仙客谋增近道粟赋及和籴以实关中;数年,蓄积稍丰。上从容谓高力士曰:"朕不出长安近十年,天下无事,朕欲高居无为,悉以政事委林甫,何如?"对曰:"天子巡狩,古之制也。且天下大柄,不可假人;彼威势既成,谁敢复议之者!"上不悦。力士顿首自陈:"臣狂疾,发妄言,罪当死。"上乃为力士置酒,左右皆呼万岁。力士自是不敢深言天下事矣。②

周绍良《长恨歌传笺证》云:"《长恨歌传》写杨贵妃故事,而首先提李林甫,主要是当时士大夫们认为酿成安禄山事变的,追溯源流,还是应该推到李林甫身上。"③故而周氏引用崔群《论开元天宝讽止皇甫镈疏》云:

> 安危在出令,存亡系所任。玄宗初得姚崇、宋璟、卢怀慎、苏颋、韩休、张九龄则治;用宇文融、李林甫、杨国忠则乱。故用人得失,所系非轻。人皆以天宝十四年安禄山反为乱之始,臣独以为开元二十四年罢张九龄相,专用李林甫,此理乱之所分也。④

又《资治通鉴·唐纪》"天宝十一载"则称:

---

① 《文苑英华》卷七九四,第 4200 页。
② 《资治通鉴》卷二一五,第 6862—6863 页。
③ 周绍良:《唐传奇笺证》,人民文学出版社 2000 年版,第 269 页。
④ 《全唐文》卷六一二,第 2739 页。

上晚年自恃承平，以为天下无复可忧，遂深居禁中，专以声色自娱，悉委政事于林甫。林甫媚事左右，迎合上意，以固其宠；杜绝言路，掩蔽聪明，以成其奸；妒贤疾能，排抑胜己，以保其位；屡起大狱，诛逐贵臣，以张其势。自皇太子以下，畏之侧足。凡在相位十九年，养成天下之乱，而上不之寤也。①

是知玄宗政治腐败，始于开元二十四年（736）。李林甫专权十九年，将唐朝政治弄得极度败坏。而杨贵妃受到玄宗的宠幸，是在此数年之后。故而后人将国家衰乱之责归之杨贵妃，是不恰当的。而对于唐玄宗来说，安史之乱后，对自己以前的用人不当有所悔悟与谴责，但对于杨贵妃的爱情却是没有变化的。因而对马嵬兵变中被逼自缢的杨贵妃，只有怀念，以至于痛心疾首。从这方面看，《长恨歌序》称"长恨者，杨贵妃也"，极为切合当时的政治背景。故而白居易的《长恨歌》与陈鸿的《长恨歌传》虽是根据民间传说而写成的，并对《长恨歌序》中杨贵妃死后成仙事，以及唐玄宗遣方士寻觅事加以说明，是符合当时作诗的情况的。

至于《长恨歌》与《长恨歌传》的写作，则有先后的关系。根据《文苑英华》本《长恨歌传》云："乐天因为《长恨歌》。意者不但感其事，亦欲惩尤物，窒乱阶，垂于将来者也。歌既成，使鸿传焉。"②则《长恨歌》作于前，《长恨歌传》作于后。而参以白居易《琵琶行》等诗，凡叙述较为复杂的事情而为诗者，白居易均作序加以说明缘由，故而《长恨歌》本来有序，也是符合情理的。

但《太平广记》本《长恨传》末尾与《文苑英华》本有异："至宪宗元和元年，盩厔县尉白居易为歌，以言其事，并前秀才陈鸿作传，冠

---

① 《资治通鉴》卷二一六，第6914页。
② 《文苑英华》卷七九四，第4201页。

于歌之前,目为《长恨歌传》。"①对此,汪辟疆加以阐释说:"嗣从《文苑英华》七百九十四得此文,与旧所肄者,文句多异。末段叙及鸿与王质夫白乐天相携至仙游寺,质夫举酒邀乐天作歌一节,为《广记》本所无,乃知宋初固有详略两本;否则《文苑英华》为鸿之本文,《广记》所采,或经删削者也。"②

由上面的材料与论述可以推论,白居易在撰写《长恨歌》时,是有序作说明的,后来,这篇序与《长恨歌》一起被传到日本。中土传白氏诗者,到了宋初,因为陈鸿《长恨歌传》叙述故事始末较详,故而置于《长恨歌》之前,而原有的《长恨歌序》也渐次散失。为了弥补这种缺陷,《太平广记》、《丽情集》等在引用《长恨歌传》时,也对其文字加以删削,并在文中即称"冠于歌之前"。而从现存的《长恨歌》、《长恨歌序》、《长恨歌传》的关系来看,序与歌是一体的,而传与歌是疏离的。

三、《长恨歌传》考辨

中国流传下来的《长恨歌传》,也有不少疑窦需要弄清。而这方面则必须下功夫通过版本的考订与比较才能得出可信的结论。河南师范大学的周相录教授,曾注意到《长恨歌传》的版本异同,其所著《〈长恨歌〉研究》,就有《〈长恨歌〉版本考订》上、下共两节,此书出版后,在学术界产生了一定的影响,如佟玉华评论说:

> 《长恨传》有不同的版本,而不同的版本又对此有不同的表述,因而考订哪个版本就是或者最接近陈鸿的原作,无论对《长恨歌传》还是对《长恨歌》的研究,都是一个至关重要的问

---

① 《太平广记》卷四八六,第 4000 页。
② 汪辟疆:《唐人小说》,上海古籍出版社 1978 年版,第 121 页。

题。对于这个问题,著名学者鲁迅、陈寅恪等前辈已发现了其中的一些问题并发表了一些意见,其他学者对此也有所论及,但或是停留在"疑"的阶段,或是没有足够的证据支持自己的观点。可喜的是,周相录先生通过细心地研读和比较,提出并论证了自己对《长恨传》版本问题的看法。①

周相录的《〈长恨歌〉研究》一书,从《太平广记》本《长恨歌传》创作缘起中出现唐宪宗的庙号不符合古代的典章制度,陈鸿自称"前秀才"有违于唐人自称的习惯,"并前秀才陈鸿作传,冠于歌前,目为《长恨歌传》"不似陈鸿口吻等方面,证明该本《长恨传》确凿无疑地经过了后人的改易。他又从对各本创作缘起所载《长恨歌》写作时间、陈鸿与王质夫当时所居之地的差异,以及对《文苑英华》本《长恨歌传》和《丽情集》本《长恨歌传》正文字句的比较分析,认为《丽情集》本《长恨歌传》原则上可视为陈鸿原作。张中宇《白居易〈长恨歌〉研究》的结论也与之略同。② 其实,二人提出下列主要论点和论据,还有商榷的余地,下面我们进一步加以考辨。

首先,《文苑英华》本有"方士因称唐天子使者,且致其命"。周相录认为称"唐天子",不合唐人习惯。这一说法看来似乎是铁证,然事实并非如此。通常情况下,唐人谈及本朝应称"大唐"、"皇朝"、"我唐"等,但也有例外。唐人著作中异域、仙家之人提及唐代帝王时通常会称"唐天子"。如唐代张读《宣室志》卷一记载:

> 有胡人数辈犁酒食诣其门。既坐,顾谓颙曰:"吾南越人,长蛮貊中,闻唐天子网罗天下英俊,且欲以文化动四夷,故我

---

① 《唐代文学研究年鉴》2005 年号,广西师范大学出版社 2006 年版,第 219 页。
② 张中宇:《白居易〈长恨歌〉研究》,中华书局 2005 年版,第 165 页。

航海梯山来中华,将观文物之光。"①

同书卷六又云:

> 群仙曰:"吾闻唐天子尚神仙,吾有新乐一曲,名《紫云》,愿授圣王。君,唐人也,为吾传之一进,可乎?"曰:"弇,一儒也。在长安中,徒为区区于尘土间,望天子门且不可见,况又非知音者。如是,则固不为耳。"②

证据并不止此,唐封演所撰《封氏闻见记》卷一《道教》篇云:

> 高祖武德三年,晋州人吉善行于羊角山见白衣老父,呼善行谓曰:"为吾语唐天子:吾是老君,即汝祖也。今年无贼,天下太平。"③

颜真卿《唐故太尉广平文贞公宋公神道碑侧记》篇亦云:

> 吐蕃素闻太尉名德,曰:"唐天子,我之舅也。衡之父,舅贤相也。落魄如此,岂可留乎?"遂赠以驼马,送还于朝。④

据此,《长恨歌传》中方士作为唐代天子的使者与仙人交接,自然应该称"唐天子"。至于《丽情集》本作"方士传汉天子命……验于汉天子",以"汉"代"唐",确实与《长恨歌》"汉皇重色思倾国"、"闻道

---

① [宋] 张读:《宣室志》,中华书局 1983 年版,第 4 页。
② 《宣室志》,第 80 页。
③ [唐] 封演撰,赵贞信校注:《封氏闻见记校注》,中华书局 2005 年版,第 2 页。
④ [唐] 颜真卿:《颜鲁公集》卷五,《四部备要》本,第 58 页。

汉家天子使"一致,却与《丽情集》本开头"开元中,六符炳灵,四海无波"不相符。《长恨歌》作为叙事诗体,为了保持文理的一致以及诗情发展的连贯性,通篇以"汉"代"唐",有助于艺术效果的表达。而《长恨歌传》作为传奇体,作者往往喜欢标明事件发生的时间地点以令人确信其事,所以在开头明确指出"开元中",既已确定是唐代开元中发生的事件,如果再在后面作:"方士传汉天子命……验于汉天子",以"汉"代"唐",则于文理不通了,故笔者以为《文苑英华》本用"唐天子"应该更符合陈鸿的原作精神。

其次,《文苑英华》本叙"得弘农杨玄琰女于寿邸。既笄矣",而《丽情集》本叙为"得弘农杨氏女,既笄矣",因此认为《文苑英华》本《长恨歌传》与《长恨歌》明显不一致,此亦为周、张二人主要论据之一。其实,歌与传是不同的文体,不可能以歌来要求传,也不能认为歌、传一定要相一致。《长恨歌传》作为传奇体,要更着重于情节的发展过程,故作者对李杨相识的处理应是颇费踌躇的。叙述的笔墨也颇为隐晦:"时每岁十月,驾幸华清宫,内外命妇,熠耀景从……上心油然,若有所遇,顾左右前后,粉色如土。"[1]应该说唐玄宗是在华清池中"若有所遇",既而才"诏高力士潜搜外宫",既是"内外命妇",所以要指明"于寿邸",否则"弘农杨氏女"凭什么能见到当时的至尊呢?然而作者内心又有意识要为尊者讳,故后面加一句"既笄矣"。《丽情集》本则没有"于寿邸"三字,应为后人发现其矛盾之处,故删除了。正因如此,故宋赵与时《宾退录》卷九云:

　　白乐天《长恨歌》书太真本末详矣,殊不为君讳;然太真本寿王妃,顾云"杨家有女初长成,养在深闺人未识"何耶? 盖宴昵之私犹可以书,而大恶不容不隐。陈鸿《传》则略言之矣。[2]

---

[1]《文苑英华》卷七九四,第 4200 页。

[2][宋]赵与时撰,齐治平校点:《宾退录》,上海古籍出版社 1983 年版,第 115 页。

第三,《文苑英华》本载:

> 因自悲曰:"由此一念,又不得居此,复堕下界,且结后缘。或为天,或为人,决再相见,好合如旧。"因言:"太上皇亦不久人间,幸惟自安,无自苦耳。"使者还奏太上皇,皇心震悼,日日不豫。其年夏四月,南宫宴驾。①

《丽情集》本则无此段,取而代之的是一大段议论。周相录认为《长恨歌》中既无对玄宗之死的交代,《文苑英华》本纯属强安蛇足。其实,他忽视了《长恨歌传》为传奇体的事实,传奇既是记载故事的,就应该对故事的发生、发展、高潮与结果进行交代。如果去掉关于玄宗之死的话,整个故事就缺乏结局,这是不合乎传奇体特征的。再根据日本流传的《长恨歌序》,可知《长恨歌传》对玄宗之死的交代是有根据的,且《长恨歌传》与《长恨歌》本来就不是一体的,如果《长恨歌传》没有对玄宗之死加以交代,更不合乎情理了。

另外,《丽情集》本那一大段关于"故圣人节其欲,制其情,防人之乱者"的议论实在不像出自陈鸿之口。白居易《李夫人》诗云:"生亦惑,死亦惑,尤物惑人忘不得。人非木石皆有情,不如不遇倾城色!"②对尤物惑人加以谴责,元稹在《莺莺传》里也说过类似的话:"大凡天之所命尤物也,不妖其身,必妖于人。"③联系到白居易、陈鸿对李杨爱情的同情,对所谓"尤物"的矛盾心理,应该说《文苑英华》本所载"乐天因为《长恨歌》,不但感其事,亦欲惩尤物,窒乱阶,垂于将来也",更加合乎时人的看法和陈鸿的口吻。

我们通过宋代文献的考察,知道宋人一直是把《文苑英华》本

---

① 《文苑英华》卷七九四,第 4201 页。
② 《白居易集笺校》卷四,第 237 页。
③ 《元稹集》外集卷六,第 677 页。

《长恨歌传》看作是陈鸿原作的。如司马光《资治通鉴》、谢维新《事类备要》、潘自牧《记纂渊海》、毛居正《增修互注礼部韵略》等皆引用《文苑英华》本《长恨歌传》。后人所编的《白氏文集》、《白香山诗集》等所收的《长恨歌传》，也都出自《文苑英华》本。所以在没有突破性的确切证据出现之前，我们认为，最接近陈鸿的原作的，还是《文苑英华》本《长恨歌传》。

综上所述，日本流传的抄本《长恨歌序》，具有重要的文献价值，以《长恨歌序》与相关文献相参证，我们大致可以确定《长恨歌》与《长恨歌传》并非一体化的关系，而是相互独立的。由此我们还进一步考证《文苑英华》本《长恨歌传》，是最接近于陈鸿原作的。我们还希望学术界对《长恨歌序》进一步加以研究，以促进白居易研究的深入。

第二节　《长恨歌》爱情主题考论

《长恨歌》的主题思想，曾引发过较大规模的讨论，众说纷纭，莫衷一是，综其要者有"爱情说"、"隐事说"、"讽谕说"、"感伤说"、"双重及多重主题说"、"无主题说"与"泛主题说"等多种。近年来，张中宇在《文学评论》、《北京大学学报》等杂志上发表了一系列文章[1]，论及《长恨歌》的主题，最近又出版了《白居易〈长恨歌〉研究》一书，进一步提出了"婉讽主题说"。本文试图在进一步解读与考证《长恨歌》的基础上，对各家观点进行扼要的检讨，并重点针对张中宇的"婉讽说"进行商榷，然后对"爱情主题说"提供一些新的证据与看法，希望有助于促进《长恨歌》主题的进一步研究。

---

① 张中宇：《"一篇长恨有风情"：兼及白居易〈长恨歌〉的主题》，《北京大学学报》（哲学社会科学版）2002年第2期，第148—151页；《关于〈长恨歌〉的主题倾向与文化意义》，《文学评论》2004年第4期，第90—97页。

一、《长恨歌》主题的学术史回顾

对《长恨歌》主题的解读从古至今绵延不断，并引发不少争议。最早涉及此事的还应该是白居易本人。其《编集拙诗成一十五卷因题卷末戏赠元九李二十》诗云："一篇长恨有风情，十首秦吟近正声。"就点明了该诗的主旨与男女风情有关，这成为后世"爱情主题说"的源头。与白居易同时的陈鸿在《长恨歌传》中云："乐天因为《长恨歌》，意者不但感其事，亦欲惩尤物，窒乱阶，垂于将来也。"①也就是说白居易是要借助李、杨故事，惩戒导致祸乱的"尤物"，阻断祸乱的根源，以此作为将来的鉴戒。应该说这是讽谕说的最早源头，也成为当代学者"讽谕主题说"的一大论据之一。晚唐黄滔云：

> 自李飞数贤多以粉黛为乐天之罪，殊不谓三百五篇多乎女子，盖在所指说如何耳。至如《长恨歌》云："遂令天下父母心，不重生男重生女。"此刺以男女不常，阴阳失伦。其意险而奇，其文平而易。所谓言之者无罪，闻之者足以自戒哉！②

可见在晚唐时期像李戡那样斥责白诗为"淫言媟语"，遗憾"不得用法以治之"③的人还不少，黄滔为白居易翻案，反映了晚唐人以儒家政治伦理的态度来批评《长恨歌》，总是以刺时规讽来要求作家的。

宋人在这方面比晚唐有过之而无不及。洪迈《容斋随笔》卷十五《连昌宫词》云：

---

① 《文苑英华》卷七九四，第 4201 页。
② ［唐］黄滔：《黄御史集》卷七，《四部丛刊初编》第 783 册，第 85 页。
③ ［唐］杜牧：《樊川文集》，上海古籍出版社 1978 年版，第 137 页。

《连昌宫词》、《长恨歌》皆脍炙人口，使读之者情性荡摇，如身生其时，亲见其事，殆未易以优劣论也。然《长恨歌》不过述明皇追怆贵妃始末，无它激扬，不若《连昌词》有监戒规讽之意。①

虽然认为其缺乏"监戒规讽"的社会政治作用，但肯定了诗歌的艺术性。而车若水《脚气集》则云：

唐明皇天宝之事，诗人极其形容。如《长恨歌》全是调笑君父，无悲哀恻怛之意。《连昌宫词》差胜。②

张邦基《墨庄漫录》卷六亦云：

白乐天作《长恨歌》，元微之作《连昌宫词》，皆纪明皇时事也。予以谓微之作过乐天，白之《歌》止于荒淫之语，终篇无所规正。元之词乃微而显，其荒纵之意皆可考，卒章乃不忘箴讽，为优也。③

三人皆以《长恨歌》与《连昌宫词》相互比较，认为白诗全无讽谕，甚至"止于荒淫"，真是横加指责了。至于张戒直斥为"无礼于其君者"、"《长恨歌》在乐天诗中为最下"④，更是从内容到艺术加以彻底的否定。虽有田锡鸣其不平："乐天有《长恨词》、《霓裳曲》、五十

---

① 《容斋随笔》卷十五，第 200—201 页。
② [宋] 车若水：《脚气集》，《丛书集成新编》第 87 册，第 201 页。
③ [宋] 张邦基：《墨庄漫录》，中华书局 2002 年版，第 177 页。
④ [宋] 张戒：《岁寒堂诗话》卷一，《历代诗话续编》，中华书局 1983 年版，第 461、457 页。

《讽谏》,出人意表。大儒端士,谁敢非之!"①但并没有产生太大的影响。

明人对《长恨歌》的评价不再像宋人那么严厉。何良俊《四友斋丛说》卷二五云:

> 至如白太傅《长恨歌》、《琵琶行》、元相《连昌宫词》,皆是直陈时事,而铺写详密,宛如画出。使今世人读之,犹可想见当时之事。余以为当为古今长歌第一。②

胡应麟《少室山房集》卷一〇五《读白乐天〈长恨歌〉》亦云:"乐天《长恨歌》妙极才人之致,格少下耳。"③二人皆极力称许《长恨歌》的艺术魅力,但胡应麟仍然不忘批评其诗格调低下。只有唐汝询《唐诗解》指出:"《长恨歌》,此讥明皇迷于色而不悟也。"④与陈鸿之说相似,且更加直接明确了讽谕主题所指。

清代汪立名在《白香山诗集》卷十二中,为白居易辩护,重申了陈鸿的观点:

> 论诗须相题,《长恨歌》本与陈鸿、王质夫话杨妃始终而作。犹虑诗有未详,陈鸿又作《长恨歌传》,所谓不特感其事,亦欲惩尤物,窒乱阶,垂于将来也。⑤

魏裔介《兼济堂文集》卷十四《白乐天〈长恨歌〉论》则持相反态度,

---

① [宋]田锡:《咸平集》卷二,《丛书集成续编》第124册,第36页。
② [明]何良俊:《四友斋丛说》,中华书局1959年版,第226页。
③ [明]胡应麟:《少室山房集》,《四库全书》第1290册,第761页。
④ [明]唐汝询选释,王振汉点校:《唐诗解》卷二十,河北大学出版社2001年版,第432页。
⑤ 《白香山诗集》卷十二,世界书局1935年版,第120页。

指责了白诗的"欲讽反颂"艺术效果：

> 乐天又著为歌词以纪其事。恐后之人君陷溺于中,甘心尤物,而煽处者且妄觊于死后之余荣也。则所云窒乱阶者恐反为乱阶矣。①

实际上还是批评其作为艳体的一面。值得注意的是《唐宋诗醇》的观点：

> 居易诗词特妙,情文相生,沉郁顿挫。哀艳之中具有讽刺。"汉皇重色思倾国"、"从此君王不早朝"、"君王掩面救不得",皆微词也。"养在深闺人未识",为尊者讳也。欲不可纵,乐不可极,结想成因,幻缘奚馨。总以为发乎情而不能止乎礼义者戒也。②

既肯定了作品情文相生的哀艳情感,又认为哀艳之中包含讽刺,可以说是后世双重主题说的源头。

由此看来,历代对《长恨歌》的批评主要建立在从儒家诗教观的角度解读作品的基础上,但是也出现了不同的观点。有明确提出讽喻主题者,也有持双重主题者,而爱情主题说除白居易本人自道以外不再有人明确提出,最多只能是从"荒淫之语"、"调笑君父"的斥责声中略窥一二。这也是可以理解的,在古代儒家士人的心目中,君主是用来仰望的,爱情是不屑于出口的,哪能让爱情两个字发生在至尊身上,所以即使意识到李杨之间的爱情,也只是批评唐玄宗的"溺于情",从而斥责白居易的"无礼"。其实他们批评得

---

① 〔清〕魏裔介:《兼济堂文集》卷十四,中华书局2007年版,第365页。
② 《唐宋诗醇》卷二二,《四库全书》第1448册,第452页。

越严厉,就越能证实李、杨之间的真挚爱情。

当今学术界对《长恨歌》主题的讨论则呈现出百花齐放的局面,新的观点层出不穷。目前已有学者对《长恨歌》的主题研究进行综述,如张中宇《新时期长恨歌主题研究评述》,载《南京工业大学学报》(哲学社会科学版)2003 年第 3 期;《长恨歌主题研究综论》,载《文学遗产》2005 年第 3 期;二者较为详细地总结了二十世纪以来的各种观点和研究成果,可以参阅。周相录专著《〈长恨歌〉研究》的第一章《〈长恨歌〉研究的历史回顾》将《长恨歌》主题概括为“隐事主题说”、“讽隐主题说”、“爱情主题说”、“双重主题说”、“时代感伤主题说及其他”五种。张中宇的总结最为全面,共概括为“爱情主题说”、“隐事说”、“讽谕说”、“感伤说”、“双重及多重主题说”、“无主题说与泛主题说”等六种,并在其专著《白居易〈长恨歌〉研究》中提出了“婉讽主题”说,他认为《长恨歌》描写李杨真情对于表现政治主题具有重要甚至关键作用。如果不大力渲染李杨爱情,《长恨歌》表达政治主题的力度将极其有限或难以实现。他的结论是:“《长恨歌》的主题是,通过描写李、杨情爱悲剧的复杂过程,反映封建帝王荒弛朝政、政治腐败等造成国家动荡、爱妃惨死及凄苦悲凉、深情无寄的严重后果,婉转批评唐玄宗因为承平日久滋生的骄矜懈怠而重色情、忽视国家管理的错误行为,并以此作为后世的鉴戒。”①这种观点目前在学术界有较大的影响。

二、“风情”考辨

实际上,张中宇先生的“婉讽主题说”也属于讽谕说,而且其主要论据之一是认为“一篇长恨有风情”是指“《长恨歌》具有《诗经》‘风诗之性情’”,“风情”一词即指“风诗之情”,它与十首“秦吟近正

---

① 张中宇:《白居易〈长恨歌〉研究》,中华书局 2005 年版,第 175—176 页。

声"的"正声"分别继承了《诗经》风、雅传统。《白居易〈长恨歌〉研究》一书中有"风情考略"一节,对自汉以来的"风诗之情"进行了考辨。但遗憾的是,作者考辨了"风"、"风诗"、"风人之诗"、"风诗之情"甚至"风骨",而"风情"一词在其所引材料中竟然未出现一次。这样考辨得出来的结论自然会让人生疑。那么白居易诗中"风情"一词究竟包含着什么样的涵义呢? 下面我们来考查一下。

古代的"风"有多种意思,诚然有"教化"、"风俗"的释义,但亦有其他含义,如《孟子·万章下》:"故闻柳下惠之风者,鄙夫宽,薄夫敦。"①《魏书·杜铨传》亦云:"铨学涉有长者风,与卢玄、高允等同被征为中书博士。"②此处"风"皆为"风度"、"作风"之义。又《尚书·费誓》云:"马牛其风,臣妾逋逃,勿敢越逐。"孔颖达疏曰:"僖四年《左传》云:'唯是风马牛不相及也。'贾逵云:'风,放也。牝牡相诱谓之风。'"③其后还可引申为"走逸"、"放荡"。"情"字则多指"情感"、"情绪"、"爱情"、"情致"、"情趣"等。而"风情"一词是"风"与"情"的简单相加,还是另有涵义? 对历代典籍中出现的"风情"一词进行仔细的梳理后就能知道答案。

最早提及"风情"一词的是徐广《晋纪》:"龢字道季,太尉亮子也。风情率悟,以文谈致称于时。"④此"风情"应该与教化无关,而偏重于对人的性格才情的理解,略与"风度"相近。至南北朝时,"风情"已成为品评人物的常用之词,通常指人物的"风度才情"。如南朝宋檀道鸾《续晋阳秋》:

---

① [宋]朱熹:《四书章句集注》,中华书局1983年版,第314页。

② [北齐]魏收:《魏书》,中华书局1974年版,第1018页。

③ [汉]孔安国传,[唐]孔颖达正义,黄怀信整理:《尚书正义》,上海古籍出版社2007年版,第810—811页。

④ [南朝]刘义庆著,[南朝]刘孝标注,余嘉锡笺疏:《世说新语笺疏》卷上之上,中华书局1983年版,第137页。

> 许询字玄度,高阳人,魏中领军允玄孙。总角秀惠,众称
> 神童。长而风情简素,司徒掾辟,不就,早卒。①

刘勰《文心雕龙·才略》:

> 刘劭赵都,能攀于前修;何晏景福,克光于后进;休琏风
> 情,则百壹标其志;吉甫文理,则临丹成其采;嵇康师心以遣
> 论,阮籍使气以命诗,殊声而合响,异翮而同飞。②

《江文通集汇注》卷八《王仆射为左仆射诏》:"尚书右仆射、领吏部
尚书、南昌县开国公俭,器怀明亮,风情峻远,业积珪璋,才兼经
纬。"③杨衒之《洛阳伽蓝记》:"始诏国子祭酒邢子才为寺碑文。子
才,河间人也。志性通敏,风情雅润。下帷覃思,温故知新。"④"风
情"皆指"风度才情"。又鲍照《鲍参军集》卷五《送从弟道秀别》诗:

> 岁时多阻折,光景乏安怡。以此苦风情,日夜惊悬旗。登
> 山临朝日,扬袂别所思。⑤

檀道鸾《续晋阳秋》:

---

① 《世说新语笺疏》卷上之上,第126—127页刘孝标注引。
② [南朝]刘勰著,范文澜注:《文心雕龙注》,人民文学出版社1958年版,第
700页。
③ [南朝]江淹著,[明]胡之骥汇注:《江文通集汇注》卷八,中华书局1984年版,
第317页。
④ [北魏]杨衒之著,杨勇校笺:《洛阳伽蓝记》卷三,中华书局2006年版,第
125页。
⑤ [南朝]鲍照著,钱仲联注:《鲍参军集注》卷五,上海古籍出版社1980年版,第
296页。

> 虎少有逸才，文章绝丽。曾为《咏史诗》，是其风情所寄。
> 少孤而贫，以运租为业。①

则偏重指"情感"、"心情"。而庾信《周大将军怀德公吴明彻墓志》云："公志气纵横，风情倜傥。"②此"风情"已逐渐接近"风流"之义。

入唐后，"风情"一词涵义又进一步拓展。我们大致把它分成三类：一为继承南北朝时品评人物之义，指"风度""才情"。如道宣《续高僧传》卷十九《唐南武州沙门释智周传》：

> 惟周风情闲澹，识悟淹远；容止可观，进退可度；量包山
> 海，调逸烟霞；得丧一心，慈恻万类。③

骆宾王《上齐州张司马启》："风情疏朗，霜明月湛之姿；气骨端严，雪白水清之概。"④卢仝《寄赠含曦上人》诗："貌古饶风情，清论兴亹亹。访余十数度，相去三五里。见时心亦喜，不见心亦喜。"⑤

二指男女之间的"风流韵事"或女子的风流多情。范摅《云溪友议》卷下《杂嘲戏》云：

> 池州杜少府慥、亳州韦中丞仕符，二君皆以长年精求释
> 道。乐营子女，厚给衣粮，任其外住，若有宴饮，方一召来；柳
> 际花间，任为娱乐。谯中举子张鲁封，为诗谑其宾佐，兼寄大
> 梁李尚书，诗曰："杜叟学仙轻蕙质，韦公事佛畏青娥。乐营却

---

① 《世说新语》卷上之下，第 268 页刘孝标注引。
② ［北周］庾信撰，倪璠注：《庾子山集注》卷十五，中华书局 1980 年版，第 970 页。
③ ［梁］慧皎：《高僧传合集》，上海古籍出版社 1991 年版，第 260 页。
④ ［唐］骆宾王撰，陈熙晋笺注：《骆临海集笺注》卷七，上海古籍出版社 1995 年版，第 256 页。
⑤ 《全唐诗》卷三八九，第 4388 页。

是闲人管,两地风情日渐多。"①

孙棨《北里志·俞洛真》条:"洛真虽有风情,而淫冶任酒,殊无雅裁。亦时为席纠,颇善章程。"②赵元一《奉天录》卷一:"时有风情女子李季兰,上泚诗,言多悖逆,故阙而不录。"③

三常与少年合用,指少年的狂放风流生活。如《全唐诗》卷五一〇张祜《赠淮南将》诗云:

> 年少好风情,垂鞭睇眄行。带金狮子小,裘锦麒麟狞。拣匠装银镫,堆钱买钿筝。李陵虽效死,时论亦轻生。④

由上可知,唐人诗文当中,"风情"一词逐渐偏重"情",指少年狂放风流之情或男女之情,与"风人之情"及婉讽之义无关。

除了唐人有多处使用"风情"一词以外,我们再看看白居易诗文中是否也有其他提及"风情"之处。据笔者统计,白集中另用"风情"达14处之多,可以说是唐代作家中使用"风情"最频繁的人。如果不考查其他"风情"使用之处的涵义,而指出"一篇长恨有风情"具有婉讽的意义是有失偏颇的。白居易诗中"风情"多与"年长"或"壮岁"联系在一起,如《题峡中石上》诗:"巫女庙花红似粉,昭君村柳翠于眉。诚知老去风情少,见此争无一句诗?"⑤《忆梦得》诗:"齿发各蹉跎,疏慵与病和。爱花心在否? 见酒兴如何? 年长风情少,官高俗虑多。几时红烛下,闻唱《竹枝歌》?"⑥《三月三

---

① [唐]范摅:《云溪友议》,古典文学出版社1957年版,第77页。
② [唐]孙棨:《北里志》,古典文学出版社1957年版,第35页。
③ [唐]赵元一:《奉天录》,《丛书集成新编》第114册,第482页。
④ 《全唐诗》卷五一〇,第5823页。
⑤ 《白居易集笺校》卷十七,第1147页。
⑥ 《白居易集笺校》卷二六,第1861页。

日怀微之》诗:"良时光景长虚掷,壮岁风情已暗销。忽忆同为校书日,每年同醉是今朝。"①《题笼鹤》诗:"经旬不饮酒,踰月未闻歌。岂是风情少? 其如尘事多。虎丘惭客问,娃馆妒人过。莫笑笼中鹤,相看去几何?"②由此可知,这种风流狂放的生活内容是"花"、"酒"、"诗"、"歌",自然也免不了会有乐妓的参与。如《湖上招客送春泛舟》诗云:

> 欲送残春招酒伴,客中谁最有风情? 两瓶箬下新开得,一曲《霓裳》初教成。排比管弦行翠袖,指麾船舫点红旌。慢牵好向湖心去,恰似菱花镜上行。③

可见,白居易笔下的"风情"一词应指文人诗酒妓乐的风流生活,他对这种生活方式颇为自得,常在诗中反复表现出对年长而风情少的慨叹和遗憾。

由此可见,"风情"应指风流生活或男女之情,"一篇《长恨》有风情"中的"风情"一词,指男女之情更接近作者原意,而决不会是继承《诗经》中的"风人之情",也决不会具有婉讽的意味。

三、《长恨歌》的主题

从目前对《长恨歌》研究的进程来看,有复杂化的趋势,研究者大多根据《长恨歌》本身内容的某一方面,进行延伸发挥,故而诸种说法均言之成理,但实际上哪一种说法最符合白居易的原意,还要从白居易自己的说法与时人的看法进行参照解说。笔者以为,《长

---

① 《白居易集笺校》卷十七,第1120页。
② 《白居易集笺校》卷二四,第1626页。
③ 《白居易集笺校》卷二十,第1393页。

恨歌》的主题以"爱情说"最切合白居易的本意。

其一,根据上述"风情"的考辨,白居易所云:"一篇《长恨》有风情,十首《秦吟》近正声。"①应是认为《长恨歌》为表现风情之作,且将之与《秦中吟》对举,《秦中吟》属于讽谕诗,则《长恨歌》之主题非"讽谕说"亦甚明。那么风情之作与"爱情说"是最吻合的。

其二,从白居易自己给诗歌分类来看,也不应是讽谕诗。白居易给自己的诗歌分为四类,其一为讽谕诗,其二为感伤诗,其三为闲适诗,其四为杂律诗。《长恨歌》被置于"感伤诗"一类,则明显是对于李杨爱情悲剧表示同情,进而颇为感伤。白居易《与元九书》曾定义感伤诗为"事物牵于外,情理动于内,随感遇而形于叹咏者"的,而《长恨歌》的内容正与此合。但《长恨歌》吟咏爱情,并同情李杨的悲剧,故大类应为感伤,而实际主题则是"爱情说"。前人的"感伤说"与"爱情说"并不矛盾,只是表现范围的不同而已。毕竟白居易给自己的诗歌分类,只有"感伤"类,而没有"爱情"类。

白居易将自己的诗歌分为四类,而其重视的程度却随着时间的推移与年龄的增加有所变化。正如王运熙先生所说:"他认为自己的诗作,讽谕、闲适两类最重要,因为它们分别体现了儒家'达则兼济天下,穷则独善其身'的立身处世原则。……至于感伤诗中的名篇《长恨歌》、《琵琶行》,他更是屡屡流露出自我赞许的态度。我们须知,白居易作为一个诗人,他既关心国事民生并具有兼济天下的志愿,因而在理论上大力提倡讽谕诗;同时他在日常生活中又具有丰富真挚的感情,热爱各种自然美和艺术美,因而从内心深处喜爱长于抒情、文词美丽、声律和谐的律诗。……他的古体诗大概只有《长恨歌》、《琵琶行》两篇风行,其他则否。"②

---

① 《白居易集笺校》卷十六,第 1053 页。
② 王运熙:《白居易诗歌的分类与传播》,《唐代文学研究》第 8 辑,广西师范大学出版社 1998 年版,第 450 页。

其三，元稹《白氏长庆集序》："予始与乐天同校秘书之名，多以诗章相赠答。会予遣掾江陵，乐天犹在翰林，寄予百韵律诗及杂体，前后数十章。是后，各佐江、通，复相酬寄。巴蜀江楚间泊长安中少年，递相仿效，竞作新词，自谓为'元和诗'。而乐天《秦中吟》、《贺雨》讽谕等篇，时人罕能知者。"①可知讽谕诗在民间罕见流传，而唐宣宗《吊白居易》诗云："缀玉联珠六十年，谁教冥路作诗仙。浮云不系名居易，造化无为字乐天。童子解吟长恨曲，胡儿能唱琵琶篇。文章已满行人耳，一度思卿一怆然。"②可见他的《长恨歌》在当时是妇孺皆知、流行最广的，与白居易《与元九书》中的自述相合。因而从流传的角度看，将白居易《长恨歌》的主题归入讽谕说，也是不恰当的。故而从以上几个方面参证，白居易的《长恨歌》的基调是感伤的，而主题应该是爱情说。

四、唐玄宗与杨贵妃爱情的考察

根据唐宋时期的文献，对唐玄宗与杨贵妃的爱情作更进一步的考察，也有助于对《长恨歌》"爱情主题说"的认识。我们认为，从主观上说，唐玄宗与杨贵妃爱情本身是真挚的，又是感人的，而客观上造成与安史之乱有关，这实质上也不是爱情本身的问题。如果将唐玄宗的爱情与其政治分开来考察，则更可以看出他与杨贵妃的爱情过程是基于共同的性格与共同的爱好，他们的爱情是真挚感人的，他们的爱情悲剧是值得同情的，故白居易写作了这首《长恨歌》，并置于感伤诗一类中。

唐玄宗对杨贵妃的宠爱，与其说是见到杨贵妃倾国倾城之色，毋宁说是因为他们二人才艺有共同之处。他们本身具有真挚的爱

---

① 《元稹集》卷五一，第 554—555 页。
② 《全唐诗》卷四，第 49 页。

情,民间传说再对这一爱情加以美化,这才是《长恨歌》取材的基础。唐玄宗不仅是一位封建帝王,也是一位多才多艺的艺术家,他的多才多艺,在宫中也找到了一位异性知音,即杨贵妃。

《旧唐书》卷二八《音乐志》云:

> 玄宗在位多年,善音乐,若宴设酺会,即御勤政楼。……太常大鼓,藻绘如锦,乐工齐击,声震城阙。……玄宗又于听政之暇,教太常乐工子弟三百人为丝竹之戏,音响齐发,有一声误,玄宗必觉而正之。①

唐玄宗好音乐,在即位之前就是如此。《旧唐书》卷九五《睿宗诸子传》云:

> 初,玄宗兄弟圣历初出合,列第于东都积善坊,五人分院同居,号"五王宅"。……玄宗时登楼,闻诸王音乐之声,咸召登楼同榻宴谑,或便幸其第,赐金分帛,厚其欢赏。诸王每日于侧门朝见,归宅之后,即奏乐纵饮,击毬斗鸡,或近郊从禽,或别墅追赏,不绝于岁月矣。②

唐玄宗的这些爱好,曾受到大臣们的劝阻,《资治通鉴》卷二一一《唐纪》云:

> 上精晓音律,……又选乐工数百人,自教法曲于梨园,谓之"皇帝梨园弟子"。又教宫中使习之。又选伎女,置宜春院,给赐其家。礼部侍郎张廷珪、酸枣尉袁楚客皆上疏,以为"上

---

① 《旧唐书》卷二八,第 1051 页。
② 《旧唐书》卷九五,第 3011 页。

春秋鼎盛，宜崇经术，迩端士，尚朴素；深以悦郑声、好游猎为戒。"上虽不能用，咸嘉赏之。①

不仅如此，玄宗还擅长于制曲，《乐府杂录》云："又曰《得宝子》者，唐明皇初纳太真妃，喜甚，谓诸嫔御云：'朕得杨氏，如获至宝也。'因撰此曲。"②又南唐尉迟偓《中朝故事》云：

> 骊山多飞禽，名阿滥堆。明皇帝御玉笛，采其声翻为曲子名焉。左右皆传唱之。播于远近，人竞以笛效吹。故词人张祜诗曰："红树萧萧阁半开，玉皇曾幸此宫来。至今风俗骊山下，村笛犹吹阿滥堆。"③

此类事例甚多，据《碧鸡漫志》所载，玄宗所作以及玄宗时制作乐调就有《霓裳羽衣曲》《凉州曲》《胡渭州》《万岁乐》《夜半乐》《何满子》《凌波神》《荔枝香》《雨淋铃》《清平乐》《春光好》。即使是杨贵妃死后，唐玄宗从西川归来，思念杨贵妃时，还在制作乐曲。郑处海《明皇杂录补遗》云：

> 明皇既幸蜀，西南行初入斜谷，属霖雨涉旬，于栈道雨中闻铃，音与山相应。上既悼念贵妃，采其声为《雨淋铃》曲，以寄恨焉。④

杨贵妃同样爱好音乐，擅长歌舞。据《旧唐书·玄宗杨贵妃

---

① 《资治通鉴》卷二一一，第 6694 页。
② [宋]李昉：《太平御览》卷五六八，中华书局 1960 年版，第 2568 页引。
③ [南唐]尉迟偓：《中朝故事》，中华书局上海编辑所 1958 年版，第 43 页。
④ [五代]王仁裕撰，丁如明辑校：《开元天宝遗事十种》，上海古籍出版社 1985 年版，第 36 页。

传》记载:"太真姿质丰艳,善歌舞,通音律,智算过人。"①宋乐史
《杨太真外传》曾记载:

> 时新丰初进女伶谢阿蛮,善舞。上与妃子钟念,因而受
> 焉。就按于清元小殿,宁王吹玉笛,上羯鼓,妃琵琶,马仙期方
> 响,李龟年觱篥,张野狐箜篌,贺怀智拍板,自旦至午,欢洽
> 异常。②

这种帝妃臣子共同奏乐的盛大场面在历史上应不多见。他们的共
同兴趣爱好集中体现在对《霓裳羽衣曲》的喜爱之上。《杨太真外
传》卷上云:

> 开元二十二年十一月,归于寿邸。二十八年十月,玄宗幸
> 温泉宫。使高力士取杨氏女于寿邸,度为女道士,号太真,住
> 内太真宫。天宝四载七月,册左卫中郎将韦昭训女配寿邸。
> 是月,于凤凰园册太真宫女道士杨氏为贵妃,半后服用。进见
> 之日,奏《霓裳羽衣曲》。③

从杨贵妃进见玄宗之始,就与《霓裳羽衣曲》产生密切的关系。同
书卷上又记载了这样一件事:

> 上又宴诸王于木兰殿,时木兰花发,皇情不悦。妃醉中舞
> 《霓裳羽衣》一曲,天颜大悦,方知回雪流风,可以回天转地。④

---

① 《旧唐书》卷五一,第2178页。
② 《开元天宝遗事十种》,第135页。
③ 《开元天宝遗事十种》,第131页。
④ 《开元天宝遗事十种》,第135页。

可见玄宗对于《霓裳羽衣曲》的痴迷程度。白居易也是深爱此曲，除《长恨歌》外，他还作了《霓裳羽衣歌》："我爱霓裳君合知，发于歌咏形于诗。君不见，我歌云，惊破《霓裳羽衣曲》。又不见，我诗云，曲爱《霓裳》未拍时。"①则其对于《霓裳羽衣曲》，多是以赞美的口吻表现的。歌舞本身是美好的，但过于沉溺则会懈怠朝政，最后导致了安史之乱。故而白居易为了将这两方面的强烈对比尽量缓和一些，用了"渔阳鼙鼓动地来"一句，尽管暗示了安史之乱，但字面本身还是"鼙鼓"，限于音乐的层面，这与白居易的讽谕诗对当朝时事深刻揭露者还是有所区别的。这一切都是为了表现唐玄宗与杨贵妃真挚的爱情，以及《长恨歌》的爱情主题。由此可见，精晓音律是唐玄宗的爱好，而杨贵妃是最能满足其爱好的一位女性。这实际上是支撑他们爱情的基石。

从上面看，唐玄宗与杨贵妃是有较为深厚的爱情基础的。也正因为如此，他才不顾一切地将本来是寿王妃的杨玉环度为道士，然后再册为自己的贵妃。而杨贵妃为女道士的过程，实际上与唐玄宗的关系是很密切的。据卞孝萱《唐玄宗杨贵妃五题》考证，实际上他们这一段时间，保持了六年零两个月的情人关系②。

综上所述，白居易的《长恨歌》是在史实的基础上吸收民间传说，歌颂了李、杨之间的真挚爱情，对他们那种因为特殊的时代原因而被迫生死离别表达了极大的同情和伤感。而后人的其他主题说则是各自站在不同的角度对《长恨歌》的解读。因为李杨爱情的特殊性，又与安史之乱发生了紧密的联系，容易作出多元化的解说。但我们认为，只有"爱情主题说"才应该是最符合白居易本人的看法的，也是与《长恨歌》的内容最切合的。

---

① 《白居易集笺校》卷二一，第1412页。
② 卞孝萱：《唐玄宗杨贵妃五题》，《烟台师范学院学报》（哲学社会科学版），1994年第1期，第11—17页。

第三节 《琵琶行》与唐代教坊乐伎制度

　　关于唐代教坊制度,留存下来的史料非常有限,主要以《教坊记》、《乐府杂录》、《乐史》等音乐史料为主,其他历史记载如《新唐书》、《旧唐书》、《册府元龟》等也保存了部分零碎资料,因此唐代教坊制度研究中有不少悬而未决的问题尚待弄清。唐代文人与音乐关系十分密切,从文学作品中也可窥见唐代教坊制度之一斑,有助于解决其中的相关问题,《琵琶行》即是这样一篇重要诗歌作品。我们以《琵琶行》为切入口,结合其他史料,可以对唐代乐伎制度中的教坊部类、乐籍年限及中唐教坊的变迁进行深入探讨,这既有助于唐代音乐制度研究的深入拓展,也有助于我们对《琵琶行》这一著名诗歌的理解。

一、名署教坊第一部:唐代教坊部类

　　唐代教坊原指教习之所,始于禁中所设之内教坊,后专门教习伎乐。《旧唐书》卷四十三《职官志》:"内教坊。武德已来,置于禁中,以按习雅乐,以中官人充使。则天改为云韶府,神龙复为教坊。"[1]教坊原隶属于太常,乃教习雅乐之处,至唐玄宗时始壮大,职能也发生改变。玄宗"置内教坊于蓬莱宫侧,居新声、散乐、倡优之伎。"[2]此时内教坊已多主新声俗乐,并有散乐百戏杂于其间,与太常雅乐颇不合,故玄宗将教坊独立于太常,而置内、外教坊。教坊与太常的功能区分明显,"凡祭祀、大朝会则用太常雅乐,岁时宴

---

[1]《旧唐书》,第 1854 页。
[2]《新唐书》卷二二,第 475 页。

享则用教坊诸部乐。"①这里提到了诸部乐,唐代教坊究竟有几部乐?何为第一部?目前学术界对此尚有不少争议。

1. 教坊第一部非坐部

《琵琶行》云:"十三学得琵琶成,名署教坊第一部。"②提到琵琶女名署教坊第一部,关于此"第一部"之解释,朱金城注云:

> 第一部。即坐部。白氏《立部伎》题下注云:"太常选坐部伎无性识(陈寅恪谓当作灵)者,退入立部伎。"诗云:"太常部伎有等级,堂上者坐堂下立。……立部贱,坐部贵,坐部退为立部伎,击鼓吹笙和杂戏。"据此可知"第一部"系"坐部"之代称,亦隐含"第一流"、"第一等"之意。《国史补》卷下云:"李衮善歌,初于江外,而名动京师。崔昭入朝。密载而至。乃邀宾客,请第一部乐及京邑之名倡,以为盛会。"亦为一有力之旁证。③

朱金城云第一部隐含第一流、第一等之意固然没错,但是否第一部即坐部,却值得商榷。

乐分坐部伎与立部伎由来已久,唐初就有此记载。二部皆为宴乐,隶属于太常,至玄宗时,立、坐二部臻于极致,以致盖过了雅乐。《新唐书》卷二十二云:"(玄宗)又分乐为二部:堂下立奏,谓之立部伎;堂上坐奏,谓之坐部伎。太常阅坐部,不可教者隶立部,又不可教者,乃习雅乐。"④故李绅、元稹、白居易等人作乐府诗批判前朝政治时,特意把这种不正常的现象看作是玄宗朝亡国之征。

---

① [元]脱脱:《宋史》卷一四二,中华书局 1977 年版,第 3347 页。
② 《白居易集笺校》,第 686 页。本章所引《琵琶行》皆出自此,下不注出。
③ 《白居易集笺校》,第 693 页。
④ 《新唐书》,第 475 页。

二部与雅乐相对,皆属俗乐,隶属于太常,岸边成雄《唐代音乐史的研究》称二部伎为"燕飨雅乐",这是与教坊俗乐相对而言的。任半塘虽认为太常有雅乐和俗乐,但说"坐、立二部乐宜在太常或梨园"①,亦不甚准确。其实,坐、立二部与教坊并非所属关系,而是一直隶属于太常。《唐会要》卷三三:

> 玄宗以其(散乐)非正声,置教坊于禁以处之。若寻常飨会,先一日具坐、立部乐名,太常上奏,御注其下。会日,先奏坐部伎,次奏立部伎,次奏蹀马,次奏散乐。②

《旧唐书》卷二八有相关详细记载:"太常卿引雅乐,每色数十人,自南鱼贯而进,列于楼下。鼓笛鸡娄,充庭考击。太常乐立部伎、坐部伎依点鼓舞,间以胡夷之伎。"③可知教坊脱离太常独立后,立、坐二部仍属太常。又据《文献通考》卷一四八载:"德宗既阅于麟德殿,以授太常工人,自是殿庭宴则立奏,宫中则坐奏,有坐部伎、立部伎。"④则至唐德宗时,坐、立二部仍属太常。段安节《乐府杂录·雅乐部》:

> 郊天及诸坛祭祀,即奏太和、冲和、舒和三曲。凡奏曲登歌,先引诸乐逐之,其乐工皆戴平帻,衣绯大袖,每色十二,在乐悬内,已上谓之坐部伎。八佾舞则六十四人,文武各半,皆著画帻,俱在乐悬之北。文舞居东,手执翟状如凤毛;武舞居西,手执戚。文衣长大,武衣短小,其钟师及磬师登歌八佾舞,

---

① 任半塘:《教坊记笺订》,中华书局1962年版,第18页。
② [宋]王溥:《唐会要》,上海古籍出版社2006年版,第714页。
③ 《旧唐书》,第1051页。
④ [宋]马端临:《文献通考》,中华书局1986年版,第1295页。

并诸色舞,通谓之立部伎。①

至晚唐时,雅乐部亦有坐、立二部伎。可见,有唐一代,二部伎一直隶属于太常,与教坊并无关涉。而朱金城云教坊第一部是坐部的代称,是不合实情的。

2. 唐代教坊四部

《宋史·乐十七》云:"宋初循旧制,置教坊,凡四部。"②《乐书》一八八《教坊部》亦云:"圣朝循用唐制,分教坊为四部。"③可知唐代教坊亦分为四部,今人多以此教坊四部推断太常四部,恐怕有误,两条材料明确说明是循用唐制而分教坊为四部。若以"太常四部"为教坊四部前身亦无法说通,《玉海》卷一〇五载:"《实录》:玄宗先天元年八月己酉,吐蕃遣使朝贺,帝宴之于武德殿,设太常四部乐于庭。"④玄宗未立教坊前固然已有太常四部乐之名,但据《新唐书·崔郸传》云:"郸以粳亮知名,宪宗器之,为太常卿。始视事,大阅四部乐,观者纵焉。"元和中尚有太常四部乐,则其时太常四部与教坊四部并存,故岸边成雄《唐代音乐史的研究》等人根据宋代教坊四部来推断太常四部乐是不合乎逻辑的。

我们可以从宋初教坊四部来推断唐代的情况,关于宋初教坊四部分类情况,《宋史·乐志》里已明确指出其中三部:

> 法曲部,其曲二,一曰道调宫《望瀛》,二曰小石调《献仙音》。乐用琵琶、箜篌、五弦、筝、笙、觱栗、笛、方响、拍板。龟兹部,其曲二,皆双调,一曰《宇宙清》,二曰《感皇恩》。乐用觱

---

① [唐]段安节:《乐府杂录·雅乐部》,古典文学出版社1957年版,第21页。
② 《宋史》卷一四二,第3347页。
③ 《乐书》,《四库全书》第211册,第849页。
④ 《玉海》,第1918页。

栗、笛、羯鼓、腰鼓、揩鼓、鸡楼鼓、齐鼓、拍板。鼓笛部,乐用三色笛、杖鼓、拍板。①

此教坊三部与《乐府杂录》中的三部可以分别对应:

> 鼓架部。乐有笛、拍板、答鼓即腰鼓也,两杖鼓戏有代面,……即有踏摇娘、羊头、浑脱、九头狮子、弄白马益钱、以至寻橦、跳丸、吐火、吞刀、旋盘、觔斗,悉属此部。龟兹部。乐有觱篥、笛、拍板、四色鼓、揩羯鼓、鸡楼鼓。戏有五方狮子。……太平乐曲,破阵乐曲,亦属此部。……胡部。乐有琵琶、五弦、筝、箜篌、觱篥、笛、方响、拍板,合曲时亦击小鼓钹子,合曲后立唱歌,凉府所进本,在正宫调大遍、小遍,至贞元初,康昆仑翻入琵琶。玉宸宫调初进曲,在玉宸殿,故有此名。合诸乐即黄钟宫调也。②

宋教坊法曲部对应唐胡部,鼓笛部对应鼓架部,龟兹部相同。《宋史·乐志》载有教坊三部所属曲名,而《乐府杂录》中则多载各部所属戏名(胡部据《乐书》卷一八八载亦有所属戏名:"戏有参军、婆罗门、凉州曲。"③)。但从乐器所属来看,对应部之间基本相同,可见,此宋教坊三部正是循此唐制而来。那么,唐代教坊三部应为胡部、龟兹部和鼓架部。而对于宋代教坊第四部学术界争议比较大,此不赘述。但唐代教坊第四部,从《乐府杂录》记载,似当为清乐部:"乐即有琴、瑟、云和筝其头像云,笙、竽、筝、箫、方响、篪、跋膝、拍板,戏即有弄贾大猎儿也。"④其他的鼓吹部、熊罴部都属于雅

---

① 《宋史》卷一四二,第 3349 页。
② 《乐府杂录》,第 24—26 页。
③ 《乐书》,第 848 页。
④ 《乐府杂录》,第 22 页。

乐,只有清乐部有百戏。因此,唐教坊四部应为胡部、龟兹部、鼓架部和清乐部。《乐书》一八八云:"自合四部以为一,故乐工不能遍习,第以大曲四十为限,以应奉游幸二燕,非如唐分部奏曲也。"①可知唐代教坊正是分部奏曲,且每部有所属百戏。《新唐书·南蛮列传》:"有笛工、歌女,皆垂白,示滋曰:'此先君归国时,皇帝赐胡部、龟兹音声二列,今丧亡略尽,唯二人故在。'"②《蛮书》卷十:

　　　牟寻曰:"此是天宝初,先人任鸿胪少卿,宿卫时,开元皇帝所赐,比宝藏不敢用,得至今。"又伎乐中有老人吹笛,妇人唱歌,各年近七十余。牟寻指之曰:"先人归蕃来国,开元皇帝赐胡部及龟兹音声各两部,今死亡零落尽,只余此二人在国。"③

异牟寻之父曾在玄宗时任鸿胪少卿宿卫宫中,与玄宗关系亲密。故玄宗所赐胡部、龟兹部音声,当为直接为玄宗服务之教坊乐伎,而非太常工人。

　　3. 教坊第一部即胡部

　　教坊第一部即胡部。《新唐书》卷二二:"开元二十四年,升胡部于堂上。而天宝乐曲,皆以边地名,若《凉州》、《伊州》、《甘州》之类。后又诏道调、法曲与胡部新声合作。"④《教坊记》正载有凉州、伊州、甘州等胡部曲。《乐书》卷一六四:"天宝之末,始诏道调法曲与胡部新声合作,识者异之。明年,遂及禄山之难。"⑤又据玄宗

---

①《乐书》,第 849 页。
②《新唐书》卷二二二上,第 6275 页。
③ [唐] 樊绰:《蛮书》,《丛书集成新编》第 94 册,第 127 页。
④《新唐书》,第 476—477 页。
⑤《乐书》,第 753 页。

"置内教坊于蓬莱宫侧,居新声、散乐、倡优之伎。"①则胡部新声确属教坊,并曾与法曲合作。此外,因各部之间乐器不尽相同,我们可以从教坊第一部之乐器来证明。白居易《琵琶行》云"名署教坊第一部",可见教坊第一部器乐有琵琶。《太平广记》卷二百四《李谟》条:"谟,开元中吹笛为第一部,近代无比。有故,自教坊请假至越州。公私更宴,以观其妙。"②则教坊第一部中有笛。又元稹诗《五弦弹》云:"赵璧五弦弹徵调,徵声巉绝何清峭。……众乐虽同第一部,德宗皇帝常偏召。"③可见第一部乐中有五弦。元张翥《蜕庵诗》卷三《赠筝工任礼》有诗:"钿床银甲不胜清,锦席银筝无限情。第一部中当绝艺,十三弦上有新声。齐宫蝉怨时时咽,湘浦鸿来个个惊。宜向教坊供国乐,要须名似郭无名。"④提到第一部中有筝。《乐府杂录》中《箜篌》条云:"咸通中第一部有张小子,忘其名,弹弄冠于今古,今在西蜀。……胡部中此乐妙绝,教坊虽有三十人,能者一两人而已。"⑤则可证第一部乐中有箜篌,且明言箜篌属胡部。《乐书》卷一八八载:"唐胡部乐有琵琶、五弦、筝、箜篌、笙、觱篥、笛、拍板,合诸乐击小铜镲子。"其记胡部乐器较《乐府杂录》多笙、笛,更为完备,应以此为正。以上所提教坊第一部之琵琶、箜篌、五弦、笛、筝等乐器皆为胡部所有,而其他三部未能囊括以上所有乐器。故可知,教坊第一部乐当指胡部。

文献中除教坊第一部外,尚有仗内教坊第一部,见于《全唐文补遗》第三辑《唐故仗内教坊第一部供奉赐紫金鱼袋清河张府君(渐)墓志铭并序》。仗内教坊第一部是否即教坊第一部?这要先弄清楚仗内教坊与内教坊的关系。学术界对仗内教坊即内教坊颇

---

① 《新唐书》卷二二,第 475 页。

② 《太平广记》,第 1553 页。

③ 《元稹集》卷二四,第 280 页。

④ [元] 张翥:《张蜕庵诗集》,《四部丛刊续编》第 450 册,第 23 页上。

⑤ 《乐府杂录》,第 33 页。

有争议。① 笔者以为仗内教坊即内教坊,《玉海》卷一百六载：

> 开元二年,又置内教坊于蓬莱宫侧,有音声博士。京都置左右教坊,掌俳优杂伎,自是不隶太常,以中官为教坊使。散乐三百八十二人,仗内散乐一千人,音声人一万二十七人,有别教院。②

内教坊本在禁中,故此"仗内散乐一千人"属原内教坊。而玄宗置内教坊于蓬莱宫(即大明宫)侧。岸边成雄认为内教坊在蓬莱宫之左侧东内苑,而任半塘所考为蓬莱宫右侧。据《长安志》卷六云：

> 东内苑南北二里与大明宫城齐,东西尽一坊之地。南即延政门,北即银台门,东即太和门,龙下殿、龙首池、凝晖殿,灵符应圣院在龙首池东。会昌元年,造内园小儿坊,傍有看乐殿、内教坊(原注：元和十四年,复置仗内教坊。)③

则会昌元年时,内教坊位于大明宫左侧之东内苑,内苑亦可称之为禁中。另根据此条内教坊下原注,可见宋敏求认为内教坊为仗内教坊。又据唐释圆照撰《贞元新定释教目录》卷十六载：

---

① 岸边成雄《唐代音乐史的研究》(台北中华书局1973年版,第227、233页)、左汉林《唐代的内教坊及相关问题考论》皆认为仗内教坊即内教坊,是机构变革的延续而造成名称的变化。但任半塘《教坊记笺订》则认为："'仗内教坊'本指五仗内之乐人,属于皇帝出入之仪卫中。其职守为鼓吹,有击钟鼓,作三严,及奏二乐等。"(第194页)康瑞军《论唐末仗内教坊的实质及其它》(《黄钟》2008年第3期,第54—60页)、柏红秀《唐代仗内教坊考》(《戏曲艺术》2006年第3期,第43—46页)亦持此观点。任、康、柏诸人认为仗内教坊属鼓吹署军乐,并未有坚实有力之证据,多为推测之词。

② 《玉海》,第1947页。

③ [宋]宋敏求：《长安志》,《宋元方志丛刊》第一册,第104页。

（代宗）永泰元年八月二十二日，左监门卫将军知内侍省刘清潭宣奉进止。……改期甫至，天雨未晴。恩旨又延，九月一日。是日也，两街大德严洁幡花幢盖宝车。太常音乐、梨园、仗内及两教坊诣银台门，百戏繁奏。①

此载"仗内及两教坊"正指内教坊与左右教坊。因此，任半塘等人将仗内教坊与教坊关系割裂开来实属误解。唐宪宗时曾缩减教坊机构，故《旧唐书》卷十五："（元和十四年正月）壬午，徙置仗内教坊于延政里。"②内教坊曾徙置于左教坊。《乐府杂录》云：

俗乐古都属梨园新院，院在太常寺内之西北也。开元中始别署左右教坊，上都在延政里，东都在明义里，以内官掌之。至元和中，只署一所；又于上都广化里、太平里，兼各署乐官院一所。③

据此，似元和中，左、右教坊、内教坊皆合署于上都延政坊，待考。因此，仗内教坊第一部即内教坊第一部，亦称供奉第一部。

《张渐墓志》云：

长庆初，国相张公出将是府，下车续军。府君首出乐部，歌泳化源，启口成章，应机由典。相乃竦听称叹，揖之升堂，敬谓之曰：如子之优，天假奉圣聪者也，非诸侯府所宜淹留。立表荐闻，旋召引见。穆宗皇帝大悦，宠锡金章，隶供奉第一部。

---

① ［唐］释圆照：《贞元新定释教目录》，《大藏经》第五十五册，台北新文丰出版公司 1996 年版，第 885 页。

② 《旧唐书》，第 465 页。

③ 《乐府杂录》，第 44 页。

弥历二纪,荣密四朝。虽于髭滑稽,曼倩戏诮,实无愧焉。①

从张渐之经历看,其当以善歌与滑稽供奉内教坊第一部。《太平广记》卷二五七出自《南楚新闻》的《张濬伶人》:"唐宰相张濬,常与朝士于万寿寺阅牡丹而饮。俄有雨降,抵暮不息,群公饮酤未阑。左右伶人皆御前供奉第一部者,恃宠肆狂,无所畏惮。"②这些伶人当亦出自内教坊第一部。又《羯鼓录》云:

　　上(指德宗)又使作乐,曲罢,问其得失。承禀舒迟,众工多笑之。沈顾笑者忽忿怒作色,奏曰:"曲虽妙,其间有不可者。"上惊问之。即指一琵琶云:"此人大逆戕忍,不日间兼即抵法,不宜在至尊前。"又指一笙云:"此人神魂已游墟墓,不可更留供奉。"③

此御前供奉琵琶与笙,正为胡部之器,当为内教坊第一部之乐人。

但梨园内也有第一部乐徒、第一部音声。《太平广记》卷一五六引《逸史》中小说《崔洁》云:

　　崔公大惊曰:何处得人斫鲙?陈君曰:但假刀砧之类,当有第一部乐人来。俄顷,紫衣三四人,至亭子游看。一人见鱼曰:极是珍鲜,二君莫欲作鲙否?某善此艺。与郎君设手。诘之,乃梨园第一部乐徒也。余者悉去,此人遂解衣操刀,极能敏妙。鲙将办,陈君曰:此鲙与崔兄飱,紫衣不得鲙也。既毕,忽有使人呼曰:驾幸龙首池,唤第一部音声。切者携衫

① 周绍良、赵超:《唐代墓志汇编续集》,第 961 页。
② 《太平广记》,第 2003 页。
③ [唐]南卓:《羯鼓录》,古典文学出版社 1957 年版,第 7 页。

带,望门而走,亦不暇言别。①

梨园与教坊属不同之机构,此第一部乐徒自非教坊第一部之人。又梨园有法部,《甘泽谣》:"值梨园法部置小部音声,凡三十余人,皆十五以下。"②梨园第一部是否即法部,因材料有限,无法考定了。

中唐以后,教坊除为宫内服务以外,也参与宫外之宴,尤其是曲江大会,为一时盛况。白居易诗《渭村退居寄礼部崔侍郎翰林钱舍人诗一百韵》:"赐禊东城下,颁酺曲水傍,樽罍分圣酒,妓乐借仙倡。"③此"仙倡"当即指教坊之妓乐。在曲江宴饮当中,教坊各部亦有贵贱之分和待遇之异。教坊第一部乐人因技艺高超而常在御前供奉,故地位尊崇,待遇较高。《唐摭言》卷三《散序》条载:"主乐两人,一人主饮妓,放榜后,大科头两人(第一部),常诘旦至期集院;常宴则小科头主张,大宴则大科头。纵无宴席,科头亦逐日请给茶钱。(平时不以数,后每人日五百文。)第一部乐官科地每日一千,第二部五百,见烛皆倍,科头皆重分。逼曲江大会,则先牒教坊请奏。上御紫云楼,垂帘观焉。"④第一部乐与第二部乐所得待遇与酬劳也不一样,可见教坊第一部地位是相对比较高的。

二、十三学得琵琶成:唐代教坊乐籍年限

唐代乐伎种类颇多,而入官方乐籍者为教坊宫伎和地方官妓。对于唐代官伎入籍的年龄,史料已无详细和明显记载,但约略可从

---

① 《太平广记》,第 1125 页。

② [唐]袁郊:《甘泽谣》,《唐五代笔记小说大观》,上海古籍出版社 2000 年版,第 547 页。

③ 《白居易集笺校》卷十五,第 876 页。

④ 《唐摭言》,第 25 页。

文学作品当中推知。白居易《琵琶行》云："十三学得琵琶成，名署教坊第一部。"年十三当为入教坊籍之年龄界限。也就是说，入教坊籍年龄须在十三以上。王建《宫词》云："十三初学擘筝箜，弟子名中被点留。昨日教坊新进入，并房宫女与梳头。"①此女十三岁在教坊中学筝箜，后被点留而入内教坊。

　　杜牧《张好好诗》序云："牧太和三年，佐故吏部沈公江西幕。好好年十三，始以善歌来乐籍中。后一岁，公移镇宣城，复置好好于宣城籍中。"②可见地方乐籍十三岁也是一个门槛，诗云：

　　　　君为豫章姝，十三才有余。翠茁凤生尾，丹叶莲含跗。高阁倚天半，章江联碧虚。此地试君唱，特使华筵铺。主公顾四座，始讶来踟蹰。吴娃起引赞，低徊映长裾。双鬟可高下，才过青罗襦。盼盼乍垂袖，一声雏凤呼。繁弦迸关纽，塞管裂圆芦。众音不能逐，袅袅穿云衢。主公再三叹，谓言天下殊！③

此段描写似为张好好乐籍入门考试，她以歌声征服了在座诸人，尤其深受主公沈传师的赞赏，因入乐籍。而男乐工亦是十三岁开始从事乐伎之职，刘商《秋夜听严绅巴童唱竹枝歌》诗云：

　　　　巴人远从荆山客，回首荆山楚云隔。思归夜唱竹枝歌，庭槐叶落秋风多。曲中历历叙乡土，乡思绵绵楚词古。身骑吴牛不畏虎，手提蓑笠欺风雨。猿啼日暮江岸边，绿芜连山水连天。来时十三今十五，一成新衣已再补。鸿雁南飞报邻伍，在

---

　　①《全唐诗》卷三百二，第3441页。

　　②［唐］杜牧著，［清］冯集梧注：《樊川集诗注》卷一，上海古籍出版社1998年版，第53—54页。

　　③《樊川集诗注》卷一，第54—55页。

家欢乐辞家苦。天晴露白钟漏迟，泪痕满面看竹枝。曲终寒竹风袅袅，西方落日东方晓。①

诗云"来时十三今十五"，可见十三岁是其初步从事乐伎的年龄。

为何定在十三岁这样的年龄呢？这和唐代的社会制度有关。唐代女子至十三岁，即被视为成年，为法定婚嫁年龄，《新唐书》卷五十一："（开元）二十二年，诏男十五女十三以上得嫁娶。"②故陈羽《古意》有诗云："十三学绣罗衣裳，自怜红袖闻馨香。人言此是嫁时服，含笑不刺双鸳鸯。"③十三岁即为待嫁年龄，因而以十三岁为乐伎入籍年龄是十分恰当的。又据《列朝诗集》闰集卷四载："赵燕如，名丽华，小字宝英。父锐，善音律，武皇帝征入供奉。燕如年十三，录籍教坊，容色殊丽，应对便捷，能缀小词，即被入弦索中。"④似乎至明朝，教坊尚维持以年十三入籍的制度。

三、自言本是京城女：中唐教坊的变迁

盛唐教坊制度发展到了极致，但安史之乱极大地破坏了教坊、梨园等乐伎制度的繁荣。在肃宗复京后才渐渐得到恢复，虽已无复之前兴盛，但这场大乱也促使一部分宫廷音乐散入民间，加强了宫内外音乐的交流。而代宗、德宗常恩赐大臣以教坊乐，顺宗、宪宗先后缩减放还教坊伎乐等措施，使得教坊伎乐与宫外社会进一步接触，促使中唐音乐朝多元化发展，带来了中唐教坊制度发展的一些新趋势和新现象。

---

① 《全唐诗》卷三百三，第 3448 页。

② 《新唐书》，第 1345 页。

③ 《全唐诗》卷三四八，第 3888 页。

④ ［清］钱谦益：《列朝诗集》，《续修四库全书》第 1624 册，第 376 页。

第一,教坊乐伎来源的多样化。《教坊记》:"任智方四女皆善歌。其中:二姑子吐纳凄惋,收敛浑沦;三姑子容止闲和,旁观若意不在歌;四姑子发声遒润虚静,似从空中来。"①《乐府杂录》:"开元中,内人有许和子者,本吉州永新县乐家女也。"②二书所载皆为唐玄宗朝事,可见当时教坊乐工的主体应为乐户。而安史之乱使大多数教工乐伎散入民间。唐赵璘《因话录》卷一《宫部》云:

> 德宗初登勤政楼,外无知者。望见一人衣绿乘驴戴帽至楼下,仰视久之,俯而东去。……而绿衣者果在其中。诘之,对曰:"某天宝教坊乐工也。……"以此奏闻。敕尽收此辈,却系教坊。③

至德宗时尚在回收天宝乐工系于教坊,可见天宝乐工散入民间之多,这些乐工必然会招收子徒,使得民间出现一些优秀乐工子弟,这促进了民间各地方伎乐的发展。在这种情况下,教坊吸收乐工的制度渐渐放开,不仅以乐户为主,也常在民间中选拔人才,如仗内教坊供奉第一部张渐,即是从地方乐部被荐至教坊。《乐府杂录》载:"大历中,有才人张红红者,本与其父歌于衢路丐食,……寻达上听。翌日,召入宜春院,宠泽隆异,宫中号记曲娘子,寻为才人。"④张红红本卖唱歌女,后成为韦青家妓,由其荐入宜春院为内人。《乐府杂录》:

> 箜篌乃郑、卫之音,……大和中有季齐皋者,亦为上手,曾

---

①《教坊记笺订》,第42页。
②《乐府杂录》,第26页。
③《因话录》,第71页。
④《乐府杂录》,第27页。

为某门中乐史,后有女亦善此伎,为先徐相姬。大中末,齐皋
尚在,有内官拟引入教坊,辞以衰老,乃止。①

齐皋为某门乐史,内官试图引入教坊未果。

在这种多样化吸收优秀乐工入教坊的制度中,出现了琵琶女
"名署教坊第一部"的特殊情况。《琵琶行》诗序云:"问其人,本长
安倡女,尝学琵琶于穆、曹二善才。年长色衰,委身为贾人妇。"琵
琶女身份原为长安倡女,"弟走从军阿姨死,暮去朝来颜色故。门
前冷落鞍马稀,老大嫁作商人妇。"说明其为倡女时一直居住在虾
蟆陵下。关于虾蟆陵,《类编长安志》卷八云:"本下马陵。《新说》
曰:'兴庆池南烟脂坡大道东有虾蟆陵。'《景龙文馆记》曰:'乃汉董
仲舒墓,文士过之,皆下马,谓之下马陵。俗谓虾蟆陵。'"②同书卷
七载:"《新说》曰:'翡翠坡,在虾蟆陵下,亦是妓馆所居。'李长源诗
曰:'薄游却忆开元日,常逐春风醉两坡。'"③又《国史补》卷下云:
"酒则有郢州之富水,……京城之西市腔,虾蟆陵郎官清、阿婆
清。"④可见唐代虾蟆陵一带十分繁华,盛产美酒,至金元时为妓馆
集居之地。而据《教坊记》所载,右教坊在光宅坊,左教坊在延政
坊。琵琶女所居之虾蟆陵,在常乐坊,并非教坊所在地。《琵琶行》
诗中云:"弟走从军阿姨走",此处弟、阿姨似乎是女妓经营时的一
个团体,类似今天的保镖与经纪人。《唐代墓志汇编续集》咸通
066《有唐吴兴沈氏墓志铭并序》亦载:

　　吴兴沈子柔,洛阳青楼之美丽也。居留府官籍,名冠于辈

---

① 《乐府杂录》,第 33 页。
② [元] 骆天骧:《类编长安志》,中华书局 1990 年版,第 265 页。
③ 《类编长安志》,第 221 页。
④ [唐] 李肇:《唐国史补》,古典文学出版社 1957 年版,第 60 页。

流间,为从事柱史源匡秀所瞩殊厚。子柔幼字小娇,凡洛阳风流贵人,博雅名士,每千金就聘,必问达辛勤,品流高卑,议不降志。居思恭里。实刘媪所生,有弟有姨,皆亲骨肉。①

此青楼女子亦云有弟有姨,且特别强调是亲骨肉,可见当时女妓可能非单人从事行业,而是有一固定团体。此亦为琵琶女并非教坊专职成员之一证。另王建《宫词》中也载:"青楼小妇砑裙长,总被抄名入教坊。春设殿前多队舞,朋头各自请衣裳。"②此朋头指的是队舞的领头,见《东京梦华录》卷七《驾登宝津楼诸军呈百戏》:"分为两队,各有朋头一名。各执彩画毬杖,谓之小打。一朋头用杖击弄毬子,如缀毬子方坠地,两朋争占,供与朋头。左朋击毬子过门入孟为胜,右朋向前争占,不令入孟。互相追逐,得筹谢恩而退。"③从此诗可见青楼小妇在特殊时期需入宫廷进行表演。因此,琵琶女名署教坊第一部,应如左汉林博士论文《唐代乐府制度研究》中所说:她是挂名或寄名教坊,不时要应宫内之役,为宫廷表演。更多的时候她是在常乐坊中居住,为宫外的五陵少年表演。《宫词》约作于元和期间,琵琶女的盛年则约在德宗贞元时期度过,则这种因技艺精湛而录名教坊的制度约在德宗、宪宗时期出现。

第二,教坊与民间伎乐的频繁交流。据《琵琶行》诗序,琵琶女尝向曹、穆二善才学习琵琶。曹善才为当时著名琵琶手,李绅诗《悲善才》序云:

　　余守郡日,有客游者,善弹琵琶,问其所传,乃善才所授。顷在内庭日,别承恩顾,赐宴曲江,敕善才等二十人备乐。自

---

①《唐代墓志汇编续集》咸通 066,第 1085 页。

②《全唐诗》卷三百二,第 3445 页。

③〔宋〕孟元老著,邓之城注:《东京梦华录注》,中华书局 1982 年版,第 196 页。

余经播迁,善才已没。因追感前事,为《悲善才》。①

曹善才等人在曲江宴上表演,自当为教坊伎乐。从曹善才收取长安倡伎琵琶女和李绅所云善弹琵琶客游者为徒,可以看出,教坊伎乐已经走向民间。又《乐府杂录》载:

> 贞元中,有王芬、曹保保,其子善才,其孙曹纲,皆袭所艺。……武宗初,朱崖李太尉有乐吏廉郊者,师于曹纲,尽纲之能。纲尝谓侪流曰:教授人亦多矣,未曾有此性灵弟子也!②

曹善才之子曹纲亦授徒众多,李德裕的私家乐吏为其最为得意的弟子。元稹《琵琶歌》:"段师弟子数千人,李家管儿称上足。管儿不作供奉儿,抛在东都双鬓丝。逢人便请送杯盏,著尽功夫人不知。"③其中管儿也是供奉段师的弟子,而在李家为家妓,除了表演才艺,似乎劝酒也是其重要职责之一。可见,至德宗朝后,教坊与民间伎乐的交流已是畅通无阻了。宫内教坊与民间家妓的交流甚至不止于此,据白居易《代琵琶弟子谢女师供奉寄新调弄谱》看,他们这种师生关系一直保持着来往,并会有技艺和曲谱上的交流,完全处于一种开放的状态。具体来说,以前为教坊演奏的部分歌舞也逐渐出现在民间,成为士大夫们的日常享受。《柘枝舞》、《霓裳羽衣歌》等教坊歌舞常在中晚唐诗歌中出现,如《郝氏女墓志铭并序》载:"善吹笙,舞《柘枝》等十余曲。"④张祜《观杭州柘枝》、《周员

---

① 《全唐诗》卷四八〇,第5465页。
② 《乐府杂录》,第30—31页。
③ 《元稹集》卷二六,第304页。
④ 《唐代墓志汇编续集》建中009,第728页。

外席上观柘枝》、白居易《柘枝妓》、《柘枝词》、沈亚之《柘枝舞》、薛能《柘枝词》等皆为柘枝舞而作。白居易最爱听《霓裳羽衣曲》，诗《湖上招客送春泛舟》中云："两瓶箬下新开得，一曲《霓裳》初教成。"其自注云："时崔湖州寄新箬下酒来，乐妓按《霓裳羽衣曲》初毕。"又其《醉吟先生传》云："若兴发，命家僮调法部丝竹，合奏《霓裳羽衣》一曲。"元和十年白居易作《燕子楼三首》有句云："自从不舞《霓裳曲》，叠在空箱十一年。"①

这种交流既是现实的需要，同时也导致了教坊职能的变化。《唐会要》卷三四云：

> 宝历二年九月，京兆府奏："伏见诸道方镇，下至州县军镇，皆置音乐以为欢娱，岂惟夸盛军戎，实因接待宾旅。伏以府司每年重阳、上巳两度宴游，及大臣出领藩镇，皆须求雇教坊音声，以申宴饯。今请自于当已钱中，每年方图三二十千，以充前件乐人衣粮。伏请不令教坊收管，所冀公私永便。"②

不仅教坊已开外雇之业，各级地方政府也普遍设置乐伎以接待宾旅。求雇教坊音声、各级地方音乐的大量设置都需要加强教坊的民间开放度。而至武宗时，这种开放程度确实已达到了宫内外水乳交融的地步。《唐语林》卷三《方正》云：

> 武宗数幸教坊作乐，优倡杂进。酒酣，作技谐谑，如民间宴席，上甚悦。谏官奏疏，乃不复出，遂召优倡入，敕内人习之。宦者请令扬州选择妓女，诏扬州监军取解酒令妓女十人进入。③

① 《白居易集笺校》，第1393、3782、926页。
② 《唐会要》，第736页。
③ ［宋］王谠撰，周勋初校证：《唐语林校证》，中华书局1987年版，第209页。

这里的教坊自指外教坊。外教坊因常预宴钱,建立了一套宴饮娱乐程序。武宗幸教坊,竟如民间宴席一样谐谑热闹。教坊伎女们善解酒令,与武宗内伎风格大不相同,武宗倍感新鲜,故召内人习之,又诏扬州监军选解酒令妓女进入内教坊。可见,教坊已从设立之初以表演为事业渐渐分化出来,一种专门主持各种宴席的饮妓应运而生。教坊饮妓日益壮大,至晚唐发展成为《北里志》中所记的情况:

> 京中饮妓,籍属教坊,凡朝士宴聚,须假诸曹署行牒,然后能致于他处,惟新进士设筵顾吏,故便可行牒,追其所赠之资,则倍于常数。诸妓皆居平康里,举子、新及第进士、三司幕府但未通朝籍未直馆殿者,咸可就诣。[①]

由此可知,盛唐时期,伎乐盛于宫廷,深受皇家青睐,集天下之英才。至中唐以后,随着地方经济的繁荣与发展以及市民阶层的不断扩大,伎乐更盛于民间,各地拥有官妓与官员蓄养私妓现象十分普遍,使得伎乐取得了广泛而深远的发展。这种情况对中唐文学有直接的影响,不仅是女妓们对词的传播起到了重要的促进作用,而且由于女妓与士子之间的互动,使得中唐写妓诗大量涌现,《琵琶行》就是其中最优秀的篇章之一。

第四节 从《琵琶行》看中唐士伎同悲诗

《琵琶行》体现了白居易被贬江州后与琵琶女"同是天涯沦落人"的情感共鸣,这种士伎之间的同悲情怀在此之前非常少见,然而它却是中晚唐诗歌中的一种普遍现象。这既是中唐特定历史时

---

① 〔唐〕孙棨:《北里志》,古典文学出版社1957年版,第22页。

代的产物,有着独特的社会文化内涵,同时,它也体现了中晚唐诗歌的一种新变,在文学史上有着独特的地位。

一、《琵琶行》与白居易的士伎同悲情怀

《琵琶行》序云:

> 元和十年,予左迁九江郡司马。明年秋,送客湓浦口,闻舟中夜弹琵琶者,听其音,铮铮然有京都声。问其人,本长安倡女,尝学琵琶于穆曹二善才,年长色衰,委身为贾人妇。遂命酒,使快弹数曲,曲罢悯默。自叙少小时欢乐事,今漂沦憔悴,转徙于江湖间。予出官二年,恬然自安,感斯人言,是夕始觉有迁谪意。因为长句,歌以赠之,凡六百一十六言,命曰《琵琶行》。

此序已经清楚地叙述了白居易与琵琶女相遇的情况和心理变迁,而诗歌更以优美流利的语言表现了白居易与琵琶女"同是天涯沦落人,相悲何必曾相识"[①]的士伎同悲之感。后句我国版本一般都作"相逢何必曾相识",而日本保持了白集原貌的金泽文库本和管见抄本则为"相悲何必曾相识",我国北宋时期编写的《文苑英华》也有"集作悲"的校语。从《琵琶行》本身所表现出来的士人与女妓共同遭遇盛衰变故、流落天涯的悲伤来说,"相悲"二词更加符合诗人上句"同是天涯沦落人"之意。更何况,相逢不相识在白诗之前已有人用过,如刘希夷《采桑》:"薄暮思悠悠,使君南陌头。相逢不相识,归去梦青楼。"[②]卢照邻《长安古意》云:

---

①《金泽文库本白氏文集》第一册,第 217 页。
②《全唐诗》卷八二,第 882 页。

百丈游丝争绕树，一群娇鸟共啼花。啼花戏蝶千门侧，碧树银台万种色。复道交窗作合欢，双阙连甍垂凤翼。梁家画阁天中起，汉帝金茎云外直。楼前相望不相知，陌上相逢讵相识？①

这两首诗都是写男性和女性因一定的距离产生的朦胧有意但相逢却不相识的美好怅惘爱情。而"相悲"一词唐代诗人也常用，如孟浩然《永嘉上浦馆逢张八子容》：

逆旅相逢处，江村日暮时。众山遥对酒，孤屿共题诗。廨宇邻蛟室，人烟接岛夷。乡园万余里，失路一相悲。②

表达自己与张子容英雄失路的共同遭遇。白居易与元稹诗中也有"相悲"的用法，如元稹《初寒夜寄卢子蒙》：

月是阴秋镜，寒为寂寞资。轻寒酒醒后，斜月枕前时。倚壁思闲事，回灯检旧诗。闻君亦同病，终夜远相悲。③

描写诗人与卢子蒙双双丧妻的同病相怜之悲。白居易《闻庾七左降因咏所怀》："我病卧渭北，君老谪巴东。相悲一长叹，薄命与君同。"④抒发与友人庾玄师共同失意的薄命之悲。《琵琶行》主要所表达的是白居易对琵琶女泪湿青衫、同病相怜的悲伤。所以，"相悲"二字更合乎白居易所要表达的诗意。

---

① 〔唐〕卢照邻撰，李云逸校注：《卢照邻集校注》，中华书局1998年版，第78页。
② 〔唐〕孟浩然撰，徐鹏校注：《孟浩然集校注》，人民文学出版社1989年版，第219页。
③ 《元稹集》，第97页。
④ 《白居易集笺校》卷六，第321页。

　　白居易与琵琶女的同悲情怀有着深广的内涵。虽说二人不曾相识，但实际上还是有点渊源的。琵琶女自云家住虾蟆陵，《唐国史补》卷下："旧说，董仲舒墓门，人过皆下马，故谓之下马陵。后语讹为虾蟆陵。"①《长安志》卷十一《万年县》："虾蟆陵在县南六里。韦述《两京记》：本董仲舒墓。"②《长安志》卷九："次南常乐坊，坊内街之东有大冢，俗误以为董仲舒墓，亦呼为虾蟆陵。曲中出美酒，京都称之。"③释皎然《长安少年行》："翠楼春酒虾蟆陵，长安少年皆共矜。纷纷半醉绿槐道，蹀躞花骢骄不胜。"④谢良辅《忆长安·十二月》："忆长安，腊月时。温泉彩仗新移，瑞气遥迎凤辇，日光先暖龙池。取酒虾蟆陵下，家家守岁传卮。"⑤明朱诚泳撰《小鸣稿》卷十有诗《近雁塔有坡二曰胭脂曰翡翠其春游之盛盖极于开元天宝间矣观其命名之意则当时游冶之乐犹有可想见者因成二律情见乎辞》：

　　　　虾蟆陵下曲江边，传道开元乐事偏。金缕罗襦相斗靡，粉容花貌各争妍。雏莺历历歌喉细，飞燕盈盈舞袖翩。今日凄凉成一梦，淡烟衰草接平川。⑥

可见，虾蟆陵以美酒出名，在唐时极游冶之乐。琵琶女即是当时虾蟆陵下最著名的倡女之一。

　　虾蟆陵位置在常乐坊，而白居易任校书郎时寓居之处亦在常乐坊，其文《养竹记》云："贞元十九年春，居易以拔萃选及第，授校

　　① 《唐国史补》，第 59 页。
　　② 《长安志》，《宋元方志丛刊》第一册，第 138 页。
　　③ 《长安志》，第 121 页。
　　④ 《全唐诗》卷八二一，第 9267 页。
　　⑤ 《全唐诗》卷三〇七，第 3484 页。
　　⑥ ［明］朱诚泳：《小鸣稿》，《四库全书》第 1260 册，第 361 页。

书郎,始于长安求假居处,得常乐里故关相国私第之东亭而处之。"
又有诗云:"窗前有竹玩,门外有酒沽。何以待君子,数竿对一壶!"
(《常乐里闲居……》)①与虾蟆陵以酒知名颇合。琵琶女在元和十
一年时"老大嫁作商人妇",十四年前的贞元十九年(803),应当还
处于"五陵少年争缠头"的盛年时期,白居易所说的"征伶皆绝艺,
选伎悉名姬"纵然没有包括琵琶女在内,他对琵琶女之类的绝艺女
妓的往日辉煌也应十分的熟悉,因而特别能理解她以后的落魄与
寂寞。更何况琵琶女由盛时众人追捧到衰时孤寂一人、独守空房
的经历,与居易过去多年来的生活经历颇为相同。

"十三学得琵琶成,名属教坊第一部。曲罢曾教善才伏,妆成
每被秋娘妒。五陵年少争缠头,一曲红绡不知数。钿头云篦击节
碎,血色罗裙翻酒污。今年欢笑复明年,秋月春风等闲度。"琵琶女
的盛年欢乐与白居易在长安入仕的盛年时期经历十分相似。白居
易在两首百韵诗中极力铺写了自己元和初任拾遗时的辉煌:

　　厩马骄初跨,天厨味始尝。朝晡颁饼饵,寒暑赐衣裳。对
秉鹅毛笔,俱含鸡舌香。青缣衾薄絮,朱里幕高张。昼食恒连
案,宵眠每并床。差肩承诏旨,连署进封章。……晓从朝兴
庆,春陪宴柏梁。传呼鞭索索,拜舞佩锵锵。仙仗环双阙,神
兵辟两厢。火翻红尾旆,冰卓白竿枪。浤漾经鱼藻,深沉近浴
堂。分庭皆命妇,对院即储皇。贵主冠浮动,亲王辔闹装。金
钿相照耀,朱紫间荧煌。毯簇桃花骑,歌巡竹叶觞。窼银中贵
带,昂黛内人妆。赐袄东城下,颁酺曲水傍。樽罍分圣酒,妓
乐借仙倡。(《渭村退居寄礼部崔侍郎翰林钱舍人诗一百韵》)
　　美服颁王府,珍羞降御厨。议高通白虎,谏切伏青蒲。柏
殿行陪宴,花楼走看酺。神旗张鸟兽,天籁动笙竽。丸剑星芒

---

① 《白居易集笺校》,第2744、266页。

耀,鱼龙电策驱。定场排汉旅,促座进吴饮。缥缈疑仙乐,婵
娟胜画图。歌鬟低翠羽,舞汗堕红珠。……入视中枢草,归乘
内厩驹。醉曾冲宰相,骄不揖金吾。(《东南行一百韵寄通州
元九侍御澧州李十一舍人…窦七校书》)①

一士一妓,在盛年时期出众的才华和大肆挥霍的青春与欢乐上面,
是何其相似!

"弟走从军阿姨死,暮去朝来颜色故。门前冷落鞍马稀,老大
嫁作商人妇。商人重利轻别离,前月浮梁买茶去。去来江口守空
船,绕船月明江水寒。夜深忽梦少年事,梦啼妆泪红阑干。"琵琶女
年长色衰后嫁作商人妇,独守空船。孤寂冷清而梦回从前,醒后心
情落魄,伤感无限。白居易则是蒙冤从帝京被贬至江州,也经历了
从繁华到冷清的巨大变迁。他常在诗中表达自己的年老无成和孤
独落魄:"今朝复明日,不觉年齿暮。白发逐梳落,朱颜辞镜去。当
春颇愁寂,对酒寡欢趣。遇境多怆辛,逢人益敦故。形质属天地,
推迁从不住。所怪少年心,销磨落何处?"(《渐老》)②二人何其相
似! 恰如《唐诗别裁》所评:"(《琵琶行》)写同病相怜之意,恻恻
动人。"③

《琵琶行》序云:"予出官二年,恬然自安,感斯人言,是夕始觉
有迁谪意。"这是白居易对自己贬至江州后生活状态的概括。其曰
恬然自安,在诗中确实有之。如《约心》诗:

黑鬓丝雪侵,青袍尘土涴。兀兀复腾腾,江城一上佐。朝
就高斋上,薰然负暄卧。晚下小池前,澹然临水坐。已约终身

---

① 《白居易集笺校》,第 875、966 页。
② 《白居易集笺校》卷十,第 557 页。
③ [清]沈德潜:《唐诗别裁集》,上海古籍出版社 1979 年版,第 264 页。

心,长如今日过。

又如《咏意》诗:

> 朝餐夕安寝,用是为身谋。此外即闲放,时寻山水幽。春游慧远寺,秋上庾公楼。或吟诗一章,或饮茶一瓯。身心一无系,浩浩如虚舟。①

他在《官舍内新凿小池》中云:"清浅可狎弄,昏烦聊漱涤。最爱晓暝时,一片秋天碧。"并打算:"或拟庐山下,来春结草堂。"(《四十五》)"拟近东林寺,溪边结一庐。"②(《岁暮》)《闲游》、《北亭》、《游湓水》等诗描写了他对江州清丽山水风物的喜爱之情。面对故人的诘问,他说:

> 答云且勿叹,听我为君歌。我本蓬荜人,鄙贱剧泥沙。读书未百卷,信口嘲风花。自从筮仕来,六命三登科。顾惭虚劣姿,所得亦已多。散员足庇身,薄俸可资家。省分辄自愧,岂为不遇耶?烦君对杯酒,为我一咨嗟。(《答故人》)③

表达自己恬然任运的知足思想。

但这并非全部,白居易还是有不少诗表达了自己的迁谪之意。他远离京城,思念乡国,关心时政。如《西楼》:"小郡大江边,危楼夕照前。青芜卑湿地,白露沴寥天。乡国此时阻,家书何处传?仍闻陈蔡戍,转战已三年。"《忆洛下故园》:"浔阳迁谪地,洛阳离乱

---

① 《白居易集笺校》,第370、379页。
② 《白居易集笺校》,第367、1010、376页。
③ 《白居易集笺校》,第366页。

年。烟尘三川上，炎瘴九江边。乡心坐如此，秋风仍飒然。"《庾楼晓望》："独凭朱槛立凌晨，山色初明水色新。竹雾晓笼衔岭月，蘋风暖送过江春。子城阴处犹残雪，衙鼓声前未有尘。三百年来庾楼上，曾经多少望乡人？"①《春晚寄微之》："三月江水阔，悠悠桃花波。年芳与心事，此地共蹉跎。南国方遣谪，中原正兵戈。眼前故人少，头上白发多。通州更迢递，春尽复如何？"他渴望早日归家，结束这种漂离生活：

> 南诏红藤杖，西江白首人。时时携步月，处处把寻春。劲健孤茎直，疏圆六节匀。火山生处远，泸水洗来新。粗细才盈手，高低仅过身。天边望乡客，何日拄归秦？②（《红藤杖》）

面对陌生的江州，居易在心理上很难产生文化认同感。江州尽管在风光上有很多奇特优美之处，但是文化上却比较荒芜，令诗人更加思念京城。《答春》："草烟低重水花明，从道风光似帝京。其奈山猿江上叫，故乡无此断肠声。"③"浔阳小处无音乐，终岁不闻丝竹声。住近湓江地低湿，黄芦苦竹绕宅生。其间旦暮闻何物？杜鹃啼血猿哀鸣。春江花朝秋月夜，往往取酒还独倾。岂无山歌与村笛？呕哑嘲哳难为听。"（《琵琶行》）整天入耳的是猿鸣鹃啼，山歌村笛，因此，听到来自帝京的琵琶女的歌声，白居易感觉"如听仙乐耳暂明"，这里的"仙乐"既指仙家之乐，又代指帝京之乐，类似用法还有"骊宫高处入青云，仙乐风飘处处闻"（《长恨歌》）、"樽罍分圣酒，妓乐借仙倡"（《渭村退居寄礼部崔侍郎翰林钱舍人诗一百韵》）等。山歌与仙乐，距离非常大，诗人心里的失落是显而易

---

① 《白居易集笺校》，第 1009、554、979 页。

② 《白居易集笺校》，第 556、939 页。

③ 《白居易集笺校》，第 983 页。

见的。

因为这种强烈的文化陌生感,居易倍感孤独,思念远方相隔的旧友:

> 幽独辞群久,漂流去国赊。只将琴作伴,唯以酒为家。感逝
> 因看水,伤离为见花。李三埋地底,元九谪天涯。举眼青云远,
> 回头白日斜。可能胜贾谊,犹自滞长沙?(《忆微之伤仲远》)
>
> 秋鸿次第过,哀猿朝夕闻。是日孤舟客,此地亦离群。濛濛
> 润衣雨,漠漠冒帆云。不醉浔阳酒,烟波愁杀人。(《秋江送客》)

偶尔遇见一位旧友,感到格外亲切殷勤:

> 朝送南去客,暮迎北来宾。孰云当大路?少遇心所亲。
> 劳者念息肩,热者思濯身。何如愁独日,忽见平生人。平生已
> 不浅,是日重殷勤。问从何处来?及此江亭春。江天春多阴,
> 夜月隔重云。移樽树间饮,灯照花纷纷。一会不易得,余事何
> 足云。明旦又分手,今夕且欢忻。①(《赠别崔五》)

白居易无辜被贬江州,从繁华的京城来到陌生之地任闲官,心里十分失落,迁谪之意时常有之,并非如序中所言"是夕始有迁谪意",只是在遇见琵琶女这样一位"同是天涯沦落人"时,听着如泣如诉的琵琶声,回忆过去盛年的时光,与如今的孤寂衰羸今昔对比,不堪忍受,以至于掩泣不已,泪湿青衫。被贬江州的迁谪之意,在《琵琶行》中得到情感释放,并达到高潮。在政治中无法自主的诗人命运与人生中无法自主的歌女命运产生了强烈的共鸣。正如《唐贤小三昧集》所评:"感商妇之漂流,叹谪居之沦落,凄婉激昂,

---

① 《白居易集笺校》,第994、508、555页。

声能引泣。"①

二、中唐士伎同悲诗考

《琵琶行》这样以士伎同悲为主题的诗歌,在中唐以后并非偶
见。从贞元五年(789)至大和年间(827—835),欧阳詹《初发太原
途中寄太原所思》、刘禹锡《泰娘歌》、杜牧《杜秋娘诗》、《张好好
诗》、杨虞卿《过小妓英英墓》、李绅《悲善才》都是类似作品,他们形
成了中晚唐士伎同悲诗潮。

1. 欧阳詹《初发太原途中寄太原所思》

欧阳詹(755—800),字行周,福建晋江潘湖欧厝人。因深受福
建观察使常衮赏识,后推荐其入京举进士。但至长安生活十分穷
困,过了六年方上第,名列"龙虎榜"。之后在幕府中飘零,六年后
方官国子监四门助教。欧阳詹有诗《初发太原途中寄太原所思》:

> 驱马觉渐远,回头长路尘。高城已不见,况复城中人。去
> 意自未甘,居情谅犹辛。五原东北晋,千里西南秦。一屦不出
> 门,一车无停轮。流萍与系匏,早晚期相亲。②

此诗有一个悲惨的爱情故事背景。孟简《咏欧阳行周事》序载:

> 初抵太原,居大将军宴。席上有妓,北方之尤者,屡目于
> 生,生感悦之,留赏累月,以为燕婉之乐,尽在是矣。既而南
> 辕,妓请同行。生曰:十目所视,不可不畏。辞焉。请待至都
> 而来迎,许之。乃去。生竟以蹇连不克如约。过期,命甲遣

---

① 陈伯海:《唐诗汇评》,浙江教育出版社 1995 年版,第 2109 页引。
② 《全唐诗》卷三四九,第 3903 页。

乘,密往迎妓。妓因积望成疾,不可为也。先死之夕,剪其云髻,谓侍儿曰:所欢应访我,当以髻为贶。甲至,得之,以乘空归。授髻于生。生为之恸怨,涉旬而生亦殁。①

欧阳詹诗中的"所思"即指太原妓。从诗中"流萍与系匏"来看,欧阳詹与女妓之间除了有男女之间的爱悦钟情之外,还有着漂泊不定的同病相怜之感,这是他们相爱相知的基石。欧阳詹很有文才,他是著名的"龙虎榜"的第二名,深受常衮、韩愈等人的器重。韩愈称"其文章切深喜往复,善自道"②。唐末李贻孙在《故四门助教欧阳詹文集序》中评其文"新无所袭,才未尝困。精于理,故言多周详;切于情,故叙事重复。宜其司当代文柄,以变风雅"。③但是他一生贫困潦倒,仅官至国子监四门助教。故诗中云"系匏","系匏"语出《论语·阳货》:"吾岂匏瓜也哉? 焉能系而不食?"④匏瓜味苦,故系置不用,诗中"系匏"即比喻诗人被弃置闲散,失意落魄。而女妓则如"流萍",漂流不定,任人摆布,命运全不由己。欧阳詹与女妓竟双双感情而亡,实在是令人感叹。这段故事名垂千古,演绎了士伎爱情的忠贞不渝,尽管孟简在诗中批评欧阳詹"丈夫早通脱,巧笑安能干。防身本苦节,一去何由还"。并劝诫"后生莫沉迷,沉迷丧其真",也不能阻挡住其作为美好爱情的流传。士子与女妓一见钟情,并因思念而殉情,有了这一本事作为背景,欧阳詹此诗可谓士伎同悲诗的极致之作。

2. 刘禹锡《泰娘歌》

刘禹锡因参与顺宗朝的永贞革新而被黜二十余年,有诗云"巴

---

① 《全唐诗》卷四七三,第5369—5370页。
② 《韩昌黎文集校注》,第303页。
③ 《全唐文》卷五四四,第2442页。
④ [清]刘宝楠撰,高流水点校:《论语正义》,中华书局1990年版,第686页。

山楚水凄凉地,二十三年弃置身"。禹锡虽被白居易誉为"诗豪",但因久经贬谪,诗中也有一腔哀怨,陆时雍《诗镜总论》就说:"刘梦得七言绝,柳子厚五言古,俱深于哀怨,谓骚之余派可。"①除了七言绝句深于哀怨,禹锡的七古叙事长诗《泰娘歌》也是其中的绝佳之作。其诗序云:

> 泰娘本韦尚书家主讴者。初,尚书为吴郡,得之,命乐工诲之琵琶,使之歌且舞。无几何,尽得其术。居一二岁,携之以归京师。京师多新声善工,于是又损去故技,以新声度曲,而泰娘名字往往见称于贵游之间。元和初,尚书薨于东京,泰娘出居民间。久之,为蕲州刺史张愻所得。其后愻坐事谪居武陵郡。愻卒,泰娘无所归。地荒且远,无有能知其容与艺者。故日抱乐器而哭。其音燋杀以悲。洛客闻之,为歌其事,以足于乐府云。

其诗叙泰娘盛时云:

> 风流太守韦尚书,路旁忽见停隼幡。斗量明珠鸟传意,绀幰迎入专城居。长鬟如云衣似雾,锦茵罗荐承轻步。舞学惊鸿水榭春,歌撩上客兰堂暮。从郎西入帝城中,贵游簪组香帘栊。低鬟缓视抱明月,纤指破拨生胡风。

又叙泰娘悲惨遭遇云:

> 繁华一旦有消歇,题剑无光履声绝。洛阳旧宅生草莱,杜陵萧萧松柏哀。妆奁虫网厚如茧,博山炉侧倾寒灰。蕲州刺

---

① 丁福保:《历代诗话续编》,中华书局1983年版,第1420页。

史张公子,白马新到铜驼里。自言买笑掷黄金,月堕云中从自始。安知鹏鸟坐隅飞,寂寞旅魂招不归。秦嘉镜有前时结,韩寿香销故箧衣。山城少人江水碧,断雁哀猿风雨夕。朱弦已绝为知音,云鬓未秋私自惜。举目风烟非旧时,梦寻归路多参差。如何将此千行泪,更洒湘江斑竹枝。①

此诗,卞孝萱《刘禹锡诗何焯批语考订》引何焯评曰:"梦得《泰娘歌》,犹子厚《马淑志》,皆托以自伤也。"②柳宗元《太府李卿外妇马淑志》云:

> 氏曰马,字曰淑。生广陵。母曰刘,客倡也。淑之父曰总,既孕而卒。故淑为南康讴者。李君为睦州,诋狂寇见诬,左官为循州录,过而慕焉,纳为外妇,偕窜南海上。及移永州,州之骚人多李之旧,日载酒往焉。闻其操鸣弦为新声,抚节而歌,莫不感动其音,美其容,以忘其居之远而名之辱,方幸其若是也。元和五年五月十九日,积疾卒于湘水之东,葬东冈之北垂,年二十四。铭曰:容之丰兮艺之功,隐忧以舒和乐雍,佳冶凋殒逝安穷?谐鼓瑟兮湘之浒,嗣灵音兮永终古。③

何焯所言极是,刘禹锡与柳宗元皆因永贞革新失败而从贞元末官居中枢集团被贬至南方荒凉瘴疠之地,女妓泰娘与马淑皆因随侍其主人贬官南蛮而终失其所依,从繁华到荒凉,士伎命运如此相同,自然更易产生"同是天涯沦落人"之感。禹锡诗与宗元文,皆以女妓的悲惨遭遇寄托着自己的身世漂零与人生失意之感。

---

① 《刘禹锡集》卷二七,中华书局 1990 年版,第 350—351 页。
② 荣新江:《唐研究》第二卷,北京大学出版社 1996 年版,第 187 页。
③ 〔唐〕柳宗元:《柳河东集》外集卷上,上海古籍出版社 2008 年版,第 799 页。

3. 杜牧《杜秋娘诗》

杜牧出身豪门,有远大抱负。大和二年,进士登第后,先后为沈传师、牛僧孺等人幕府从事,直至大和末开成初,方入京为官。在从事幕府沉沦下僚的生活中,杜牧与女妓有着较深的渊源,尤其在牛僧孺扬州幕间,曾频繁出入青楼,其有诗云"十年一觉扬州梦,赢得青楼薄幸名"。在这近十年的生活中,杜牧落拓不偶,十分失意。《杜秋娘诗》集中地表达了这种心情。贺贻孙《诗筏》云:"此诗借秋娘以叹贵贱盛衰之倚伏。"①的确如此,《杜秋娘诗》序云:

> 杜秋,金陵女也。年十五,为李锜妾,后锜叛灭,籍之入官,有宠于景陵。穆宗即位,命秋为皇子傅姆,皇子壮,封漳王。郑注用事,诬丞相欲去异己者,指王为根,王被罪废削,秋因赐归故乡。予过金陵,感其穷且老,为之赋诗。②

诗歌首句至"神秀射朝辉"写秋娘被籍入宫后因才艺而受宠,盛极一时,在宫中地位很高。之后至"夜借邻人机"写秋娘被放归故乡后的寂寞凄凉生活。"我昨金陵过"至结尾以史为鉴抒发盛衰倚伏、世事无常之感。杜牧出身贵胄,又才高八斗,却一直未受重用,亲见秋娘穷困老丑,难免产生戚戚之感。故洪亮吉《题琵琶亭》其二将《杜秋娘》与《琵琶行》类比:"江州司马宦中唐,谁似分司御史狂? 同是才人感沦落,樊川亦赋杜秋娘。"③

除《杜秋娘》以外,杜牧还有一首《张好好诗》,有相同主题。其诗序云:

---

① 郭绍虞:《清诗话续编》,上海古籍出版社 1983 年版,第 187 页。
② 吴在庆:《杜牧集系年校注》卷一,中华书局 2008 年版,第 45—46 页。
③ [清] 洪亮吉:《北江诗话》卷六,人民文学出版社 1983 年版,第 103 页。

牧大和三年，佐故吏部沈公江西幕。好好年十三，始以善歌来乐籍中。后一岁，公移镇宣城，复置好好于宣城籍中。后二岁，为沈著作述师以双鬟纳之。后二岁，于洛阳东城重睹好好，感旧伤怀，故题诗赠之。

张好好色艺俱佳：

> 吴娃起引赞，低佪映长裾。双鬟可高下，才过青罗襦。盼盼乍垂袖，一声离凤呼。繁弦迸关纽，塞管裂圆芦。众音不能逐，裊裊穿云衢。

但这么一位才艺出色的女妓，在经历了一番繁华欢乐之后，又沦落到在洛阳当垆卖酒的遭遇，诗人对其命运非常同情：

> 洛城重相见，婷婷为当垆。怪我苦何事，少年垂白须？朋游今在否，落拓更能无？门馆恸哭后，水云秋景初。斜日挂衰柳，凉风生座隅。洒尽满衿泪，短歌聊一书。①

面对孤苦无依的张好好，杜牧禁不住泪洒满襟。张好好、杜秋娘的命运何其相似，她们又与杜牧的身世何其相似！杜牧祖父杜佑，做过三朝宰相。但是，由于父亲早死，杜牧的青少年时代经历了"天上人间"的变故，"食野蒿藿，寒无夜烛"②。由贵家子弟，一直沦落到在幕府中为从事多年，漂离江湖，无人提携，年近四十，尚官职卑微。亲历盛极而衰的家族变迁，使他多次在诗中通过女妓的命运来寄托感慨。

---

① 《杜牧集系年校注》卷一，第72页。
② 杜牧：《上宰相求湖州第二启》，《杜牧集系年校注》卷十六，第1009页。

除了这类女妓诗外,李绅有《悲善才》,也是通过写琵琶乐手的辗转漂离来抒发人世变迁之感:

> 南谯寂寞三春晚,有客弹弦独凄怨。静听深奏楚月光,忆昔初闻曲江宴。心悲不觉泪阑干,更为调弦反复弹。秋吹动摇神女佩,月珠敲击水晶盘。自怜淮海同泥滓,恨魄凝心未能死。惆怅追怀万事空,雍门感慨徒为尔。[①]

李绅为元和元年(806)进士,元和十四年(819)升为右拾遗。十五年任翰林学士,卷入朋党之争,为李党重要人物,任御史中丞、户部侍郎等要职。长庆年间,与李德裕、元稹被誉为"三俊"。长庆四年(824),李党失势,李绅被贬为端州司马。后移任江州长史、滁州刺史。《悲善才》诗约作于大和二、三年间任滁州刺史时。诗歌首写曹善才在宫中进琵琶新曲时以高超技艺傲视群乐,次述李绅参与曲江赐宴时欣赏曹善才的妙曲,最后诗人转入播迁,善才亦卒,复听善才弟子弹弦凄怨,顿时百感交集,产生昔盛今衰的失落之感与辗转漂离的迁谪之意。这类表达迁谪之意的诗歌在李绅诗作中尚有不少,但通过乐伎这个突破口,来表现这种伤感与悲慨,是值得注意的现象。

三、中唐士伎同悲诗潮的文化成因与内涵

从贞元五年至开成年间,欧阳詹、白居易、刘禹锡、李绅、杜牧等都有类似作品,抒写了天涯沦落、盛衰倚伏之感,而且这类诗歌大多为女妓诗。这说明士伎同悲题材诗歌的出现并非偶然,正如张祜《读池州杜员外杜秋娘诗》所说:"年少多情杜牧之,风流仍作

[①] 《全唐诗》卷四八〇,第 5466 页。

杜秋诗。可知不是长门闭,也得相如第一词。"①张祜无意中指明
了中晚唐诗歌创作中的这种现象,历代诗歌作品中拟女子之作非
常多,大多数诗人是如司马相如为阿娇作《长门怨》一般来自伤身
世,以致形成了一种以男女关系喻君臣关系的比兴传统,表达自己
对君主的哀怨。而至中晚唐时期,一种新型的士妓同悲诗歌出现
了,它的出现有着深层的社会时代背景与作家心理原因。

1. 中唐以后妓乐的繁荣为妓诗的发展提供了社会基础

唐代女妓分为宫妓、官妓(营妓)与家妓三种,她们成为唐代社
会中特殊的一群人,对唐代文学的繁荣起着不可忽视的促进作用。
据陶慕宁《青楼文学与中国文化》一书统计,《全唐诗》中与女妓有
关的诗歌有两千余首②,又据郑志敏《细说唐妓》统计,《全唐诗》中
有女妓作者三十三人共一百四十七首作品。③ 初盛唐时期,文人
与女妓的关系相对比较陌生,他们往往只是在一些官员的宴会中
有幸观赏到她们的演出,并没有什么亲密的往来。因此,这时出现
的妓诗多以观妓为主要题材,诗人们多以绮丽之笔描写妓人优美
的体态、高超的歌舞技艺,完全是以女妓作为一种审美对象来描写
的,只有极个别的悼妓诗,如杨炯的《和崔司空伤姬人》等有真情
实感。

安史之乱以后,唐代社会经历了巨大变迁,政治、经济、社会等
诸多方面处于从中古到近世的变革期。城市经济的繁荣成为其中
一个重要特征,市民娱乐生活多样化,游冶之风盛行,官私宴会频
繁,促进了对擅长以声色娱人的女妓的需求。《唐会要》卷三四云:

宝历二年九月,京兆府奏:"伏见诸道方镇,下至州县军

---

① 《全唐诗》卷五一一,第 5839 页。

② 陶慕宁:《青楼文学与中国文化》,东方出版社 1993 年版,第 7 页。

③ 郑志敏:《细说唐妓》,台北文津出版社 1997 年版,第 23 页。

镇,皆置音乐以为欢娱,岂惟夸盛军戎,实因接待宾旅。伏以
府司每年重阳、上巳两度宴游,及大臣出领藩镇,皆须求雇教
坊音声,以申宴饯。今请自于当巳钱中,每年方图三二十千,
以充前件乐人衣粮。伏请不令教坊收管,所冀公私永便。"

至宝历时,从方镇到州县军镇,各级政府军队普遍设置乐伎以接待
宾旅,京城重阳、上巳两大宴游、大臣出镇皆需要求雇宫廷教坊音
声,女妓渗透到了中唐社会生活的每个角落。宫廷有宫妓,地方有
官妓,家庭有家伎。而从女妓的自身发展角度来说,盛唐集于宫廷
的最优秀乐工在"安史之乱"中散入民间,他们为提高民间妓乐的
水平做出了很大的贡献,使得各地出现了不少色艺俱佳的女妓。
元和以后,宫内外妓乐的交流十分频繁,促进了她们技艺的进一步
提高。

　　从士人的生活方式来说,与女妓的密切交往成为一种不可避
免的趋势。士人十年寒窗,为一举成名中进士。进士与女妓往来
十分频繁。一举中第后,官方有一系列如闻喜宴、樱桃宴、月灯阁
打球宴、关宴、曲江宴等庆祝活动,均有女伎参与。他们还可以凭
借进士身份很方便地出入妓馆歌楼。入京为仕在长安的宴游生活
自然不说,而大多数人入使府幕僚,往往亦与地方官妓接触频繁。
士人位居京官则有可能与宫妓接触,家里也可适当蓄养家妓。最
重要的是,女妓们在诗歌创作方面与诗人产生了互动,其口中所唱
之词往往多为当时诗人所写,这促进了诗作的传播,他们也会要求
诗人赠诗,甚至相互酬唱。这一切都造成了中唐以后妓诗的丰富
性。郑志敏统计后,将其分为寄赠、追念感怀、送别遣嫁、咏赞、代
妓作、嘲戏、观妓等诸类。[①] 女妓真正地走进了士人的心里,成为
士人生活中不可或缺的一部分。他们的悲欢离合成为唐诗中一个

---

　　① 《细说唐妓》,第 114—120 页。

独特的主题,而士伎同悲题材则成为中唐妓诗中最亮的闪光点。

2. 中晚唐士伎的共同悲剧性命运

由于女妓的生活方式与职业性质比较特殊,注定了她们大多数人要经受漂泊不定、无法自主的悲剧命运。她们地位卑微,在唐代尚属于官奴婢的待遇,连人身自由都没有,因此她们的命运完全取决于他人,即使是最优秀的女妓也是如此。诗人笔中的优秀女妓,往往色艺双绝,曾经风光无限,盛极一时:"五陵年少争缠头,一曲红绡不知数。""从郎西入帝城中,贵游簪组香帘栊。"有缠头无数、红遍京城者,有为高官贵人看中,过着歌舞喧哗的豪门生活者,但一旦年老色衰,就会"门前冷落鞍马稀",过着"穷且老"的孤独生活。她们往往要承受这种盛衰递变的巨大心理差异。

中晚唐文士的命运也颇为相同。中唐以后,藩政割据、宦官专权与牛李党争成为政治三大毒瘤,他们成为文士悲剧性命运的根源。宦官专权逐步趋向恶化,从宪宗开始,皇帝的废立皆出自宦官,连最高统治者的命运都是在别人的掌握之中,更何况普通的士人了;而永贞革新的失败、牛李党争长时间持续倾轧,更是造成政治的不稳定,卷入了大多数知名作家,刘禹锡、柳宗元的远贬荒州,元稹、白居易也先后被贬通州、江州。大和九年的"甘露之变",掠杀名士无数,更是给诗人心头留下了深重的阴影。①

从士伎同悲诗看来,有两种情况,一种是中下层文士像欧阳詹和杜牧,才高八斗,但却无人提携,长期在幕府中飘零,傍依地方官,其命运坎坷与孤苦无依与女妓十分相似。另一类为刘禹锡、白居易、李绅等人,他们曾在京城任官,有过辉煌的过去,后因卷入政治漩涡而被远贬他乡。他们经历了盛衰的巨变,政治的无常,这与诗人笔下的名妓一样,在孤独落寞中回忆咀嚼昔日的荣光。

---

① 关于中唐诗人在政治漩涡中的不幸命运,可以参看本师胡可先先生《唐代重大历史事件与文学研究》,浙江大学出版社 2007 年版。

3. 士伎同悲诗反映了作家心理的巨大变迁

士伎同悲诗在中晚唐的出现绝非偶然，它是文学与艺术、作家与社会交互作用的结果，它的出现有着独特的文化内涵与文学意义。

中唐妓乐的空前发展、士伎命运的同一性只是士伎同悲诗产生的外在条件，其实在诗歌作品中以地位低等的女妓自比，对于唐代诗人来说，更是经历了一种心理上的巨大变迁。

从楚辞开始，古代诗歌传统中就出现一种强烈的臣妾意识。即以男女关系托譬君臣关系，所谓的"灵修美人，以媲于君；宓妃佚女，以譬贤臣"①。之后，在诗歌中出现以"长门怨"、"闺怨"、"昭君怨"、"阿娇赋"等女子失宠题材来表达文人政治失意的传统。诗歌作为"言志"的工具，较少涉及政治以外的东西。而作为"抒情"的工具时，也很少有人去开发男女之间的真挚感情，南朝时期女性大量成为诗歌的主题，但也只是作为观赏的对象而存在，与咏物题材之诗无甚差别，涉及真挚男女爱情的作品较少。这种比兴传统一直在诗歌创作中绵延不绝，从来没有断裂过。即便是白居易，也创作了类似的诗歌，如《太行路》的主旨是"借夫妇以讽君臣之不终也"，《昭君怨》中有"自是君恩薄如纸，不须一向恨丹青"之句。

中唐是我国古代社会的巨大变迁时期，有学者认为它是古代与近代社会的关捩点。它出现了很多与之前不同的特征。在诗歌当中，无论是题材还是风格，中唐社会产生了新变。政治的多变与社会趋向世俗性的变迁，以及自身个人经历的坎坷，使敏感的中唐诗人从盛唐的执着于政治理想与社会人生逐渐转向关注个人生活与心灵世界。从臣妾意识到士伎同悲，正是这一转变的重要体现。臣妾意识，更多地体现出诗人对政治的追求以及对政治权力的服从，士伎同悲多关注个人的身世命运，是注重自我，要求自我的回归。臣妾意识的诗歌目光是向上的，士伎同悲诗的目光是向下的。

---

① ［宋］洪兴祖：《楚辞补注》，中华书局1983年版，第2页。

在个体与社会的矛盾当中,士伎同悲诗选择的是个体,关注身边的个体在社会政治中的无奈与痛苦:在腐朽的政治制度面前,所有的人都像儿童般无助,不管是地位最低下的妓女,还是企图为帝王师的士子。所以,士伎同悲诗中充满了人文关怀,它是通向近现代人道主义的一缕阳光,尽管是短暂的。从另一个角度来说,发现自己与女妓的命运毫无区别,进而在诗歌中表现出来,对诗人来说,这是一种多么痛的领悟,这是一种多么无奈的自我意识的觉醒。中晚唐对于诗人来说,是个感伤的时代,在这种社会的巨大变迁中,诗人在心理上已经无所不可适应。

4. 士伎同悲诗体现了诗词转递期的作家心理适应

士伎同悲诗在诗歌中建立了一种新型的男女关系。唐代早期的妓诗是对六朝歌咏女性诗的延续,只是把其当作咏物诗一样来写,注重写女妓的外貌与歌舞技艺,很少涉及女妓的人生命运与心灵世界。从中唐开始,士妓关系渐趋密切,女妓走进诗人的喜怒哀乐之中,对女妓身份的认同是其中一个重要的阶段,士伎同悲诗便处于这一阶段。

将女妓命运与诗人命运等同起来,有助于诗人对这一群体进行深入了解和关怀,促进妓诗的多样化发展。从白居易来说,《琵琶行》是写妓诗的最重要的尝试,在这之前,他曾写过《燕子楼三首》,歌咏张愔爱妾盼盼忠于旧情的义举,《夜闻歌者》、《听崔七妓人筝》、《醉后题李马二妓》、《卢侍御小妓乞诗座上留赠》属于观妓、赠妓诗,而《琵琶行》对士伎命运相同的体悟,更助于他心理上对这一群体的认同和接受。之后,白居易的写妓诗数量增多,并且毫不掩饰地在诗中提到不少家妓、官妓的名字:在苏州任刺史时的官妓杨琼、谢好,任杭州刺史时的容、满、蝉、态,家妓小蛮、樊素等,《夜游西武丘寺八韵》诗云:

不厌西丘寺,闲来即一过。舟船转云岛,楼阁出烟萝。路入青松影,门临白月波。鱼跳惊秉烛,猿觑怪鸣珂。摇曳双红旆,娉婷十翠娥。香花助罗绮,钟梵避笙歌。领郡时将久,游山数几何? 一年十二度,非少亦非多。①

女妓成为其诗酒风流生活中不可或缺的一部分。《感旧石上字》、《不能忘情吟》等诗,更是表达了他与家妓之间的真挚情感。

士伎同悲诗突破了臣妾意识所代表的比兴传统,在文学中将女妓的地位提高到与士子齐同的地步,这是文学中女性观的一大解放,有助于文学女性题材的进一步拓展。晚唐诗风顺着这一诗潮发展下去,即出现了李商隐、温庭筠等人诗中的女性意识与女性特征。而李商隐、温庭筠是诗词转递中的代表人物。众所周知,词的发展与歌伎有着密切的关系,而词中虽也继承了诗歌中的比兴传统,但更多地是直接抒发情感,而且多以女性角色为主。词人以女性的角度去观察世界,体认感情,这都是建立在对女性的尊重、同情与了解之上,从这点来说,士伎同悲诗为其提供了心理适应性。

---

① 《白居易集笺校》卷二四,第 1674 页。

第五章　白居易诗分类原论

　　白居易特别注意保存自己的作品，曾先后编集五次，其中最早的一次是元和十年编诗集十卷，将诗歌分为讽谕、闲适、感伤与杂律四大类。关于其诗歌四分法的得与失，历来有学者论之，静永健曾根据《白氏长庆集》编于元稹之手来考虑，通过两类诗中跟元稹有关的诗作数量和内容的分析，认为讽谕诗是遵循《诗经》传统，以奉呈天子的诗歌群；闲适诗是公务余暇，让同僚广泛了解自己的诗歌群；感伤诗是跟元稹等亲密朋友唱和赠答的诗歌群。[①] 张中宇《白居易诗歌归类考——兼及〈长恨歌〉的主题》认为讽谕诗和闲适诗及感伤诗的区别"主要在于艺术表现的方式和角度"，"讽谕诗比较激奋、尖锐，表达较为直露；闲适诗较为平和或轻快，表达相对随意；感伤诗有明显的难以'排遣'的感伤情绪，表达偏于含蓄。"[②]二人从各自角度对此问题进行了探析，颇有见解，但总是很难令人完全信服。关于四分类诗歌的原生态状况，白居易诗分四类的原因及其内涵，以及其在文学史上的得失，仍有探究的必要。

――――――――――

　　① ［日］静永健：《白居易写讽谕诗的前前后后》，中华书局 2006 年版，第 44—49 页。

　　② 张中宇：《白居易诗歌归类考——兼及〈长恨歌〉的主题》，《四川师范大学学报》（社会科学版）2004 年第 4 期，第 54—55 页。

第一节 白居易讽谕诗原论

白居易《与元九书》云：

> 仆数月来，检讨囊帙中，得新旧诗各以类分，分为卷目。自拾遗来，凡所遇所感，关于美刺兴比者，又自武德讫元和，因事立题，题为《新乐府》者，共一百五十首，谓之讽谕诗。又或退公独处，或移病闲居，知足保和，吟玩情性者一百首，谓之闲适诗。又有事物牵于外，情理动于内，随感遇而形于叹咏者一百首，谓之感伤诗。又有五言七言长句绝句，自一百韵至两韵者四百余首，谓之杂律诗。凡为十五卷，约八百首。①

此书作于元和十年被贬江州后，白集第一次编纂即于此时，其分类则有两个标准。前三类讽谕诗、闲适诗和感伤诗是以内容分，而最后一类杂律诗则是以诗体分。可是这种十五卷的白集早已失传，至今我们已无法窥见其本来面目。

长庆四年，元稹为白居易编《白氏长庆集》，序中云：

> 长庆四年，乐天自杭州刺史以右庶子诏还。予时刺会稽，因得尽征其文，手自排缵，成五十卷，凡二千一百九十一首。前辈多以前集、中集为名，予以为陛下明年当改元，长庆讫於是，因号曰《白氏长庆集》。②

序中谈及编集之事仅止于此，可知元稹并未保存十五卷的本来面

---

① 《白居易集笺校》卷四五，第 2794 页。以下《与元九书》皆引自此书，不再注出。
② 《元稹集》卷五一，第 555 页。

目以前集、中集为名,而是将元和十年以后所作的诗歌依原次归类,这使我们无法再见十五卷本的原始面貌。幸运的是,《白氏长庆集》的编目情况基本保持下来,因为后来白居易又曾三次亲自编集,但是以前集、后集、续集的方式。虽然在流传过程当中,逐渐出现了先诗后笔的版本,而且它一度代替了前后续集本,以致前后续集本曾在中国失传,但清代光绪年间前后续集本又从日本传回中国,并被《四部丛刊》影印收入。据谢思炜《〈白氏文集〉的传布及"淆乱"问题辨析》一文考证,《白氏文集》并未发生巨大淆乱,基本完整地保存下来。① 因此,考察白居易诗歌四分类原始状态,以基本保持原始面貌的《白氏文集》为本,可以说具有较好的文献基础。

一、讽谕诗的创作原因

白居易是个早慧的诗人,很小就与文字结下了不解之缘。《与元九书》云:"仆始生六七月时,乳母抱弄于书屏下,有指'无'字'之'字示仆者,仆虽口未能言,心已默识。后有问此二字者,虽百十其试,而指之不差。则仆宿习之缘,已在文字中矣。及五六岁便学为诗,九岁谙识声韵。"白居易祖父、父亲皆为明经出身,祖父白锽只做过县令之类的小官,虽"幼好学,善属文,尤工五言诗,有集十卷"(《故巩县令白府君事状》)②,但白居易年方二岁时,便卒于长安,对白居易无甚影响。父亲白季庚无文才,官至衢州、襄州别驾,还是因与刺史李洧坚守徐州拒李纳之功而超授。而使白居易与诗密不可分的是韦应物、房孺复机缘巧合当中对他的深刻影响。《吴郡诗石记》云:

---

① 《白居易集综论》,第3—31页。
② 《白居易集笺校》卷四六,第2832页。

　　贞元初，韦应物为苏州牧，房孺复为杭州牧，皆豪人也。韦嗜诗，房嗜酒，每与宾友一醉一咏，其风流雅韵，多播于吴中。或目韦、房为诗酒仙。时予始年十四五，旅二郡，以幼贱不得与游宴，尤觉其才调高而郡守尊。以当时心言异日苏、杭苟获一郡，足矣。①

此文作于白居易宝历二年刺苏州之时，时隔三十七年而记忆犹新，可见对于年幼的居易来说，韦、房的诗酒风流雅韵与刺史之尊，实在是其理想奋斗目标。这和李白年轻时"使寰区大定、海县清一"②、杜甫少时"致君尧舜上，再使风俗醇"③有着很大的差距，但比李白、杜甫那种遥不可及的梦要现实得多。诗人"十五六始知有进士，苦节读书"，当是在此事之后。对于他来说，即使有文学天分，要想像韦、房二人一样，就必须去考进士，要想考进士，就需要不断苦学。因此：

　　二十已来，昼课赋，夜课书，间又课诗，不遑寝息矣。以至于口舌成疮，手肘成胝。既壮而肤革不丰盈，未老而齿发早衰白。瞥瞥然如飞蝇垂珠在眸子中也，动以万数。盖以苦学力文所致，又自悲矣。

由于家贫多故，居易二十七岁方参加乡试，后赴京赶考，果然金榜题名。三年后，与元稹等人以书判拔萃科登第，授秘书省校书郎。元和元年，又以才识兼茂明于体用科登第，授盩厔尉，一年后

----

　　① 《白居易集笺校》卷六九，第 3663 页。
　　② ［唐］李白著，瞿蜕园、朱金城校注：《李白集校注》卷二六，上海古籍出版社1980 年版，第 1526 页。
　　③ ［唐］杜甫著，［清］仇兆鳌注：《杜诗详注》卷一，中华书局 1979 年版，第 74 页。

召入翰林,正式进入国家政治中心。考察白居易的编年诗,发现白居易早期所作诗歌多为律诗和感伤诗。创作最早的讽谕诗为《哭刘敦质》和《寄隐者》,前首诗朱金城系为贞元二十年(804)有误,此诗应作于永贞元年以后。①《寄隐者》是针对永贞革新失败而发,其中"昨日延英对,今日崖州去",一般认为是指永贞元年(805)被贬为崖州司马的韦执谊。这两首诗皆为白居易入仕以后所作,而且都是有感而发,并非有意识创作讽谕诗。这正好印证了白居易在《与元九书》中所说:"及授校书郎时,已盈三四百首。或出示交友如足下辈,见皆谓之工,其实未窥作者之域耳。自登朝来,年齿渐长,阅事渐多。每与人言,多询时务,每读书史,多求理道。始知文章合为时而著,歌诗合为事而作。"可见他并非一直就怀着这种要做讽谕诗的念头的,而是在入仕以后,在自己的深入思考和周围朋友的影响下,才产生了创作讽谕诗的冲动。元稹在这点上,比他领悟的早的多。他在《叙诗寄乐天书》云:"仆时孩骏,不惯闻见,独於书传中初习,理乱萌渐,心体悸震,若不可活,思欲发之久矣。适有人以陈子昂《感遇》诗相示,吟玩激烈,即日为《寄思玄子》诗二十首。"②(后来,他把所作的《寄思玄子》诗归入古讽,其当属兴寄风雅之作。)元稹少年时期写诗从学陈子昂《感遇诗》入手,接着又学杜:

又久之,得杜甫诗数百首,爱其浩荡津涯,处处臻到,始病沈、宋之不存寄兴,而讶子昂之未暇旁备矣。不数年,与诗人杨巨源友善,日课为诗,性复僻懒,人事常有闲暇,间则有作,

_____

① 《全唐文》卷六八五皇甫湜《答刘敦质书》云:"湜求闻来京师三年矣,一年以未成颠蹶,二年以不试狼狈,及今三年而不遇有司。"(第3112页)二年以不试狼狈,指贞元二十年停举,见徐松《登科记考》,则刘敦质永贞元年春以后卒。

② 《元稹集》,第352页。

识足下时有诗数百篇。①

在认识白居易时,元稹已作了不少有关寄兴的诗歌。这种创作倾向应该给从未涉足过此领域的白居易以重要的影响。他很快就后来居上,将陈子昂、杜甫讽谕时政的精神贯彻得更加彻底。他在元和期间有计划地写了很多讽谕诗,针砭政治时弊,并在《与元九书》中云:

　　唐兴二百年,其间诗人不可胜数。所可举者,陈子昂有《感遇诗》二十首,鲍鲂有《感兴诗》十五首。又诗之豪者,世称李、杜,李之作才矣奇矣,人不逮矣。索其风雅比兴,十无一焉。杜诗最多,可传者千余篇,至于贯穿今古,规缕格律,尽工尽善,又过于李。然撮其《新安吏》、《石濠吏》、《潼关吏》、《塞芦子》、《留花门》之章,"朱门酒肉臭,路有冻死骨"之句,亦不过三、四十首。杜尚如此,况不逮杜者乎?

白居易诗中表达兼济天下之志是在入仕以后,其《新制布裘》:

　　桂布白似雪,吴绵软于云。布重绵且厚,为裘有余温。朝拥坐至暮,夜覆眠达晨。谁知严冬月,支体暖如春。中夕忽有念,抚裘起逡巡。丈夫贵兼济,岂独善一身? 安得万里裘,盖裹周四垠。稳暖皆如我,天下无寒人!②

此诗创作时间朱金城系于元和二年至元和十年。也就是说,白居易早期的理想是为苏、杭刺史,他并没有十分远大的理想,正如谢

---

① 《元稹集》,第 352 页。
② 《白居易集笺校》卷一,第 65 页。

思炜《中唐社会变动与白居易的人生思想》里所提到的,他是:

> 来自一个在上升与破落之间奋力拼争的单寒之家,他自己习惯称之为"中人",按照中唐流行的一般说法又称之为"寒士",近代以来的历史研究和阶级划分又往往称之为庶族地主阶级或中小地主阶级。①

因此,他的兼济是建立在独善之上的,是在"支体暖如春"的时候想到天下贫寒之人的。在白居易早期诗歌中,有许多描写自己贫困艰难的生活遭遇,里面却没有一首诗歌提到过天下贫寒百姓的。

据查屏球探析,元、白等人创作讽谕诗:"主要是由科场文化这一层面接受了《春秋》学派的影响",这种"'以诗为谏'创作精神与其时科场'以学干政'的风气大有关系。"②但这种时代风潮在元、白的政治挫折面前不堪一击。长庆以后,二人唱和诗颇多,却再与讽谕诗无关,其《和微之诗二十三首》序中云:

> 微之又以近作四十三首寄来,命仆继和,其间阅絮四百字、车斜二十篇者流,皆韵剧辞殚,瑰奇怪谲。又题云:奉烦只此一度,乞不见辞。意欲定霸取威,置仆于穷地耳。大凡依次用韵,韵同而意殊;约体为文,文成而理胜。此足下素所长者,仆何有焉? 今足下果用所长,过蒙见窘,然敌则气作,急则计生,四十二章麾扫并毕,不知大敌以为如何?③

二人竞相以"韵剧辞殚,瑰奇怪谲"为夸胜,与其早期诗论迥然不同

---

① 《白居易集综论》,第318页。
② 查屏球:《唐诗与唐学》,商务印书馆2000年版,第61页。
③ 《白居易集笺校》卷二二,第1463页。

了。可见,讽谕诗是在特定的历史条件与社会风气下的产物,对于并没有如陈子昂、杜甫那种根深蒂固儒家思想观念的白居易来说,自然很难贯彻到底。

二、讽谕诗的原生态作品

白居易元和十年所编十五卷诗虽然已无法面世,但是白居易讽谕诗的原始分类状况却有考察的可能性。因为白居易的《与元九书》作于十二月,文中提到当时编集时讽谕诗共一百五十首,而其中的诗歌所作年代最晚应止于元和十年,我们可以在现存的四卷讽谕诗里提取出元和十年以前的讽谕诗,这些诗应是白居易编集时的诗歌。

我们根据朱金城《白居易诗集笺校》的诗歌系年,以上述标准列图如下:

卷　　数	元和十年以前（含十年）	元和十年后	诗 歌 体 裁
讽谕一（卷一）	59	6	古调诗五言
讽谕二（卷二）	43	15	古调诗五言
讽谕三（卷三）	20	0	新乐府
讽谕四（卷四）	30	0	新乐府
合　　计	152	21	

从上表可知,元和十年前所作讽谕诗共 152 首,与居易元和十年编集时数量基本相符。在此,一些诗歌的系年需要加以考证。

卷一《浔阳三题》，朱金城系于元和十年至元和十三年作，但其中《东林寺白莲》诗云：

> 东林北塘水，湛湛见底清。中生白芙蓉，菡萏三百茎。白日发光彩，清飙散芳馨。泄香银囊破，泻露玉盘倾。我惭尘垢眼，见此琼瑶英。乃知红莲花，虚得清净名。夏萼敷未歇，秋房结才成。夜深众僧寝，独起绕池行。①

作此诗时为秋天白莲开时，而居易到达江州时在元和十年冬，故此诗当系于元和十一年以后作。《放鱼》有"晓日提竹篮，家僮买春蔬"②句，亦当系于元和十一年后作。《文柏林》编在其后，姑且系于此后。

卷二《寓意诗五首》，朱金城系于元和二年至元和十三年，范围较广。诗云：

> 赫赫京内史，炎炎中书郎。昨传征拜日，恩赐颇殊常。貂冠水苍玉，紫绶黄金章。佩服身未暖，已闻窜遐荒。亲戚不得别，吞声泣路旁。宾客亦已散，门前雀罗张。富贵来不久，倏如瓦沟霜。权势去尤速，暼若石火光。不如守贫贱，贫贱可久长。传语宦游子，且来归故乡。
>
> 促织不成章，提壶但闻声。嗟哉虫与鸟，无实有虚名。与君定交日，久要如弟兄。何以示诚信？白水指为盟。云雨一为别，飞沉两难并。君为得风鹏，我为失水鲸。音信日已疏，恩分日已轻。穷通尚如此，何况死与生！乃知择交难，须有知

---

① 《白居易集笺校》卷一，第 75 页。
② 《白居易集笺校》卷一，第 70 页。

人明。莫将山下松,结托水上萍。①

前诗云权势易去,不如安守贫贱,后诗写朋友相交因异势而疏远,这与元和十年居易心态不相吻合,而应为居易退居下邽、丧期满后因无人提携而发此感慨。此组诗与《续古诗十首》感情内容十分相近,且《寓意诗五首》中第一首云:"养材三十年,方成栋梁姿。"与《续古诗十首》中"栖栖远方士,读书三十年。业成无知己,徒步来入关。"②二诗皆云三十年,当作于同时。而《续古诗十首》正是作于元和六年至九年左右。

《读史五首》中二首云:

> 楚怀放灵均,国政亦荒淫。彷徨未忍决,绕泽行悲吟。汉文疑贾生,谪置湘之阴。是时刑方措,此去难为心。士生一代间,谁不有浮沉? 良时真可惜,乱世何足钦。乃知汨罗恨,未抵长沙深。
>
> 祸患如梦丝,其来无端绪。马迁下蚕室,嵇康就图圄。抱冤志气屈,忍耻形神沮。当彼戮辱时,奋飞无翅羽。商山有黄绮,颍川有巢许。何不从之游,超然离网罟? 山林少羁鞅,世路多艰阻,寄谢伐檀人,慎勿嗟穷处!③

前诗"乃知汨罗恨,未抵长沙深"是白居易被贬江州的心情。他认为贾谊在太平盛世被远贬,比屈原还不幸,而自己就像贾谊一样。第二首表示自己是无辜而遭祸,就像司马迁、嵇康一样,内心有着美好的品质,但是却无端蒙受不白之冤。这组诗与《叹鲁二首》、

---

① 《白居易集笺校》,第 101 页。
② 《白居易集笺校》卷二,第 78 页。
③ 《白居易集笺校》卷二,第 103 页。

《青塚》等诗内容感情颇同,都是白居易被贬江州后通过咏史来倾诉自己的冤屈,故从朱金城之系年,定于元和十一年至十三年。

三、原始讽谕诗的分类

白居易元和十年之前写作的原始讽谕诗占据了讽谕诗的绝大多数。在这些讽谕诗中,内容丰富而庞杂。学界大多集中在《新乐府》、《秦中吟》的研究上,少有人对白居易的讽谕诗作全面观照。①不少人从思想内容的角度对讽谕诗进行了概括,但真正对讽谕诗进行全面分类的只有谢思炜《白居易讽谕诗的诗体与言说方式》,他把讽谕诗分为传统的兴寄体和政论体两类,颇有见解。② 但实际上,白居易本人已在元和十年之前的诗文中将其分为"风人"之诗与"骚人"之诗,对此我们可以详细探究一下。

白居易在《与元九书》中说:"感人心者莫先乎情,莫始乎言,莫切乎声,莫深乎义。诗者:根情,苗言,华声,实义。"而"圣人知其然,因其言,经之以六义;缘其声,纬之以五音。音有韵,义有类。韵协则言顺,言顺则声易入;类举则情见,情见则感易交。"③他认为情感是诗歌的根本,先有情,后形于言,切于声,经过圣人以六义、五音的经纬,再以此情来交感于人,以化天下,情感是贯穿始终的,但是他又强调了六义在整个诗歌从创作到传播过程中的作用,并以此为诗歌准绳。他认为五帝、三皇时代,是六义大行之时,至周衰秦兴后,六义始刓。"《国风》变为《骚辞》,五言始于苏、李。

---

① 杨民苏《白居易〈新乐府〉、〈秦中吟〉以外的讽谕诗》(《昆明师范高等专科学校学报》1989 年第 2 期,第 56—64 页)对《新乐府》、《秦中吟》以外的讽谕诗的思想内容与艺术成就进行了论述,认为其中颇多寓言诗、咏物诗、咏史诗,含蓄委婉,有高于前者之处。

② 谢思炜:《白居易讽谕诗的诗体与言说方式》,《陕西师范大学学报》(哲学社会科学版)2004 年第 3 期,第 45 页。

③ 《白居易集笺校》卷四十五,第 2790 页。

苏、李骚人，皆不遇者，各系其志，发而为文。故河梁之句，止于伤别；泽畔之吟，归于怨思。彷徨抑郁，不暇及他耳。然去《诗》未远，梗概尚存。故兴离别，则引双凫一雁为喻；讽君子小人，则引香草恶鸟为比。虽义类不具，犹得风人之什二三焉。于时六义始缺矣。"他对骚辞的评价比起对晋、宋、梁、陈的严厉，应该说还是比较温和的。一方面认为骚辞是六义始缺的征象，一方面又认为骚人能得风人之什二三。就是说，他认为骚辞至少还有什之二三与"风人之什"有关。这种态度应该说是比较公正的。因为从骚体本身来说，它主要是诗人以士不遇为主题的个体情感的强烈抒发，故文学理论家多认为屈原的《离骚》"发愤以抒情"，初步确立了"诗缘情"说。但是从另一角度来说，屈原同样用比兴的方式批判了黑暗的政治，反映正直之士遭受排挤的不公平现象，这都是对时政的针砭，与诗经"六义"相关。

　　白居易既然认为骚人能得风人之什二三，那么，他自己创作这样的骚体诗来讽刺时政也是合乎情理之事。他在《寄唐生》中说："我亦君之徒，郁郁何所为？不能发声哭，转作乐府诗。篇篇无空文，句句必尽规。功高《虞人箴》，痛甚骚人辞。非求宫律高，不务文字奇。惟歌生民病，愿得天子知。"①《虞人箴》指的是《左传》襄公四年(前694)，周太史辛甲使百官各作箴辞告诫周王，虞人作箴辞谏王田猎，全文收录在《全上古三代秦汉三国六朝文》卷二中。白诗中《虞人箴》代表讽谕诗中那些直谏的"风人"之诗，"骚人辞"即代指居易所作的"骚人"之诗，可见他确实是将讽谕诗分作这两大类而对举的。他又在《有木诗》序中云：

　　　　余尝读《汉书》列传，见佞顺媕婀，图身忘国如张禹辈者。
　　见惑上蛊下，交乱君亲如江充辈者。见暴狠跋扈，壅君树党如

---

① 《白居易集笺校》卷一，第43页。

梁冀辈者。见色仁行违，先德后贼如王莽辈者。又见外状恢弘，中无实用者。又见附离权势，随之覆亡者。其初皆有动人之才，足以惑众媚主，莫不合于始则败于终也。因引风人、骚人之兴，赋《有木》八章，不独讽前人，亦儆后代尔。①

这里又一次提到风人、骚人之分类，并且明确说明它们在通过比兴手法讽刺朝廷小人这点上是相一致的。白居易对讽谕诗的定义云："凡所遇所感，关于美刺兴比者，又自武德讫元和，因事立题，题为《新乐府》者，共一百五十首，谓之讽谕诗。"也明确提出讽谕诗中有不少是其所遇所感的作品，既是所遇所感，自难免搀杂个人的情感在里面。静永健《白居易写讽谕诗的前前后后》认为这些吟咏个人心情之作的讽谕诗（主要指江州时期所作）"是属闲适及感伤类作品"②，这是不合乎事实的。这类与美刺兴比相关的所遇所感之作，就是居易所说的"骚人"之诗。

因此，讽谕诗可以分为两大类，一类为"风"，即"讽"，是白居易批判时政和社会弊端以及带有道德训诫的作品，冯班云：

> 白公讽刺诗周祥明直，娓娓动人，自创一体，古人无是也。凡讽谕之文，欲得深隐，使言者无罪，闻者足戒。白公尽而露，其妙处正在周祥，读之动人。③

即指此类作品，以《新乐府》、《秦中吟》等系统组诗为代表作，还包括《凶宅》、《梦仙》、《观刈麦》、《题海图屏风》、《蜀路石妇》、《赠内》

---

① 《白居易集笺校》卷一，第 127 页。
② 《白居易写讽谕诗的前前后后》，第 172 页。
③ ［唐］韦縠辑，［清］宋邦绥补注：《才调集补注》，清乾隆五十八年宋思仁刻本，第 21 页下。

等。这类诗歌不仅继承了《诗经》美刺兴比的传统,而且承袭了杜甫"即事名篇"的新乐府诗歌直接批判时政的特点。它们是诗人站在高于自己的角度,以敏锐的视角外向观照社会、时政、伦理的结果,直接以社会弊端为观照中心;一类为"骚",即诗人继承骚体传统,从自身和周围朋友的遭际进行观照,抒写正直之士命运坎坷,不为时所用的作品,继承了骚体以比兴的手法婉讽时政的特点,以士人个体关怀为中心而投射出对社会政治的不平。如《张籍古乐府》、《京兆府新栽莲》、《续古诗十首》、《寓意诗五首》、《读史五首》、《和答诗十首》、《有木诗八首》、《叹鲁二首》等。

如果我们将白居易元和十年编集的原生态讽谕诗与元和十年后的讽谕诗进行比较,就会发现,原生态讽谕诗包括"风人"之诗与"骚人"之诗,而元和十年后的 21 首讽谕诗都是"骚人"之诗,尽管量比较少,但这也说明,白居易元和十年被贬江州对他的创作确实是个巨大打击,他的讽谕诗已经从早期那种以观照社会为主的外向方式完全转向对个体命运关注的内向化模式。同时,在经历这番打击后,当他的命运再次出现转机时,他便连这种对自我命运关注的"骚人"之诗也不会有了,这自然就导致了讽谕诗的终结。《白氏长庆集》后集中,只有极少数涉及政治时事,大多是写自己的所感,称之为讽谕诗已是非常牵强了。

"风人"与"骚人"讽谕诗都属于讽谕诗,这决定了他们有着很大的相同点,又因了观照的中心不同,就会在内容和表现手法上有所不同。

从内容上来说,"风人"讽谕诗是以外向的社会时政为中心,或美或刺。褒美的作品有《贺雨》、《七德舞》、《法曲歌》、《采诗官》、《二王后》、《昆明春水满》、《道州民》(臣遇明主)、《骊宫高》、《百炼镜》、《牡丹芳》等,这些作品继承《诗经》六义中的"颂",以褒奖前代帝王与当代帝王的忧国爱民与自律执政,为统治者树立比较好的榜样,鼓励其执善政以利天下。这类作品相对少些。

风人讽谕诗中大多是讽谕时事，批判政治的。诗人是从四个角度来完成这一构想的。一是从君主的角度提出要求和惩戒，《隋堤柳》、《海漫漫》(戒求仙、梦仙)、《八骏图》(佚游)、《上阳白发人》、《李夫人》、《陵园妾》、《胡旋女》、《驯犀》、《太行路》、《骠国乐》(化近民)等都是要求君主以国家为重，要有良好的自律意识，不沉溺女色，不沉溺佚游享受，爱护百姓，亲近良臣，并能善始善终。二是从大臣的角度来提出要求，这类诗多以批判为主，如《司天台》、《紫毫笔》、《捕蝗》、《城盐州》、《蛮子朝》、《西凉伎》、《阴山道》、《官牛》等，上至宰相，下至地方刺史，边防将领，对各种失职、贪污等不良行为均进行了有力的揭露和批判。三是从底层老百姓的角度来揭露政治与社会弊端，如《红线毯》、《杜陵叟》、《缭绫》、《卖炭翁》、《盐商妇》、《草茫茫》、《天可度》、《观刈麦》、《月夜登阁避暑》、《宿紫阁山北村》、《采地黄者》、《村居苦寒》、《纳粟》、《夏旱》，这些诗歌多继承了杜甫《新乐府》的精神而又有所发展，将平民的痛苦生活与艰难行状描写出来。第三类诗歌是从另一个角度对前两类人进行有力的鞭策和劝诫。最后，还有一类道德劝诫的作品，这也是白居易汲取《诗经》的精华重要表现之一，如《蜀路石妇》表彰孝妇，《赠内》宣扬夫唱妇随，《慈乌夜啼》和《燕诗示刘叟》宣扬孝道，《青石》以激忠烈，《井底引银瓶》劝诫妇人莫与人私奔，这些有着强烈的道德劝诫意味的作品是杜甫《新乐府》诗中所没有的。

骚人讽谕诗相对主题要简单些。它是以士人个体命运为中心，往往是从士人的不幸命运出发对社会的弊端提出控诉。这类讽谕诗主要有两个叙事角度。一是以诗人的自我命运为出发点，如《京兆府新栽莲》、《文柏林》、《放鱼》、《续古诗十首》、《读汉书》、《读史五首》、《叹鲁二首》、《反鲍明远白头吟》、《青塚》、《杂感》等诗，都是作者在政治生活中遭受不公平待遇时所产生的痛苦挣扎与愤懑。在《谕友》、《丘中有一士》、《续古诗》(栖栖远方士)、《寓意诗》中也表现出对政治的失望，发出"穷通各有命"、"不如守贫贱"

的悲鸣。二是以诗人的朋友与相知为出发点。如《读张籍古乐府》、《寄唐生》、《伤唐衢二首》、《哭孔戡》、《哭刘敦质》、《赠樊著作》、《薛中丞》、《赠元稹》、《和答诗十首》等,这些人或正直不得进用,或忠直被黜,或有德早夭,令人慨叹。骚人讽谕诗中寄托了诗人对士人政治品格的追求,他总是在诗歌中提倡孤直、忠贞、有社会责任感等基本品格,如《李都尉古剑》、《云居寺孤桐》、《折剑头》、《白牡丹》、《杏园中枣树》等诗,而《答友问》更是明确提出德比才先的命题。与此相对立,他对政治小人给予了严厉的批评与揭露,如《感鹤》、《秋池二首》、《和雉媒》、《虾蟆》、《大水》、《有木诗八首》等等。这些都是继承了屈原骚辞的传统而有所发展。

从表现手法上来说,风人讽谕诗以《秦中吟》、《新乐府》为主,是白居易任拾遗期间有计划地写作的,而骚人讽谕诗相对比较随意。二者区别在于一冷静客观,以叙事为主,有高度概括性;一以主观抒情为主,多抒发士人无奈与怨愤之情,有较大随意性。

虽然两种讽谕诗立足的角度不同,但在内容上难免会有重合之处。从相同主题诗歌的写法就能分析出二者在创作上有何区别。如在反应君臣之间的关系上,骚人讽谕诗有《初入太行路》:

> 天冷日不光,太行峰苍莽。尝闻此中险,今我方独往。马蹄冻且滑,羊肠不可上。若比世路难,犹自平于掌。

《寄隐者》:

> 卖药向都城,行憩青门树。道逢驰驿者,色有非常惧。亲族走相送,欲别不敢住。私怪问道旁,何人复何故?云是右丞相,当国握枢务。禄厚食万钱,恩深日三顾。昨日延英对,今日崖州去。由来君臣间,宠辱在朝暮。青青东郊草,中有归山

路。归去卧云人,谋身计非误。①

二诗约作于元和五年前,皆为作者对人世和官场艰险的感慨。《续古诗》:

> 凉风飘嘉树,日夜减芳华。下有感秋妇,攀条苦悲嗟。我本幽闲女,结发事豪家。豪家多婢仆,门内颇骄奢。良人近封侯,出入鸣玉珂。自从富贵来,恩薄谗言多。冢妇独守礼,群妾互奇邪。但信言有玷,不察心无瑕。容光未销歇,欢爱忽蹉跎。何意掌上玉,化为眼中砂。盈盈一尺水,浩浩千丈河。勿言小大异,随分有风波。闺房犹复尔,邦国当如何!

《青塚》:

> 上有饥雁号,下有枯蓬走。茫茫边雪里,一掬沙培塿。传是昭君墓,埋闭蛾眉久。凝脂化为泥,铅黛复何有?唯有阴怨气,时生坟左右。郁郁如苦雾,不随骨销朽。妇人无他才,荣枯系妍否。何乃明妃命,独悬画工手?丹青一诖误,白黑相纷纠。遂使君眼中,西施作嫫母。同侪倾宠幸,异类为配偶。祸福安可知?美颜不如丑。何言一时事,可戒千年后。特报后来姝,不须倚眉首。无辞插荆钗,嫁作贫家妇。不见青塚上,行人为浇酒。②

二首分别作于元和九年与元和十四年,前者是作者因退居下邽守丧期满一直不得入朝做官而产生的忧伤,后者是诗人被贬江州后,

----

① 《白居易集笺校》卷一,第 54、69 页。
② 《白居易集笺校》卷二,第 78、133 页。

以明妃事表达自己正直被黜的哀怨。以上皆从诗人情感出发,表达对君主人情反复,士人在政治生活中的无奈与辛酸,而且这种感情是一直贯穿诗人前期政治生活中的,而元和五年所作风人讽谕诗《太行路》主题非常明确,小注概括为"借夫妇以讽君臣之不终也",诗云:

> 太行之路能摧车,若比人心是坦途。巫峡之水能覆舟,若比人心是安流。人心好恶苦不常,好生毛羽恶生疮。与君结发未五载,岂期牛女为参商。古称色衰相弃背,当时美人犹怨悔。何况如今鸾镜中,妾颜未改君心改。为君熏衣裳,君闻兰麝不馨香。为君盛容饰,君看金翠无颜色。行路难,难重陈。人生莫作妇人身,百年苦乐由他人。行路难,难于山,险于水。不独人间夫与妻,近代君臣亦如此。君不见,左纳言,右内史。朝承恩,暮赐死。行路难,不在水,不在山,只在人情反覆间。①

可以看出,《太行路》是以上诸首诗歌主题的集中体现。

又如《新乐府》中的《涧底松》与《悲哉行》;《续古诗》中的《雨露长纤草》、《窈窕双鬟女》和《秦中吟》的《议婚》都是一个主题,即控诉当时社会不合理的门阀制度。寒士要跻身于官场异常的艰难,而士家子弟,不学无术却可以享受高官厚禄。《续古诗》作于元和九年左右,可见白居易一直在诗中表达这一主题。《悲哉行》、《续古诗》中的《雨露长纤草》、《窈窕双鬟女》表达的是作者的一种心理感受,而《涧底松》、《议婚》揭示了一种社会现象。

由此可见,风人讽谕诗主题非常明确,具有高度的概括性,而骚人讽谕诗只是诗人就事论事,有感而生,有较大的随意性。二者

---

① 《白居易集笺校》卷三,第170页。

之间的关系并非如谢思炜所说的,是前者对后者进行了改造,而应更多地体现出前者是对后者的提练与概括。

从手法来说,风人讽谕诗多用赋的手段,骚人讽谕诗比兴用得多些,但谢思炜云:

> 讽谕的要义在规刺讽谏,而不能限于一般的评论献言。因而讽谕诗的批判要求:第一尖锐,第二明白。要敢于冒犯权贵和时俗所忌,直言不讳,即便导致"众口籍籍"、"众面脉脉"、"相目而变色"也在所不惜。所以各种依违避忌的寓言托喻手法都退居其次,政论诗体也因此与兴寄诗体明显区别开来。①

认为二者的区别在于是否用寓言托喻手法,指出兴寄体继承了传统的美刺兴比传统,政论体是直接批判时事,却是值得商榷的。其实,批判性极强的《新乐府》中有不少兴比托喻之作,如《黑潭龙》,《元白诗笺证稿》云:"是所谓龙者,似指天子而言。狐鼠者,乃指贪吏而言。豚者,即谓无辜小民也。"②此风人讽谕诗正用了《诗经》中以硕鼠比贪吏的用法。《秦吉了》,《元白诗笺证稿》云:"诗中之雕鹗,乃指宪台京尹搏击肃理之官,鸾鹤乃指省阁翰苑清要禁近之臣,秦吉了即指谓大小谏。"《鵶九剑》,《元白诗笺证稿》:"'鵶九铸剑'者,乐天以喻其作《新乐府》欲扶起诗道之崩坏也。"③其他的如《秦中吟》的《议婚》,以贫女无良媒难嫁喻寒士无法进身,何义门亦云:"此篇首谕不当承魏、晋以来之弊以门第用人,乃立政之本

---

① 《陕西师范大学学报》(哲学社会科学版)2004 年第 3 期,第 46 页。
② 《元白诗笺证稿》,第 290 页。
③ 《元白诗笺证稿》,第 294、295 页。

也。"①《五弦》,以今人听五弦不好古琴以喻古道之衰。《题海图屏风》,通篇以海图屏风为描写对象,但很清楚,它是讽刺时事的,汪立名与何义门皆认为此诗借以讽切元和四年帝用宦官吐突承璀为帅讨王承宗之事。

白居易反而在《新乐府》诗中有意识地学习《诗经》中的"兴"的手法,如《草茫茫》以草茫茫、土苍苍起兴而引出秦王厚葬被盗掘,指出"奢者狼藉俭者安"的道理。《井底引银瓶》云:"井底引银瓶,银瓶欲上丝绳绝。石上磨玉簪,玉簪欲成中央折。瓶沉簪折知奈何,似妾今朝与君别。"②以井底引银瓶、石上磨玉簪来兴比女子与男子私奔的危险性和悲惨结局。《涧底松》,以涧底松起兴以喻寒隽之士因势低不得进位的社会不公平现象;《隋堤柳》、《青石》等都是此类相同的作品。可见谢思炜所说的政论体同样运用了比兴的手法,是否用美刺兴比不能作为两种讽谕诗的分界点。反而是如《有木诗》中所提到的,风人、骚人皆用了兴的手法。

骚人讽谕诗更多地继承了骚辞的比兴手法,即通篇多用象征手法来托喻兴比,如《文柏林》、《羸骏》、《浔阳三题》等诗多象征着优秀人才的被埋没、被摧折,王逸《离骚》序云:"《离骚》之文,依《诗》取兴,引类譬喻,故善鸟香草,以配忠贞;恶禽臭物,以比谗佞;灵修美人,以媲於君。"白居易继承此用法,如《感鹤》、《秋池二首》、《和雉媒》、《虾蟆》、《大水》、《有木诗八首》等诗都用恶禽臭物来表达了诗人对群小的厌恶与批判。《和松树》、《答桐花》、《云居寺孤桐》、《白牡丹》、《续古诗》(窈窕双鬟女)等则用美好的花树美人等表达了对孤直、坚贞、高洁等优秀品质的赞扬。《问友》一诗:"种兰不种艾,兰生艾亦生。根荄相交长,茎叶相附荣。香茎与臭叶,日夜俱长大。锄艾恐伤兰,溉兰恐滋艾。兰亦未能溉,艾亦未能除。

---

① 《白居易集笺校》卷二,第81页。
② 《白居易集笺校》卷三,第254、245页。

沉吟意不决,问君欲何如?"①以兰喻道德君子,以艾喻小人,表达在培育人才时,有德与无德之人混杂相错,难以分辨芟除恶人的情况。

　　风人之诗既受到了杜甫新乐府的影响,又更多地直承了诗经的"六义"精神,这一点表现在诸多方面,比兴手法的运用、《新乐府》的小注来源于汉人解读《诗经》所作之注等都是其证明。而谢思炜认为白居易用政论体改造了兴寄体,这种说法是值得商榷的。白居易创作"风人"和"骚人"两种讽谕诗是同时进行的,无法说是谁改造了谁,其实更确切的说法,应该是白居易对传统骚体诗进行了剥离。也就是说,他在分类时有意将传统的怨悱自伤的骚人诗分割成两种,一种是有怨刺意义的骚人诗,一种是自伤身世的感伤诗。从定义上来说,骚人讽谕诗是"凡所遇所感,关于美刺兴比者",感伤诗是"又有事物牵于外,情理动于内,随感遇而形于叹咏者。"可以说二者都来源于对生活的感悟,只是前者是关于"美刺兴比",有讽刺意义;后者只是对所遇怀着感伤的情怀,多属一己之情。他在诗歌分类时,第一次将"骚"的美刺兴比作用与个体情感抒发作了切割。骚人讽谕诗从个体遭遇出发来观照社会政治,而被抽离了讽谕内核的感伤诗,只剩下对个体生命和情感的关怀与咀嚼,它们的角度是完全不同的。孔戡乃是一位正直之士:"戡佐山东军,非义不可干。拂衣向西来,其道直如弦。……或望居谏司,有事戡必言。或望居宪府,有邪戡必弹。"但是这样的国家栋梁之才却"惜哉两不谐,没齿为闲官!竟不得一日,謇謇立君前。形骸随众人,敛葬北邙山。"②《哭孔戡》诗以孔戡之死揭露了封建社会有德有才之士被埋没的不平现状。唐衢是关心时政,为忠贞正直鸣不平之士:

――――――――

　　①《白居易集笺校》卷一,第48页。
　　②《白居易集笺校》卷一,第8页。

贾谊哭时事,阮籍哭路岐。唐生今亦哭,异代同其悲。唐
生者何人? 五十寒且饥。不悲口无食,不悲身无衣。所悲忠
与义,悲甚则哭之。太尉击贼日,尚书叱盗时。大夫死凶寇,
谏议谪蛮夷。每见如此事,声发涕辄随。往往闻其风,俗士犹
或非。怜君头半白,其志竟不衰。(《寄唐生》)①

他与白居易志同道合,深为知己:

忆昨元和初,忝备谏官位。是时兵革后,生民正憔悴。但
伤民病痛,不识时忌讳。遂作《秦中吟》,一吟悲一事。贵人皆
怪怒,闲人亦非訾。天高未及闻,荆棘生满地。惟有唐衢见,
知我平生志。一读兴叹嗟,再吟垂涕泗。因和三十韵,手题远
缄寄。致吾陈杜间,赏爱非常意。(《伤唐衢二首》)②

然而唐衢与孔戡一样,不为当朝者所用,终至贫困潦倒终身,令人
感慨不已。虽然同为哀悼诗,同样饱含作者的悲痛之情,但《伤杨
弘贞》与《哭孔戡》、《伤唐衢二首》着眼点完全不同。《伤杨弘贞》:
"颜子昔短命,仲尼惜其贤。杨生亦好学,不幸复徒然。谁识天地
意? 独与龟鹤年。"③只是对一位贫苦有才能的诗人早夭的哀悼,
着眼于对个体生命逝去的悲伤。《哭孔戡》是对一位诗人非正常死
亡的正常哀伤,《伤唐衢二首》则是对正直贤能之士坎坷终生、怀才
不遇的痛诉。又《京兆府新栽莲》诗与《权摄昭应早秋书事寄元拾
遗兼呈李司录》二诗表达的内容相似,前诗云:

---

① 《白居易集笺校》卷一,第43页。
② 《白居易集笺校》卷一,第47页。
③ 《白居易集笺校》卷九,第464页。

　　　　污沟贮浊水，水上叶田田。我来一长叹，知是东溪莲。下有清泥污，馨香无复全。上有红尘扑，颜色不得鲜。物性犹如此，人事亦宜然。托根非其所，不如遭弃捐。昔在溪中日，花叶媚清涟。今来不得地，憔悴府门前。

后者云：

　　　　夏闰秋候早，七月风骚骚。渭川烟景晚，骊山宫殿高。丹殿子司谏，赤县我徒劳。相去半日程。不得同游遨。到官来十日，览镜生二毛。可怜趋走吏，尘土满青袍。邮传拥两驿，簿书堆六曹。为问纲纪掾，何必使铅刀？①

前者以污沟之莲自比，表达自己受官场污染，难以自全的悲伤，着眼于诗人与环境的矛盾及内心的苦闷挣扎，以诗人遭遇反映人才不得其所的社会不平状况。而后者着眼于一己之情，以自己为趋走小吏与元稹、李司录的清要官职相比而表现出无奈与忧伤，境界狭隘而思想志趣不高。

　　综上所述，白居易原始讽谕诗合理地利用和改造了风、骚两种诗歌创作范式，从不同的角度来表达自己"上以风化下，下以风刺上"的政治理想。因此后来有人认为"白香山讽谕诗，诗之变小雅也。"②也有人指出其讽谕诗《文柏林》"隐然有自伤之意"③，二者并非相悖，而是从不同的角度表达了讽谕社会、纠正时政的功能。

----

① 《白居易集笺校》卷一，第18、465页。
② [清]杨绳武：《钟山书院规约》，《丛书集成续编》第62册，第479页。
③ 《唐宋诗醇》卷十九，第409页。

第二节　白居易闲适诗原论

一、闲适诗的定义解析与原生态作品

白居易对闲适诗的定义是："又或退公独处，或移病闲居，知足保和，吟玩情性者一百首，谓之'闲适诗'。"又在《与元九书》中将闲适诗与讽谕诗对举，说明闲适诗的创作原因和意义：

> 自拾遗来，凡所遇、所感，关于美刺兴比者，又自武德讫元和，因事立题，题为《新乐府》者，共一百五十首，谓之讽谕诗。……故仆志在兼济，行在独善，奉而始终之则为道，言而发明之则为诗。谓之讽谕诗，兼济之志也。谓之闲适诗，独善之义也。

"情性"一词，在白居易眼中是偏向"性"的，如《读张籍古乐府》："上可裨教化，舒之济万民。下可理情性，卷之善一身。"《夏日独直寄萧侍御》："情性聊自适，吟咏偶成诗。此意非夫子，余人多不知！"《食饱》："食饱拂枕卧，睡足起闲吟。浅酌一杯酒，缓弹数弄琴。既可畅情性，亦足傲光阴。谁知利名尽，无复长安心！"①都是指人的"性"，而非"情"。而感伤诗的定义为："又有事物牵于外，情理动于内，随感遇而形于叹咏者一百首，谓之感伤诗。"这里的"情理"却是偏向情的，指向人的情感，如《祭微之文》："若情理愤痛，过于斯者，则号呼壹郁之不暇，又安可胜言哉？"②可见，白居易认为"情性"与"情理"相对举，闲适诗的"吟玩情性"是诗人表达自己对

---

① 《白居易集笺校》，第5、284、441页。
② 《白居易集笺校》卷六九，第3721页。

内在性情的修炼与培养。

"退公独处,移病闲居"是闲适诗发生的时间与空间,正是指元和十年被贬之前,白居易任职长安,以及元和六年至九年退居下邽的时候。在此之前白居易还将《及第后归觐留别诸同年》、《旅次华州赠袁右丞》二诗归入闲适诗。前诗表达及第后的得意与欣喜。后诗云:

> 渭水绿溶溶,华山青崇崇。山水一何丽,君子在其中。才与世会合,物随诚感通。德星降人福,时雨助岁功。化行人无讼,囹圄千日空。政顺气亦和,黍稷三年丰。客自帝城来,驱马出关东。爱此一郡人,如见太古风。方今天子心,忧人正忡忡。安得天下守,尽得如袁公?①

如果袁滋真有如此善政,定当入讽谕诗之列,可这里它完全是一首应酬诗,对袁滋善政进行了极力吹捧,本来放在闲适诗里也不是很合适。但作为古体诗,以上二诗既不能放在讽谕诗里,也不能放在感伤诗里,只能将就着放在闲适诗里了。除此之外,"退公独处,移病闲居"完全可以概括闲适诗发生的时间与空间。这时,他还没有经受到特别的政治打击。

因此,从白居易闲适诗的定义中来说,白居易"独善之义"与孟子所说"达则兼济天下,穷则独善其身"不完全相同。他是志在兼济,行在独善,也就是说是将兼济与独善同时并行的,兼济是外在志向的表现,独善是内在性情的培养,即修心养性。这种性情的培养融合了儒家养气、安贫乐道和道家委运任化、虚静空心、知足等思想。在具体的修心过程中,道家思想占据了主要地位。白居易前期就是这样,既以兼济天下为己任,又很重视自我内心的修养。这种修养在仕途顺利时表现为对虚静清幽境界的追求,在仕途坎

----

① 《白居易集笺校》卷五,第 293 页。

坷时表现为对自己的不平心理的调适与安慰。而后期兼济之心基本已泯,他真正地做到了"独善其身"之道。川合康三《白居易闲适考》认为"闲适诗也没有叙述自己的人格修炼,只是吟咏在日常生活中获得的安详、舒畅之情"①,是有失偏颇的。

我们根据朱金城《白居易集笺校》的编年,还原元和十年白居易编集时的闲适诗原生态作品。

卷　　数	元和十年以前诗歌数量(含十年)	元和十一年以后诗歌数量	诗　　体
卷五	53	0	古调诗
卷六	48	0	古调诗五言
卷七	0	58	古调诗五言
卷八	0	57	古调诗五言
合　计	101	115	

由此表可以看出,现集按照编年提取的 101 首与其元和十年所统计的"一百首",几乎完全吻合。而且非常整齐地分部在卷五、卷六之中,这非常便于我们的研究。

二、原始闲适诗的思想渊源

关于白居易闲适诗的思想渊源,有人认为是以庄子为代表的道家思想,②有人将白居易闲适诗的思想基础完全归纳为佛教思

---

① [日]川合康三著,刘维治等译:《终南山的变容——中唐文学论集》,上海古籍出版社 2007 年版,第 247 页。

② 檀作文:《试论白居易的闲适精神》,《安庆师范学院学报》(社会科学版)2000 年第 1 期,第 43—51 页。

想。① 还有人认为闲适诗中包含着儒、释、道三家思想。如果从白居易原始分类的闲适诗来看,其表达的思想虽比较复杂,但主要是道家思想。

首先,"闲适"二字来源于道家思想,《庄子·大宗师》有郭象注云:"凡此皆自彼而成,成之不在己,则虽处万机之极,而常闲暇自适。"指的是一种虽处万机之极而能闲暇自适、顺其自然、不强求的境界。《庄子·达生》云:

> 忘足,履之适也;忘要,带之适也;(知)忘是非,心之适也;不内变,不外从,事会之适也;始乎适而未尝不适者,忘适之适也。

成玄英疏云:

> 夫有履有带,本为足为要。今既忘足腰、履带,理当闲适。亦犹心怀忧戚,为有是非,今则知忘是非,故心常适乐也。②

可见此"闲适",主要是强调一种"适"的境界,是泯灭是非自我、摒除功利的心灵高境。据《郡斋读书志》卷十一"成玄英庄子疏三十三卷"条云:"右唐成玄英撰。本郭象注,为之疏义。玄英,字子实,陕州人,隐居东海。贞观五年,召至京师,加号西华法师。永徽中,流郁州。书成,道士王元庆邀文学贾鼎就授

---

① 邓新跃:《白居易闲适诗与禅宗人生境界》,《湘潭师范学院学报》(社会科学版)2002 年第 4 期,第 82—86 页。

② [唐]成玄英疏,曹础基、黄兰发点校:《南华真经注疏》,中华书局 1998 版,第 380 页。毛妍君认为"闲适"二字组成一个词,具有闲散、安适之意,始自中唐白居易。川合康三《白居易闲适诗考》也认为"闲适"二字最初见于白居易《与元九书》中。但据此,"闲适"一词并非始自白居易。

大义。"①而《新唐书·艺文志》也有此书的著录,可见,此注疏受到当时官方重视,一直流传至宋。白居易在诗中常提到他读老子、庄子,如《早春》诗云:"不开庄老卷,欲与何人言?"②故身处中唐的白居易研读成玄英的注疏本是极有可能的。因此,可以推测白居易正是受到郭象注和成玄英疏的影响和启发,而用"闲适"一词以名诗歌种类。

其次,白居易多在诗中直接阐发道家理论。有言道家委顺任化思想之诗:"形骸委顺动,方寸付空虚。"(《松斋自题》)"朝饮一杯酒,冥心合元化。兀然无所思,日高尚闲卧。""是以达人观,万化同一途。但未知生死,胜负两何如?迟疑未知间,且以酒为娱。"(《效陶体诗十六首》)"兀然身寄世,浩然心委化。"(《冬夜》)有表达庄子坐忘思想:"身虽对鱼坐,心在无何乡?……况我垂钓意,人鱼亦兼忘。""不学坐忘心,寂寞安可过。"③这来源于《庄子·大宗师》里的"坐忘"思想:"仲尼蹴然曰:'何谓坐忘?'颜回曰:'堕肢体,黜聪明,离形去知,同于大通,此谓坐忘。'"④指一种无是无非、无物无我的超脱状态。白居易有《养拙》一诗:

> 铁柔不为剑,木曲不为辕。今我亦如此,愚蒙不及门。甘心谢名利,灭迹归丘园。坐卧茅茨中,但对琴与罇。身去缰锁累,耳辞朝市喧。逍遥无所为,时窥《五千言》。无忧乐性场,寡欲清心源。始知不才者,可以探道根。⑤

---

① [宋]晁公武著,孙猛校证:《郡斋读书志校证》,上海古籍出版社1990年版,第480页。
② 《白居易集笺校》卷七,第371—372页。
③ 《白居易集笺校》,第281、304、307、336页。
④ [清]郭庆藩集释,王孝鱼点校:《庄子集释》,中华书局1961年版,第284页。
⑤ 《白居易集笺校》卷五,第291页。

这与道家思想有着密切关系,《老子》云:"大巧如拙。"①《庄子》云:"圣人工乎天而拙乎人。"②就是主张以拙处世。这种思想潘安《闲居赋》里进一步发挥:"仰众妙而绝思,终优游以养拙。"③李骞《释情赋》曰:"乃曲肱而不闷,信抱瓮而无机;且耕而食,且蚕而衣。恒一日以自省,亦三月而无违;游仁义之肴核,采坟素之精微。诚因闲而养拙,亦有乐于嘉肥。"④这种渊源于庄子的养拙思想在白居易诗中得到继承,他的《咏拙》诗云:

> 所禀有巧拙,不可改者性。所赋有厚薄,不可移者命。我性拙且蠢,我命薄且屯。问我何以知?所知良有因。亦曾举两足,学人踏红尘。从兹知性拙,不解转如轮。亦曾奋六翮,高飞到青云。从兹知命薄,摧落不逡巡。慕贵而厌贱,乐富而恶贫。同此天地间,我岂异于人?性命苟如此,反则成苦辛。以此自安分,虽穷每欣欣。葺茅为我庐,编蓬为我门。缝布作袍被,种谷充盘飧。静读古人书,闲钓清渭滨。优哉复游哉,聊以终吾身。⑤

虽有满腔对现实的无奈和怨言,但其对养拙思想的领悟和阐发是毋庸置疑的。与养拙相应的是《咏慵》:"有官慵不选,有田慵不农。屋穿慵不葺,衣裂慵不缝。有酒慵不酌,无异樽长空。有琴慵不弹,亦与无弦同。家人告饭尽,欲炊慵不舂。亲朋寄书至,欲读慵开封。尝闻嵇叔夜,一生在慵中。弹琴复锻铁,比我未为慵。"⑥这

---

① 高明:《帛书老子校注》,中华书局1996年版,第43页。
②《庄子集释》,第813页。
③ [清] 严可均:《全上古三代秦汉三国六朝文》,中华书局1958年版,第1987页。
④《全上古三代秦汉三国六朝文》,第3680页。
⑤《白居易集笺校》卷六,第334页。
⑥《白居易集笺校》卷六,第335页。

也是一种以慵懒朴拙来面对生活的思想状态,同样是出自道家无为的思想。

最值得注意的是其中关于修心的思想,《庄子·田子方》云:

> 孔子曰:"夫子德配天地,而犹假至言以修心,古之君子,孰能脱焉?"老聃曰:"不然。夫水之于沴也,无为而才自然矣。至人之于德也,不修而物不能离焉,若天之自高,地之自厚,日月之自明。夫何修焉!"①

原始道家是不讲修心的。但后来的道教却讲究修心,如施肩吾撰《西山群仙会真记》中《养心》篇:"真人上仙,教人修道,即修心也;教人修心,即修道也。"②白居易与之为同时代人,亦讲修心,并将修心与虚静结合起来。虚静本是道家重要的一个概念:"夫虚静恬淡寂漠无为者,天地之平而道德之至。……夫虚静恬淡寂漠无为者,万物之本也。"③白居易《夏日独直寄萧侍御》:"澹然无他念,虚静是吾师。形委有事牵,心与无事期。"④《禁中》:"门严九重静,窗幽一室闲。好是修心处,何必在深山?"《夏日》:"东窗晚无热,北户凉有风。尽日坐复卧,不离一室中。中心本无系,亦与出门同。"《清夜琴兴》:"月出鸟栖尽,寂然坐空林。是时心境闲,可以弹素琴。清泠由木性,恬澹随人心。心积和平气,木应正始音。响余群动息,曲罢秋夜深。正声感元化,天地清沉沉。"《昭国闲居》:"平生尚恬旷,老大宜安适。何以养吾真?官闲居处僻。"⑤都描写了在

---

① 《庄子集释》,第 716 页。

② [唐]施肩吾:《西山群仙会真记》卷二,《中国养生文献全书》第一卷,甘肃人民出版社 2000 年版,第 720 页。

③ 《庄子集释》卷五,第 457 页。

④ 《白居易集笺校》卷五,第 284 页。

⑤ 《白居易集笺校》,第 285、317、302、351 页。

虚静中修心的境界。可见,白居易对道家思想的汲取不限于原始道家经典,而是与时俱进的。

而且他的闲适诗中所表达的道家思想又杂糅着其他的思想,如《感时》:

今我犹未悟,往往不适意。胡为方寸间,不贮浩然气? 贫贱非不恶,道在何足避? 富贵非不爱,时来当自致。所以达人心,外物不能累。唯当饮美酒,终日陶陶醉。①

此诗以老庄思想为主,但杂有孟子善养浩然之气的思想,将儒家安贫乐道与道家人生如寄、追求适意的思想结合在一起。《隐几》:

身适忘四支,心适忘是非。既适又忘适,不知吾是谁? 百体如槁木,兀然无所知。方寸如死灰,寂然无所思。今日复明日,身心忽两遗。行年三十九,岁暮日斜时。四十心不动,吾今其庶几!②

此诗将孟子的四十心不动与道家坐忘思想联系起来,体现了其对儒道两家相近思想的打通。

他同样汲取了《周易》的思想,如《永崇里观居》:"寡欲虽少病,乐天心不忧。何以明吾志?《周易》在床头。"《松斋自题》:"持此将过日,自然多晏如。昏昏复默默,非智亦非愚。"③乐天知命与知足常乐的思想,成为他一生的重要思想源泉之一。

---

① 《白居易集笺校》卷五,第270页。
② 《白居易集笺校》卷六,第314页。
③ 《白居易集笺校》卷五,第272、281页。

　　尽管他也曾在一些闲适诗中表达了向佛的思想,但此类诗极少,仅见《赠王山人》:"彭生徒自异,生死终无别。不如学无生,无生即无灭。"《赠杓直》:"早年以身代,直赴《逍遥篇》。近岁将心地,回向南宗禅。外顺世间法,内脱区中缘。进不厌朝市,退不恋人寰。自吾得此心,投足无不安。"①关于佛教思想的阐发多在感伤诗与杂律诗中。这两类诗以表现诗人生活情感为主,而居易在元和十年之前的生活与情感经历一直都比较坎坷,所以常见其试图以佛教解脱情欲与生死痛苦的思想倾向。详本章三、四两节的相关论述。

　　再次,从原始闲适诗中的交游诗来看,诗人交往的对象多为有着共同兴趣爱好的淡泊名利、热爱归隐的人。

　　《见萧侍御忆旧山草堂诗因以继和》刻画了一位闲云野鹤般,厌倦官场,热爱归隐生活的诗人:

　　　　琢玉以为架,缀珠以为笼。玉架绊野鹤,珠笼锁冥鸿。鸿思云外天,鹤忆松上风。珠玉信为美,鸟不恋其中。台中萧侍御,心与鸿鹤同。晚起慵冠豸,闲行厌避骢。昨见《忆山》诗,诗思浩无穷。归梦杳何处?旧居茫水东。秋闲杉桂林,春老芝术丛。自云别山后,离抱常忡忡。衣绣非不荣,持宪非不雄。所乐不在此,怅望草堂空!

　　《赠吴丹》表明了居易欣赏吴丹淡泊名利、进退自由的生活状态:"爱君无巧智,终岁闲悠悠。尝登御史府,亦佐东诸侯。手操纠谬简,心运决胜筹。宦途似风水,君心如虚舟。泛然而不有,进退得自由。"《招王质夫》:"濯足云水客,折腰簪笏身。喧闲迹相背,十里别经旬。忽因乘逸兴,莫惜访嚣尘。窗前故栽竹,与君为主人。"描

_____

　　①《白居易集笺校》,第297、353页。

写自己与山人王质夫的逸兴闲情。《酬杨九弘贞长安病中见寄》赞许杨弘贞高洁恬淡的人格:"贫坚志士节,病长高人情。隐几自恬淡,闭门无送迎。"①

一些默契好友在闲适诗中也往往是以闲适淡泊、不慕名利的形象出现。《答元八宗简同游曲江后明日见赠》:

> 长安千万人,出门各有营。唯我与夫子,信马悠悠行。行到曲江头,反照草树明。南山好颜色,病客有心情。水禽翻白羽,风荷袅翠茎。何必沧浪去,即此可濯缨。

《寄李十一建》:

> 扫阶苔纹绿,拂榻藤阴清。家酝及春熟,园葵乘露烹。看山东亭坐,待月南原行。门静唯鸟语,坊远少鼓声。相对尽日言,不及利与名。

《酬张十八访宿见赠》:

> 昔我为近臣,君常稀到门。今我官职冷,唯君来往频。我受狷介性,立为顽拙身。平生虽寡合,合即无缁磷。况君秉高义,富贵视如云。②

元宗简、李建、张籍都是白居易的密友,在白居易其他三类诗中多有所涉及,但在闲适诗中的不慕名利、淡泊自守形象与其他诗类皆有不同。

---

① 《白居易集笺校》,第 276、286、274、295 页。
② 《白居易集笺校》,第 269、292、346 页。

　　闲适诗中的交游人物都与白居易在进退出处方面有着相似的追求,他们或淡泊名利,或热爱归隐,或为征君,或为山人,有着共同的思想追求,静永健《白居易写讽谕诗的前前后后》认为闲适诗与感伤诗有公私之别,认为闲适诗是"为宫中同僚们所见的作为士大夫的诗作"①是略有偏颇的。

　　从对"适"的追求来说,原始闲适诗是以道家思想为主,试图追逐一种泯灭是非自我的"适意"状态,如"置心世事外,无喜又无忧。"(《适意二首》)"进不厌朝市,退不恋人寰。自吾得此心,投足无不安。体非道引适,意无江湖闲。"(《赠杓直》)②元和十年以后,白居易所作闲适诗的思想虽没有跳出这个范围,即以阐发道家思想为主,如《齐物二首》、《达理二首》有"穷通两无闷"、"委顺以待终"、"唯当养浩然,吾闻达人语"③等语,但"适"的内容已趋向追求因外物而"适"的一面:"外有适意物,中无系心事。"(《郡中即事》)"厚薄被适性,高低枕得宜。神安体稳暖,此味何人知? 睡足仰头坐,兀然无所思。如未凿七窍,若都遗四肢。缅想长安客,早朝霜满衣。彼此各自适,不知谁是非?"④(《晏起》)这种适还表现为山水之适,隐士之适,如"脱衣恣搔首,坐卧任所适。……偶获此闲居,谬似高人迹"(《北亭》)、"但取幽人适"⑤(《官舍内新凿小池》)。也就是说,在元和十年白居易将闲适诗独立分类以后,一直恪守着在闲适诗中表现士大夫修心养性与风雅生活这一准则,但其适已渐趋向于身外之适。晚年所作的闲适内容的诗歌,沿着此方向继续发展,更多追求自适,而且这种自适多体现在日常生活的享受上,如《谕亲友》中"适情处处皆安乐,大抵园林胜市朝",将"适"与

---

　　①《白居易写讽谕诗的前前后后》,第53页。

　　②《白居易集笺校》,第318、353页。

　　③《白居易集笺校》,第402、408、408页。

　　④《白居易集笺校》,第435、458页。

　　⑤《白居易集笺校》,第364、367页。

"安乐"联系起来。《问皇甫十》:"苦乐心由我,穷通命任他。坐倾张翰酒,行唱接舆歌。荣盛傍看好,优闲自适多。"[①]悠闲自适与歌、酒等世俗之物结合起来,表达对日常俗世生活的闲适,与原始闲适诗试图泯灭自我、追求心灵平静的人格修养已不再相同。可见,从原始闲适诗到晚年反映闲适生活的诗,其内容与情调是在变化着的,川合康三所说的吟咏在日常生活中获得的安详、舒畅之情并不能概括四卷闲适诗的内容,如果说它是白居易晚年所作的闲适诗歌的主要内容,倒是基本相合的。

　　白居易刻意在闲适诗中避开谈论佛教思想,闲适诗中的交往人物里面也没有与佛教人物相关的"上人"和僧人,白居易所要表达的主要是传统士大夫退公之余修心养性的生活方式,这种修心养性的培养与佛教无关,至少白居易认为它是无关的。他将佛家思想有意摒除在传统士大夫的思想修养之外。他融合了儒家养气、安贫乐道和道家委运任化、虚静空心、知足等思想,这是传统的儒道互补模式。但在具体的修心过程中,道家思想占据了主要地位,他将《周易》、孟子、佛教中相近的思想全部囊括入道家思想之中。故而陈寅恪先生在《白乐天之思想行为与佛道关系》一文中认为:"而白公则外虽信佛,内实奉道是。""由是言之,乐天之思想乃纯粹苦县之学,所谓禅学者,不过装饰门面之语。故不可以据佛家之说,以论乐天一生之思想行为也。"[②]从闲适诗看来,陈寅恪先生所言极是。而这种继承传统士大夫超脱世俗、修身养性的精神正好是为宋代理学融合三教思想,提倡心性之论提供了借鉴,所以白居易的闲适诗能受到宋人的特别爱好和关注。

---

① 《白居易集笺校》,第 2223、2382 页。
② 《元白诗笺证稿》,第 327 页。

三、原始闲适诗的文学渊源

关于白居易闲适诗的艺术渊源,赵翼《瓯北诗话》卷四有非常精彩的论述:

> 香山诗恬淡闲适之趣,多得之于陶、韦。其《自吟拙计》
> 云:"时时自吟咏,吟罢有所思:苏州及彭泽,与我不同时。此
> 外复谁爱?惟有元微之。"又《题浔阳楼》云:"常爱陶彭泽,文
> 思何高玄;又怪韦苏州,诗情亦清闲。"此可以观其趣向所在
> 也。晚年自适其适,但道其意所欲言,无一雕饰,实得力于二
> 公耳。①

认为白居易恬淡闲适之趣来源于陶、韦,是十分精辟的观点。此恬淡闲适之趣,即指闲适诗,不仅如赵翼所说的晚年,白居易早期的闲适诗更是完全脱胎于陶、韦。他在《题浔阳楼》诗中云:"常爱陶彭泽,文思何高玄?又怪韦苏州,诗情亦清闲。"②这正好概括了其原始闲适诗包括的两大类诗歌内容与其艺术渊源:一为表达知足常乐、委顺任化的理趣之作,以议论为多,以学陶渊明为主;一为表现高雅风流的生活情趣之作,以描写为多,以学韦为主。

元好问云:"陶渊明,晋之白乐天。"③提出了白居易与陶渊明在诸多方面的相似之处。白居易对陶渊明的继承是多方面的,除了对其安贫乐道、不慕名利等思想人格上的尊崇,在诗歌创作上,更是以陶为准,最集中的体现就是其闲适诗。

---

① [清]赵翼:《瓯北诗话》,人民文学出版社 1963 年版,第 41 页。
② 《白居易集笺校》卷七,第 360 页。
③ [元]元好问:《元遗山诗集笺注》,人民文学出版社 1958 年版,第 525 页。

白居易闲适诗中常能见到陶诗中的类似语言与意象,表达自己对琴酒诗意生活的惬意与舒适。如"茅屋四五间,一马二仆夫。……既无衣食牵,亦少人事拘。遂使少年心,日日常晏如。"①此诗完全从陶诗《归园田居》中"方宅十余亩,草屋八九间"化用而来。退居渭村后,写了不少与陶渊明田园诗相似的诗歌,如《效陶体诗十六首》其九:

> 原生衣百结,颜子食一箪。欢然乐其志,有以忘饥寒。今我何人哉,德不及先贤。衣食幸相属,胡为不自安? 况兹清渭曲,居处安且闲。榆柳百余树,茅茨十数间。寒负檐下日,热濯涧底泉。日出犹未起,日入已复眠。西风满村巷,清凉八月天。但有鸡犬声,不闻车马喧。时倾一樽酒,坐望东南山。稚侄初学步,牵衣戏我前。即此自可乐,庶几颜与原!

无论从语言还是境界,皆与陶诗颇为相似。又如其八:

> 坐愁今夜醒,其奈秋怀何! 有客忽叩门,言语一何佳! 云是南村叟,挈榼来相过。且喜樽不燥,安问少与多? 重阳虽已过,篱菊有残花。欢来苦昼短,不觉夕阳斜。老人勿遽起,且待新月华。客去有余趣,竟夕独酣歌。②

写诗人与邻叟的秋夜对酌,亦与陶诗中题材内容颇为相似。可以说白居易闲适诗的浅易是学陶的平淡而得来的。

白居易闲适诗受陶诗影响最重要的一点还在于"文思高玄"。尽管陶渊明是以田园诗名世,但近世以来亦有人注意到陶渊明诗

---

① 《白居易集笺校》卷五,第 265 页。
② 《白居易集笺校》卷五,第 305—306 页。

中的玄言成分。陈寅恪《陶渊明之思想与清谈之关系》认为陶渊明《形影神》是创立于道家自然之说别有进一步之创解的新自然说的代表作，"要旨在委运任化"①。逯钦立《关于陶渊明》专有"从《形影神》诗看陶渊明的玄学观"②之论。其实，陶渊明诗与玄学有着密切关系，既在诗中以自然景物述比玄理，又有不少直述玄理之作。如：

> 运生会归尽，终古谓之然。世间有松乔，于今定何间？（《连雨独饮》）
>
> 所以贵我身，岂不在一生？一生复能几，倏如流电惊。（《饮酒》）
>
> 行止千万端，谁知非与是。是非苟相形，雷同共毁誉。三季多此事，达士似不尔。咄咄俗中恶，且当从黄绮。（《饮酒》）③

白居易闲适诗有不少说理之作，深受陶诗这类玄言诗的影响。白居易诗《松斋自题》："夜直入君门，晚归卧吾庐。形骸委顺动，方寸付空虚。持此将过日，自然多晏如。昏昏复默默，非智亦非愚。"④与陶诗《神释》"甚念伤吾生，正宜委运去。纵浪大化中，不喜亦不惧。应尽便须尽，无复独多虑"⑤颇同。白居易诗"朝饮一杯酒，冥心合元化。兀然无所思，日高尚闲卧"⑥，与陶诗"人生似幻化，终当归空无"（《归园田居》）、"形骸久已化，心在复何言"（《连雨独

---

① 陈寅恪：《金明馆丛稿初编》，三联书店2001年版，第225页。
② ［晋］陶渊明著，逯钦立校注：《陶渊明集》，中华书局1979年版，第213页。
③ ［晋］陶渊明著，袁行霈校注：《陶渊明集校注》，中华书局2003年版，第125、243、250页。
④ 《白居易集笺校》卷五，第281页。
⑤ 《陶渊明集校注》，第67页。
⑥ 《白居易集笺校》卷五，第304页。

饮》）亦同。二人都是以道家思想入诗,表达自己对人生的态度。又陶诗:"颜生称为仁,荣公言有道。屡空不获年,长饥至于老。虽留身后名,一生亦枯槁。死去何所知? 称心固为好。各养千金躯,临化消其宝。裸葬何必恶,人当解其表。"①白居易诗句:"唯有衣与食,此事粗关身。苟免饥寒外,余物尽浮云。"(《初除户曹喜而言志》)"终朝饱饭食,卒岁丰衣服。"(《秋居书怀》)"终日一蔬食,终年一布裘。"(《适意二首》)②相对陶渊明的哲学思索的高度,白居易更多地去描写对衣、食、坐、卧的日常生活知足之感,容易给人以"俗"的感觉,实际上这类诗歌是有着深层的思想内涵,也是道家重视个体生命的一种体现。

如前所说,闲适诗中的说理之作内容是儒家养气、安贫乐道和道家委运任化、虚静空心、知足等思想的融合体,由于白居易以更为浅显而直白的语言道出,使得这类诗歌有太尽太直太露的特点,与陶渊明那种思索人生哲理与自然哲学的淳厚和自然有所不同,故钱基博云:"大抵《闲适诗》之融情入景,意与婉惬,其源出于陶潜,得其旷真而逊其郁厚。"③但正如松浦友久《白居易和陶渊明》所认为的,白居易对陶渊明形象所持的共感的基础,"实际上就是他对陶渊明作品的'诗的说理性'所持的共感。"④白居易在这方面对陶渊明的继承与发展又对宋人的说理诗有很大的影响。钱钟书《宋诗选注》序中曾说:

> 宋诗还有个缺陷,爱讲道理,发议论;道理往往粗浅,议论往往陈旧,也煞费笔墨去发挥申说。这种风气,韩愈、白居易以

---

① 《陶渊明集校注》,第 86、125、261 页。
② 《白居易集笺校》,第 288、289、318 页。
③ 钱基博:《中国文学史》,中华书局 1993 年版,第 411—412 页。
④ 《唐代文学研究年鉴》(1987),陕西师范大学出版社 1988 年版,第 329 页。

来的唐诗里已有,宋代"理学"或"道学"的兴盛使它普遍流播。①

尽管钱钟书批评宋诗爱发议论的特点,但却指出了韩愈和白居易的说理诗是宋诗的肇始。

白居易另一类闲适诗主要是写其退公之余诗酒风流、悠游山水的传统士大夫的诗意生活,这种生活是超越世俗的,是与士大夫修心养性的理念相应的。所以在白居易的闲适诗里我们可以看到诗、酒、琴等优雅之物,但是却看不到女妓、琵琶、筝等世俗享乐的描写。有研究者把与后者相关的诗歌放在白居易的闲适诗里实在是违背了作者的原意。这类诗歌更多地受到韦应物的影响。

韦应物也学陶,但陶渊明之隐是一种心灵归宿,盛唐诗人之隐是终南捷径,韦应物吸收了王维等人的吏隐观念,完全是以隐为一种生活方式,创作了不少郡斋诗,蒋寅称韦应物:

> 在观念上志尚清虚,追慕淡泊宁静的隐士生活,而在实际生活中却留恋爵禄,耽于物质享受。当然,韦应物诗中除了追求静穆散淡之趣外,看不到对物质享乐的俗望,可功名之心终逗露出他骨子里世俗的一面。②

在这一点上他成为白居易仿效的对象。也就是说白居易在吸收了陶渊明不慕名利,安贫乐道,追求诗酒优雅生活的一面,但摒弃了其归田守耕的贫困生活,而是以韦应物优游自得的吏隐生活为准则。

白居易的闲适诗更是受到韦应物很大程度上的影响。《与元九书》:"仆不能远征古旧,如近岁韦苏州歌行,才丽之外,颇近兴讽。其五言诗又高雅闲澹,自成一家之体。今之秉笔者,谁能及

---

① 钱钟书:《宋诗选注》序,人民文学出版社 1958 年版,第 7 页。
② 蒋寅:《大历诗人研究》,中华书局 1995 年版,第 97 页。

之?"他对韦应物的五言诗非常推崇,其闲适诗也无一例外的,全是五言古体诗。

在退公之余的生活当中,白居易刻意在闲适诗中追求一种"清幽虚静"的境界。其中有不少诗刻画了一种"清"的境界,这种对"清"的追求既是一种历史积淀的结果,也是大历时期的诗歌风尚。尽管那一时期诗人们对"清"字的运用颇为平常,但从白居易对韦应物其人其诗的尊崇看来,其追求"清"更多地来自于对韦应物的模仿,韦应物560首诗中共用"清"字154次①。白居易闲适诗216首中"清"字共出现68次,原始闲适诗101首中出现40次。其频率与韦应物不相上下。

在描写气候或景物时,往往多带此"清"字,如"清风"、"清凉"、"清和"等,使得诗歌中出现一种"清"之美,体现出诗人心中的清雅性情:

> 风竹散清韵,烟槐凝绿姿。(《官舍小亭闲望》)
> 西窗竹阴下,竟日有余清。(《听弹古渌水》)
> 月出清风来,忽似山中夕。(《禁中寓直梦游仙游寺》)
> 况兹孟夏月,清和好时节。(《首夏病间》)
> 朝退马未困,秋初日犹长。回辔城南去,郊野正清凉。
> (《朝回游城南》)
> 七月行已半,早凉天气清。(《秋游原上》)②

清境与静境相辅相成,共同构建了诗人心中淡泊宁静的精神家园:

> 扫阶苔纹绿,拂榻藤阴清。家酝及春熟,园葵乘露烹。看

---

① 苏晓威、郭洪涛:《论韦应物五言诗诗风的"清"》,《苏州科技学院学报》(社会科学版)2004年第4期,第70页。

② 《白居易集笺校》,第279、281、296、319、356、324页。

山东亭坐,待月南原行。门静唯鸟语,坊远少鼓声。相对尽日言,不及利与名。(《寄李十一建》)

静得亭上境,远谐尘外踪。凭轩东南望,鸟灭山重重。竹露冷烦襟,杉风清病容。(《题杨颖士西亭》)

闲心对定水,清净两无尘。(《题玉泉寺》)

永崇里巷静,华阳观院幽。(《永崇里观居》)

澹然无他念,虚静是吾师。(《夏日独直寄萧侍御》)①

诗人常以此境与朋友分享,表达了共同的兴趣与追求:"每得一静境,思与故人言。"(《禁中晓卧因怀王起居》)"终夜清景前,笑歌不知疲。长安名利地,此兴几人知?"(《首夏同诸校正游开元观因宿玩月》)②

蒋寅认为:

正因为清是超脱世间庸俗氛围的胸襟和趣味,所以对具体情境的"清"的感受很大程度上就成了一种心境的玩味和投射。环境的清也就是心境的清。这种泯灭了世俗欲念、超脱于利害之心的心境正是审美观照的前提,也是诗意的开始。③

"清"正是对世俗氛围的超脱,是传统士大夫们一直追求的一种超凡脱俗的人生境界,也是诗歌追求中的一种清新自然的审美境界。这正是白居易闲适诗中的追求之一,一方面关注政治民生,力求兼济天下,一方面追求修身养性、超脱世俗的审美人生。

韦应物在山水田园诗中取得比较高的地位,葛晓音总结为:

---

① 《白居易集笺校》,第 292、299、355、272、284 页。

② 《白居易集笺校》,第 290、271 页。

③ 蒋寅:《古典诗学中"清"的概念》,《中国社会科学》2000 年第 1 期,第 150 页。

在淡化意象、寻求韵味、提炼仙境和禅境等方面,发展了王孟诗派的表现艺术,将盛唐山水田园诗优美清空的典型意境进一步引向萧散淡冷,反映了中唐的时代相当普遍的审美趣尚,因而在中晚唐和宋代,特别受到白居易和苏轼的推重。①

韦应物继承了王维等追求的清幽禅境,而白居易与此有所不同。他更多地直承道家思想而来,有意与佛教区分。如代表作《清夜琴兴》:

> 月出鸟栖尽,寂然坐空林。是时心境闲,可以弹素琴。清泠由木性,恬淡随人心。心积和平气,木应正始音。响余群动息,曲罢秋夜深。正声感元化,天地清沉沉。②

首联似乎与王维等人诗中禅境相同,但作者寂然而坐,以恬淡和平之心弹素琴,琴声和谐,荡涤万物,使天地一体,物我合一。在这类诗歌当中,往往皆为有我之境,是诗人感觉思考后的境界,而非王维、韦应物中的清幽空寂的"无我之境"。

从创作阶段来说,白居易的原始闲适诗主要是以上面两种作品为主的,任职京官时,通过表达对归隐的期待、对清境的刻画,描写出对传统士大夫高雅闲适生活情趣的追求,同时也有在挫折与不平中以道家思想来调适心理的说理之作。被贬江州之后的闲适诗,说理性相对少了一些,更多地描写诗人在山水中寻找诗酒生活乐趣的倾向。

从艺术风格来说,他的闲适诗继承了陶渊明的谈玄说理,而出

---

① 葛晓音:《山水田园诗派研究》,辽宁大学出版社1993年版,第337—338页。
② 《白居易集笺校》卷五,第302页。

之以直白无隐,吸收了韦应物的高雅闲淡,而加之以浅易,故被何义门冠以"枯直无余味"①的评价。钱钟书《谈艺录》也称:"其写怀学渊明之闲适,则一高玄,一琐直,形而见绌矣。"②白诗更多将日常生活引入闲适诗中,在说理时也多直述无隐,故而显得繁琐,又多直白浅显。但诗歌总是在继承中发展的,白居易之所以为白居易,正是他的浅易直白的诗风,为中唐诗歌的丰富性与个性化写下了浓重的一笔。

第三节　白居易感伤诗原论

讽谕诗兼济,闲适诗独善,白居易有意地在作品当中表达兼济之志和独善之义,独有感伤诗是诗人真情的自然流露,表达的是诗人对事和人的独有的感伤情绪体验。"感伤更趋近文学艺术的本质",它是"文学艺术家生存的最高境界。"③因此研究白居易的感伤诗具有相当重要的意义,而再现白居易感伤诗的原生态情况,无疑对白居易研究具有更重大的意义。本文拟分析白居易感伤诗的心理成因,并力图再现白居易感伤诗分类的原始状态。

一、感伤诗的心理成因

白居易的杂律诗是"或诱于一时一物,发于一笑一吟,率然成章,非平生所尚者,但以亲朋合散之际,取其释恨佐欢。"既是率性自然地抒发情感之作,喜怒哀乐应该是包含其中的,那么他又为什么把抒写悲伤哀怨的感伤诗单独列为一类呢? 而且白居易的诗歌

---

① 《白居易集笺校》卷五,第 266 页。
② 钱钟书:《谈艺录》,中华书局 1984 年版,第 195 页。
③ 田崇雪:《文学与感伤》前言,中国社会科学出版社 2006 年版,第 10、6 页。

理论主要以复古六义为主,所以他重视的讽谕诗和闲适诗都用古体诗来写作,而感伤诗也基本上都是古体诗,这是值得我们重视和思考的。那么这里面究竟有着什么样的深层原因呢? 我们主要从两个方面来探讨。

1. 两次人生巨痛

文学是人学。文学作品即是作家的心灵史,所以任何一位作家的作品都和他的生活经历密切相关。尤其是早年生活比较艰苦的诗人,那种苦难会在心灵上打下深深的烙印,有时甚至会影响他一生的思想和创作。白居易就是这样一位诗人。

白居易于唐代宗大历七年(772)生于郑州新郑县东郭宅,据《宿荥阳》诗云:"生长在荥阳,少小辞乡曲。迢迢四十载,复向荥阳宿。去时十一二,今年五十六。"①大概到德宗建中三年(782)离开荥阳,"从父季庚徐州别驾任所,寄家符离。⋯⋯次年再避难越中也。"②避乱主要指的是躲避建中三年发生的以李希烈、朱滔等为首的藩镇之乱,一直到贞元二年(786),战乱才逐渐平息。白居易在这段时间内始知有进士,苦节读书。贞元四年,父亲改除大理少卿、衢州别驾后,从父衢州任所,结束寄人篱下的生活。贞元七年(791),白居易在符离县,"昼课赋、夜课书,间又课诗,不遑寝息矣。以至于口舌成疮,手肘成胝。既壮而肤革不丰盈,未老而齿发早衰白。瞥瞥然如飞蝇垂珠在眸子中也,动以万数。盖以苦学力文所致。"(《与元九书》)可见他经历多方漂泊困顿,故于此安定时期知道应该勤奋读书。

然而不久更大的打击到来,这使得诗人遭受了人生当中第一次巨大的苦难时期。贞元十年(794),父亲白季庚卒于襄阳官舍,白居易在襄阳处理后事,进入服丧期。父亲一去世,家里唯一的收

---

① 《白居易集笺校》卷二一,第 1441 页。
② 《白居易年谱》,第 9—10 页。

入来源没有了,家庭逐渐贫困。所以《与元九书》中说"家贫多故,年二十七方从乡赋",在从乡赋前的这段时间,可能是他一生最艰苦的时期之一,他在早年的诗文中多次提到为了生计而奔波之苦。如《秋暮西归途中书情》中所云:

> 耿耿旅灯下,愁多常少眠。思乡贵早发,发在鸡鸣前。九月草木落,平芜连远山。秋阴和曙色,万木苍苍然。去秋偶东游,今秋始西旋。马瘦衣裳破,别家来二年。忆归复愁归,归无一囊钱。心虽非兰膏,安得不自然?①

诗人为贫所困的无奈与凄凉跃然纸上,令人悲叹!贞元十四年(798),白居易曾赴浮梁,《将之饶州江浦夜泊》诗云:"身病向鄱阳,家贫寄徐州。"《伤远行赋》云:"贞元十五年春,吾兄吏于浮梁。分微禄以归养,命予负米而还乡。出郊野兮愁予,夫何道路之茫茫!茫茫兮二千五百,自鄱阳而归洛阳。"②二千五百里的路程,在交通手段极其简陋的唐代,还要负米回乡,这将是多么漫长而艰难的旅程。

虽然这段时期,由于文献缺少的原因,关于白居易具体生活行踪已无法考证,但是从这些诗赋当中,我们已经能看出,在贫困面前,再有才华的诗人也无可奈何,他只能为了生活到处奔波漂泊,他只能在漂泊中哀叹人生的艰辛:"生离别,生离别,忧从中来无断绝。忧极心劳血气衰,未年三十生白发。"(《生离别》)他只好从佛道中寻找心灵安慰:"借问空门子,何法易修行?使我忘得心,不教烦恼生。"(《客路感秋寄明准上人》)③这种贫困生活在诗人心中打

---

① 《白居易集笺校》卷九,第 499 页。
② 《白居易集笺校》,第 495、2594 页。
③ 《白居易集笺校》,第 628、498 页。

下的烙印是终生都无法消除的。

贞元十九年书判拔萃科登第后,初为校书郎时白居易还有《思归》诗云:"养无晨昏膳,隐无伏腊资。遂求及亲禄,俛俛来京师。薄俸未及亲,别家已经时。"①可见此时,他的家庭经济状况还不是太好。第二年才渐渐改善,他于是徙家于秦中,卜居下邽县义津乡金氏村。元和元年,登才识兼茂明于体用科,授盩厔尉,再召入翰林,授左拾遗,然后才结婚生子,到元和五年为京兆府户曹参军,都比较顺利,生活过得较为宽裕,白居易还在《初除户曹喜而言志》诗中高兴地写道:"俸钱四五万,月可奉晨昏。廪禄二百石,岁可盈仓囷。"②

然而,元和六年,白居易之母陈氏在长安宣平里第去世,他退居下邽丁忧服丧,开始了人生当中的又一次最苦难时期。母亲的去世给他带来了沉重打击,不久他就病倒了,但是没想到,自己疼爱的女儿又夭折了,《病中哭金銮子》云:

> 岂料吾方病,翻悲汝不全?卧惊从枕上,扶哭就灯前。有女诚为累,无儿岂免怜。病来才十日,养得已三年。慈泪随声迸,悲肠遇物牵。故衣犹架上,残药尚头边。送出深村巷,看封小墓田。莫言三里地,此别是终天。

在这三重打击下,诗人心灵上的凄凉惨痛浸透字里行间,读之令人泣下。此后,白居易是"一病经四年",但他还不得不应对贫穷。《村居二首》之一云:"门闭仍逢雪,厨寒未起烟。贫家重寥落,半为日高眠。"他甚至被迫自己耕种,"谷苗深处一农夫,面黑头斑手把

---

① 《白居易集笺校》卷九,第 496 页。
② 《白居易集笺校》卷五,第 287 页。

锄。何意使人犹识我，就田来送相公书？"(《得袁相书》)①在贫老病苦的催迫下，这个时期诗人的心情极其黯淡，有时甚至几近绝望。

后人总是批评白居易知足饱和思想的浅薄，还有人争论这种思想来源于佛家或道家，其实，它真正的起因是来源于白居易所经历的苦难生活，与这种苦难生活相比，他此后所受到的打击都不是致命的，因为他至少不用像以前那样为了生计而如此地奔波，或在贫病交加中亲自耕种，所以摆脱贫困成为他出处行藏中的最后一根底线。正如他在《朝归书寄元八》中所云："年长身且健，官贫心甚安。幸无急病痛，不至苦饥寒。自此聊以适，外缘不能干。"②所以他总是在诗歌当中多次提到与平民相比而感到知足，或心中颇有愧疚之感。经历这两次大的人生苦难，白居易饱受创伤，对他来说，人生经历中的痛苦远远多于欢乐，这为他创作感伤诗提供了经验基础，而更重要的是他在这种生活经历基石上的对于"诗人多薄命"的反思。

2. "诗人多薄命"的反思与慨叹

元和九年冬，白居易被召授太子左赞善大夫。但第二年，即发生武元衡被刺事件，居易首先上书，急请捕贼以雪国耻，不料被论为先谏官言事，又有人诬居易浮华无行，母亲堕花而死却作《赏花》、《新井》诗，居易终贬江州司马。白居易刚从人生苦难中解脱不久，又经历此重大政治打击，悲愤填膺，写作了《与元九书》和《与杨虞卿书》，在后面这封书信里，诗人把自己这一切归结于命："然而求名而得名，求禄而得禄，人皆以为能，仆独以为命。命通则事偶，事偶则幸来。幸之来，尚归之於命；不幸之来也，舍命复何归哉！"在此之前，诗人已多次提及"命"，感叹自己的"薄命"，如《闻庚七左降因咏所怀》："我病卧渭北，君老谪巴东。相悲一长叹，薄命

---

① 《白居易集笺校》卷十四，第 846、862、849 页。
② 《白居易集笺校》卷六，第 348 页。

与君同。"《达理二首》之一:"我命独何薄? 多悴而少丰。当壮已先衰,暂泰还长穷。"①被贬江州的重大政治打击坚定了他思想中这种薄命意识。

除了亲身经历,朋友的遭遇促使他对此进一步深入思考,《见杨弘贞诗赋因题绝句以自谕》:"赋句诗章妙入神,未年三十即无身。常嗟薄命形憔悴,若比弘贞是幸人。"诗人并非在幸灾乐祸,而是在同情朋友的同时为自己寻找心灵上的安慰。在《读邓鲂诗》中,白居易的思考已经逐渐成熟,他把邓鲂与杜甫、孟浩然的遭遇相类比,得出"诗人多蹇厄"的结论:"诗人多蹇厄,近日诚有之。京兆杜子美,犹得一拾遗。襄阳孟浩然,亦闻鬓成丝。嗟君两不如,三十在布衣。擢第禄不及,新婚妻未归。少年无疾患,溘死于路岐。天不与爵寿,唯与好文词。此理勿复道,巧历不能推。"②诗人对此是悲痛、伤感又无可奈何的。

《与元九书》是诗人对自己前半生的际遇、诗歌创作及诗歌理论进行总结与反思之作。他从自身的坎坷经历出发反观唐代诗人的人生:

> 古人云:"名者公器,不可以多取。"仆是何者? 窃时之名已多。既窃时名,又欲窃时之富贵,使己为造物者,肯兼与之乎? 今之迍穷,理固然也。况诗人多蹇,如陈子昂、杜甫,各授一拾遗,而迍剥至死。李白、孟浩然辈不及一命,穷悴终身。近日孟郊六十,终试协律。张籍五十,未离一太祝。

详细提到了唐代以来一些大诗人穷困潦倒一生的经历,但是为什么出色的诗人总会有如此的命运呢? 白居易苦苦思索而得不出结

---

① 《白居易集笺校》,第 321、408 页。
② 《白居易集笺校》,第 900、513 页。

果,在被贬江州之后,他创作了《李白墓》:"采石江边李白坟,绕田无限草连云。可怜荒陇穷泉骨,曾有惊天动地文。但是诗人多薄命,就中沦落不过君。"①自己困厄的亲身体验,薄命的慨叹,加上反观唐代大诗人们的命运,他把"诗人多塞厄"的原因归结于"诗人多薄命",今天我们看来,这种原因有些宿命论,甚至有些可笑,但是在当时,诗人恐怕找不到更好的原因,将之归于天命无疑是充满了无奈和感伤的。

清代郭金台《石村诗文集》卷中云:

> 白乐天终身荣遇,言论和平,其自序云"言关美刺者谓之讽谕,逐事而发谓之感伤"。夫乐天所遇如此,而为诗讽谕、感伤如彼,岂直如马迁言三百篇皆发愤所为作乎?②

批评白居易终身荣遇、言论和平,其讽谕、感伤诗非发愤所作,真可谓未能做到知人论世,实在是对乐天的经历未加详细考证,有失偏颇。乐天经历两次人生巨大苦难和一次重大政治打击,将痛苦和悲伤发之于诗。到元和十年白居易可能在编集时,发现这类感伤的诗比较多,所以有单独分类的必要。再加上当时被贬江州,他有着强烈的"诗人多塞厄"的心理,使他想借助感伤诗的独立分类来突显"诗人多薄命"的异代同悲之感。这便是他把感伤诗单独分类的主要心理成因。

二、感伤诗的原生态再现

白居易元和十年所编十五卷诗虽然已无法面世,但是白居易

---

① 《白居易集笺校》卷十七,第 1099 页。
② [清]郭金台:《石村诗文集》,《四库禁毁书丛刊》集部第 84 册,第 621 页。

感伤诗的原始分类状况却有考察的可能性。因为白居易的《与元九书》作于十二月,文中提到当时编集时感伤诗共一百首,而其中的诗歌所作年代最晚应止于元和十年;再根据《白居易集综论》所考证的结果,白集基本保持了原来面貌,并未发生大的淆乱。这样,我们可以在现存的四卷感伤诗里提取出元和十年以前的感伤诗,或许这些诗就是当时白居易编集时的那些诗歌。

　　我们根据朱金城的《白居易诗集笺校》的诗歌系年,以上述标准列图如下:

卷　　数	元和十年以前诗歌数量(含十年)	元和十年后诗歌数量	诗歌体裁
感伤一(卷九)	50	5	古调诗五言
感伤二(卷十)	53	25	古调诗五言
感伤三(卷十一)	0	53	古体五言
感伤四(卷十二)	9	20	歌行曲引杂体

如图可见,元和十年之前(含十年)所作的感伤诗共计 112 首,离作者所云的一百首相距不是太远。编集时白居易云"一百首",未必是一百首整,再考虑到《白居易集笺校》对作年考订可能会有些微偏差,我们可以这样说,白居易元和十年编集的一百首感伤诗保存在现有的白集里面,这一百余首诗歌基本再现了白居易感伤诗分类的原生态状况。我们研究白居易感伤诗的原始状态就以这些诗歌为对象。

　　我们在解读白居易的感伤诗原始状态时,不能光从诗歌的本身的涵义出发,还要考虑到元和十年诗人编集时的心态,因为他对自己以往的诗歌进行再次解读与分类,其实是他对以前诗歌的一次接受的过程,而这种接受与他当时被贬江州时的心态有重要的关系。我们可以把这个问题概括为"彼时"与"此时"。也就是说诗歌本身具有的感伤性，我们可以称之为"原感伤性"，与元和十年诗人编集时追忆往事解读原诗歌而感伤，我们权且称之为"再感伤性"。这样，我们在解读一些看似不感伤，诗人却把它归入感伤类的诗歌时，就找到了理论依据和切入点。

"原感伤性"类诗歌是构成白居易感伤诗的主要部分。因为白居易前半生的经历较为坎坷，感情上饱经风霜，发之于诗，则使之具有浓厚的感伤性。这类诗歌我们可以把它分作几个主题。首先是伤春悲秋与死亡意识。诗人早年的伤春悲秋之诗，主要是对前途的迷惘和生活困苦的忧虑，如《客路感秋寄明准上人》：

> 日暮天地冷，雨霁山河清。长风从西来，草木凝秋声。已感岁倏忽，复伤物凋零。孰能不惨凄？天时牵人情。借问空门子，何法易修行？使我忘得心，不教烦恼生。①

退居下邽时，受到多重打击，诗歌中的叹老嗟病之情与日俱增，显得极其沉痛哀伤。诗歌大量出现"白发"、"老"、"病"等意象，体现出强烈的死亡意识。如《同友人寻涧花》："我生日日老，春色年年有。且作来岁期，不知身健否？"伤春悲秋主题与死亡意识合而为一。此时，诗人的生命与健康遭受了严重的摧残，再面对母亲去世、女儿夭折的心灵重创，他感觉死亡的来临已经不远，在诗歌中反复吟咏死亡主题，如《西原晚望》云："新屋五六间，古槐八九树。便是衰病身，此生终老处。"《自觉二首》之一："朝哭心所爱，暮哭心所亲。亲爱零落尽，安用身独存？"他甚至认为自己随时会逝去，勉强作活到明年的打算："朱颜与玄鬓，强健几时好？况为忧病侵，不得依年老。""病身知几时？且作明年计。"（《村居卧病三首》）。②

---

① 《白居易集笺校》卷九，第498页。
② 《白居易集笺校》，第520、533、538、535页。

其次是亲情友谊与孤独意识。白居易是一个有着浓厚家园情结的人。他对家庭具有强烈的责任感和深厚的感情。他在早年所作的《伤远行赋》中曾这样写道：

> 况太夫人抱疾而在堂。自我行役，谅夙夜而忧伤。惟母念子之心，心可测而可量。虽割慈而不言，终蕴结乎中肠。曰予弟兮侍左右，固就养而无方。虽温清之靡阙，讵当我之在傍？①

其对母亲的牵挂与关心溢于言表。而兄弟骨肉之情更是诗人反复吟咏的主题。如《寄江南兄弟》和《别舍弟后月夜》两诗都是与兄弟远别而带来的悲伤与牵挂，读之令人酸楚，无怪乎清代的潘江在《有假予白诗未还者索得之喜成三十韵》诗中认为"读其感伤诗，可以助悲酸"②。这种悲酸在诗人退居下邽时达到了无以复加的地步。其中《别行简》尤其悲痛凄惨："漠漠病眼花，星星愁鬓雪。筋骸已衰惫，形影仍分诀。……何言巾上泪，乃是肠中血。念此早归来，莫作经年别。"③

物以类聚，人以群分。对于友情，乐天同样深深看重。登第之后，他的交游十分广泛，有元稹、钱徽、李建、樊宗师、崔群、李绅、李顾言、王质夫、萧侍御、吴丹、王起、袁滋、杨颖士、张籍、庾顺之、元宗简、周皓、马逢、吕炅等人。退居渭村时与诗人仍旧保持联系、有诗简来往的朋友则只有前面七位了。诗人时常常因朋友们的疏远而感觉孤独，如《病中作》："病来城里诸亲故，厚薄亲疏心总知。唯有蔚章（钱徽）与我分，深于同在翰林时。"《病中得樊大书》亦云：

---

① 《白居易集笺校》卷三八，第 2595 页。
② ［清］潘江：《木厓集》卷五，《四库禁毁书丛刊》集部第 132 册，第 50 页。
③ 《白居易集笺校》卷十，第 524 页。

"荒村破屋经年卧,寂绝无人问病身。唯有东都樊著作,至今书信尚殷勤。"①这种"唯有"的表述让人感觉诗人心灵的寂寞及对朋友的埋怨。这两首诗为律诗,没有收入感伤诗中,但是他却在感伤诗中发出"平生亲友心,岂得知深浅"(《寄元九》)的感慨,对人情世故的冷暖与炎凉表达了忧伤之情。如果偶然有个朋友来访会让乐天喜出望外,如《病中友人相访》:"偶逢故人至,便当一逢迎。移榻就斜日,披裘倚前槛。闲谈胜服药,稍觉有心情。"②既然是"偶"逢故人至,足见诗人此时的孤独状况,所以云"闲谈胜服药",可见诗人对友情的渴望。考察乐天其他阶段的诗作,都没有如此的孤独落寞之情,即便是被贬江州时,与他交往的朋友也比较多,可以说,退居下邽这段时间是他生命中最孤独的时期。

"再感伤性"类诗歌在一百余首诗中相对少一些。它主要是指一些主旨看起来不感伤,然而经过元和十年白居易的解读后归之于感伤类的诗歌。它可以分为两类,一类是由于时间推移而事情发生陡变而导致的感伤,如《金銮子晬日》:

> 行年欲四十,有女曰金銮。生来始周岁,学坐未能言。惭非达者怀,未免俗情怜。从此累身外,徒云慰目前。若无夭折患,则有婚嫁牵。使我归山计,应迟十五年。③

这首诗作于元和五年,从诗意来说,主要是诗人在女儿周岁生日时发的一番感慨,一方面表示很怜爱女儿,女儿给自己带来了安慰与欢乐;另一方面,又说起养女儿的辛苦和牵挂,以至于使自己因为女儿的拖累不能早作归山之计。这首诗从当时创作的时候来讲,

---

① 《白居易集笺校》卷十四,第 850、853 页。
② 《白居易集笺校》卷十,第 538 页。
③ 《白居易集笺校》卷九,第 480 页。

很难产生伤感的情感,或许还有调侃的意味。但是一年之后,诗人的女儿去世,"若无夭折患"似乎成了谶语,这首诗就让人产生无限的悲哀①。所以元和十年,诗人回首往事,思念故去的女儿,就很自然地将之归入感伤诗中了。

一类是被贬江州后回首往事由今昔对比后产生的哀伤之情,如《禁中月》:"海上明月出,禁中清夜长。东南楼殿白,稍稍上宫墙。净落金塘水,明浮玉砌霜。不比人间见,尘土污清光。"何义门云:"此篇何以在感伤,更宜参取。"②何焯对此诗放在感伤诗里颇为不解,就是因为他没有意识到原感伤性与再感伤性的区别,从原感伤性的角度来讲,这首诗歌确实看不出有感伤的意味,但是我们如果考虑一下白居易元和十年编集时的处境就比较容易理解这首诗何以放在感伤诗中了。当时诗人遭冤远贬,心情十分抑郁,在编集时看到此诗难免追忆往事,产生无限悲伤。再比较一下元和十年所作《江楼闻砧》:"江人授衣晚,十月始闻砧。一夕高楼月,万里故园心。"③此月和彼月,无不浸透诗人对故园的思念和对往昔美好生活的回忆,引起今非昔比的伤感。

这类再感伤性诗歌当中最多的是未及时归隐山林的悔悟。元和四年,元、白二人有感于政治风云变幻莫测,常常有归山之志:"朝见宠者辱,暮见安者危。纷纷无退者,相顾令人悲。宦情君早厌,世事我深知。常于荣显日,已约林泉期。"(《昔与微之在朝日同

---

① 静永静认为"白氏感伤诗群中,有吟咏其夭折长女金銮子的诗篇(按:下有注指《金銮子晬日》和《念金銮子二首》),感伤诗《观儿戏》(卷十)旨趣亦与这首《弄龟罗》相同。"(《白居易写讽谕诗的前前后后》,第 43 页)实在是有违作者本意。金銮子的夭折令作者感受的痛苦与阿龟和罗子健康成长给予诗人的宽慰,一感伤,一闲适,岂可云其旨趣相同?

② 《白居易集笺校》卷九,第 471 页。静永健同样没有注意到原感伤性与再感伤性的区别,所以会认为《禁中月》为闲适诗。

③ 《白居易集笺校》卷十,第 553 页。

蓄休退之心迨今十年沦落老大追寻前约且结后期》),但由于种种原因并没有及时抽身而退。元和五年元稹被贬江陵,乐天已有后悔之心:"况随白日老,共负青山约。谁识相念心? 鞲鹰与笼鹤。"(《寄元九》)①而被贬江州后更是对未能及早退隐深感悔恨。再回过头去,当初对归山生活的向往就充满了感伤。如《翰林院中感秋怀王质夫》:

> 何处感时节? 新蝉禁中闻。宫槐有秋意,风夕花纷纷。寄迹鸳鹭行,归心鸥鹤群。唯有王居士,知予忆白云。何日仙游寺,潭前秋见君?

当时当地,诗作没有感伤之意,只是诗人再回首时,方产生后悔之心。类似之诗还有:

> 朝朝感时节,年鬓暗蹉跎。胡为恋朝市,不去归烟萝? 青山寸步地,自问心如何?(《青龙寺早夏》)
> 长安盈尺雪,早朝贺君喜。将赴银台门,始出新昌里。上堤马蹄滑,中路蜡烛死。十里向北行,寒风吹破耳。待漏午门外,候对三殿里。须鬓冻生冰,衣裳冷如水。忽思仙游谷,暗谢陈居士。暖覆褐裘眠,日高应未起。(《早朝贺雪寄陈山人》)②

这两首诗歌创作时主要是表现诗人对仕与隐的徘徊态度,他对归隐的向往甚至未必是真心的,就谈不上有感伤的意味,但是在元和十年的心境里,这种早年的归隐不得以至于今日的罹祸被贬,两者

---

① 《白居易集笺校》,第 397、475 页。
② 《白居易集笺校》卷九,第 471、482、487 页。

有一定的关联,故而产生悔不当初的感伤了。

　　不管是原感伤性的诗歌还是再感伤性的诗歌,都是诗人情感的真实表现,体现了白居易真实的人性的一面。他不仅是一个以诗歌为武器讽刺时世的斗士,也是一个面对生活挫折痛苦伤感的普通人,而且他有意识地把这种情感经历写入诗中,创作并为之命名为感伤诗,使我们从中能了解诗人的思想发展轨迹和生命历程,这是他的特出之处。

三、感伤诗的特征与影响

　　感伤从心理层面来看,是一种负面情绪;从文学层面来看,有人认为是“文学艺术的本体性风格”,“感伤更趋近于文学艺术的本质”,它是“文学艺术家生存的最高境界。”这种观点不一定准确,但至少提供了一种关于文学与感伤关系如何密切的观照。古典诗歌从一开始就未能摆脱感伤的因素。

　　《诗经》中的感伤内容颇为深广,有“有美一人,伤如之何? 寤寐无为,涕泗滂沱”(《陈风·泽陂》)爱情求之不得的感伤,有“予美亡此,谁与独处”(《唐风·葛生》)的丧偶之痛;有“我来自东,零雨其濛。我东曰归,我心西悲”(《豳风·东山》)反战思归的忧伤;有“彼黍离离,彼稷之苗。行迈靡靡,中心摇摇”(《王风·黍离》)的家国丧乱之悲。① 屈原的《离骚》更是将时不我待的悲伤与政治的失意、忠而被谤的坎坷命运与深沉的家国情结等主题结合在一起,“发愤以抒情”,将感伤主题的多重性推至极致。宋玉进一步创立“悲秋”传统,使之与士不遇主题结合。之后的汉魏南北朝文学,源于动乱时代,充满了忧伤,被人们称之为“感伤的时代”,徐国荣《中古感伤文学原论》从生命观出发对汉魏六朝时期的感伤文学思潮

---

　　① 程俊英、蒋见元:《诗经注析》,中华书局 1991 年版,第 383、329、421、195 页。

进行了深刻分析,并进而提炼出士不遇、迁逝与登游三大主题①,将感伤与生命观绑定的思维方式无疑是合乎文学发展规律的。初唐诗中有部分诗歌直承汉魏六朝的感伤思潮而来,将人生运数置于无限时空,产生难以言喻的历史沧桑感与人生悲剧感。安史之乱后,大唐帝国从巅峰状态徒然跌落至谷底,这种戏剧性的骤变使敏感的诗人在诗中反复咏唱辉煌不再、今昔盛衰的感伤,由此而产生对历史、人生的思考,如白居易的《长恨歌》、刘禹锡的怀古咏史诗。再加上中唐诗人命运多坎坷不平,使得此际又一次出现了感伤思潮,刘禹锡的怀古咏史诗苍凉而又不失风骨,柳宗元之诗直承屈骚的自伤身世凄楚哀怨。而白居易的感伤诗写得最多,并单独分类,且出现感伤对象具体化的特点,尤其是诗中出现了感事的重要特征,《长恨歌》与《琵琶行》成为其中最典型的诗篇。随着晚唐以后大唐帝国的衰落,以至最终走向灭亡,人们对于时代的哀伤逐渐超过了具体的事件,故而感时成为这一时段感伤诗的重要特征。

唐前的感伤诗多具有抽象性和普遍性,而白居易的感伤诗在此基础上有所发展。有部分诗歌以歌行杂体诗为多,继承之前感伤诗表达人类共通情感的普遍伤感,如《短歌行》《浩歌行》《挽歌词》《花非花》等诗,多有抒情含蓄宛转的特点。但其对感伤诗的发展与新变的最大特点,却是具象化,即针对某事、某人或某物而发。这种具象化体现为以下两个特点,一是感事性,即感伤诗多是针对某一具体事情而发。如《西明寺牡丹花时忆元九》:"前年题名处,今日看花来。一作芸香吏,三见牡丹开。岂独花堪惜,方知老暗催。何况寻花伴,东都去未回。讵知红芳侧,春尽思悠哉。"此诗乃春末有感于元稹去东都未回一事而作,表现二人深厚友谊被空间阻隔的忧伤。与此相同主题之诗还有《别元九后咏所怀》:"同心

① 徐国荣:《中古感伤文学原论》,中国社会科学出版社 2001 年版,第 204—245 页。

一人去,坐觉长安空。"(《别元九后咏所怀》)①《寄元九》、《春暮寄元九》、《劝酒寄元九》等诗是元稹谪居江陵后所作,也表达了对元稹的思念与关心,后诗更劝元稹以醉解忧,体现出对其遭遇的同情与无奈。《权摄昭应早秋书事寄元拾遗兼呈李司录》、《新栽竹》等诗则是白居易元和元年任盩厔县尉后奔波于官场、折腰于小人而作。如果说以上诗歌是根据诗人自身相关之事,《长恨歌》与《夜闻歌者》则是根据作者所见所闻之事而感,叙事性很强。

　　二为个人性,即感伤诗多与白居易自身的具体生活状况有关,无论是悲秋伤春与死亡意识、还是亲情、爱情、友谊与孤独意识,大都打上了诗人个人情感经验的烙印,并注重对日常生活细节的描写与刻画。诸如《初见白发》、《早梳头》、《白发》、《照镜》、《叹老》、《感镜》、《村居卧病三首》等诗皆是对自身体态改变,由盛年至衰羸至老病的感伤。《曲江早秋》、《早秋曲江感怀》、《曲江感秋》对自己年龄的反复计算与衰老的喋喋不休,完全执着于自己个体生命的变化,与传统的悲秋涉及年老无成、壮志未酬的类型化主题相差很大。即便是《长恨歌》,它所表达的因政治等客观原因造成的爱情被阻隔的"此恨绵绵无绝期"的永恒憾恨,也是他自己爱情生活的写照,诗人对李、杨二人相思之情淋漓尽致的铺叙,未尝不是以诗歌倾诉自己对恋人湘灵的感情。② 但此诗因"借他人之酒浇心中之块垒",故而相对比较含蓄,再加上本身在主题上呈现出异常的丰富性与复杂性,成为感伤诗中不可多得的佳作。

---

　　①《白居易集笺校》,第 463、473 页。

　　② 关于《长恨歌》的创作与白居易恋情的关系,可以参看王拾遗《"他生未卜此生休"——论〈长恨歌〉主题思想》(《宁夏大学学报》(哲学社会科学版)1980 年第 2 期)、王用中《白居易初恋悲剧与〈长恨歌〉的创作》(《西北大学学报》(哲学社会科学版)1997 年第 2 期)和张军《长恨歌哭为湘灵——白居易〈长恨歌〉抒情客体论》(《南昌大学学报》(人文社会科学版)2002 年第 2 期)。三人在论述时各有偏向,但都将《长恨歌》与白居易与湘灵的恋情联系起来,是颇有道理的。

　　元和十年以后的感伤诗相对原始感伤诗内容有所拓展，白居易常在这些诗歌当中将被贬的感伤与对家国的思念以及伤春悲秋的迁逝、南国的独特风物结合起来，使诗歌更具有了更为深刻的内涵，比原始感伤诗的成就有所提高。如《江上送客》："江花已萎绝，江草已销歇。远客何处归？孤舟今日发。杜鹃声似哭，湘竹斑如血。共是多感人，仍为此中别。"将身处异乡、伤时、送别等元素揉合在一起，感人泪下。又如《登城东古台》：

　　　　迢迢东郊上，有土青崔嵬。不知何代物？疑是巴王台。巴歌久无声，巴宫没黄埃。靡靡春草合，牛羊缘四隈。我来一登眺，目极心悠哉！始见江山势，峰叠水环回。凭高视听旷，向远胸衿开。唯有故园念，始从东北来。①

将怀古登临与故园之思结合起来，境界相对前期之诗较为阔大。但是与柳宗元哀怨凄楚的贬谪诗不同的是，白居易仍然在感伤诗中没有"怨"的外射政治内容，表达的仍然是自身内在的"伤"。大多数感伤诗也仍然是自己生活情感具象化的表现。

　　这种感伤诗的具象化，和白居易的诗歌总体特点相应。他的诗歌除讽谕诗外，多注重写世俗生活与个体生命，是唐代诗歌从盛唐以社会生活为中心转向晚唐以个人内在心理刻画为中心的转捩点。

第四节　白居易杂律诗原论

一、原始杂律诗的复原

　　白居易杂律诗的定义："又有五言、七言、长句、绝句，自一百韵

_____

① 《白居易集笺校》卷十一，第 593、601 页。

至两韵者四百余首,谓之'杂律诗'。"杂律诗的创作原因和意义为:
"或诱于一时一物,发于一笑一吟,率然成章,非平生所尚者;但以
亲朋合散之际,取其释恨佐欢。今铨次之间,未能删去;他时有为
我编集斯文者,略之可也。"从其定义来讲,白居易的杂律诗是比较
随意地记录生活中的喜怒哀乐之情,"以亲朋合散之际,取其释恨
佐欢",颇合乎"诗可以群"的概念。相对于古体诗来说,它和其中
的感伤诗一样,多是以抒发生活中的个人情感为主,与抒写兼济之
志的讽谕诗与独善之义的闲适诗有很大的不同。所以它受到诗人
的轻视,甚至被认为今后编集时可以省略。然而它毕竟是白居易
真实生活和心理发展的写照,在其诗歌中占据十分重要的地位。
更何况在其后集中,白居易的创作观念有了很大的变化,其古体诗
的数量远远少于律诗,律诗成为其创作中的主要诗体。

以下根据朱金城《白居易集笺校》的编年,对白居易的前集律
诗状况以及元和十年诗分四类时的杂律诗进行复原:

卷　　数	元和十年前诗 数量(含十年)	元和十年后 诗数量
卷十三	99	0
卷十四	100	0
十五	99+1	0
十六	2	98
十七	0	100
十八	17	82
十九	0	100
二十	0	97
诗补遗	1	
合　　计	318	477

　　元和十年十二月白居易编集分类时,有十五卷近八百首,现存感伤诗 112 首、讽谕诗 152 首,闲适诗 101 首,杂律诗 400 余首,此 400 余首,当近 450 首。而从此表可以看出,现仅存杂律诗 318 首,缺少百余首诗。据谢思炜《白居易集综论》所考:"依此,《前集》作品共为 2 188 首,离元稹序所记 2 191 首只少 3 首。考虑到计数可能有的微小误差,这一差别几乎可以不计。"①也就是说,元稹长庆年间为白居易所编《白氏长庆集》五十卷,流传至今几乎未出现过任何错乱和佚失。那么百余首要么是白居易元和十年编集十五卷后到元稹编五十卷之前发生佚失的,要么就是白居易对此十五卷作出了重大的删定,将不合心意的作品删除出集。当时编集虽多以手抄本流传,但白居易向来重视自己的诗作保存,佚失的可能性不大。相对来说,删定的可能性更大些,因为他曾经提到过他人为其编集时将杂律诗"删去"、"略之"的想法。因而有可能是长庆年间元稹编定诗集时,受居易嘱托将一些不满意的律诗删去百余首。

二、原始杂律诗的内容

　　正如大多数人所注意到的情况,白居易杂律诗与闲适诗、感伤诗中多有交叉的部分。尤其是原始杂律诗中有许多表示感伤情绪的诗,也可以称之为律诗感伤诗,它们与古体感伤诗在内容上颇为相似,仅仅是诗体的差别。如《叹发落》:"多病多愁心自知,行年未老发先衰。随梳落去何须惜?不落终须变作丝。"和古体感伤诗中《初见白发》:"白发生一茎,朝来明镜里。勿言一茎少,满头从此始。青山方远别,黄绶初从仕。未料容鬓间,蹉跎忽如此!"②内容

---

　　①《白居易集综论》,第 30 页。
　　②《白居易集笺校》,第 757、473 页。

情感如出一辙。《江南送北客因凭寄徐州兄弟书》："故园望断欲何如？楚水吴山万里余。今日因君访兄弟，数行乡泪一封书。"与古体感伤诗《寄江南兄弟》情绪亦相似：

> 分散骨肉恋，趋驰名利牵。一奔尘埃马，一泛风波船。忽忆分手时，悯默秋风前。别来朝复夕，积日成七年。花落城中池，春深江上天。登楼东南望，鸟灭烟苍然。相去复几许？道里近三千。平地犹难见，况乃隔山川！①

还有律诗中的《客中守岁在柳家庄》、《秋江晚泊》、《将之饶州江浦夜泊》都写漂泊在外思念家园的痛苦与悲伤，从内容到情感都极其相似。从白居易对二类诗歌的定义上说，它们本身就有着不寻常的联系："故仆志在兼济，行在独善。奉而始终之则为道，言而发明之则为诗。谓之讽谕诗，兼济之志也。谓之闲适诗，独善之义也。故览仆诗，知仆之道焉。其余杂律诗，或诱于一时一物，发于一笑一吟，率然成章，非平生所尚者，但以亲朋合散之际，取其释恨佐欢。"这里的"其余杂律诗"就包括感伤诗。即便从感伤诗的定义"事物牵于外，情理动于内，随感遇而形于叹咏者"，也能看出其与杂律诗在内容上的重合性。杂律诗中有"一笑一吟"，有"佐欢"之作，这是不同于感伤诗之处。如一些戏赠、戏题之作，描写诗人生活中与朋友交往的欢乐之情。

同样地，杂律诗中表示闲适心情的诗歌也不少，如对于"自适"的追求：

> 今来此地赏，野意潜自适。(《和钱员外早冬玩禁中新菊》)
> 不与人境接，寺门开向山。暮钟鸣鸟聚，秋雨病僧闲。月

---

① 《白居易集笺校》，第 767、467 页。

隐云树外，萤飞廊宇间。幸投花界宿，暂得静心颜。(《旅次景空寺宿幽上人院》)

地僻门深少送迎，披衣闲坐养幽情。秋庭不扫携藤杖，闲踏梧桐黄叶行。(《晚秋闲居》)

风竹松烟昼掩关，意中长似在深山。无人不怪长安住，何独朝朝暮暮闲？《长安闲居》)①

皆是居易描写日常闲适生活的作品。与闲适诗中描写士大夫超凡脱俗的审美生活境界不同的是，杂律诗中有不少描写世俗生活的内容，如"宾阶纷组佩，妓席俨花钿。"(《东都冬日会诸同年宴郑家林亭》)"何处风光最可怜？妓堂阶下砌台前。"(《宴周皓大夫光福宅》)"赐禊东城下，颁酺曲水傍。樽罍分圣酒，妓乐借仙倡。浅酌看红药，徐吟把绿杨。"(《渭村退居寄礼部崔侍郎翰林钱舍人诗一百韵》)"花脸云鬟坐玉楼，十三弦里一时愁。"(《听崔七妓人筝》)②又有《醉后题李马二妓》、《卢侍御小妓乞诗座上留赠》等赠妓之作。

白居易杂律诗内容较为复杂，主要有送别、唱和、酬赠、题咏、山水、咏物等。而原始杂律诗写得最多的是寄和酬赠等社会交往诗，这和杂律诗"以亲朋合散之际，取其释恨佐欢"的意义颇合。据笔者统计，元和十年之前创作的原始杂律诗中有三分之二以上都是与亲朋的酬唱和答、送别题赠之作。与古体诗中以至亲与挚友的交往诗为主的倾向不同，杂律诗中的交往对象比较庞杂，除与挚友元稹、钱徽、张籍等人的日常酬赠之作外，有应酬性较强的社交场合所作之诗，如《和郑方及第后秋归洛下闲居》、《同高侍郎下隔年及第》、《东都冬日会诸同年宴郑家林亭得先字》等诗，也有《送张南简入蜀》、《临江送夏瞻》、《赠别宣上人》等应酬送别之作，体现出

---

① 《白居易集笺校》，第 825、771、777、763 页。
② 《白居易集笺校》，第 717、819、876、958 页。

较强的"诗可以群"的特点。而元和十年以后的杂律诗中这类交往诗明显变少,约占三分之一左右,山水、咏物诗及抒写诗人日常行迹与生活情感的诗歌分量增多。故田雯《古欢堂集》云:"香山山崎云行,水流花开,似以作绝句为乐事者。"①

第五节 白居易诗分类的意义和阙失

江进之《雪涛小书》云:"白香山诗,不求工,只是好做。然香山自有香山之工,前不照古人样,后不照来者议。意到笔随,景到意随,世间一切都着并包囊括入我诗内。诗之境界,到白公不知开扩多少。较诸秦皇汉武,开边启境,异事同功,名曰'广大教化主',所自来矣。"②评价白居易的诗歌成就可谓公允。白居易有着强烈的诗人自觉意识,故而在诗文中也有意革新以突破前人,诗分四类以编集也体现其独特的创新意识与自觉创作意识。但其分类所体现出来的体格混杂和有始无终的缺陷,也引起后人的批评。

一、意义:古律之分与情志之辨

白居易根据诗体将诗歌分为两大类,一为古体诗,即前三类讽谕诗、闲适诗和感伤诗;一为五七言长句、绝句,即所谓的杂律诗。这种古体、律诗的大分类有着重要的背景。

如前所述,白居易在创作上有着明显的重古体、轻律体的倾向,这是当时的时代风气使然。元稹《进诗状》云:

凡所为文,多因感激。故自古风诗至古今乐府,稍存寄

---

① [清]田雯:《古欢堂集》,《四库全书》第1324册,第202页。
② [明]江进之:《雪涛小书》,中央书店1935年版,第7页。

兴,颇近讴谣,虽无作者之风,粗中道人之采。自律诗百韵,至于两韵七言,或因朋友戏投,或以悲欢自遣,既无六义,皆出一时,词旨繁芜,倍增惭恐。今谨随状进呈,无任战汗屏营之至。①

亦对自己的古体乐府颇为自诩,而对无六义的律诗颇怀惴惴。他与居易的思想如出一辙,可见这种观点是受到自上而下的称许的。如讽谕诗的创作一样,重古体轻律体也是当时上层统治者提倡使然。然而,在实际的诗歌流传过程中,律诗却受到从诗坛到民众更多的喜爱,以致于出现众人仿效的"元和诗体":

> 唯杯酒光景间,屡为小碎篇章,以自吟畅。然以为律体卑下,格力不扬,苟无姿态,则陷流俗。常欲得思深语近,韵律调新,属对无差,而风情宛然,而病未能也。江湖间多新进小生,不知天下文有宗主,妄相仿效,而又从而失之,遂至于支离褊浅之词,皆目为元和诗体。(《上令狐相公诗启》)②

白居易也指出"今仆之诗,人所爱者,悉不过杂律诗与《长恨歌》已下耳。"而白居易与元稹"如今年春游城南时,与足下马上相戏,因各诵新艳小律,不杂他篇,自皇子陂归昭国里,迭吟递唱,不绝声者二十里余,樊、李在傍,无所措口。"主观上重古轻律与律诗反而流行更广的客观效果造成了诗人心理上鲜明的反差。这种反差往往会使诗人在体裁选择上有着更加清晰的认识,这更进一步地促进古体、律体之分。

从白居易对杂律诗创作数量来说,元和十年前古体诗 363 首,杂律诗 450 首(存 318 首),元和十年后至长庆二年前古体诗 238,

---

① 《元稹集》卷三五,第 406 页。
② 《元稹集》卷六十,第 632—633 页。

杂律诗 477。《后集》诗歌古体诗 258 首,律体诗 1 226 首。律诗的数量直线上升,由早期的两种诗体并驾齐驱到晚年诗中的决定性地位,都说明了在这种古律之分中白居易对律诗这一诗体的态度转变。从内容上来说,原始杂律诗多以酬唱寄和为主,体现出相当程度上的应酬性。而之后的杂律诗应酬性的成分下降,抒情写意、山水咏物的成分增加,这也是律诗进一步发展的体现。钱大昕《十驾斋养新录》云:

> 唐人诗自开元、天宝以前,未有古、律之分。大历、贞元,词句渐趋稳顺。白乐天自言"新旧诗各以类分,有讽谕诗、有闲适诗、有感伤诗,又有五言、七言、长句、绝句,自一百韵至两韵者四百余首,谓之杂律诗。"是绝句亦律诗之一体,未尝别而异之也。元微之诗亦以类相从,分为十体:……古、律之别,其在元和之世乎?李汉编次《昌黎集》,亦分古诗、联句、律诗为三体。韩与元、白同时。①

元稹诗分十体虽在居易之前,但其分类十分繁杂模糊,白居易在借鉴了其编集分类之后,使古、律之分的概念更加清晰而明确。而李汉编《昌黎集》在白居易诗歌分类(即元和十年)之后,很有可能受到居易的启发。因此,可以说明确古、律之分是白居易对诗体发展的一大贡献。晚年,白居易在《故京兆元少尹文集序》中云:"自举进士,历御史府,尚书郎,讫京兆亚尹,二十年,著格诗一百八十五,律诗五百九,赋述铭记书碣赞序七十五,总七百六十九章,合三十卷。……时宝历元年冬十二月乙酉夕,在吴郡西园北斋东牖下作

----

① [清]钱大昕:《十驾斋养新录》卷十六,《钱大昕全集》本,江苏古籍出版社 1997 年版,第 339 页。

序。"①将诗分为格诗与律诗,之后,《白氏长庆集》后集也分为格诗与律诗,进一步确立了古近体诗之分。

从白居易诗歌分类的具体内容来看,他在《与元九书》中说:"仆志在兼济,行在独善。奉而始终之则为道,言而发明之则为诗。谓之讽谕诗,兼济之志也。谓之闲适诗,独善之义也。故览仆诗,知仆之道焉。其余杂律诗,或诱于一时一物,发于一笑一吟,率然成章,非平生所尚者,但以亲朋合散之际,取其释恨佐欢。""又有事物牵于外,情理动于内,随感遇而形于叹咏者一百首,谓之感伤诗。"以上两段我们可以这样理解,从宏观上来说,白居易将诗歌分为两类,一类为言志载道之作,即讽谕诗和闲适诗,言兼济之志与独善之义;一类为言情之作,即杂律诗与感伤诗。他将"其余杂律诗"定义为"或诱于一时一物,发于一笑一吟",这与感伤诗的定义"事物牵于外,情理动于内,随感遇而形于叹咏者"基本相似,而"其余杂律诗"即指感伤诗与杂律诗。所谓"释恨佐欢",即抒情泄怀之义,有欢情有憾恨,而感伤诗则主要抒发一些伤感悲哀的情感。所以说杂律诗与感伤诗都是用来抒情的。诗歌"言志"、"载道"说与"缘情说"是中国古代诗歌本体论中历代文人争论不休的两个方面,乐天以两者区分开来对自己的诗歌进行分类,确实具有清晰的思维判断力和深刻的洞察力,在这方面无疑他是高于同时代的众多诗人的,如此观照下,元稹的十体分类既繁杂又不具说服力。

白居易的诗歌二分法实际上与他的诗歌理论和实际创作之间的矛盾有关。《与元九书》云:"诗者:根情,苗言,华声,实义。上自圣贤,下至愚呆,微及豚鱼,幽及鬼神,群分而气同,形异而情一。未有声入而不应,情交而不感者。圣人知其然,因其言,经之以六义;缘其声,纬之以五音。"白居易既认为情是诗歌的根本,却又主张要以六义来约束它,以理节情。在评论历史上诸多诗歌优劣时,

---

①《白居易集笺校》卷六八,第3653—3654页。

他以六义为标准,认为骚辞、苏、李"梗概尚存",晋宋时期是"六义
始缺",梁陈间,"率不过嘲风雪、弄花草而已",甚至认为杜甫合乎
六义的诗歌"亦不过三四十首",这种观点未免有些狭隘,有矫枉过
正之嫌。另一方面,在他实际创作过程中,却事与愿违,他所作讽
谕诗与闲适诗数量不及感伤诗与杂律诗多,他颇为自诩的也是《长
恨歌》与《琵琶行》;从诗歌流传的角度来说,他的讽谕诗不为人所
知,"人所爱者,悉不过杂律诗与《长恨歌》已下耳。"所以,他在理论
上一再强调"文章合为时而著,歌诗合为事而作",但具体创作时又
不自觉地写了不少抒情之作。因为重点突显强调他的讽谕诗和闲
适诗所载兼济与独善之道,所以在分类时,他特地将两大类诗歌区
别开来。而到白居易的晚年,这种承接六义的社会责任感逐渐消
亡了,就没有再如此分类的必要,所以他将后集、续集诗歌完全按
诗体分为格诗、半格诗、歌行杂体、律诗。

白居易诗歌的这种分类具有十分重大的意义。首先,他以古、
律分类,对后来古诗与律诗的自觉创作和区分,在文学史上具有重
要的指导作用;其次,他是诗歌史上第一个从诗歌本体论出发以载
道、抒情为标准给诗集分类的诗人,对我们研究中国古代文学理论
与实践的关系具有启发性。

二、阙失:有始无终与体格混杂

白居易生前曾编集多次,每次编纂分类情况和标准可能会有
所不同,造成现存的白居易集的总体分类情况并不是太令人满意。
其诗分四类存在着明显的缺陷,这一点很多研究者已指出过。如
游国恩等编的《中国文学史》指出这个分类不够理想,"因为前三类
以内容分后,后一类又以形式分,未免夹杂。"[①]中国社会科学院文

---

① 游国恩、王起等:《中国文学史》,人民文学出版社1963年版,第142页。

学研究所编写的《中国文学史》指出其前三者分类的内容也有问题："讽谕诗中有属于闲适或感伤的;闲适诗中有属于感伤或讽谕的;感伤诗中有属于讽谕或闲适的。"①钱志熙《元白诗体理论探析》批评这一分类过分注重讽谕社会功能和没有客观反映"唐诗创作中古诗、乐府、近体三大体裁系统并存的实际情况。"②各家所言,都有一定道理。但总的说来,白居易诗歌分类的阙失主要体现在有始无终与体格混杂。

白居易诗分四类是在《与元九书》中提出的:"凡所遇所感,关于美刺兴比者,又自武德讫元和,因事立题,题为《新乐府》者,共一百五十首,谓之讽谕诗。又或退公独处,或移病闲居,知足保和,吟玩情性者一百首,谓之闲适诗。又有事物牵于外,情理动于内,随感遇而形于叹咏者一百首,谓之感伤诗。又有五言七言长句绝句,自一百韵至两韵者四百余首,谓之杂律诗。"前面三类是以内容来分,杂律诗与前三类对举,则是以诗体来分,显得较为混杂。在这之后,他自己或者委托元稹还曾编集多次。第二次编集在长庆四年,由元稹代劳,其在序中云:

> 长庆四年,乐天自杭州刺史以右庶子诏还。予时刺会稽,因得尽征其文,手自排缵,成五十卷,凡二千一百九十一首。前辈多以前集、中集为名,予以为陛下明年当改元,长庆讫于是,因号曰《白氏长庆集》。大凡人之文各有所长,乐天之长可以为多矣。是以讽谕之诗长于激,闲适之诗长于遣,感伤之诗长于切;五字律诗、百言而上长于赡;五字七字、百言而下长于情;赋赞箴戒之类长于当;碑记叙事制诰长于实;启奏表状长

---

① 中国社会科学院文学研究所:《中国文学史》,人民文学出版社 1962 年版,第526 页。

② 钱志熙:《元白诗体理论探析》,《中国文化研究》,2003 年第 1 期,第 35 页。

于直;书檄辞策剖判长于尽。总而言之,不亦多乎哉!①

可见,元稹保持了诗歌四分类的样子,用白居易四类诗的精神再将元和十年至长庆四年所作之诗顺次归类。在这次归类中似乎出现了一些比较大的疏漏。白居易任忠州刺史期间创作的诗歌中,古体诗全部划归为感伤诗,而事实上其中不乏有讽谕和闲适类的作品。如《我身》:

> 我身何所似? 似彼孤生蓬。秋霜翦根断,浩浩随长风。昔游秦雍间,今落巴蛮中。昔为意气郎,今作寂寥翁。外貌虽寂寞,中怀颇冲融。赋命有厚薄,委心任穷通。通当为大鹏,举翅摩苍穹。穷则为鹪鹩,一枝足自容。苟知此道者,身穷心不穷!②

诗首虽有对自己流落巴蛮的孤寂伤感,但诗后半段完全是闲适诗中的情调,宣扬委顺任化的道家思想,体现其自我解脱与自我慰藉的心理。又如《蚊蟆》:"巴徼炎毒早,三月蚊蟆生。咂肤拂不去,绕耳薨薨声。斯物颇微细,中人初甚轻。如有肤受谮,久则疮痏成。痏成无奈何,所要防其萌。么虫何足道,潜喻儆人情。"③完全是一首借蚊蟆来比喻朝廷中无端谗害别人的小人,当属讽谕诗之列,却被一并划入感伤类。前三类作品内容相互混杂,主要体现在这忠州刺史期间所作,其他的诗歌这种情况较少,而有人认为感伤诗中不感伤的情况,已在诗分原感伤诗和再感伤诗中分析过,此不赘述。

---

① 《元稹集》卷五一,第 555 页。
② 《白居易集笺校》卷十一,第 597 页。
③ 《白居易集笺校》卷十一,第 609 页。

但后集的编集中,白居易却有了很大的变化,他一反诗分四类之法,而将其诗纯粹以诗体分之:

> 前三年,元微之为予编次文集而叙之。凡五秩,每秩十卷,迄长庆二年冬,号《白氏长庆集》。尔来复有格诗、律诗、碑、志、序、记、表、赞,以类相附,合为卷轴,又从五十一以降,卷而第之。①

将诗歌仅分为格诗和律诗,早年以讽谕、闲适、感伤等内容分类的情况不见了。从诗歌作品的具体内容来说,讽谕诗基本没有了,在律诗中还是体现出前期杂律诗那种闲适、感伤类作品错杂的情况。这和白居易晚年知足保和、独善其身的心态有关,也体现了律体诗与古体诗的进一步平分秋色。白居易早期那种古体尊律体卑的观念已经荡然无存,反而在后集中律诗占据了绝对优势的地位,他甚至用律诗来写作略有讽刺之意的作品,如《答鹤》、《代鹤答》、《池鹤八绝句》等诗,以鹤自喻高洁自处的人格,以鸟、鹰、鸡、乌、鸢、鹅等比喻争食嗜利的群小,他们泥中争斗、田中搜肉,反要引鹤为同伍和同调,鹤一一点明其丑恶嘴脸,表示自己与诸君的天壤之别,诙谐的语调中流露着诗人对群小的蔑视。可见,白居易诗分四类并没有贯穿其一生,这种有始无终的分类从另一个角度见证了白居易在政治与文学中由前期的积极进取到后期的退缩自守心态。

从诗歌各类别本身的合理性及在后世的影响来说,讽谕诗与闲适诗是相对比较成功的。他总结出风、骚两种范式的讽谕诗,并进行了自觉性的创作,在文学史上的影响比较深远。他的闲适类诗歌影响更大,诗中淡泊自守、知足保和的人格精神为宋人以后的士大夫所追随,以诗来谈道说理是宋人以议论为诗的肇始之端,而

---

① 《白居易集笺校》卷二十,第1396页。

且后代有不少人仿此分类，如《李太白集》卷二十下《歌诗四十七首》有"闲适"类。《姚少监诗集》卷五、卷六亦分"闲适"之类。从感伤诗来说，他虽是第一个提出"感伤诗"，并把它单独列为一类，使感伤在古典诗歌中从"诗穷而后工"等模糊的诗学观念正式演变成一种诗人的创作范式，为中国古代感伤文学作出了一定的贡献。但是他的这一类别的确立和其所属作品主要内容的总体趋向却有着较大的缺陷，因为他给感伤诗单独分类时，将传统感伤诗中的讽谕成分抽离，故而造成大多数感伤诗局限于个人生活与感情的狭隘空间，即使是传统的感伤主题如伤春悲秋也过于具体，缺乏深层的文化内涵。除《长恨歌》、《琵琶行》两首著名长诗影响深远以外，其他的感伤诗都很少在文学史上留下多少痕迹。而感伤诗这一分类也是可以说是绝响，绝少有人效仿。可以说，他这种感伤诗的创作与分类并不算成功。

第六章　白居易诗日本受容述论

　　白居易对后世影响深远,在东亚文化圈中有着不可替代的作用。早在其在世时,作品就远播诸国:"鸡林贾人求市颇切,自云:'本国宰相每以百金换一篇。其甚伪者,宰相辄能辩别之。'自篇章已来,未有如是流传之广者。"①"其日本、新罗诸国及两京人家传写者,不在此记。"②时至今日,日本、韩国保存了众多白居易集的版本资料。与此同时,白居易及其作品对中日韩三国的古代文学发展有着极其重要的影响③,尤其是日本,白居易就像一颗璀璨之星照亮了平安朝以来的文学发展。

　　明治以后,日本白居易研究走向现代化。最初是对白居易及其诗歌的基础性研究。一方面为白居易诗集、选集和译注本等普及性读物和少部分珍贵版本的面世,另一方面偏重白居易在日本受容的研究,可以说,日本学界的白居易研究是从受容研究正式开始的,然后才慢慢扩大到对白居易的本体研究。之后,白居易本体研究与受容研究一直交叉发展,直至二十世纪九十年代,《白居易研究讲座》(七卷,1993—1998)与《白居易研究年报》(自1999至

---

　　① 《元稹集》卷五一,第555页。
　　② 《白居易集笺校》外集卷下,第3916页。
　　③ 关于白居易对朝鲜文学的影响,参看金卿东《高丽、朝鲜时代士人对白居易的"受容"及其意义》,《文学遗产》1995年第6期。

今)的出版发行,标志着日本白居易研究的系统化与全面化,两者才正式成为其中的两大分野。《白居易研究讲座》第七卷《战后日本白居易研究》综述二战结束后日本白居易研究概况时,就分这两大块进行总结,下定雅弘整理总结战后日本白居易研究的状况,新间一美总结白居易对日本文学的影响。根据统计结果,白居易受容研究的专著有 20 部,相关论文有 600 篇左右,足见其研究的兴盛。

中国对日本白居易研究的了解除早期与白集版本的交流外,也是从白居易文学在日本的受容介绍开始的,如巍然的《白诗在日本》(《人民日报》1980 年 7 月 15 日)、曹汾的《两地闻名追慕多 遗文何日不讴歌——白居易的诗歌在日本》(《唐代文学论丛》1982年第 1 期),严绍璗的《白居易文学在日本中古韵文史上的地位和意义》(《北京大学学报》(哲学社会科学版)1984 年第 2 期)。之后渐有日本相关论文输入中国。但中国日本白居易的受容研究至今仍多停留在个案研究上,如《源氏物语》、《枕草子》、《文集百首》等对白诗的受容,相对比较分散,且大多集中于白居易对平安时代文学的影响,缺乏对日本白居易受容全面性的观照与宏观把握。本章试图致力于此,在借鉴水野平次《白乐天与日本文学》、《白居易研究讲座》(第三卷、第四卷)等相关研究成果的基础上,尽可能地研读日本古籍原典,从而对白居易在日本的受容史及其受容方式进行全面论述,以促进中国学界对日本白居易受容的深入了解与进一步研究。

第一节　白居易诗在日本的受容

一、平安时代

平安时代是白居易受容的黄金时期。承和时期,在嵯峨帝的倡导下,有小野篁、橘逸势、空海、最澄等著名文学家,但当时整个文坛是浸染已久的六朝绮丽之风,人人以《文选》为圭臬,奉潘谢为文则,追求华丽词藻,苦心于诗歌竞技。内容多以惜春叹逝、唱和吟咏为主,空虚乏味。《白氏文集》输入日本之后,平易流畅的诗风一时成为文学所向,为各个领域的作家所崇拜。无论是诗人、歌人还是物语、谣曲作家,都从各自的角度对白居易进行了接受。

平安朝诗人对中唐以来元、白并称的状况予以欣然接受,如梅洞林恕《史馆茗话》载:

> 纪长谷雄侍内宴,赋《草树迎春诗》曰:庭增气色晴沙碧,林变容辉宿雪红。菅相乘醉执其手曰:元、白再生,恐难及乎![1]

菅原道真以超越元、白来称许纪长谷雄之诗。具平亲王《赠心公古调诗》云:"气拟相如赋,理过桓子论。韵古潘与谢,调新白将元。"[2]表达元、白新调对当时诗坛的振聋发聩作用。高阶积善《梦中同谒白太保元相公》诗云:

> 二公身化早为尘,家集相传属后人。清句已看同是玉,高情不识又何神?风闻在昔红颜日,鹤望如今白首辰。容鬓宛然俱入梦,汉都月下水烟滨。[3]

也以二公入梦为风雅之事。如此看来,元、白并称的平易诗风作为平安朝的新调受到时人的关注与热爱。但在具体的诗歌创作过程中,诸位作家却只是以白诗为准则进行模仿,白居易成为平安朝诗

---

① [日]梅洞林恕:《史馆茗话》,蔡镇楚:《域外诗话珍本丛书》第一册,北京图书馆出版社 2006 年版,第 36 页。

② [日]大曾根章介等:《校本本朝丽藻》卷下,汲古书院 1992 年版,第 44 页。

③《校本本朝丽藻》卷下,第 70—71 页。

人不二的偶像，其诗句被当时诗人看作是金科玉律。文人们经常套用"香炉峰雪"、"草庵之雨"等句子，在会友时朗诵《北窗三友》，观月时吟咏"三五夜中新月色"。著名诗人也一再在诗文中表达对白居易的欣赏与敬爱之情。岛田忠臣《吟白舍人诗》云："坐吟卧咏玩诗媒，除却白家余不能。应是戊申年有子，付于文集海东来。"①具平亲王《和高礼部再梦唐故白太保之作》诗：

> 古今词客得名多，白氏拔群足咏歌。思任天然沉极底，心将造化动同波。中华变雅人相惯，季叶颓风体未讹。再入君梦应决理，当时风月必谁过。

其中第三联有注云："我朝词人才子以《白氏文集》为规模，故承和以来，言诗者皆不失体裁矣。"②认为学习白诗使当时诗坛能不失体裁。他们将白居易诗歌成就提高到前无古人的高度，自然是我们不敢苟同的，但这确实是平安朝诗人的真实感受。

当时诗坛对白诗的受容主要体现在对白居易诗作的模仿，如岛田忠臣、都良香、纪长谷雄、源为宪等，都写作过效白体诗。其中纪长谷雄的绝唱《贫女吟》，为模仿白氏《琵琶行》、《太行路》所作。源为宪《代迁陵岛人感皇恩诗》云：

> 远来殊俗感皇恩，彼不能言我代言。一苇先摧身殆没，孤蓬暗转命才存。故乡有母秋风泪，旅馆无人暮雨魂。岂虑紫泥许归去？望云遥指旧家园。③

---

① ［日］岛田忠臣著，中村璋八、岛田伸一郎释：《田氏家集全释》卷中，汲古书院1993年版，第229页。
② 《校本本朝丽藻》卷下，第69—70页。
③ 《校本本朝丽藻》卷下，第82页。

其中"故乡有母"、"旅馆无人"一联是白氏"兰省花时锦帐下,庐山雨夜草庵中"之联中语。而模仿白诗深得其真的是菅原道真,其《菅家文草》十二卷及《后草》一卷所收之诗皆平易流丽而不事雕琢,至诚地抒发性情。如《闻雁》:"我为迁客汝来宾,共是萧萧旅漂身。敧枕思量归去日,我知何岁汝明春。"①与白居易的《放旅雁》相似。又如:

> 离家三四月,落泪百千行。万事皆如梦,时时仰彼苍。(《自咏》)
> 一从谪落就柴荆,万死兢兢跼蹐情。都府楼才看瓦色,观音寺只听钟声。中怀好逐孤云去,外物相逢满月迎。此地虽身无检系,何为寸步出门行?(《不出门》)②

语言平易,与乐天近似。其他的《读乐天北窗三友诗》及《后朝同赋秋思应制》是对白氏《北窗三友》风格的模仿,而又带有菅公特有的哀调。《菅家文草》中还有《始见二毛》、《白毛叹》、《对镜》等诸多诗篇,是模仿乐天《照镜》、《叹白发》等作品。其他古调诗、格律诗,拟白诗题材之作集中随处可见,且有不少仿效白氏长篇之作,如《叙意一百韵》、《寄白菊四十韵》、《哭奥州藤使君四十韵》等长篇大作。梅洞林懋《史馆茗话》载:

> 菅丞相撰进其三代家集二十八卷,以献延喜帝。帝赐御制律诗褒之,其诗曰:门风自古是儒林,今日文华皆悉金,唯咏一联知气味,况连三代饱清吟。琢磨寒玉声声丽,裁制余霞

---

① [日]菅原道真:《菅家后草》,早稻田图书馆藏贞享4年(1687)大森太右卫门梓行本,第6页上,题下有"镰仓本作闻旅雁"之注。
②《菅家后草》,第3页下、5页下。

句句侵。更有菅家胜白样,从兹抛却匣尘深。时人荣之。先是,渤海大使裴颋与菅相赠答,谓其诗体似乐天,故御制云尔。末句意旨难解,盖读此集,则白集可抛掷之义乎? 三代者,谓清公、是善及右相也。右相文藻今犹存焉,二代集不传,可以惜焉!①

可见渤海国人也承认菅公之诗颇似乐天之姿。菅公之子敦茂、孙文时都长于诗文,尤其是文时有祖父之风,多作白体诗。《日本诗史》载:

大学头文时,右相孙,大学头高规子,世所称菅三品是也。辞才富逸,名价与大江朝纲相拮(撷)抗,《题山中仙室》云:桃李不言春几暮? 烟霞无迹昔谁栖? 优柔平畅,元白遗响。又天历中,《应制赋宫鹦晓啭》云:西楼月落花间曲,中殿灯残竹里音。帝叹嗟以为不可及。②

之后,兼明亲王、大江朝纲、菅原文时、橘在列、源顺等村上天皇麾下的天历作家群,具平亲王、庆滋保胤、纪齐名、大江匡衡、大江以言等一条天皇麾下的正历作家群,以及平安末期的藤原忠通等人都多多少少受到白居易的影响。如庆滋保胤的《池亭记》,即以《白氏文集》的《草堂记》和《池上篇》为蓝本,中云:"唐白乐天为异代之师,以长诗句、归佛法也。晋朝七贤为异代之友,以身在朝、志在隐也。"③可见他也是师法白居易的诗句的。兼明亲王有诗歌《忆龟山》为仿居易《忆江南》之作。大江家与白居易的关系更为密

①《域外诗话珍本丛书》第一册,第48—49页。
②[日]江邨绶:《日本诗史》,《域外诗话珍本丛书》第五册,第410页。
③[日]早川纯三郎:《本朝文粹》卷十二,国书刊行会1918年版,第212页。

切,《江吏部集》载:

> 近日蒙纶命,点文集七十卷。夫江家之为江家,白乐天之恩也。故何者? 延喜圣代,千古、维时父子共为文集之侍读。天历圣代,维时、齐光父子为文集之侍读。天禄御寓(宇),齐光、定基父子共为文集之侍读。爰当今盛兴延喜天历之故事。(而)匡衡独为文集之侍读。举周未遇昇,欲罢不能,以诗慰意。
>
> 研朱仰凤点文集,汗竹割鸡居武城。若用父功应赏子,老荣欲拟昔桓荣。①

夸耀其以《白氏文集》为家学。大江朝纲与大江文时并称,据《古今著闻集》记载,朝纲曾与文时共同受天历帝所召以论白诗,帝令二人归家从白集中选最优之诗一首。翌日,二人参朝时各奉所选呈上,皆为《送萧处士游黔南》。大江匡衡、匡房、以言之诗自然也有不少效仿《白氏文集》之处。藤原忠通《卖炭翁》、《和李部大卿见卖炭翁愚作所赠之佳什》更是"对白氏原作进行了'缩写练习'"。②

除模仿其诗外,平安朝文人还模仿白居易晚年所开展的诗会,据《山城名迹巡行志》卷四载,当时西京有白乐天社,在北野旅社西南三町。香山尚齿会之后三十二年,日本元庆元年(877)三月,南渊大纳言年名于小野山庄亦召开"尚齿会",《菅家文草》中载有《暮春见南亚相山庄尚齿会》之诗。其后安和二年(969),大纳言藤原在衡在粟田口山庄举行尚齿会,今存当时诗集《粟田左府尚齿会诗》一卷。其后还举行多次尚齿会,并在此风影响下,举行和歌尚齿会。

---

① [日]大江朝纲:《江吏部集》卷中,[日]塙保已一:《新校群书类从》卷一三二,内外書籍株式会社 1925 年版,第 386 页。

② 肖瑞峰:《日本汉诗发展史》(第一卷),吉林大学出版社 1992 年版,第 404 页。

这种言行举止的模仿在当时受到鼓励,以至天历时期,白居易被偶像化与神秘化。高阶积善有《梦中谒白太保元相公》,藤原为时亦和云:

> 两地闻名追慕多,遗文何日不讴歌。系情长望退方月,入梦终逾万里波。露胆虽随天晓隔,风姿未与影图讹。(原注:我朝慕居易风迹者,多图屏风。)仲尼昔梦周公久,圣智莫言时代过。①

描写了平安朝诗人将白居易图于屏风,日思夜想,以至梦与其逢的情状,体现了对白居易的崇敬之心。至院政期,《本朝续文粹》卷十二载藤原敦光《白居易祭文》,是保延四年(1138)二月十日,兵部大辅三河守藤原显长主办祭奠白乐天之灵的仪式所用。《祭文》称白居易:

> 惟公天地淳粹,岳渎精神,德辉之照世也;台彩早入孕,词华之轶人也。风骚更比高,诚是一代之诗伯,万叶之文匠也。……幽玄之境遥虽闭踪,后素之功新以图像。②

挂乐天肖像画,献供物,赞叹仪礼,作诗顺次披讲,以白乐天为诗的祖师(诗仙)而供奉。之后,白居易甚至被捧为仙、佛的化身,如平安时代政务事例集《政事要略》载日人所作《白居易传》:

> 或曰:古则宝历菩萨下他世间号曰伏羲、吉祥菩萨为女娲;中叶则摩诃迦叶为老子、儒童菩萨为孔丘;今时文殊师利

---

① 《本朝丽藻》卷下,第70页。
② [日]早川纯三郎:《本朝续文粹》卷十二,国书刊行会1918年版,第364页。

　　菩萨为乐天。又曰：岁星为曼倩、文曲星为乐天焉。①

认为白居易是文殊的化身，文曲星再世。这种看法在之后的日本诗、歌、文当中皆有提及，成为一种颇为流行的说法。

　　除汉诗之外，白居易的影响渗透到以和歌和物语为代表的日本国文学。对于和歌来说，在汉诗文全盛期，它仅作为男女交际的媒介，在闺房间流传。延喜朝《古今和歌集》成书后，其势力方得以发展。尽管当时和歌坛有意与汉诗一争高下，但和歌作者本身又是汉诗人，二者相互渗透相互作用是不可避免的。和歌的作者在对汉诗模拟意识的作用下，在修辞的精致、叙述的巧妙、典故的运用上皆乞灵于汉诗文。如藤原高远依拟汉诗文处很多，其中就有白诗《长恨歌》、《上阳白发人》诗句的句题和歌。"三月尽"是乐天所爱好的文学主题，表达了对衰老和死亡的人生观照，高远的家集一五八番至一六四番共七首展开了"三月尽"的连作。敕选《古今和歌集》中所收作品也有不少受到白诗的影响，如卷二《春歌下》：

　　　　时至樱花落，人言岂待夸，迟留不肯去，何以是樱花。②

作者的意趣与白诗中"花下忘归因美景"（《酬哥舒大见赠》）③一致。又如佚名《是贞亲王家歌会时作》中"秋夜相思苦，方知最苦时"及《恋歌一》中"秋来迟暮夕，何以最相思"④，都是效仿白集中诗句"大抵四时心总苦，就中肠断是秋天。"（《暮立》）⑤大江千里

---

　　①［日］惟宗允亮：《政事要略》卷六一，近藤活版所1903年版，第581—582页。
　　②［日］纪贯之等编，杨烈译：《古今和歌集》，复旦大学出版社1983年版，第21页。
　　③《白居易集笺校》卷十三，第724页。
　　④《古今和歌集》，第44、112页。
　　⑤《白居易集笺校》卷十四，第856页。

《是贞亲王家歌会时作》："见月遂悲秋,心伤何太甚,秋非我独私,月亦非群品。"①为脍炙人口之作,其实是化用白诗"燕子楼中霜月夜,秋来只为一人长"②。之后的《后撰集》、《后拾遗集》、《金叶集》、《新古今和歌集》等皆不能摆脱对白诗的受容。《新古今和歌集》的编选者藤原定家尤好师学白乐天。据《清岩茶话》所载,藤原在其家构思作品时,必先打开南面的拉门,眺望远方,整衣正坐,吟诵"兰省花时锦帐下,庐山雨夜草庵中"(《庐山草堂夜雨独宿寄牛二李七庚三十二员外》)③,并以此调自高。和歌集中翻用白诗处也较多,如《新古今集·春上》中载歌注题为"文集嘉陵春夜诗不暗胧胧月……"④,原歌后来成为传诵不衰的春宵胧月的千古绝唱。《新古今集·秋下》中《捣衣之心》本自《闻夜砧》中的诗句。《金叶集·杂上》源雅光引用"上阳人,苦最多。少亦苦,老亦苦"(《上阳白发人》)⑤等,此类情况的化用不计其数。白诗中《对月忆元九》、《庐山草庵雨夜》、《闻夜砧》、《古墓春草》等,也成为和歌的好诗材。总之,《古今集》以下的《新古今集》等诸集措辞辞极其工巧细致,歌词常带一种清新之气,这确实是由于受汉诗尤其是白诗影响的结果。

　　而和歌国文此时以后宫女房为中心流行一时。时恰逢藤氏外戚权力斗争激烈之时,外戚竞相搜集才媛为其扩张势力。清、紫、势、泉等才女进入后宫,发展成为所谓的后宫文学。这些后宫才媛的汉文汉诗造诣颇深,不仅可读《史记》、《汉书》,而且能口诵《朗咏》中的诗句,她们对当时流行的《白氏文集》也十分熟悉。紫式部的《源氏物语》和清纳少言的《枕草子》就明显地体现出对白集的受容情况。《枕草子》是清纳少言随时随地记录所见所闻所感的随

---

①《古今和歌集》,第 45 页。
②《白居易集笺校》卷十五,第 926 页。
③《白居易集笺校》卷十七,第 1117 页。
④《新古今和歌集》卷一,早稻田大学文库藏本,第 14 页。
⑤《白居易集笺校》卷三,第 156 页。

笔,文中表达了其对《文集》、《文选》的喜爱。据统计,《枕草子》引用白居易诗歌共 29 处,其中来自感伤诗 13 处,杂律诗 11 处,讽谕诗 5 处,[①]《源氏物语》对《白氏文集》受容的深广性更是毋庸置疑,无论是引用、化用诗句,还是移用各种意境,都恰到好处,毫无生涩之感,成为白诗受容成就最高的经典之作。目前已有不少中日学者对此研究较为深入,兹不赘述。

其他的如《唐物语》、《大镜》亦有对《白氏文集》的受容。《唐物语》是以平易国文翻译的中国说话廿七条。其中来源于《白氏文集》的六条为白乐天(《琵琶行》)、盻盻(《燕子楼》)、陵园妾(《新乐府》)、李夫人(《新乐府》、《汉书》)、杨贵妃(《长恨歌》)、上阳人(《新乐府》),皆为白集中的叙事诗,用语比较平易。如"昔上阳人,闭于上阳宫多年。经过秋之夜,春之日,月之光、虫之声之外,只能听到名儿之呼唤声。红叶成锦,莺儿啼啭,心情如织。夜雨打窗声,令忧郁之泪下。"[②]假名书历史《大镜》以记载历史事实为主,文中散见些白诗影响的例子。如叙述菅公流配之事时,举"都府楼才看瓦色"的诗句为例:"以前的博士说这是从白居易文集'遗爱寺钟敧枕听,香炉峰雪拨帘看'中化用而来。"[③]《太政大臣道长》篇也提及上阳人、杨贵妃以及居易等。

无论是汉诗、和歌还是物语、随笔,平安时代对白诗的受容多以白居易诗中的自然风物、优美诗句为主,且多以感伤诗《长恨歌》、《琵琶行》以及杂律诗为主,这体现了日本平安朝贵族对唐风的无限崇敬之心以及以汉诗为风雅生活点缀的状况。

在这一片主流之中,白居易讽谕诗的受容成为其中沁人心脾

---

① 李传坤:《试论白居易文学对〈枕草子〉的影响》,《外国文学研究》2006 年第 5 期,第 135—142 页。

② 《白乐天与日本文学》,第 126 页。

③ [日]久米幹文:《大镜》卷二,吉川半七 1891 版,第 10 页上。

的涓涓细流。

　　藤原实资的日记《小右记》直接引用讽谕诗,批判藤原道长的骄恣。《小右记》宽仁二年(1018)六月二十条,记载道长寝殿改筑事件,当时人人趋之若鹜以求附会道长,其中源赖光的献纳品尤为惊人,实资叹云:"希有之希有事也。《文集·杂兴诗》云:'小人知所好,怀宝四方来。奸邪得藉手,从此幸门开。'古贤遗言,仰以可信。"①以白居易诗《杂兴三首》来批判此事。同年六月二十六日条,记载上东门第造宫时,曳大石、搬运建材,使京洛内的草民颇为愁苦。最后以"可咏《文集·杂兴诗》,尤为鉴戒"②为结,并引白诗"古称国之宝,谷米与贤才。今看君王眼,视之如尘灰。伍员谏已死,浮尸去不回。姑苏台下草,麋鹿暗生麑"③,批判道长视民如草的骄慢。惟宗允亮受实资嘱托编纂的《政事要略》是为为政者所作的集大成资料汇编,共一百三十卷,现存二十五卷,引用白集六处,其中《策林》三处,《判》一处,《新乐府》一处,《苏州禅院白氏文集记》一处。藤原通宪是《江谈抄》的笔录者实兼之子,其《长恨歌绘》提炼出《长恨歌》中的讽谕之义来讽谏后白河院(九条兼实日记《玉叶》建久二年十一月五日条及《平治物语》中记载)。此后,镰仓时代从《白氏文集》中选抄以政治实务为中心的诗文而编写成的《管见抄》,是对这种受容的进一步继承。

二、五山时代

　　五山时代,即所谓的武家时代,此时政治归于武门,文学转入禅僧。而白居易不再是万众瞩目的焦点,从平安时代被崇拜的唯

---

① [日]藤原实资:《小右记》,日本史籍保存会1915年版,第196页。

② 《小右记》,第198页。

③ 《白居易集笺校》卷一,第24页。

我独尊状态跌落下来,取而代之的是苏轼、黄庭坚以及宋调之始的"诗圣"杜甫的诗歌。成书于南北朝贞治四年(1365)的《一花抄》(句题百首)出于白诗的只有三句。《锦绣段》所收诗人 227 人,陆游 15 首,白居易仅 5 首。这一时期白居易的受容以另外的方式与另外的角度在五山文学中占据一席之地。

首先是闲适诗的受容成分增加。白居易的闲适诗中表达淡泊功名、追求隐逸的诗歌,契合了日本中世隐遁文学精神,故而引起了诗人们的共鸣。但在平安朝时代,几乎少有对闲适诗的受容。《千载佳句·人事部》中有闲居、闲意、闲放、闲适、闲兴、闲官、闲散等内容,《隐逸部》也有思隐、隐士、微隐士、忆旧隐、卜山、山居、别山居、郊居、幽居事项,而这些描写隐遁生活的诗句没有一句采自闲适诗,大多为近体诗。《和汉朗咏集》中关于闲居、隐逸气味内容的诗也多出自律诗,没有从闲适诗中选择。五山时代,这种情况得到了改变。慈円《文集百首》中选闲适诗卷五至卷八共 21 句,尤其是"闲居"类十首有七首选自闲适诗。《永正二年水无濑殿法乐百首》收录歌人 27 人,其中包括三条西实隆,其所选汉诗句构成与实隆《雪玉集》卷八的《夏日咏百首和歌敕点并冷泉亚相政为卿点题自撰文集句题》相同。据《实隆公记》永正二年正月二十八日条载:"抑文集第一、二帙此间一览之次五言句抄出之,百首题编立之。今日草案令进上禁里,一度敕定被用之者私后用可然之由言上仕了。"①可见其《永正文集百首》皆选自第一、第二帙即卷一至卷二十中的五言句,其中共收闲适诗 29 句,感伤诗 34 句,合古调诗 63 句,与《千载佳句》和《和汉朗咏集》中以律诗为主的倾向完全不同,表现出与慈円类似的对闲适诗的关心,体现实隆对中世纪歌咏隐逸孤独、隐遁思想和无常思想浸透的察知。

---

　　①［日］稻田利德:《镰仓·室町期和歌与白氏文集》,《白居易研究讲座》第三卷,第 317 页引。

白居易闲适诗表现出以老庄思想为主的倾向,也引起了五山学僧的注意,他们竭力挖掘白诗中所体现出的老庄思想,如大休正念(1220—1289)《白乐天二首》:"乐吾天知受命返真,常顺至正全乎自性。得全乐于劫壶之中,寓万物而形之歌咏。""数竿金凤竹,一缕玉炉烟。居尘尘不混,独自乐先天。"①将白乐天对道家精神的汲取描写得十分生动。无学祖元(1226—1286)《乐天》:

> 若人兮,幅巾遨游。眉目如画兮,香山欲秋。考金钟于清庙,吹玉箫于法楼;缀贞观之雅颂,截天孙之云裘;跨黄鹄于冥漠,挟飞龙于双辀;齐一物于万化,剖藩篱于九畴。举百世之上,百世之下,其孰与俦? 唯靖节东坡兮,不贻公之羞。②

则是站在五山所尊崇的陶渊明、苏东坡的基础上来歌咏白居易的风骨,注重三人在齐万物、委顺任化的道家精神气质上的一致。

其次是关注白居易诗中所体现出来的佛禅思想与生活方式,白居易与鸟窠大师的问禅之事成为五山禅林注目的对象,常成为其题材。如一山一宁(1248—1317)《乐天居士》:"鸟窠已往韬光老,平世功名一梦非。八节清滩新凿了,吟看悬瀑坐苔礁。"惟肖得岩(1360—1437)《乐天参鸟窠图》:"危险休嘲一鸟窠,也胜森戟镇山河。唯缘白守非生客,蹈折松枝不示他。"③都颇有禅意。乐天香山寺避暑、醉吟的经历也常成为诗人追求的境界与歌咏的对象。南江宗沅(1387—1463)、瑞溪周凤(1391—1473)、天隐龙泽(1422—1500)、景徐周麟(1440—1518)等人皆有《白傅香山避暑

---

① 〔日〕荫木英雄:《五山文学对白诗的受容》,《白居易研究讲座》第四卷,第280页引。

② 《五山文学对白诗的受容》,第281页引。

③ 《五山文学对白诗的受容》,第281、282页引。

图》之诗;雪岭永瑾(1447—1521)有《白傅八节滩图》;月舟寿桂(1460—1533)有《题白香山画像》。一昙圣瑞(1340—1425)《赞白乐天》云:"人非世无宠辱忧,醉吟谁亦是风流。江州司马青衫泣,一曲琵琶月在舟。""兜率蓬莱尘表心,樱桃杨柳醉中笑。可怜出处略相似,后世子云苏翰林。"①一休宗纯(1394—1481)《不饮酒戒》:"痛饮三杯未湿唇,醉吟只慰乐天身。稜道者任念起处,宣明酒伴也谁人。"②

　　五山文学对白居易关注度的降低,也与当时日本对本土文学自信心增强的密切相关。兰坡景茝《扇面》(画住吉与乐天):"烟如分直浪苏弥,吟到白云成带时。樵罢欲皈皈不得,细翻唐体入倭词。"③住吉神与白乐天相逢唱和是室町时代五山禅林缙绅间的话题,在诗中吟咏此故事,体现了对本土文学的自信。希世灵彦《北野参无准图》:"我营丞相本儒家,诗比乐天无等差。行到江南何所有? 名寻禅老实梅花。"④也认为菅原道真的诗堪与乐天相媲美,极力抬高本国文学的地位。

　　五山文学的文体之一四六疏是禅林法要仪式不可或缺一部分,其写作能力好坏与禅僧的升进出入有很大关系。室町时代《蒲室疏法》有新命住持著任、入院法语、招聘状山门疏、种种关系的贺词诸山疏、江湖疏、表谢意疏等,在这种文学样式当中,也常能见到有关白居易及其作品的典故。惟肖得岩《香谷英首座住护国寺诸山疏》:"近舍皇甫而远求乐天,识人难矣;前事马周而后交刘泊,干世巧哉!"兰坡景茝《正宗住建仁江湖疏》:"求皇甫而舍乐天,金瓯佳名有待"。⑤ 都用《唐语林》等笔记小说中有关皇甫湜以"近舍湜

----

① 《五山文学对白诗的受容》,第 284 页引。
② 《五山文学对白诗的受容》,第 299 页引。
③ 《五山文学对白诗的受容》,第 290 页引。
④ 《五山文学对白诗的受容》,第 292 页引。
⑤ 《五山文学对白诗的受容》,第 295 页引。

而远征白"的典故,以白乐天与皇甫湜对比讽谕新命住持香谷英首座埋没人才。江西龙派《建仁淋汗化缘疏》:"汲涧中水采山上薪,孰爱力也,医眼前疮剜心头肉,不亦快乎。"有小字注:"白乐天《朱陈村》诗曰:女汲—(涧中水),男采—(山上薪)。"①

　　武家时代的代表文学军记物语与谣曲,也没有逃脱白居易作品的影响,只是它们以一种特殊的再受容方式出现,即以吸收《千载佳句》、《和汉朗咏集》中所收的白诗诗句为主。谣曲是散乐能歌之曲,与中国元曲颇相似,据说是从元曲变化而来,以引用和汉故事、讲究诗句歌词的缀合和丽句绮语的连用为主要特点。作为文章粉饰的诗句多从《朗咏集》中取材而来,因此其引用白诗亦较多。谣曲今传内外二百首,其内有以《白乐天》为题的作品,相传为世阿弥所作,描写白乐天来日本与化身渔翁的和歌之神住吉明神唱和应酬的故事,并记载白居易所咏之诗句"青苔带衣为岩肩,白云如带回山腰"。《卧云日件录拔尤》享德元年(1453)二月六日:"白乐天来日与住吉明神相逢,乐天作诗,有'白云如带绕山腰'之句。盖俗说,未见出所云云。"②可见当时确有白居易作"青苔"诗之说。世阿弥作曲的独立谣曲《李夫人的曲舞》内引用"九华帐深夜悄悄,反魂香降李夫人"、"缥缈悠扬还灭去"等《李夫人》的诗句③。而谣曲对《长恨歌》,无论是曲子的中心素材还是词章细部的修辞,都有受容。

　　军记物语如《平家物语》、《源平盛衰记》、《太平记》之类,是所谓和汉混淆之文,即具有汉文汉语之调的和文形式。它以雄劲的笔致记述了当时的攻战杀伐之事。与平安时期的物语一样,多在文中引用汉诗文,这些汉诗文主要取材于日本广泛流传的《史记》、

　　①《五山文学对白诗的受容》,第296页引。
　　②[日]三村昌义:《能对白居易的受容》,《白居易研究讲座》第四卷,第218页引。
　　③《白居易集笺校》卷四,第237页。

《汉书》、《文选》、《文集》、《朗咏集》。其中白居易诗文占有很大比例。但它与谣曲一样,多引用《朗咏集》中白诗的句子,并且出现一种类型化的倾向,即白诗只是作为一种形式的修饰而引用,不管其内容是否适合。形容美人常用"太液芙蓉未央柳"或"梨花一枝春带雨",明月定用"三五夜中新月色",形容雪不管何时都用"香炉峰雪卷帘望",等等,其形式文饰千篇一律。如《平家物语》卷三《赦文之事》:

> 这样子,中宫因了月份的增加,身子更觉得苦恼。从前是"一笑百媚生"的李夫人,如今在昭阳殿的病床上,或者是这个情形吧,比起唐代的杨贵妃,"梨花一枝春带雨",芙蓉因风而憔悴,女郎花为露而低垂,那种风情尤为可怜了。①

《太平记》卷一:"比安野中将公廉之女,是叫做三位局的妻子……如三千宠爱在一身,六宫粉黛无颜色。……惊见光彩生门户,此时天下之人生男为轻重生女。"②谣曲《皇帝》:

> 入春春游夜专夜,后宫佳丽三千人,三千宠爱于一身。贵妃之红色如芙蓉之红,无力如未央之柳。……然明皇保有极世之荣华,重色之故,遇贵妃后颇契心意,春宵苦短日高起,不理朝政,……天长地久有时尽,……③

水平野次曾对此类相同用法进行统计,使用之重复和生硬确实令

---

① 〔日〕佚名著,周作人译:《平家物语》,中国对外翻译出版公司 2001 年版,第146 页。
② 《白乐天与日本文学》,第 271 页引。
③ 《白乐天与日本文学》,第 267 页引。

人震惊。①

　　此时其他中古文系统引用白诗也有不少，如继承《大镜》的《今镜》、《水镜》、《增境》等历史物语，杂纂类如《十训抄》、《古今著闻集》、《徒然草》、《方丈记》等，日记纪行类如《东关纪行》、《十六夜日记》等，无不受到白乐天的影响。《今镜》序文中关于物语记事的妪之语取自白诗新乐府《百炼镜》："镕范非常规。日辰处所灵且祇，江心波上舟中铸，五月五日日午时"等，以及"太宗常以人为镜，鉴古鉴今不鉴容"等②，这也是《今镜》书名的典据。《十训抄》是十条处世的教训，列举了和汉古今种种佳话逸事，有二十余处引用白诗，序文中叙述著述旨意时就使用了《秦中吟》的《立碑》、《新乐府》的《青石》等语。《东关纪行》的作者颇爱读白诗，其卷一即述："百年近半，虽鬓霜渐冷，但事业无成……恰似白乐天身似浮云，头白如霜，哀思暗合。"③这取自《文集》卷十八的《送萧处士游黔南》："身似浮云鬓似霜。"④《徒然草》乃模拟《枕草子》之作，是白居易受容比较自然的作品。作者吉田兼好擅长和歌，研究神儒老佛诸学，以精通和汉载籍著称。他也爱读《白氏文集》，其书中屡次利用其诗句。然其引用方法极为自然，毫无生硬之作，决非当时和汉混淆文可比。如论人生富贵之不足恃，也是《劝酒》中的"身后堆金挂北斗，不如生前一樽酒"，及《题故元少尹集后二首》的"埋骨不埋名"。又如论人生无常时，引用《秦中吟》的《不致仕》："朝露贪名利，夕阳忧子孙。挂冠顾翠绥，悬车惜朱轮。"⑤较为自然。

---

① 《白乐天与日本文学》，第 143—146 页。
② 《白居易集笺校》卷一，第 204 页。
③ 《白乐天与日本文学》，第 148 页引。
④ 《白居易集笺校》卷十八，第 1179 页。
⑤ 《白居易集笺校》，第 1452、1429、88 页。

三、江户时代

江户时代以来，汉诗得到了较大发展。这一时期白居易的受容，与平安时代"入乎其内"而完全五体投地的对白居易的个人崇拜不同，也和五山文学注重白诗禅、道思想与生活态度不同，而是"出乎其外"的冷静观照，此时诗坛多以李白、杜甫为最优秀诗人，对白居易在诗歌史上的地位有了更为准确的认识。尽管这种观照受到了明代文学思潮的影响，但更主要的原因还是日本汉诗创作、鉴赏水平的进步。

江户时代初期出现了文学复兴的局面，硕儒藤原惺窝、林罗山等人诗文兼善，深草之僧元政和石川丈山皆以诗著称。他们对白乐天的态度比较平和，藤原惺窝云："虽有朱紫阳之所谓口津津地之消，小家数之'白俗元轻'之异议，好其为人之蕴藉，爱其集语意之平易真率矣。"（《题白氏文集后》）①元政在深草结草庵，诗名甚高，最喜袁宏道之诗，推称袁诗与乐天有共鸣之处。其客中一绝："逐月乘风出竹扉，故山有母泪沾衣。松间一路月如画，遥知倚门望我归。"②风调与白诗十分相似。石川丈山在洛北一乘寺结草堂，楣间悬挂汉晋唐宋作家三十六人之像，号为"诗仙堂"，白乐天也占据重要地位。林罗山作《诗仙堂记》谓："唐僧皎然诗品中有诗仙，又宣宗称白香山为诗仙，然则此语盖有所据"③，其《徒然草野槌》引白诗处随处可见，林罗山还与那波道圆对《白氏文集》版本发展做出过突出贡献。

之后，徂徕学派形成，他们主张学习王世贞、李攀龙之诗，并推

① 《白氏文集》，元和四年那波道圆本卷首，东京大学东洋文化研究所藏。
② 《白乐天与日本文学》，第154页引。
③ 《白乐天与日本文学》，第154页引。

尊《唐诗选》,使得天下靡然趋之,轻俊之徒竞相附和,成为当时汉诗的主流。而王世贞曾在《艺苑卮言》中云:"'元轻白俗,郊寒岛瘦',此是定论。"①故其《唐诗选》未选一首白诗。这对当时日本诗坛有重要影响,不少作家也力斥白诗之俗,如祇园南海(1677—1751)《诗诀》中辨析诗法的雅俗:"一生之诗以俗总之"②,并举白集中浅俗之诗来排斥之。太宰春台(1680—1747)《诗论》:

> 唐人作诗之多者,莫如杜子美,次则白乐天是已。然子美好纪时事,所以有"诗史"之称也。乐天亦好纪时事,而不及子美之雅驯,徒以常语矢口为诗而已。虽多至千首万首,亦何足观哉？唯《长恨》、《琵琶》二歌行,较佳而已。③

也批评白居易以常语为诗。

在一片否定之声中,仍然有人推崇白诗,反对以"白俗"否定乐天之诗。伊藤仁斋(1627—1705)其《题白氏文集后》云:

> 诗家有"郊寒岛瘦、元轻白俗"之称。予以为,其以俗目白,此白氏之所不可及,但少伤冗耳。盖诗以俗为善,所以三百篇之所以为经者,亦以其俗也。诗以吟咏性情为本,俗则能尽情。……后山谓"书当快意读易尽",予以为读易尽者,天下之至言也。若《长恨歌》、《琵琶行》是已,才诵首二三句,后必读到终篇,句句如新,不觉其终,以其近俗故也。④

---

① [明]王世贞著,罗仲鼎校注:《艺苑卮言校注》卷四,齐鲁书社1992年版,第194页。

② [日]祇园南海:《诗诀》,《日本诗话丛书》第一卷,文会堂书店1922年版,第25页。

③ [日]太宰春台:《诗论》,《日本诗话丛书》第四卷,第292—293页。

④ [日]伊藤仁斋撰,[日]三宅正彦编集解说:《古学先生诗文集》文集卷三,株式会社ぺりかん社1985年版,第70—71页。

认为白诗抒发性情能尽其情，白俗并非白诗之罪。近世后期的京都诗人村濑杆栲亭（1746—1818）五言排律《岁晚书怀五十八韵》云："休嗤元白俗，尚胜李王奴。"①批评古文辞派荻生徂徕门流一味对李攀龙和王世贞的尊崇，认为能自抒性情的"白俗"比模仿追捧李王者要强许多，其诗作也深受白诗影响。宽政三博士之一的尾藤二洲（1747—1813）亦学白居易之诗："自知天分浅，聊且就平易。平易莫如白，于中选其粹。"②对白诗的平易持赞许态度。喜爱白诗之人尚有许多，如那波道圆在《题白氏文集后》中大力推称白诗："虽有其奉佛之可疑，读其集则快活不可言也"。③ 菊池桐孙《五山堂诗话》卷一云：

> 余贫不能贮书，偶有购得，早已羽化去。箧中留集五部，一白香山，一李义山，一王半山，一曾茶山，一元遗山，外此无有，因以五山名堂。有句云：家徒四壁立，书仅五山存。④

以乐天为五山之一。蘐园杰士如服部南郭也肯定乐天的长处，他曾模拟乐天作《小督词》，对人语其所感云："乐天之诗人轻之，然其《琵琶行》、《长恨歌》之妙，唯乐天能作之。余拟乐天作《小督词》，知乐天之难以企及矣。"⑤高度评价白居易的还有长野确，《松阴快谈》卷二曰：

> 朱文公之文，白香山之诗，皆不依放古人，独别创一体，读之似平稳而实甚奇，俱可见其胆识之大。杨升庵曰：剖析性

---

① 《白居易研究讲座》第四卷，第 305 页引。
② 《白居易研究讲座》第四卷，第 306 页引。
③ 元和四年那波道圆本《白氏文集》卷首，东洋大学文化研究所藏。
④ ［日］菊池桐孙：《五山堂诗话》，《域外诗话珍本丛书》第二册，第 400 页。
⑤ ［日］津孤孝绰：《夜航余话》，《日本诗话丛书》第三卷，第 71 页。

理之精微,则日精月明;穷诘邪说之隐遁,则神搜霆击。其感激忠义,发明离骚,则苦雨凄风之变态;其泛应人事,游戏翰墨,则行云流水之自然。其紫阳之文乎? 是善论朱子之文者。①

将白诗与朱熹之文相并立,认为其诗看似平淡而甚奇,有胆识。东聚《钼雨亭随笔》:

> 余病中慵把笔,偶得故人书问,不能一一答之。尝记白香山诗云:岂是交亲向我疏? 老慵自爱闭门居。近来渐喜知闻断,免恼嵇康索报书。按,嵇康《与山涛绝交书》云:素不便书,又不喜书,而人间多事堆案盈几。不相酬答,则犯教伤义;欲自勉强,则不能久。余年未及壮,岂可遽效白之老慵,失礼于人乎? 而恶札自愧,自然至此,因读白诗,谓获我心。②

表达与乐天虽处异代但心灵相通的心情。

　　这一时期,模仿白诗之作有伊藤东涯(1670—1736)的五言古诗《杂咏》三首(《绍述先生文集》卷二一),表现对贫富转变无常的慨叹,人们勤劳不懈的歌咏,题下有注:此三首为效白氏之体。其行文以叙事为主,模仿白乐天的讽谕诗。其五言古诗《陌头曳》乃模仿《折臂翁》、《杜陵曳》、《卖炭翁》而成,七言古诗《胭脂坡》模仿白居易的《新乐府》作品《古塚狐》。市河宽斋(1749—1820)七言古诗《穷妇叹》是对《新乐府》的模仿。栲亭也对社会现实有着强烈的关心,其六十八句长诗《弃儿行》,也受到了白居易讽谕诗的影响。服部南郭《小督词》是模拟《长恨歌》之作而创作的长篇恋爱诗,一

---

① 〔日〕长野确:《松阴快谈》,《域外诗话珍本丛书》第五册,第279页。
② 〔日〕东聚:《钼雨亭随笔》卷上,《日本诗话丛书》第五卷,第234—235页。

反当时以乐府题作恋爱诗的陈旧风气,领风气之先,复柚木太玄《妓王篇》(《日本诗选》)、大江玄圃《袈裟词》、细井平洲《妓王词》、葛子琴《千寿词》等众多继起之作。幕末官学派诗人友野霞舟(1791—1849)《题植木桂里阿七词之后》:"我慕白傅文才美,彩笔纵横流商徵。《长恨歌》声人不续,千载复逢植桂里。"①形象地说明了植木桂里《阿七词》对《长恨歌》精神的继承。

　　近世后期诗集、诗题用白居易诗句,和白居易某诗之韵,在诗中言及白居易之诗等受容形式之外,尚有对白诗中歌咏日常生活诗歌的受容倾向。如栲亭的《乐天新栽竹次韵》、《白傅闲居春静次韵》、诗僧六如(1734—1801)《春雪十二韵仿白氏》等。幕末京都诗坛的赖山阳、中岛棕隐(1779—1855)《落花吟》三十首,寄托惜春之情、叹老之意。东聚《钮雨亭随笔》:

　　　　一日,仰卧床上,好书数卷乱抽读之,白香山诗云:趁凉行绕竹,引睡卧观书。古人获我心矣。陆放翁诗云:体倦尚凭书引睡,心安不假酒攻愁。翻用白意最妙。②

也体现了对白诗日常生活性的受容。

　　这一时期日本国文学对白居易的受容成分更少了,只不过在一定程度上有王朝时代以后承袭的惯用之处。从小说方面来看,其语多据之前的谣曲、物语而来,间接受白氏的影响。如马琴《八犬传》美人深窗用"金屋鸡障",形容妖怪眼光用"百炼之镜",旅泊之悲述"巴峡断肠旅猿叫",妇女的贞操叙为"百年苦乐由他人"。这些并非是直接取自白诗之语,多得自于《太平记》中所引白诗。其他如上田秋成的《雨月物语》,多引用和汉故事,但没发现与白氏

---

　　①《白居易研究讲座》第四卷,第313页引。
　　②《钮雨亭随笔》卷上,第241页。

有关之处。戏曲方面来看，近松的作品中与白氏有关之处不少，如净瑠璃《国姓爷合战》，取材于中国历史史实，描写宫廷的内幕，其作品中有些取自谣曲中引用的白氏作品，如栴檀皇女归国处条："昔唐土白乐天、日本的智惠"这一节，全部引用谣曲《白乐天》，叙事并不自然。俳句也是如此，安原贞室的俳谐之句"松风や月は三五夜中纳言"在"三五夜中新月色"句中配以谣曲"松风"的洒落，并不是直接受到白诗的影响，而是来自平安朝以来文学的惯用之处，《东关纪行》、《平家物语》卷七、谣曲《雨月》等都曾化用或引用此句。被尊为俳圣的蕉翁与门人北枝之书中云："遥取定家之骨，西行之筋，洗乐天之肠，入杜子之方寸"①，表达去除白诗之风、以学杜为主的愿望。其后运用汉诗文的妙处最多的芜村等俳人，有学习白氏之处，如"石上题诗过枯野哉"②来自"石上题诗扫绿苔"（《送王十八归山寄题仙游寺》)③，但这也是和文学向来惯用之处，如《源平盛衰记》第二十五卷、谣曲《丰干》皆引用此句。可见，此时平民文学中的白诗流传一般为前代俗谣与物语中的翻案。

第二节 日本白居易诗受容的方式

日本著名学者太田次男认为："历代汉诗文中（白氏受容以后），白诗的影响最为显著。"④除了在汉诗中无可置疑的地位之外，白居易受容在其他文学样式乃至整个日本文学发展史上都有着重要的影响，日本文学对白居易的受容方式也是多种多样的，呈现出与中国白居易受容不同的面貌。

————————

① 《白乐天与日本文学》，第158页引。
② 《新五子稿》冬之部，《俳谐名著文库第五篇》，东京俳书堂藏1916年版。
③ 《白居易集笺校》卷十四，第800页。
④ ［日］太田次男：《白诗受容考香炉峰雪拨帘看》，《艺文研究》33号，1974年2月，第1—36页。

一、诗媒意识

"诗媒"一词,源于岛田忠臣《吟白舍人诗》:"坐吟卧咏玩诗媒,除却白家余不能。"①他将《白氏文集》称为诗媒。大江朝纲《夏夜于鸿胪馆饯北客》诗序:"若非课诗媒而宽愁绪,携欢伯而缓悲端。"②把吟玩诗集也称作是"课诗媒"。白集中三千余篇诗文中,内容丰富,关注个人生活与环境的方方面面,为日本古典文学提供了近似于类书的众多修辞与素材来源。日本文学家在把玩白集的过程当中,渐渐将白诗渗透到其诗文创作中,并且形成了到白集中去寻找歌咏对象、修辞用语甚或创作灵感的心理,即诗媒意识。

岛田、都良香为首的日本平安朝初期文人的诗媒意识最直接的体现是采撷使用白诗中的修辞语句和片断的意象,甚而以白诗为典故。正如《都氏文集》卷三《白乐天赞》末尾所云"集七十卷,尽是黄金"③,既是黄金,自然可随时去其中采撷诗句来用。如《田氏家集》下卷长篇五言应制诗《禁中瞿麦花三十韵》以白居易《草词毕遇芍药初开因咏小谢红药当阶翻诗以为一句未尽其状偶成十六韵》、《裴常侍以题蔷薇架十八韵见示因广为三十韵以和之》诗为重要的"诗媒"供给源。其中诗句"脆软红苏蒂,欹垂蜡紫房"模仿白诗诗句"紫蜡粘为蒂,红苏点作蕤"④。《夏日纳凉》:"夏日闲居要竹榭,炎天暑服爱蕉纱。把来冰颗浗三口,不用珠门载一车。"⑤与白诗《晚夏闲居绝无宾客欲寻梦得先寄此诗》中"鱼笋朝餐饱,蕉纱

① 《田氏家集全释》卷中,第 229 页。
② 《本朝文粹》卷九,第 157 页。
③ [日]都良香撰,[日]中村璋八、大塚雅司释:《都氏文集全释》,汲古书院 1988 年版,第 32 页。
④ 《白居易集笺校》卷三一,第 2153 页。
⑤ [日]三木雅博:《岛田忠臣与白诗》,《白居易研究讲座》第三卷,第 67 页引。

暑服轻。欲为窗下寝,先傍水边行"①颇有关系。而《本朝无题诗》的用典多来自白诗中。三宫的《秋日林亭即事》"闲对芳樽携若下(原注:酒名。见《文集》)",②若(按集本作"箬")下,《初学记》卷八《江南道》中有此典的记载,但日本无题诗作者却无视于此,而取材自白诗。这种例子还有不少。

诗媒意识还体现在吸收白集中诗文相关内容作为创作题材,这扩大了平安朝文学的题材内容。如对月亮意象的重视。《田氏家集》有《八月十五夜宴月》、《八月十五夜惜月》(卷上)、《八月十五夜宴各言志探得一字》(卷下)和《十二月十五日夜对月》,歌咏仲秋月和冬夜月,在此之前,很少有人涉猎此题材。它们都是受到白居易《酬梦得霜夜对月见怀》、《正月十五日夜月》等诗的影响。同时,白诗促进了平安朝诗人对人自身身体特征进行描写领域的拓展。之前日本汉诗中直视自身肉体的衰老题材作品基本没有,《田氏家集》中的《落发》,是从白诗中《叹发落》、《感发落》、《嗟发落》等诗中触发的。此类诗还有《田氏家集》卷中的《十非诗》:

> 壮年不得录功名,老大营求无限情。玉珥金貂为宠耀,颜凋鬓白尽非荣。肉味果珍为美食,唇焦齿落尽非甘。歌管舞妆为快乐,耳聋目暗尽非欢。③

这也是以白诗《和栉沐寄道友》中"因循掷白日,积渐凋朱颜",《秋寒》中"雪鬓年颜老,霜庭景气秋",《自觉二首》中"前岁二毛生,今年一齿落",《老题石泉》中"渐恐耳聋兼眼暗,听泉看石不分明"④

---

① 《白居易集笺校》卷三四,第 2351 页。
② [日]本间洋一:《本朝无题诗与白诗》,《白居易研究讲座》第三卷,第 145 页。
③ 《田氏家集全释》卷中,第 158 页。
④ 《白居易集笺校》,第 1468、1330、538、2519 页。

等诗句为范本的。白居易对三月晦日的歌咏也影响了平安时代的文人。《千载佳句》中"送春"部九首佳句除季方的一首诗句外,都来源于白乐天的作品。《和汉朗咏集》卷上有《三月尽》的部目,收录了乐天与菅原等人的秀句。岛田忠臣有《三月晦日送春感题》、《惜春命饮》,菅原道真有《春尽》、《惜春绝句》、《送春》,都是受白诗题材影响而创作的同题之作。后来,橘在列有《三月尽》、菅原文时有《送残春》(《新撰朗咏集》)、具平亲王有《三月尽》等。藤原伊周、藤原忠辅所作的《花落春归路》不少用语也来源于白诗。可见平安时代诗人对"三月尽"题材的喜爱。

此外,平安朝诗人还接受了白诗常用诗注的形式。据日本学者后藤昭雄考证,平安朝诗史最初隆盛期嵯峨朝弘仁期,除《经国集》所收诗有注记以外,《凌云集》、《文华秀丽集》、《性灵集》都无诗注。承和期的小野篁、惟良春道二诗人(收录在残卷《扶桑集》)作品亦无诗注。诗注最早出现在岛田忠臣诗中,《田氏家集》213 首诗中有 32 首有诗注。都良香(834—879)与纪长谷雄(845—912)诗中皆有注,并从道真以后诗作者自注较为常见。菅原道真作品集《菅家文草》及以上同时代作家的诗注,从作诗的场合、作诗的年龄说明、咏作事情的说明,诗句施注、音注以及《菅家文草》编纂过程中所加之注等各方面,都是模仿《白氏文集》的。①

这种诗媒意识不仅存在于汉诗中,和歌和文中也不例外。藤原定家《咏歌大概》云:"虽非倭歌之先达,时常之景气、世间之盛衰,为知物由,《白氏文集》第一第二帙,常可握玩,深通和歌之心。"②著名和歌集《古今和歌集》、《句题和歌》以白诗为诗材之处甚多,《文集百首》更是完全来自白居易诗句。各种物语也以白诗

---

① [日]后藤昭雄著,高兵兵译:《日本古代汉文学与中国文学》,中华书局 2006 年版,第 104—120 页。

② [日]藤原定家:《咏歌之大概》,早稻田大学图书馆公开,胜俣铨吉郎旧藏本。

作为行文中的文笔修饰或典故。如《源氏物语》中描写末摘花居处的荒凉："本已荒芜的宫邸，现在渐渐变成了狐狸的居处。阴森可怕的老树上，朝朝暮暮都有鸱枭的啼声，大家已经听惯。"①便是化用了白诗《凶宅》中的句子"枭鸣松桂枝，狐藏兰菊丛"。化用此句尤为明显的是谣曲《锦木》："岚木枯村时雨，引得露水充足，山荫寂物，枭鸣松桂，狐住塜草隐兰菊。"②又如《平家物语》卷三：

> 　　对于宇治恶左府则赠官赠位，赠予太政大臣正一位。敕使是少内记惟基。那人的墓所在大和国添上郡，川上村般若野的五三昧地方。保元的秋天掘了起来，舍弃之后，死骸变作路边的土，年年只茂生着春草，今经敕使寻找前来，宣读诏书，想亡魂不知当怎么样的高兴吧。③

此段化用了白诗《续古诗十首》中"古墓何代人？不知姓与名。化作路傍土，年年春草生。"④在和文的文学中，还有以白居易及其诗文为题材的作品，如《唐物语》中的六条白诗有关作品，谣曲《白乐天》、《李夫人的曲舞》。金泽文库现存镰仓时代称名寺实用的枡形本小型薄册子，是用来供养法会时导师说教的台本。其中有取材于白居易的若干保存，已刊行的《言泉集》中《亡子因缘》，有以白氏为标题的有三种保存：一为亡息事、白乐天哭金銮子诗，一为施主段、乐天无子事，一为乐天别生迟悲事。

可见，白居易之诗已成为日本文学中水乳交融、不可分割的一部分，这种乞灵于白诗，取材于白诗，模仿引用白诗的意识深潜于

---

① 《源氏物语》，第 347 页。

② 《白乐天与日本文学》，第 178 页。

③ 《平家物语》，第 146 页。

④ 《白居易集笺校》卷二，第 77 页。

日本文学家的头脑之中,在适当的时候适当的地点就会以适当的
文体形式表现出来。我国文学史上虽也有过"白体"诗派和不少效
乐天之作,但多是一种整体观照,是从诗歌风格和旷达乐观的精神
态度方面去汲取白诗精华,而非亦步亦趋地学习白居易的只言片
语,也较少从其诗歌中寻找灵感与题材。日本文学这种诗媒意识,
不仅发生在对白居易的受容上面,而且普遍表现在日本古代文学
对汉文学的受容史中,这是日本古代文化对汉文化的执着沉迷与
狂热崇拜的体现之一。

二、佳句情结

日本白居易受容还有个非常重要的特征,即对白诗中佳句的
反复欣赏与模仿。他们较少对白诗通篇诗歌的意境、主旨进行了
解,而多是断章取义地汲取任何诗中的精美佳句。如新乐府中的
《五弦弹》,其主旨是"恶郑之夺雅也",揭露当时社会政治重靡靡之
郑声而摒弃雅乐的败坏情况。日本谣曲、物语等对其化用完全不
顾及本诗主旨,而是仅引前半部分关于五弦弹的美妙乐声描写:
"第一第二弦索索,秋风拂松疏韵落。第三第四弦泠泠,夜鹤忆子
笼中鸣。第五弦声最掩抑,陇水冻咽流不得。"[①]谣曲《经政》、《蝉
丸》、《太平记》卷十三、《源平盛衰记》卷十二师长热田社琵琶事,皆
引此来表现演奏音乐所达到的效果。村上天皇(926—967)即位
后,下敕编纂《白氏文集》的秀句集(大江朝纲、菅原文时撰)。大江
维时(888—963)编纂唐诗秀句集《千载佳句》,1013 年前后《和汉
朗咏集》问世,这些总集都是日本对汉诗产生浓厚佳句情结,以增
加文学的装饰性特征而产生的。在这种氛围下,白诗的佳句受容
影响极为深远。

---

①《白居易集笺校》卷三,第 188 页。

平安朝的汉诗中就有这种倾向,如藤原明衡《闰三月尽日慈恩寺即事》中的"丹心初会传青竹,白氏古词咏紫藤"、惟宗孝言同题之作"白氏昔词寻寺识,紫藤晚艳与池回"①等诗句皆化用自白居易诗《三月三十日题慈恩寺》"慈恩春色今朝尽,尽日徘徊倚寺门。惆怅春归留不得,紫藤花下渐黄昏。"②白诗本身细腻地描写了诗人在寺门尽日徘徊,深感留春不住的无限怅惘与忧伤之情,而日本诗人则紧抓住最后一句"紫藤花下渐黄昏"中的"紫藤"二字作文章,所咏与诗歌本身之意差之千里。故水野平次曾批评平安朝诗人对白居易诗歌受容的缺陷:

> 只是以模拟只言片句为能事,其格调愈低,愈见其浅俗。如菅公之人已谓富于和习,况其他人乎。只在一联半句之上搬弄技巧,补缀订短以至不见长篇大作,宴游朗吟流行,以流丽绮靡之短句竞技。③

虽然如此,汉诗中毕竟还有菅原道公、大江文时等学习白诗深得其调之人。

十世纪后半到十一世纪初,文坛盛行朗咏的风气。所谓朗咏,指在特定场合举行的特定诗句的吟诵,贵族间常举行这样的朗咏会。这时编纂的《和汉朗咏集》与白集关联甚多。《和汉朗咏集》亦存有不少吟诵史料,尤以吟诵白诗为多。如一条朝的初期,藤原伊周(974—1010)正历四年(993)的佛名会翌日,朗咏《琵琶行》一节,不见于《朗咏集》:

---

① ［日］大曾根章介:《宽弘期的诗人与白诗》,《白居易研究讲座》第三卷,第130页。
② 《白居易集笺校》卷十三,第736页。
③ 《白乐天与日本文学》,第107—108页。

> 清方少纳言的琵琶,很是美妙。济政的弹筝,行成吹笛,
> 经房少将吹笙,实在很有意思的演奏了一遍,在琵琶刚才弹完
> 的时候,大纳言忽然高吟一句道:"琵琶声停物语迟。"①

一条朝朗咏达人藤原齐信记录共四度朗咏白诗,皆非《和汉朗咏
集》之句。《荣华物语》载治安二年(1022)七月十五日法成寺金堂
供养饷宴中,列座文人一齐暗诵《新乐府·缭绫》之文。《源氏物
语》中人物朗咏 26 例中白诗占 13 例,仅 5 例来源于《和汉朗咏
集》。足见当时朗咏之盛与吟诵白诗佳句之盛,这是佳句情结的主
要表现之一。

和文学对白诗受容则更是以佳句为主要方式。《和汉朗咏
集》、《千载佳句》的出现为日本文学家利用白诗提供有了较好的指
南,这些总集出现以后,通读白集之人更少,而是以此为范本进行
研读,采撷其中精华。如近藤みゆき统计,摄关期众和歌作家兼
澄、惠庆、好忠、安法、重之、嘉言、道济、匡衡、高远、道命阿阇梨、辅
尹、长能、实方、道长、公任、能因、和泉式部、相模等与白诗相关之
例共 39 处,对应和歌有 66 首。以上用例中,27 例为佳句使用,9
例诗想使用,1 例比拟仿效,2 例对句题的揭示。② 27 句中有超过
半数为《千载佳句》所收,可能其来源正是《千载佳句》而非白集。

和歌中这种佳句情结的极致表现是句题和歌的出现。《句题
和歌》115 句有 74 句出自《白氏文集》。句题和歌中与花、秋等有
关景物有不少来自白居易的诗句。花部、秋部、夏部、风月部,据统
计,"春——21 首中 14 首(66.6%)、夏——13 首中 7 首(53.8%)、
秋——21 首中 14 首(66.6%)、冬——12 首中 11 首(91.7%)、风

---

① 《枕草子》,第 106—107 页。

② [日]近藤みゆき:《摄关期和歌与白居易》,《白居易研究讲座》第三卷,第
209—229 页。

月——11 首中 7 首(63.6％)、游览——13 首中 8 首(61.5％);离
别——12 首中 2 首(16.6％);述怀——12 首中 10 首(83.8％)。"①
甚至出现了《文集百首》这样专门以白居易的诗句为和歌题材来歌
咏的情况。此外,《敕撰集》、私家集散见的白诗句题和歌不胜枚举。

　　物语对白诗的受容形式,多为引用、化用白诗佳句,从而为文
章增添古典而优雅的色彩。与和歌一样,多从《千载佳句》、《和汉
朗咏集》中采撷经典名句以装饰文笔。《平家物语》中,除一些受到
特殊礼遇的诗歌《长恨歌》、《琵琶行》、《新乐府》有单行流传之外,
其他大集中的诗歌多来源于《朗咏集》等集子。据统计,觉一本《平
家物语》依拟白诗处有 43 例。其中《新乐府》16 例(《朗咏集》重复
3 例),《长恨歌》、《长恨歌传》15 例(《朗咏集》重复 1 例),《琵琶行》
1 例,其他 11 例(《朗咏集》重复 8 例)。延庆本《平家物语》依拟白
诗处有 83 例。其中《新乐府》42 例(《朗咏集》重复 5 例),《长恨
歌》、《长恨歌传》19 例,《琵琶行》6 例,其他 16 例(《朗咏集》重复
11 例)。《源平盛衰记》属读本系,是诸本中最浩瀚的异本,引用白
诗处多达 94 例。其中《新乐府》48 例(《朗咏》重复 9 例),《长恨
歌》、《传》23 例(《朗咏集》重复 4 例),《琵琶行》4 例,其他 19 例
(《朗咏集》重复 17 例)。② 除《新乐府》、《长恨歌》、《琵琶行》等单
行流传的诗歌之外,其他引用大多与《朗咏集》重复,当是来源于
《朗咏集》之故。

三、选本受容

　　选本是日本白居易受容的方式之一,早在镰仓时代,就盛行选

---

　　①　[日]川村晃生:《句题和歌与白氏文集》,《白居易研究讲座》第三卷,第 190 页。
　　②　[日]佐伯真一:《白氏文集与平家物语》,《白居易研究讲座》第四卷,第 178—
196 页。

抄白诗之风。现留存《要文抄》、《管见抄》、《文集抄》等选本都成于此时,它们都有着极大的校勘价值。近世的重要选刊本有《白太傅诗抄》、《五妃曲》等等。有的选本是在日本学界对白诗长久的积淀后形成的,带有强烈的民族色彩,如《白氏五妃曲》;有的选本是适应当时社会政治需要而产生的,如《管见抄》;有的选本是对中国白居易受容发展史的再受容,体现了日本古代学术界对中国古代学术界成果的再利用,如《白少傅诗抄》。总之,选本受容呈现出较为复杂的情况,与其产生时代有着密切关系。我们仅以《白氏五妃曲》、《白少傅诗钞》为例,来研究日本白居易选本受容的具体情况。

1.《白氏五妃曲》

《白氏五妃曲》是白诗中歌咏五妃的作品,收录《上阳白发人》、《李夫人》、《陵园妾》、《长恨歌》及《长恨歌传》、《王昭君二首》、《昭君怨》等诗。它是庆长八年受敕编刻而成。"庆长敕版"是丰臣秀吉出兵朝鲜后于文禄二年(1593)八月带回的印刷机具铜版活字献给朝廷后,后阳成天皇下令印刷的书物。文禄二年,印刷了《古文孝经》,庆长二年印刷《锦绣段》、《劝学文》,四年印刷《日本书纪神代卷》、《古文孝经》、《四书》、《职原抄》,八年印刷《五妃曲》、《中臣祓》。与其他经史书物、重要类书不同,《五妃曲》仅以白诗选本的身份而被官方编刻,足见其受重视的程度。

中国国内未出现过五妃并称的情况,《白氏五妃曲》之名完全是日本白居易受容独具特色的代表作,是日本和文学长期发展的结果。从平安末开始,物语、和歌中渐渐出现五妃意识。在《源氏物语》中,有"长恨歌王昭君之绘"(绘合),将二人并提。《十训抄》内以李夫人、杨贵妃并提。《浜松中纳言物语》以杨贵妃、李夫人、王昭君并提,并提及《上阳人》的"眼似芙蓉胸似玉"。至《唐物语》中,五妃皆出现了。这本平安末成书的中国二十七篇和文说话集中与白诗相关的六篇为《琵琶行》、《燕子楼》、《长恨歌》、《李夫人》、《上阳白发人》、《陵园妾》,五妃同时出现在一部作品中。与此相关,和歌中五妃的并称更是《五妃曲》独立成集的重要原因。平安时代歌人藤原长方(1139—1191)就曾创作题为《上阳人》、《李夫人》、《王昭君》、《杨贵妃》的和歌。镰仓时代藤原长清撰《夫木和歌抄》中收杨贵妃以下五妃之歌,室町时代正彻千首也有《上阳人》、《李夫人》《王昭君》、《杨贵妃》、《陵园妾》的五妃之歌。《汉故事和歌集》(室町中期编)共收 35 题 70 首和歌,也收入五妃之歌。

　　日本和文学对五妃曲的关心,引起了学界的关注。再加上五山时期的禅僧重视读原诗原文的典籍,整个学界盛行读原诗的风潮。当时出现了很多原籍的抄写,如《史记抄》、《汉书抄》、《三体诗抄》、《古文真宝抄》、《蒙求抄》等,清原宣贤也有《长恨歌抄》,以《古文真宝》所收为本。在此风潮下,抄出五妃原典成为大势所趋,进而有了《白氏五妃曲》的刊刻。据考证,庆长敕版《五妃曲》本文是以朝鲜铜活字本为底本的,由此可见保存了白集原貌的朝鲜铜活字本《白氏文集》输入日本后的轰动。

　　此《五妃曲》中尽管《千载佳句》只收其中两句:"迟迟钟漏初长夜,耿耿星河欲曙天。"(《长恨歌》)和"耿耿残灯背壁影,萧萧暗雨打窗声。"[1](《上阳人》)《和汉朗咏集》除收此两句以外还收《王昭君》:"愁苦辛勤憔悴尽,如今却似画图中。"《长恨歌》:"行宫见月伤心色,夜雨闻猿断肠声。""春风桃李花开日,秋露梧桐叶落时。""夕殿萤飞思悄然,秋灯挑尽未能眠。"但《李夫人》、《上阳白发人》、《陵园妾》皆为《新乐府》中的作品,而《长恨歌》、《琵琶行》早有单行本传世,因此它们对和文学的影响远远超出以上这几句,有着更为深远的受容。

　　《五妃曲》中之诗虽分属于讽谕、感伤、杂律三类,但王昭君、上阳宫女、陵园妾、杨贵妃、李夫人等五妃皆有着悲剧性的命运,诗中

---

　　[1]　[日]大江维时编纂,宋红校订:《千载佳句》,上海古籍出版社 2003 年版,第 23、37 页。

皆表现出浓厚的悲剧氛围。它们与日本和文学中的感伤物哀情调产生了共鸣，日本和文学对其受容后，成为了日本文学的一分子。从这些作品来看，主要有以下三个方面的受容特点：一为在各类题材中反复歌咏模写五妃作品。《唐物语》里本身有五妃作品，其中《长恨歌》、《李夫人》、《上阳白发人》、《陵园妾》皆成为其中的说话题材。谣曲《松山镜》实为《李夫人》诗之转写。《太平记》卷三十七有大段写李杨之事，引用《长恨歌》处尤其多。宴曲《究百集》、《长恨歌》，完全是《长恨歌》的改写版。

　　一是对五妃不幸遭遇的同情共感，《源氏物语》里的桐壶皇后，颇与杨贵妃相似，她美貌绝伦，深受桐壶帝喜爱，但却不堪残酷的政治斗争而早早离世，桐壶帝对妃子逝后的思念堪比唐明皇之痛。《大镜》、《金叶和歌集·杂上》、《唐物语》所引之处都有对上阳人空闭一生的不幸遭遇的描写。又如《源氏物语》：

　　　　（僧都）又对她（浮舟）说："我在存命期间，一定随时照顾你，你不须担忧。凡是生在这无常的世间而醉心于荣华富贵的人，无论是谁，都觉得这人世恋恋难舍。但你在这山林之中念佛修行，有何可恨，有何可耻呢？人生原是'命如叶薄'的啊！"说罢又咏下面的诗句："松门到晓月徘徊……"①

以上阳人"颜色如花命如叶，命如叶薄将奈何"的悲剧性命运来描写浮舟的孤苦无依，命薄如叶。

　　一为对景物描写中的悲秋情结与凄凉氛围的受容。如《后拾遗和歌集·杂三》所引的"耿耿残灯背壁影，萧萧暗雨打窗声"，《平家物语》、《太平记》亦化用此句。谣曲《善知鸟》化用"秋夜长，夜长无寐天不明。"谣曲《柳》化用"春风桃李花开日，秋雨梧桐叶落时。"

---

　　① 《源氏物语》，第 1268 页。

《平家物语》卷六洲股合战之事、《太平记》卷一无礼讲之事引用"太液芙蓉未央柳"等等①，都是这种悲秋氛围的化用。可以说，五妃中用以衬托人物悲剧命运的凄凉景物被日本和文学反复使用，为日本和文学中的物哀情结增添了浓重的一笔。

2.《白少傅诗钞》

《白少傅诗钞》是体现日本国对白集受容的重要选本。它是中日两国唯一的白诗编年体选本，因而比较独特。《白少傅诗钞》一共四卷，内里题《白香山诗钞》，孝明天皇嘉永六年（1853）由立诚堂刊印，是相马肇以《唐宋诗醇》所选白诗为底本删定而成，题为《唐宋六家诗定本》。

相马肇（1801—1879），字元基，号九方，是幕末至明治初年京都地区的儒者，有诗文集《立诚堂诗文存》二卷、《同拾遗》一卷。十四五岁至京都就学于徂徕学者中山城山，深受徂徕学派重视经术文章传统的影响。之后，他在诸国漂泊，以宣扬经世致用之学。三十岁左右与受业冈山藩士的马来良玉相识，在良玉的影响下，反思往日之学：

> 及长嗜文章，就正之所，不得其人，误陷明季王、李邪途，模拟剽窃，自以为美，不知其丑，殆有十年。近岁始觉其非，比来京师，益益厌之。于是断然改其方，更学韩欧八家之文。始入难苦，久之如有所得，今已好而安之。（《上碧海柴先生书》）②

相马九方还曾为阳明学派著名儒者池田草庵之师，颇受其推崇。四十岁左右，九方又与新宫凉庭相识，二人在经世济民之志上深深相通。五十一岁时受其推荐入岸和田藩为儒官，结束了长期漂泊

---

① 《白居易集笺校》卷十二，第 659—661 页。

② ［日］木南卓一：《相马九方传》，《帝塚山大学论集》第 9 号，1975 年 3 月，第 2—3 页引。

羁旅之路,进入稳定自适的生活时期。《白少傅诗钞》刊于嘉永六年1853年,大约编定于此时。此期相马的诗歌也以学习陶渊明、白居易、苏东坡为主,如《壬戌冬日短歌》七首诗表达其自适的生活,诗风与白居易十分相似:

> 窗外数竿竹,庭下两株梅。唯何晚节坚,亦当春先开。老夫无他爱,此外不肯栽。
>
> 谢病掩敝庐,御冬塞疏牖。城中一夜雪,晓来三寸厚。不知梅消息,先问竹安否?
>
> 山南有楳朋,水北有诗侣。一月几往来,不言寒与暑。除此莫出门,逸郎常自许。①

《白少傅诗钞》一共四卷,第一卷选诗48首,第二卷54题58首,第三卷70题81首,第四卷63题70首。共选235题,257首。相马肇所撰小引云:

> 此集乃删定《唐宋诗醇》也。《诗醇》所删而收之者,间有不少所见有异同也。初,予课蒙学,读《唐宋诗醇》,又忧其卷帙博大,难遽卒业也。就中拔其醇之又醇,兼及其所漏,此集之所以作也。《诗醇》评诸公诗极称允当。今皆取之,所以同于《诗醇》也。浦二田曰:"读杜者编年为上。古今分体次之,分门为类,乃最劣。"今次诸公诗而逐年谱之,所以异于《诗醇》也。六家中杜诗最难平解,古今注家千百不少。浦氏独获其心,隐括其文取而附之,亦所以便蒙学也。顷日,相与计刻之家塾,命曰:六家诗定本。所以省笔墨之劳也。②

---

① 《帝塚山大学论集》第 9 号,第 12 页。
② [日] 相马肇:《白太傅诗钞》卷首,孝明天皇嘉永六年(1853)立诚堂刊。

此序将其版本源流和编纂目的说得很清楚,即此本是课蒙学所用,底本为《唐宋诗醇》,相同处在尽取其评论,但作者又对诗作适当增删,以表达自己的见解,同时采取与《唐宋诗醇》不同的编排方式,以编年为次。这便于蒙学者初步掌握白居易一生的创作与思想变化。

经统计,《诗钞》取《唐宋诗醇》之外的诗约有 49 首,列表如下:

讽谕(5)	闲适(19)	感伤(2)	格诗(23)
卷一：丘中有一士二首、新制布裘、赠内 卷二：和古社	卷五：常乐里闲居偶题十六韵、松斋自题、秋居书怀 卷六：新构亭台示诸弟侄、友人夜访 卷七：咏怀(尽日松下坐) 卷八：过骆山人野居小池、思竹窗、山路偶兴、初下汉江舟中作、初领郡政衙退登东楼作、郡亭、郡中即事、官舍(高树换新叶)、吾雏、洛中偶作、移家入新宅、晚起、泛春池	卷十一：南宾郡斋即事寄杨万州、招萧处士	卷二一：题西亭、北亭卧、宿东亭晓兴、自咏五首、答刘禹锡白太守行、别苏州、自问行何迟 卷二二：引泉、知足吟、太湖石(远望老嵯峨)、偶作(日出起盥栉)、朝课 卷二四：奉和汴州令狐令公二十二韵、去岁罢杭州今春领吴郡惭无善政聊写鄙怀兼寄三相公 卷二九：咏兴五首之二解印出公府、小庭亦有月、岁暮 卷三十：自宾客迁太子少傅分司 卷三六：夏日闲放、洗竹、闲坐看书贻诸少年、二年三月五日斋毕开素当食偶吟赠妻弘农郡君、时热少见客因咏所怀

从上表可见,相马肇所取皆为古体诗,而且以闲适诗居多,感伤诗仅两首。所选后期的格诗也多是闲适之作。虽说增加的 49 首诗歌比起总数 256 首只占五分之一左右,但是如果这五分之一所选大多为闲适诗的话,是可以看出选者的思想倾向的。应该说,

他更认同白居易作为一位诗人生活化的一面以及其知足保和的心态，这和相马肇编写此书时安于自适生活的心态是相符的。白居易闲适诗大致有两类，一为表达知足常乐的理趣之作，以议论为主；一为表现高雅风流的生活情趣之作，以描写为主。这两类闲适诗相马肇皆有选录，前者如《松斋自题》、《秋居书怀》、《郡中即事》、《自咏五首》、《知足吟》等，后者如《郡亭》、《题西亭》、《北亭卧》、《宿东亭晓兴》等。可见其对闲适诗全面的认同和接受。

相马肇既以《唐宋诗醇》为底本，那么，这些《唐宋诗醇》之外的作品又是来自哪里呢？笔者以此刊本与《白居易诗集校注》及《白香山诗集》进行了比校，如《和古社》中有句"岁媚年少客"，绍兴本作"少年"，马本、《唐音统签》、汪本作"年少"。"雷霹社坛开"，马本、《唐音统签》作"雷劈"，汪本作"雷霹"。又《秋游原上》："住往白发生"，绍兴本等作"往来"，金泽本作"住来"，汪本作"往往"。"树树风蝉鸣"，马本、《唐音统签》、汪本同，绍兴本作"蝉声"。《松斋自题》中"终朝饱饭飧"，汪本同，马本、文集抄本、管见抄本作"饱饭食"。由此可知，这38首诗的底本当是汪立名的《白香山诗集》。据《商舶载来书目》记载，中御门天皇享保四年(1719)中国商船"波字号"载《白香山诗集》一部七本抵日本。因而，此本为相马肇所用是非常可能的。

关于《唐宋诗醇》的评点，相马肇认为"《诗醇》评诸公诗极称允当，今皆取之"，仔细盘点后，发现他对于《诗醇》中的御评确实是基本抄录，但也不完全是"今皆取之"，而是有所增删。多取《诗醇》中对诗歌本身章法结构、艺术特点的评价，而对于诗歌中地点的历史沿革、相关典故、字词校对等不甚注意。对《诗醇》所引诸家评论也是删繁就简，体现了他"以便蒙学"的主旨。而删除对白居易有菲薄之意的评价，以及增加对白居易闲适圆满人生的评论，则体现了相马肇对白居易的认同与尊崇。

从相马肇所利用的资料来看，他的编年所本应该是《白香山诗

集》中所附的陈振孙《白文公年谱》和汪立名《白香山年谱》。主要
以白居易的历官时间为编年基础,但也有个别系年诗,如元和五
年,长庆四年和大和五年。除系年诗外,他将白居易一生分为一永
贞元年前、二官周至尉、三为翰林学士、四退居渭下、五官左赞善大
夫、六贬谪江州、七量移忠州、八任中书舍人、九为杭州刺史、十分
司洛阳、十一苏州刺史、十二大和元年至四年官秘书监、刑部侍郎、
分司东都等、十三任河南尹、十四官太子宾客、太子少傅,十五刑部
尚书致仕等阶段来编年。具体编年时则有所偏差,如以《赠内》、
《秦中吟十首》皆系于元和元年之前,皆与居易经历不合,亦多沿袭
陈、汪二谱之误。如以白居易由忠州赴京任司门员外郎为元和十
五年冬,经朱金城考证,当为元和十五年夏。因此,相马肇在编年
时,将《别种东坡花树两绝》、《初除主客郎中知制诰与王十七李七元
九三舍人中书同宿话旧感怀》二诗系为长庆元年,误。除此之外,总
体来说,在参考陈、汪二谱的基础上,能与白居易的生平基本相符。

　　江户以降,选刊白诗之风气颇盛。现在所见的选集中,较早的
有千种市兵卫、中村五兵卫刊印明释袾宏编的《长庆集警悟选》和
源世昭的《白诗集》等。江户末期至昭和初期,这种选集之风持续,
这时的选集有个显著的特征,即受到《唐宋诗醇》的影响较大。相
马肇《白香山诗钞》以外,明治三十七年(1904)青木嵩山堂刊行近
藤元粹校订的《白乐天诗集》、明治四十三年(1910)东京崇文馆刊
印井山灵山的《选注白乐天诗集》也以《诗醇》为底本。近藤全部引
用了《诗醇》所收诗中的注。昭和三年刊行译解的佐久节《白乐天
诗集》(《国译汉文大成》第九卷)底本是汪立名《白香山诗集》,但用
《全唐诗》和《唐宋诗醇》校勘。昭和七年(1932)左右声教社刊行的
田边松坡、上村买剑《白乐天诗讲义》也是参照《唐宋诗醇》的,其后
半部分除选录《唐宋诗醇》诗外,卷头还载有《诗醇》乾隆帝的评文。
以上诸家选本表明昭和初期《唐宋诗醇》是作为权威底本在日本流
行的。二战后随着选集与其版本研究的进展,才多以那波本为底本。

为何《诗醇》如此受欢迎？从《诗醇》本身的选诗倾向来说，讽谕诗 52 首，是全部讽谕诗的三分之一，其他闲适诗、感伤诗、杂律诗、格诗、律诗基本都占各自总数的十分之一左右。这里面自然有着鲜明的趋向与标准。《唐宋诗醇》对当时唐集选本不尽人意之处进行了纠偏。《四库全书总目》论之颇详："国初多以宋诗为宗。宋诗又弊，士禛乃持严羽余论，倡神韵之说以救之。故其推为极轨者，惟王、孟、韦、柳诸家。"①王士禛在倡"神韵说"时又有所弊，其选本《古诗选》甚为当时学者所传，而五言、七言皆未录白居易。其《唐贤三昧集》更是白居易、韩愈诗皆不载录，李白、杜甫一字不登。《诗醇》对这种选诗状况颇为不满，以温柔敦厚、兴观群怨作为标准来删定六家，选择白居易。正如纪昀等人所云："兹逢我皇上圣学高深，精研六义，以孔门删定之旨，品评作者。定此六家，乃共识风雅之正轨。"②本着此标准，讽谕诗自然占据了很大一部分，尤其是《秦中吟》十首皆选，《新乐府》选了二分之一。

讽谕诗之外的诗歌，则另当别论。《诗醇》卷十九白居易总论中，乾隆反对杜牧对白诗"纤艳淫媟"的讥讽和《冷斋诗话》对白诗"老妪能解"的批评。但他在反对人们讥评白诗浅易的同时，收诗标准却是"芟其体之重复、词之浅易者，约存若干首。全集佳篇，殆尽于此。"③《诗醇》一方面力斥历代对白诗浅易和淫媟的评价，一方面却主要收录居易诗中风流蕴藉、高雅闲淡，以写景诗为主的作品。白诗本以浅易通俗为特长，《诗醇》所收却非其所长，这体现了当时追求格调、神韵的时代风潮对选本的影响。这从《诗醇》白居易总论中也能略窥一二："根柢六义之旨，而不失乎温厚和平之意。

---

① 《钦定四库全书总目》卷一九〇，第 2660 页。
② 《钦定四库全书总目》卷一九〇，第 2660 页。
③ 《唐宋诗醇》卷十九，第 406 页。

变杜甫之雄浑苍劲,而为流丽安详,不袭其面貌而得其神味者也。"①此言与沈德潜《唐诗别裁集》如出一辙:"乐天忠君爱国,遇事托讽,与少陵相同。特以平易近人,变少陵之沉雄浑厚,不袭其貌而得其神也。"②

　　这些日本选集置当时易得的白居易大集本于不顾,而以《诗醇》为底本选诗,实在是一件意味深长的事情。分析其对《诗醇》大力推尊的主要原因,大致有二,首先,白诗在中国古代诗歌史上历来毁誉参半,众说纷纭,而《诗醇》以皇帝之尊的官方立场,首次确立了白居易与李白、杜甫、韩愈并立的地位,契合了日本历代对白居易较为关注的受容心理。第二,白居易之诗因其平易浅近,故鲜有为之作注者,《诗醇》大规模选择白诗,并附上诗评注解,评价也较为公允,为近代日本学者鉴赏和研究白居易诗歌提供了较好的参照。而且,作为选本来说,其目的主要是适合初学者,使白诗进一步得到普及,因此更需要有诗歌结构、方法、风格方面的解读,《诗醇》正好为此提供了一个最佳的模本。

　　与《五妃曲》和文学的本土受容不同,《白少傅诗抄》体现了日本学界对我国白居易受容的再受容,同时也反映了日本江户时代末期对白居易的受容情况。江户时代以来,整个汉文学界对中国古代文学进行了前所未有的广阔受容,白居易虽失去平安朝的独尊地位,但也深受文人喜爱,其自由抒写性情的精神成为当时反对徂徕学派所推尊的李、王模拟剽窃之风的武器。而以《白少傅诗钞》为主的选本对《诗醇》的青睐,也体现了日本古代学术界对中国白居易研究成果的高度关注。从古至今,日本汉诗研究者一直都以尊崇仰慕的心理关注中国国内的文学发展与相关研究,并能迅速吸收中国的最新研究成果,加以消化和利用。

---

① 《唐宋诗醇》卷十九,第 405 页。
② 《唐诗别裁集》,第 105 页。

附录:《白居易集笺校》人物补正

《白居易集笺校》是朱金城白居易研究的集大成之作,他采摭历代笔记、诗话、研究专著及有关考证评论等资料,分纳入每篇作品之下,不仅对白居易研究有着突破性进展,并对有关历史史料进行了甄辨和补正。尤其在与白居易有关人物的交游上,作出了难以超越的贡献。近二十年来,随着大量地下文献的出土,与白居易有交游的诗人官宦的事迹有不少批露,《全唐诗人名汇考》已利用其中部分文献与传世文献对白居易诗中的交游人物进行了考证,但尚未涉及白居易之文,且有尚待补正之处,故本文将对此加以全面整理。

1. 孔戡

《白居易集笺校》卷一《哭孔戡》,只云孔戡为孔巢父侄,未详其家世。《韩昌黎文集校注》卷六《唐朝散大夫赠司勋员外郎孔君(戡)墓志铭》:"祖某,某官,赠某官;父某,某官,赠某官。"注云:"诸本作:'祖如圭,皇海州司户,赠工部员外郎;父岑父,皇著作郎,赠驾部员外郎。'方从蜀本云:今本所纪父祖官职多误,盖后人续增。公诸志皆载三世,此只言父祖已非。考《世系表》及《孔戣志》:此以'如珪'作'如圭','郎中'作'员外郎','著作佐郎'为'郎',又非也。驾部乃戣赠官,此以为其父所赠,又非也。今按:此姑从方本,无大利害。但方诋诸本止载二世为不入例,而其所据之本此志亦只载二世。云驾部乃戣所赠官,而戣实赠司勋,皆非是。《世系》、《戡志》与此志文亦未知其孰为得失。恐皆未足以判其是非也。"①按:《唐代墓志汇编》大中 024《刘搏妻孔氏墓志》载:"曾祖如珪,赠起部侍郎;祖岑父,赠司空;父戡,皇监察御史著作佐郎。"②又咸通 115《孔纾墓志铭》云:"曾祖岑父,皇任秘书省著作佐郎,赠司空;祖戡,皇任礼部尚书致仕,赠司徒。"③则可知孔戡父岑父,官著作佐郎,赠司空;祖如珪赠司空,诸本多所错误,《世系表》、《孔戡志》较为可信,但如珪赠官亦误。孔戡有兄弟戢、戣等人。

2. 樊宗师

白集中卷一《赠樊著作》、卷十八《京使回累得南省诸公书因以长句诗寄谢萧五刘二元八吴十一韦大陆郎中崔二十二牛二李七庾三十二李六李十杨三樊大杨十二员外》中之樊大、卷二十一《花前叹》:"樊李吴韦尽成土"中之"樊",皆指樊宗师。《樊况墓志》撰者"从孙宗师"④,墓主卒于贞元九年(793),此时宗师尚未入仕。据此志,樊宗师之曾祖元珍为太中大夫,光州别驾;况为其第二子。元珍之父弘,太中大夫,金州刺史。《樊泳墓志》亦为贞元九年所作。墓志云:"有子三人,伯仲皆苗而不秀;季子泽……"⑤据此墓志,泳历官濮州鄄城县尉,深州饶阳、太原祁县尉,黔中采访使从事,赠兵部侍郎。《韩昌黎文集校注》卷七《樊绍述墓志》云:"祖某官,讳泳。"注二:"泳试大理评事,累赠兵部尚书。"⑥陈克明《韩愈述评》云:"樊宗师祖父樊泳,唐玄宗时累官至兵部尚书。"⑦皆误。《全唐文补遗·千唐志斋新藏专辑》又有宗师撰《樊凑墓志》,墓主

①《韩昌黎文集校注》,第 389 页。

②《唐代墓志汇编》,第 2269 页。

③《唐代墓志汇编》,第 2468 页。

④《唐代墓志汇编》贞元 052,第 1873 页。

⑤《唐代墓志汇编续集》贞元 029,第 753 页。

⑥《韩昌黎文集校注》,第 541 页。

⑦ 陈克明:《韩愈述评》,中国社会科学出版社 1985 年版,第 264 页。

为宗师从祖,贞元九年迁葬归洛。

3. 刘敦质

《哭刘敦质》诗当作于永贞二十一年以后。皇甫湜《答刘敦质书》云:"湜求闻来京师三年矣,一年以未成颠蹶,二年以不试狼狈,及今三年,而不遇有司。"①二年以不试狼狈,指贞元二十年停举,见徐松《登科记考》。则刘敦质永贞元年春以后卒。朱笺系于贞元二十年误。《全唐文补遗·千唐志斋新藏专辑》有李宗闵撰《刘胜孙墓志》,时结衔兵部员外郎。墓主葬于元和十三年。其云:"君之伯氏、殿中侍御史茂孙,仁而贤,哀其弟不遂,欲其名传于无穷,乃脱其左骖,因其季懿孙,请余为志。余故与嗣居巢伯敦质善。盖敦质于君从祖兄也。贞元中,数以君之昆弟友爱,为余道之。余追思亡友之言,又受仁人之请,乃为之铭曰。"②刘敦质亦与白居易交往颇深,居易有《哭刘敦质》、《感化寺见元九刘三十二题名处诗》等诗。元稹有《和乐天梦亡友刘太白同游二首》等诗。

4. 刘公与

《唐代墓志汇编》元和 018《韦氏墓志》,墓主卒于元和二年,撰者署名为"承务郎守京兆府兵曹参军河间刘公与",③此人当为居易集中卷五《常乐里闲居偶题十六韵》中之刘十五公与。

5. 元宗简

《答元八宗简同游曲江后明日见赠》等诗中之元宗简,与白居易交契较深,有众多寄和酬唱之作。《全唐文补遗·千唐志斋新藏专辑》有《元邈墓志》,此墓主为元宗简之子。其云:"君讳邈,后魏兴圣皇帝之嫡裔。代习轩冕,家传礼乐。曾祖曾,皇洺州曲县令。祖銛,皇河南府王屋县令。父宗简,皇京兆少尹。擢进士弟(第),

---

① 《全唐文》卷六八五,第 3112 页。
② 《全唐文补遗·千唐志斋新藏专辑》,第 329—330 页。
③ 《唐代墓志汇编》,第 1962 页。

文称居其最。诗句精丽,传咏当代。虽步台阁,播流芬芳。君即公之第四子。太夫人北平许氏,吏部尚书东都留守孟容之女。君资荫出身,调授高邮县尉。姻连甲乙之盛,族冠鼎望之崇。享年不永,缙绅所叹。会昌四年六月十二日,疾终于杨州高邮县之族舍,春秋卅有七。季兄迪自淮阳护君丧,以来年二月廿九日,归葬于河南县龙门乡,祔先茔,礼也。胄曹迪,具以其事请铭于墓。"①《白居易研究》云:"元宗简,两《唐书》俱无传。白氏《故京兆元少尹文集序》(卷六八):'居敬姓元,名宗简,河南人。自举进士历御史府、尚书郎讫京兆亚尹,凡二十年。'《元和姓纂》二十二元:'元銛生宗简,河南洛阳人,不详历官。'白氏《元宗简父锯赠尚书刑部侍郎制》(卷四九)'銛'作'锯',与《姓纂》异。"②今据此墓志可知白氏文作"锯"误,当以"銛"为正。宗简父历官河南府王屋县令可补《姓纂》之阙。撰墓志者为朝议郎、行尚书司勋员外郎周复。《唐语林》载:"元稹在鄂州,周复为从事。稹尝赋诗,命院中属和。周簪笏见稹曰:'某偶以大人往还高门,谬获一第,其实诗赋皆不能。'稹曰:'遽以实告,贤于能诗者'。"③

6. 钱徽

《白居易研究》:"元和十一年,钱徽因上疏谏罢兵罢学士出守本官,徙太子右庶子,再出为虢州刺史(见《新唐书·钱徽传》及《册府元龟》卷四五八)。其刺虢之年月未详。据白氏元和十五年所作《钱虢州以三堂绝句见寄因以本韵和之》诗(卷十八),知徽于十五年春犹在虢州任。"④钱徽撰《杨宁墓志》作于元和十二年八月,时钱徽署官称"朝散大夫守太子右庶子",则钱徽元和十二年八月尚

① 《全唐文补遗·千唐志斋新藏专辑》,第373页。
② 《白居易研究》,第45页。
③ 《唐语林校证》,第279页。
④ 《白居易研究》,第49页。

未贬虢州。志云:"汝士等以余知公,号请志述,质而不饰,敢愧贞珉。"①《唐代墓志汇编》有残志一篇,此志亦为钱徽所撰,志名残缺为《大理司直兼殿中侍御史赐绯鱼袋弘农杨公(中阙)墓志铭并序》,据《杨宁墓志》,其夫人为故长安县令缜之女,与此残志颇合,又云夫人"先公一十三年殁于故鄌"②,则其卒于永贞元年,杨宁贞元末曾官大理司直兼殿中侍御史,则此志确为杨夫人墓志无疑。钱徽结衔为"歙池等州观察判官将仕郎监察御史里行"约为永贞元年,与新传合。从此可知,钱徽与杨汝士家庭关系极为密切,实为至交。

7. 崔群

《唐代墓志汇编》元和 001《崔杨墓志》,墓主为崔群从妹,其云:"羣堂兄群为宣城从事,遂留十六女于从事之处。……去年秋八月,群拜右补阙,令堂弟辇携领家累自宣城赴上国,行次扬州,而十六女夭,载归榇于行舟。即以元和元年正月廿日窆于先茔之后地曰东陶村之原。"③崔群永贞前为宣城从事,永贞元年八月方拜右补阙,元和二年充翰林学士。丁居晦《重修承旨学士壁记》:"崔群,元和二年十一月六日,自左补阙充。三年四月二十八日,加库部员外郎。"④新旧本传皆云"右补阙",是。据《唐代墓志汇编续集》中崔群撰《崔氏墓志》,墓主葬于元和二年五月,署官"宣议郎守右补阙云骑尉"。⑤ 据以上二墓,崔群的家世十分清晰,可以参看。又有《崔氏墓志》为崔群之女墓志,中云:"丧至自西,凡家之长幼,洎夫人季弟浑与内外亲族,莫不尽哀襄事,以展送终。"⑥则崔群尚

---

① 《唐代墓志汇编》元和 105,第 2024 页。
② 《唐代墓志汇编》元和 105,第 2024 页。
③ 《唐代墓志汇编》,第 1949 页。
④ 傅璇琮、施纯德:《翰学群书》,《翰学三书》(一),辽宁教育出版社 2003 年版,第 33 页。
⑤ 《唐代墓志汇编续集》,第 803 页。
⑥ 《唐代墓志汇编》大中 128,第 2351 页。

有一子名浑。旧传只云及其子充。《唐代墓志汇编》咸通 005《唐
泗州下邳县尉郑君故夫人清河崔氏墓志铭并序》,墓主为崔税之
孙,撰人为其季弟崔环。崔税为崔群之叔。

8. 韦词(辞)

《早秋晚望兼呈韦侍御》中之韦侍御,顾学颉《白居易年谱简
编》认为是韦词,又云《清明日送韦侍御贬虔州》为韦绶。朱金城云
名未详,但以二诗韦侍御为一人。《全唐诗人名汇考》亦认为前诗
之韦侍御为韦辞。考证如下:"《旧唐书》本传:'元和九年,自蓝田
令入拜侍御史,以事累出为朗州刺史,再贬江州司马。'《册府元龟》
卷三二四:'(韦)词尝为殿中侍御史,以事累出为朗州刺史,再贬道
州,江州司马。'《金石萃编》卷一○八《修浯溪记》:'元和十三年十
二月六日,江州员外司马韦词记。'词前官殿中侍御史,故呼为侍
御。《全唐文》卷六三八李翱《桄榔亭记》:'翱与监察御史韦君词皆
自东京如岭南。'卷六三五同人《荐士于中书舍人书》称'前岭南节
度判官、试大理司直、兼殿中侍御史韦词。'盖在杨于陵岭南幕。"[1]

按:《全唐文补遗》第九辑有柳宗元撰《独孤申叔墓志》云:"今
记其知君者于墓:左司员外郎李君直方贞白,陇西人;韩泰安平,
南阳人;李行纯元固,其弟行敏中明,赵郡赞皇人;柳宗元子厚,河
东解人;韩愈退之,昌黎人;王涯广津,太原人;吕温和叔,东平人;
刘禹锡梦得,中山人;李景俭致用,陇西人;韦词默用,京兆杜陵
人。"[2]其字为默用,而《旧唐书》本传云其字"践之"。

9. 陈鸿

《全唐文》卷六一二陈鸿《大统纪序》:"贞元丁酉岁登太常第,
始闲居遂志,乃修《大纪》三十卷。……七年书始就,故绝笔于元和

---

[1]《全唐诗人名汇考》,第 817 页。
[2]《全唐文补遗》第九辑,第 382 页。

六年辛卯。"①丁酉,当乙酉之误,贞元二十一年(805)乙酉。陈鸿《吴士平墓志》:"上即位五年,天鸡四鸣,奸人希恩,小吏舞文,天下刑狱岁系大理寺者千数。"②生动地描写了元和四年的政治状况。墓志作于元和四年,鸿结衔为"前乡贡进士"。墓主兄为吴士则,弟为吴士矩,与元稹、白居易等人有交游。

10. 崔衍

《唐代墓志汇编》元和 076《崔氏墓志》:"夫人元昆衍,德宗朝以御史大夫观察宣、歙、池三州,殁谥懿公。"③则《叙德书情四十韵上宣歙崔中丞》,朱金城所注极是。考唐宋虽置御史大夫,亦往往缺位。故崔中丞当为崔衍。

11. 尹公亮

《见尹公亮新诗偶赠绝句》中之尹公亮,《唐代墓志汇编》元和051《唐故天□□夫人墓志铭并序》的墓主为其姊,卒于元和七年。中云:"夫人姓尹氏,其先出自有周,泪始祖至于高曾,国史家谍具载,此不备述。王考愔,皇谏议大夫;皇考庶邻,皇河南府济源、兴元府南郑二县令。……次兄公亮,次兄处休,次兄全亮,并乡贡□士,异才茂行,俱振芳名,一门五龙,当代无匹。"④当即此人。又《新唐书》卷二百载:"愔博学,尤通老子书。初为道士,玄宗尚玄言,有荐愔者,召对,喜甚,厚礼之,拜谏议大夫、集贤院学士,兼修国史,固辞不起。有诏以道士服视事,乃就职。"⑤则公亮祖尹愔为玄宗朝著名道士。

12. 卢拱

《酬卢秘书二十韵》、《题卢秘书夏日新栽竹二十韵》中之卢秘

① 《全唐文》,第 2738 页。

② 《全唐文补遗》第七辑,第 83 页。

③ 《唐代墓志汇编》,第 2001 页。

④ 《唐代墓志汇编》,第 1985 页。

⑤ 《新唐书》,第 5703 页。

书为卢拱。《卢峻墓志》："大和中诗人、义阳太守拱，咸在族属。"①
《卢侣墓志》为戴正伦撰卢拱父之墓志铭。墓志云："公讳侣，字子
益，范阳涿人也。五代祖思道，北齐黄门侍郎、周大司徒、隋武阳郡
守；高祖赤松，皇朝兵部尚书；曾祖承泰，皇朝齐州长史、赠德州刺
史；祖齐卿，皇朝银青光禄大夫、太子詹事、赠太子少保；父成轨，皇
朝大理评事、赠易州刺史，司徒擅掞天之才，名播寰宇；尚书挺珪璋
之德，望重南宫。长史蕴佐理之才，少保究天人之学。庆钟后嗣，
克生贤俊。……有子三人，……次曰拱，见任秘书郎。文华著声，
有名当代，累佐戎幕，历官风宪。"②墓主卒于洺州清漳县，后于元
和九年四月归葬于祖茔，与白诗合。卢拱为卢思道之玄孙，颇有家
族文学传统。《全唐诗》存诗二首，句一篇。

13. 李绅

《白居易研究》云："绅元和四年或稍前至长安为校书郎，其为
国子助教在元和八九年间，……《新唐书》本传谓绅'元和初登进士
第，释褐国子助教'，盖误。"③按：《唐代墓志汇编》元和 094《李继
墓志》为李绅所撰，墓主葬于元和四年，绅结衔为"前守大学助
教"④，则李绅元和四年前后应为国子助教，非校书郎，《新唐书》本
传不误。

14. 张仲素

《燕子楼三首》序中张仲素，《全唐文补遗》第八辑有其撰《刘谈经
墓志铭》，墓主卒葬于贞元二十年，时张结衔为"前秘书省校书郎"⑤。

15. 崔咸

《惜落花赠崔二十四》，崔二十四，朱金城考其为崔咸。《唐代

---

①《唐代墓志汇编》乾宁 001，第 2530 页。

②《唐代墓志汇编续集》元和 053，第 837—838 页。

③《白居易研究》，第 76—77 页。

④《唐代墓志汇编》，第 2015 页。

⑤《全唐文补遗》第八辑，第 110 页。

墓志汇编》长庆 026《崔廷墓志》为其所撰,结衔"将仕郎守尚书工部郎中云骑尉"①,墓主葬于长庆四年,则长庆四年咸官工部郎中。

16. 杨汉公

《杨汉公墓志》云:"公出于长孙夫人,即太尉府君第三子也。……既长,顺两兄,抚爱弟,得古人之操焉。……公仲兄虔州府君时为京兆尹,显不附会。"②则杨汝士为长,虞卿为次,汉公为第三子,殷士即鲁士为幼。《重过寿泉忆与杨九别时因题店壁》,杨九指汉公。《全唐文补遗》第八辑有杨汉公撰《唐华州潼关防御判官朝请郎殿中侍御史内供奉骁骑尉赐绯鱼袋杨汉公故人荥阳郑氏墓志铭》,郑本柔为其妻,卒葬于长庆三年。外祖父为崔鹏,从叔为裴佶。墓志云:"祖审,皇秘书监。皆学深壸奥,文得精华。儒林宗师,士族领袖。"③又有《唐故杨秀士墓铭并序》,题为"亲叔鄂岳等州都团练判官试大理评事坛撰并书"④,墓主为杨虞卿之孙,其父为杨知言,为杨坛之仲兄。《旧唐书》卷一七六《杨虞卿传》云,"子知进、知退、堪"。⑤ 又有《杨思立墓志》,墓主为杨虞卿第六子。

17. 刘轲

《唐代墓志汇编》大和 100 刘轲撰《侯绩墓志》,署"朝议郎行尚书膳部员外郎史馆修撰上柱国刘轲撰",此时为大和九年。中云:"大和元年,为福建观察使张公辟,授监察御史里行,充观察推官。五年,敕授陕州硖石县令。……其孤以轲尝陪公闽州同寮。"⑥则轲大和初至大和五年在福建为官。刘轲撰《大唐三藏大遍法师塔铭并序》,署名为"朝议郎检校尚书屯田郎中使持节洺州诸军事守

---

① 《唐代墓志汇编》,第 2077 页。
② 《唐代墓志汇编续集》,第 1037—1038 页。
③ 《全唐文补遗》第八辑,第 132 页。
④ 《唐代墓志汇编》咸通 011,第 2386 页。
⑤ 《旧唐书》,第 4563 页。
⑥ 《唐代墓志汇编》,第 2166 页。

洺州刺史兼侍御史上柱国赐绯鱼袋刘轲撰"①,此年约为开成二年左右。

18. 胡证

《广府胡尚书频寄诗因答绝句》,朱金城云胡尚书为胡证,又云:"又按:《太平广记》引《摭言》及《唐李谅跋胡證诗》石刻俱作'胡證',疑《旧传》及《新传》作'胡证',有误,俟考。"②考《唐大诏令集》卷一百七《遣胡证巡边诏》作"证",《集古录》、《宝刻丛编》、《唐会要》、《长安志》同。又刘轲撰《侯绩墓志》云:"长庆四年,京兆胡公证奏授京兆府好畤县尉。"③亦作"证"。可见《新唐书》、《旧唐书》本传并不误。

19. 白敏中

《自河南经战乱关内阻饥兄弟离散》(卷十三)诗中于潜七兄,朱金城引白居易《唐故溧水县令太原白府君墓志铭》(卷七〇)云名未详。今据《白敏中墓志》载:"烈考季康,……前娶河东薛氏,封河东郡太夫人。有子二人:长曰阐,杭州于潜尉。次曰幼父,睦州遂安尉。"④则于潜七兄名为白阐。白敏中为其父"再娶平阳敬氏,累封郑国太夫人"之子。朱金城认为"《旧传》谓'会昌初为殿中侍御史分司东都',误"。⑤并谓白居易《和敏中洛下即事》自注"时敏中为殿中分司"亦系"侍御史分司"之误。今据《白敏中墓志》:"上读书爱谠法,惩劝最尽。坐宰相索太常博士,唯公称旨。以劳迁殿中侍御史。苻澈临邠,诏公以侍御史衣朱衣银印为节度副使。凡兵赋虚实,风俗制度,问公不问澈。时璩先司徒公职中丞事,前御史有怙削近俗,悉解去。上章请公真为侍御史,寻治留台事,改户部

① 《唐代墓志汇编》开成 026,第 2184 页。
② 《白居易集笺校》卷二六,第 1797 页。
③ 《唐代墓志汇编》大和 100,第 2167 页。
④ 《唐代墓志汇编续集》咸通 005,第 1034 页。
⑤ 《白居易研究》,第 164 页。

右司员外郎。武崇皇帝破回鹘,裂潞军,擒太原反者,召公承诏。意铅黄策画,进兵部员外郎,充翰林学士,寻加职方郎中知制诰,赐紫,充承旨中书舍人,户部、兵部侍郎。"①可见《旧传》与白居易自注未错。

20. 贾彦璿

《唐代墓志汇编》建中 006《贾氏墓志》:"烈考彦璿,朝请大夫阆州刺史。"②同书开元 288《李无虑墓志》,墓主葬于开元十七年(729),撰者贾彦璿署官"工部员外郎"。③

21. 萧籍

白居易《三月三日被禊洛滨》诗序:"开成二年三月三日,河南尹李待价以人和岁稔,将禊于洛滨。前一日,启留守裴令公。令公明日召太子少傅白居易、太子宾客萧籍李仍叔刘禹锡、前中书舍人郑居中、国子司业裴恽、河南少尹李道枢、仓部郎中崔晋、司封员外郎张可续、驾部员外郎卢言、虞部员外郎苗愔、和州刺史裴俦、淄州刺史裴浰、检校礼部员外郎杨鲁士、四门博士谈弘谟等一十五人,合宴于舟中。"④

太子宾客萧籍,白居易尚有文《兵部郎中知制诰冯宿……义武军行军司马御史中丞萧籍……并可朝散大夫同制》。萧籍撰新出土墓志《萧放墓志》云:"曾祖憬,湖州司马。祖元佑,郢州京山县令。祢谊,开元中,严考功选,登进士甲科,终司农寺主簿。公即主簿第四子。"⑤萧籍为墓主"再从侄",则其亦为萧憬之玄孙。关于萧籍的家世可以参看《萧諴墓志》、《萧元祚墓志》、

① 《唐代墓志汇编续集》,第 1033 页。
② 《唐代墓志汇编》,第 1825 页。
③ 《唐代墓志汇编》,第 1354 页。
④ 《白居易集笺校》卷三三,第 2298 页。
⑤ 《全唐文补遗·千唐志斋新藏专辑》,第 348 页。

《萧元礼墓志》①等新出土墓志。萧籍与著名诗人权德舆有密切来往。《全唐文》卷四九八权德舆作《唐故成德军节度营田副使正议大夫赵州别驾赠寿州都督河间尹府君神道碑铭并序》云:"德舆门人兰陵萧籍,与澄为寮,同在公府,状其往行,兼列命书。"②萧籍为权德舆门生,据徐松《登科记考》所载,萧籍约在贞元二十一权德舆知贡举时登科。③ 权德舆卒后,萧籍作《祭权少监文》:"公昔在贞元,实司文衡。等甲者七十有二人,惟籍鲰生,名不闻于将命者。公以至公,俾居选中。数仞之墙,得门而入。荷此知己,与嵩华为轻。矧乎侍立班墀,常趋后尘;退食台庭,亟承嘉言。昔之少别,今成永诀;哭寝之恸,百身可赎。呜呼哀哉!"④此文悲哀沉痛,尽叙二人师生深情厚谊及交往之始末。萧籍作为文坛宗主权德舆的门生,在当时与之交往的文人必定有很多,惜多已不可考。但从白居易诗《三月三日祓禊洛滨》中,可见萧籍与当时著名文人交游之盛况。白居易又有诗《萧庶子相过》,朱金城推测此萧庶子为萧籍,"当自太子庶子迁宾客"⑤,今以萧籍大和三年撰《萧放墓志》时结衔为"守太子右庶子分司东都"⑥证之,朱金城所言甚确。诗云:"半日停车马,何人在白家? 殷勤萧庶子,爱酒不嫌茶。"⑦从此诗口吻看来,白居易与萧籍晚年实为亲密之友。

22. 李仍叔

太子宾客李仍叔,《全唐文补遗》第八册收李仍叔撰《崔遂墓

---

① 洛阳市文物工作队:《洛阳龙门张沟唐墓发掘简报》,《文物》2008年第4期,第48—49页;赵君平、赵文成:《河洛墓刻拾零》,北京图书馆出版社2007年版,第287、227页。
② 《全唐文》卷四九八,第2248页。
③ 《登科记考补正》,第662页。
④ 《全唐文》卷六九五,第3162页。
⑤ 《白居易集笺校》卷三三,第2300页。
⑥ 《全唐文补遗·千唐志斋新藏专辑》,第348页。
⑦ 《白居易集笺校》卷二七,第1883页。

志》结衔为"前乡贡进士"①。按墓主卒于元和五年十二月二十八日，葬于六年一月四日。李仍叔《皇甫弘墓志》结衔为："朝议郎、守太子左庶子、武骑尉、赐绯鱼袋李仍叔撰。"墓主大和六年五月四日卒。志云："仍叔幼与公游，至今之日，中间旷阻，未尝弥年，得谙行实，敢志于石。"②赵振华《唐崔遂墓志跋》："墓志撰者李仍叔常见于史籍，元和六年述崔遂志时为'前乡贡进士'，尚未入仕。元和十三年(818)为其四岁女德孙作墓志铭，时官'陈许溵蔡观察判官、监察御史里行'，志记其女'姓李氏，生崔氏'，即德孙生母为崔遂之第六女，元和四年归李家。过去陕西长安出土的宝历元年(825)《唐故宗正少卿李济墓志》为'通直郎守尚书水部郎中赐绯鱼袋李仍叔撰'，是官与《旧唐书》所记其于宝历初为'水部郎中'合。敬宗宝历元年八月，水部郎中李仍叔挑拨武昭欲刺李逢吉而成狱，十月，'武昭杖死，李仍叔贬道州司马'。未足十年，官至宗正卿：文宗大和八年七月'辛酉，定陵台大雨，震东廊，廊下地裂一百三十尺，诏宗正卿李仍叔启告修塞'。当年十二月外放：'以宗正卿李仍叔为湖南观察使，代李翱。'一任诸侯后又回朝廷任职。……会昌三年(843)'诏宗正卿李仍叔、秘书监李践方等告景陵'。他还曾任'右补阙'。"③

23．郑居中

前中书舍人郑居中，《全唐文补遗》第八辑高锴撰《郑居中墓志》："公讳居中，字贞位，荥阳人。……今兵部尚书王公，出镇襄汉。王公则公之故府太尉令季。公以门馆之旧，请修前好，愿得副倅以从之。王公喜，可知，乃奏授检校太常少卿、兼御史中丞、节度

---

① 《全唐文补遗》第八辑，第113页。
② 《全唐文补遗·千唐志斋新藏专辑》，第353页。
③ 杨作龙、赵水森等：《洛阳新出土墓志释录》，北京图书馆出版社2004年版，第143页。

行军司马,赐紫金鱼袋。逍遥以自遂,偃息以藩魏。无何,府罢,迁中书舍人。三表陈让,以塞蹙不称。优诏遣襄帅李公翱,劝谕发遣。志不可夺,遂卜居于汉之上,而足病渐已。开成二年春二月,拜墓东洛。事毕,游王屋,陟嵩少。仙坛灵境,无不斋醮;窈冥之间,肸蠁如答。将归,行次山下禅师隐公兰若,无病而终,其年四月六日也,享年五十有四。"①又卢尧《郑居中及清河崔夫人合祔墓志》:"公讳居中,字贞位,荣阳人。自周分源,为今冠族。公扬历清显,至中书舍人,赠礼部侍郎。开成二年十月七日,龟筮叶吉,葬于河南府河南县伊汭乡万安原,祔于先茔,礼也。"②赵振华有《唐郑居中夫妇墓志发覆》,可参看。③ 郑居中又撰《李氏墓志》,结衔为"淮南观察推官、朝散郎、试大理评事、摄监察御史"④。墓主葬于长庆二年冬。

24. 李道枢

河南少尹李道枢,朱金城《白居易集笺校》卷十九《寄李苏州兼示杨琼》云:"李苏州,名未详。城按:后白氏李姓刺苏者,据《姑苏志》卷二《古今守令表上》所载,惟李道枢、李疑二人。李道枢刺苏在开成二年。可能为此诗所指。"⑤但白居易此诗作于开成二年,云"河南少尹李道枢",或者并非一人。李苏州卒于开成四年。而河南少尹李道枢尚少,《唐代墓志汇编》有《刘氏墓志铭》云"亲舅道枢,见任义昌军节度副使,检校尚书工部郎中、兼御史中丞、赐紫金鱼袋"⑥,时间相距较远,定非此人。

① 《全唐文补遗》第八辑,第 156—157 页。
② 《全唐文补遗》第八辑,第 202—203 页。
③ 赵振华:《唐郑居中夫妇墓志发覆》,《洛阳工学院学报》(社会科学版),2002 年第 4 期,第 5—12 页。
④ 《全唐文补遗·千唐志斋新藏专辑》,第 337 页。
⑤ 《白居易集笺校》,第 1310 页。
⑥ 《唐代墓志汇编》景福 002,第 2527 页。

25. 苗愔

虞部员外郎苗愔,《唐代墓志汇编》有《唐故太原府参军赠尚书工部员外郎苗府君夫人河内县太君玄堂志铭并序》,墓主为苗愔之母,会昌元年葬,苗结衔为"朝散大夫、前使持节江州诸军事守江州刺史、上柱国",中又云:"愔之既升朝籍,再为御史郎官。"①苗愔为牛僧孺婿。《全唐文》卷七五五杜牧《唐故太子少师……牛公(僧孺)墓志铭》:"长女嫁户部郎中苗愔。"大中二年立。

26. 杨鲁士

《唐代墓志汇编》中《唐故濮阳郡夫人吴氏墓志并铭》,署名为"朝议郎行尚书水部员外郎分司东都上柱国赐绯鱼袋杨鲁士撰"②,时为开成五年。钱徽撰《杨宁墓志》云:"有子四人:汝士、虞卿、汉公,咸著名实;幼曰殷士(即鲁士),已阶造秀。"③《旧唐书》卷一六七本传云汝士为虞卿从兄误。

27. 皇甫曙

白居易《闲吟赠皇甫郎中亲家翁(新与皇甫结姻)》,朱金城注云:"居易无子,当为行简之子龟郎与皇甫曙之女结婚。"④然据第二章考证可知,行简子龟郎即景受,景受妻为杨鲁士之女,故朱金城此推测不成立。《全唐文补遗》第四辑《皇甫炜墓志》云:"蜀州生汝州刺史、赠尚书右丞讳曙……公即右丞第三子也,讳炜,字重光。……两娶太原白氏,并故中书令敏中之息女。"⑤陶敏据此诗谓"炜乃皇甫曙子,敏中乃白居易亲弟,故曙与白居易为亲家。"⑥但据《皇甫炜夫人白氏墓志》:"开成五年生夫人。……大中二年,

---

① 《唐代墓志汇编》会昌 003,第 2212 页。
② 《唐代墓志汇编》开成 035,第 2193 页。
③ 《唐代墓志汇编》元和 105,第 2024 页。
④ 《白居易集笺校》,第 2326 页。
⑤ 《全唐文补遗》第四辑,第 233 页。
⑥ 《全唐诗人名汇考》,第 869 页。

以长女归于炜。……十年二月廿五日，又以夫人归于炜。"①则皇甫炜与白氏婚于大中二年，此时白居易已卒。可见，此诗中结为儿女亲家之人既非龟郎，亦非指皇甫炜娶白敏中女，当是其他弟侄与皇甫曙结亲。

28. 张浑

《胡吉郑刘卢张等六贤皆多年寿予亦次焉偶于弊居合成尚齿之会七老相顾既醉且欢静而思之此会稀有因成七言六韵以纪之传好事者》有前永州刺史清河张浑，《唐代墓志汇编续集》载宣义郎前行舒州文学韦邈为其所撰墓志。墓志云浑字万流，其先洛阳人，明经上第，后为扬子主簿，氾水尉。元和末，应贤良直方选未果，献书天子，擢授监察御史、领盐铁富都监，改扬子巡官，复领嘉禾监，转殿中。转工部员外郎。后拜雅州刺史、永州刺史。"罢永居于洛师，与少傅白公为嵩少琴酒之侣，遂绝意于宦途。"②会昌六年卒。

29. 狄兼谟

《胡吉郑刘卢张等六贤皆多年寿予亦次焉偶于弊居合成尚齿之会七老相顾既醉且欢静而思之此会稀有因成七言六韵以纪之传好事者》中有秘书监狄兼谟。新出土《狄兼谟墓志铭》云："朝廷方将大用，褒诏急征，时权忌正行过□□，除秘书□监，分司□邑。达远旷放，不汨于中。拜东都留守，又改太子少保。"③会昌四年在秘书监任上，时李德裕执政，权忌盖指李。此墓志撰者为令狐峘。

30. 李渤

《全唐文补遗》第七辑吴武陵撰《李渤等隐山题名》："宝历元

①《全唐文补遗》第七辑，第134页。
②《唐代墓志汇编续集》大中001，第969页。
③ 赵振华、何汉儒：《唐狄兼谟墓志研究》，《洛阳师范学院学报》2005年第1期，第10页。

年,给事陇西公以直出,廉察于此□和年既丰,乃以泉石为娱,搜□访异,独得兹山。"①宝历元年,李渤官桂州刺史,御史中丞。时有李佑、韦方外、吴武陵、韦璠、路虔、韩方明、段从周、萧同规、吴汝为、卢温夫、吴稼文、僧西来、匡雅、大德昙雅等多人题名。同书有李渤《南溪诗序》,宝历二年三月七日作。

31. 符载

《唐代墓志汇编》元和 052 有其撰《亡妻李氏墓志》,其妻为李逞之女,"贞元十一年三月十二日疾卒于寻阳"②,则此时符载尚隐于庐山。元和七年其妻迁葬凤翔。

32. 殷彪

《扬子留后殷彪授金州刺史兼侍御史……》,《唐代墓志汇编续集》开成 021 有《薛元常妻杨氏墓志铭》,中云:"元常与故明州刺史殷彪还旧。殷承外舅分至,因此托以婚媾。□长庆四年中暑,元常自东洛赴嘉期。"③

33. 李虞仲

《李虞仲可兵部员外郎崔戎可户部员外郎制》,《唐代墓志汇编》有李虞仲撰《李方乂墓志》,署官"再从弟京兆府蓝田尉武骑尉"④。墓主卒葬于元和九年。《全唐文补遗·千唐志斋新藏专辑》有李虞仲撰《唐故昭义军节度巡官试太常寺协律郎赵郡李府君故夫人范阳卢氏墓志》,结衔为侄"荆南观察判官、将仕郎、监察御史里行、武骑尉"⑤。墓主卒于元和十二年。李虞仲,字见之,端之子。元和初,登进士第,累官中书舍人、知制诰,终吏部侍郎。诗集四卷。今存一首。

---

① 《全唐文补遗》第七辑,第 99 页。
② 《唐代墓志汇编》,第 1985 页。
③ 《唐代墓志汇编续集》,第 938 页。
④ 《唐代墓志汇编》元和 079,第 2003 页。
⑤ 《全唐文补遗·千唐志斋新藏专辑》,第 328 页。

34. 刘纵

《刘纵授秘书郎制》,《唐代墓志汇编》大中 016《刘氏墓志》云:
"祖讳昌裔,皇左仆射,陈、许等州节度使、赠太尉;父讳纵,皇陵州
刺史;皆儒术传嗣,风烈光扬。"①正与此制"又自叙其先臣陈、许间
事,皆历历可听"②合。

35. 王公亮

《王公亮可商州刺史》,《唐代墓志汇编》咸通 056《王虔畅墓
志》载:"少曰公亮,贞元六年进士登第,春官以为许季重之无双,黄
叔度之千顷,足以耿光王室,辉润朝廷,异日明略,继诸献疏,官至
潭州刺史、御史大夫、湖南都团练观察使。"③王公亮有《郑闽墓志》
一文存世,墓主贞元十八年(802)归葬,时为前乡贡进士。

36. 王源中

现存文《唐代墓志汇编续集》大和 024《许遂忠墓志》,署为"翰
林学士中大夫中书舍人上柱国赐紫金鱼袋王源中"④。墓主大和
三年归葬。

37. 齐㬚

《柳公绰父子……饶州刺史齐照邓州刺史浑鐬并可朝散大夫
同制》,朱笺考"照"为"㬚"之误,甚是。《唐代墓志汇编》贞元 119
《张游艺墓志》云:"齐氏有三子,长曰暤,试秘书省校书郎;次曰㬚,
监察御史;皆以文第于春官,并佐戎府。次曰煦,又膺秀士之
选。"⑤同书大和 007《韦行素墓志》:"公善属文,尤攻词赋,其体丽
而壮,调清而远,性禀中和,卓然独立,使文学俱成,垂誉于世,皆叔
舅卫尉少卿齐公㬚之致。……公舅㬚,早著冠时之名,为儒者之轨

---

① 《唐代墓志汇编》,第 2263 页。
② 《白居易集笺校》卷四八,第 2894 页。
③ 《唐代墓志汇编》,第 2421 页。
④ 《唐代墓志汇编续集》,第 898 页。
⑤ 《唐代墓志汇编》,第 1924 页。

范,故四方之士,□愿为姻援者,十有九焉,而独妻于公,则公之志行可知也。"①墓主卒于大和元年。同书大中164《齐氏墓志》:"夫人字孝明,即少卿先府君长女也。及生失所恃,未龀龀而识度不常,韦氏先姑怜而重之,视遇犹女。……洎先君由刑部郎中出刺鄱阳郡,召孤甥而遵遗旨焉。居七年,韦公举进士,不得第,才貌期乎一战,众冤之,往往亦自惋,及冬而殁。"②韦行素大和元年卒,长庆元年婚齐氏,此时齐煦由刑部郎中出刺鄱阳郡,即为饶州刺史。与元稹《齐煦可饶州刺史王堪可沣州刺史制》及白居易诗文相合。

38. 王申伯

《太常博士王申伯可侍御史盐铁推官监察御史里行高锴河东节度参谋兼监察御史崔植并可监察御史三人同制》,《唐代墓志汇编》大和059有其撰《誓空和上塔铭》,署"正议大夫守秘书监上柱国琅琊县开国公食邑一千五百户赐紫金鱼袋王申伯"③,塔建于大和七年八月,则此时王申伯任秘书监。

39. 高锴

《登科记考补正》载高锴为礼部侍郎事,长庆元年左右,高锴为盐铁推官监察御史里行,又于开成二年撰《郑居中墓志》,结衔为"朝散大夫、守尚书礼部侍郎、上柱国、赐紫金鱼袋"④。

40. 王汶

《王汶加朝散大夫授左赞善大夫致仕制》,《唐代墓志汇编》大和054《王兖墓志》:"郎中生汶,殿中少监致仕,赠工部侍郎。工部少有高志,不乐荣官,致仕赠官之命,皆由公显。"⑤正与此制合:"善修其身,为时良士。善训其子,为国宪臣。"《唐代墓志汇编续

---

① 《唐代墓志汇编》,第2099页。
② 《唐代墓志汇编》,第2379页。
③ 《唐代墓志汇编》,第2138页。
④ 《全唐文补遗》第八辑,第156页。
⑤ 《唐代墓志汇编》,第2134页。

集》宝历 003《王汶墓志》曾引用此制之文。

41. 卢商

《旧唐书·卢商传》卷一七六云："累改礼部员外郎。入朝为工部员外郎、河南县令，历工部、度支、司封三郎中。"[1]据《唐代墓志汇编》中几方墓志，宝历二年，任河南令，大和三年，任工部郎中。撰二方墓志。

42. 裴弘泰

《河北榷盐使检校刑部郎中裴弘泰可权知贝州刺史依前榷盐使制》，《全唐文补遗》第一辑有其撰《裴琪墓志》，结衔为"河北税盐使、朝议郎、检校尚书工部员外郎兼侍御史、轻车都尉。"[2]墓主元和十四年归葬，则裴弘泰在元和末长庆初改为检校刑部郎中。

43. 李褒

《柳经李褒并泗州判官制》，李褒撰《李正卿墓志铭》结衔为"朝散大夫、使持节郑州诸军事、守郑州刺史、上柱国、赐紫金鱼袋"[3]。作于会昌四年，又撰有《大唐故安王墓志之铭》，署"翰林学士朝议郎守尚书库部郎中知制诰上柱国"[4]，应即此人。

44. 张士阶

《衢州刺史郑群可库部郎中齐州刺史张士阶可祠部郎中同制》，《唐代墓志汇编》贞元 074《源氏墓志铭》为张士阶所撰，称"乡贡进士"，其母卒于贞元十二年（796）。《唐代墓志汇编》元和 104《张士陵墓志》撰于元和十一年，结衔为"殿中侍御史赐绯鱼袋"。同书开成 041《张氏之女墓志》："长庆中，吾先君由真司封郎，出为湖州牧，方报天子恩，俾一郡五县人苏息。"[5]这与《郎官考》卷五司

---

[1]《旧唐书》，第 4575 页。

[2]《全唐文补遗》第一辑，第 272 页。

[3]《全唐文补遗》第一辑，第 333 页。

[4]《唐代墓志汇编续集》开成 025，第 940 页。

[5]《唐代墓志汇编》，第 1890、2021、2198 页。

封郎中载同。据建中 002《张翔墓志》，知士阶父张翔，兄士防、
士陵。

45. 李景亮

《翰林待诏李景亮授左司御率府长史依前待诏制》，朱金城云：
"贞元十年，举详明政术可以理人科。"①误。据《李素夫人卑失氏
墓志》载："次男宣德郎起复守右威卫长史翰林待诏赐绯鱼袋景
亮。"②《李素墓志》云："（公）以贞元八年，礼娉卑失氏，帝封为陇西
郡夫人。有子四人，女二人。长子景亮，袭先君之艺业，能博学而
攻文，身没之后，此乃继体。"③李景亮为卑失氏所生，而卑失氏贞
元八年（792）方婚李素，故此李景亮非贞元十年中举之人。

46. 薛元赏

《薛元赏可华原县令制》，大和初自司农卿出为汉州刺史，累司
农卿、京兆尹，出武宁节度使，检校吏部尚书，进工部尚书，领诸道
盐铁使，官袁王傅，昭义节度使，卒。见《新唐书》卷一九七本传。

47. 宗惟明

《段斌宗惟明等除检校大理太仆卿制》，《唐代墓志汇编续集》
元和 042《宗惟政墓志》，墓主为宗惟明兄："府君有令弟二，一曰惟
清，太常寺丞；次曰惟明，云麾将军试殿中监；并修身慎行，文武兼
济。"④墓主葬于元和八年。

48. 崔蕃

《卫佐崔蕃授楼烦监牧使判官校书郎李景让授东畿防御巡官
制》，《唐代墓志汇编》大和 064《崔蕃墓志》载："以政治修举为楼烦
陈公所辟，迁监牧使判官。"⑤即此人。字师陈，魏郡博陵人。历任

---

① 《白居易集笺校》卷五一，第 3015 页。
② 《唐代墓志汇编》长庆 020，第 2073 页。
③ 《唐代墓志汇编》元和 128，第 2040 页。
④ 《唐代墓志汇编续集》，第 830 页。
⑤ 《唐代墓志汇编》，第 2142 页。

河南府仓曹参军,登封县令,大和七年卒。李景让,《全唐文补遗·
千唐志斋新藏专辑》有其撰《裴夷直墓志》,署"银青光禄大夫、前剑
南西川节度观察处置等使、检校尚书右仆射、兼成都尹、御史大夫、
酒泉县男"①。《全唐文补遗》第九辑李烛撰《李氏墓志》:"烈考太
子太保、赠太师、谥孝公讳景让。"②

49. 孙简

《京兆府司录参军孙简可检校礼部员外郎荆南节度判官》,《唐
代墓志汇编》残志015《孙谠墓志》:"烈考府君讳简,⋯⋯两任东都
留守,后除检校司空、太子少师,薨于位。"③《新唐书》本传未载。
《孙简墓志》载:"大京兆卢士玫仰公之才名,表公为府司录。王潜
仆射在荆南,思得髦贤,奏公为检校礼部员外郎兼侍御史充节度判
官。"④与此制合。《旧唐书》卷十六:"(长庆元年正月)以泾原节度
使王潜检校兵部尚书、江陵尹,充荆南节度使。⋯⋯(三月)乙卯,
以权知京兆尹卢士玫为瀛州刺史,充瀛莫等州都团练观察使。"⑤
可知长庆元年三月卢士玫卸任京兆尹以后,孙简为王潜所辟,则此
制当作于长庆元年。《全唐文补遗》第一辑有其撰《孙审象墓志》,
署"第卅三侄、河中晋绛慈隰等州节度观察处置等使、中大夫、检校
礼部尚书、兼河中尹、御史大夫、上柱国、赐紫金鱼袋。"⑥墓主会昌
元年归葬。

50. 崔清

《崔清晋州刺史制》,《笺校》推测崔清为荥阳长史崔巘之子,今
据《唐代墓志汇编》元和103《崔煴墓志》载:"曾父巘,皇秘书少监、

① 《全唐文补遗·千唐志斋新藏专辑》,第397页。
② 《全唐文补遗》第九辑,第421页。
③ 《唐代墓志汇编》,第2548页。
④ 《唐代墓志汇编续集》咸通099,第1111页。
⑤ 《旧唐书》,第485—487页。
⑥ 《全唐文补遗》第一辑,第325页。

赠左散骑常侍;大父清,皇晋州刺史。"①可知其云甚是。

51. 孟简

《孟简赐金紫鱼袋制》,《唐代墓志汇编》大和 058《李蟾墓志》云:"元和六年,登太常第,方以词赋擅美就科选于天官,无何,故尚书孟公自给事中抚俗制东,开幕序贤,首膺辟命。……(孟公)尝为毗陵守,公寓居义兴,饱其名义,由是归重,及在幕下,细大是咨,以直道始终,礼敬愈厚。"②朱金城云此制为伪制,误。可见孟简为常州刺史在元和六年前,此制非伪制。

52. 元义方

《答元义等请上尊号表》,岑仲勉考"元义"为"元义方"之夺文,甚是。据《唐代墓志汇编续集》元和 018《韦孟明墓志》载:"夫人河南元氏,虢州刺史义方之女。"③孟明卒元和三年正月,葬于十一月,则元义方请上尊号时当为虢州刺史任。

53. 李扞

《答李扞等谢许上尊号表》,《唐代墓志汇编》大中 107《吕让墓志》:"公夫人陇西县君李氏,外王父桂府观察使、宗正卿、魏国公扞泣训诸子,称家卒事。"④与白居易此文所云"卿等荣崇宗寺"相合,当即此人。

---

① 《唐代墓志汇编》,第 2021 页。
② 《唐代墓志汇编》,第 2137 页。
③ 《唐代墓志汇编续集》,第 813 页。
④ 《唐代墓志汇编》,第 2335 页。

主要征引及参考文献

A

《爱日吟庐书画录》,[清]葛金烺撰,《续修四库全书》本。

B

《白居易》,王拾遗著,上海:上海人民出版社,1957年。

《白居易〈长恨歌〉研究》,张中宇著,北京:中华书局,2005年。

《白居易集笺校》,[唐]白居易撰,朱金城笺注,上海:上海古籍出版社,1988年。

《白居易集》,[唐]白居易撰,顾学颉校点,北京:中华书局,1979年。

《白居易集综论》,谢思炜著,北京:中国社会科学出版社,1997。

《白居易家谱》,白书斋著,北京:中国旅游出版社,1983年。

《白居易评传》,褚斌杰著,北京:作家出版社,1957年。

《白居易评传》,蹇长春著,南京:南京大学出版社,2002年。

《白居易散文校记》,罗联添著,台北:学海出版社,1986年。

《白居易——生涯与岁时记》,[日]平冈武夫,京都:朋友书店,1998年。

《白居易生活系年》,王拾遗著,银川:宁夏人民出版社,1981年。

《白居易诗集校注》,[唐]白居易撰,谢思炜著,北京:中华书局,2006年。

《白居易新乐府研究》,廖美云著,台北:学生书局,1986年。

《白居易研究》,〔日〕花房英树著,东京:世界思想社,1971年。

《白居易研究》,王拾遗著,上海:文艺联合出版社,1954年。

《白居易研究》,杨宗莹著,台北:文津出版社,1985年。

《白居易研究》,朱金城著,西安:陕西人民出版社,1987年。

《白居易研究讲座》(1—7),〔日〕太田次男等主编,东京:勉诚社,
　　1993—1998年。

《白居易研究年报》(1—8),〔日〕太田次男等主编,东京:勉诚社,
　　2000—2007年。

《白居易传》,万曼著,武汉:湖北人民出版社,1956年。

《白居易传论》,苏仲翔著,上海:古典文学出版社,1957年。

《白居易资料汇编》,陈友琴编,北京:中华书局,1962年。

《白乐天年谱》,罗联添著,台北:"国立"编译馆,1989年。

《白乐天生活与文学》,〔日〕堤留吉著,东京:敬文社,1957年。

《白乐天诗解》,〔日〕铃木虎雄著,东京:弘文堂书房,1927年。

《白乐天与日本文学》,〔日〕水野平次著,东京:目黑书店,1930年。

《白少傅诗钞》,〔日〕相马肇编,孝明天皇嘉永六年(1853)立诚堂
　　刊本。

《白氏长庆集》,〔唐〕白居易撰,北京:文学古籍刊行社,1955年。

《白氏长庆集》,〔唐〕白居易撰,《四部丛刊初编》本,北京:商务印
　　书馆,1919年。

《白氏长庆集谚解》,〔日〕森孝太郎、尾崎知光谚解,大阪:和泉书
　　院,1986年。

《白氏文集》,〔日〕平冈武夫、今井清校定,京都:日本京都大学人
　　文科学研究所,1971—1973年。

《白氏文集批判研究》,〔日〕花房英树著,京都:朋友书店,1974年。

《白香山诗集》,〔唐〕白居易撰,《四部备要》本。

《白香山诗集》,〔唐〕白居易撰,上海:世界书局,1935年。

《宝刻丛编》,〔宋〕陈思编纂,《丛书集成初编》本。

《鲍参军集注》,钱仲联注,上海:古典文学出版社,1958年。

《碑林辑刊》第12辑,西安:陕西人民美术出版社,2007年。

《北朝胡姓考》,姚薇元著,北京:中华书局,1962年。

《北京图书馆藏中国历代石刻拓本汇编》(1—101),北京图书馆金石组编,郑州:中州古籍出版社,1989年。

《北里志》,〔唐〕孙棨撰,上海:古典文学出版社,1957年。

《北梦琐言》,〔宋〕孙光宪撰,北京:中华书局,2002年。

《宾退录》,〔宋〕赵与时撰,《丛书集成初编》本。

C

《岑仲勉史学论文集》,岑仲勉著,北京:中华书局,1990年。

《长安志》,〔宋〕宋敏求撰,《宋元方志丛刊》第一册,北京:中华书局,1990年。

《长恨歌·琵琶行研究》,〔日〕近藤春雄著,东京:明治书院株式会社,1981年。

《长恨歌·琵琶行诸本国语学的研究翻字校异篇》,〔日〕国田百合子著,东京:樱枫社,1983年。

《〈长恨歌〉研究》,周相录著,成都:巴蜀书社,2003年。

《〈长恨歌〉研究资料》,郑州大学中文系资料室编,1987年。

《册府元龟》,〔宋〕王钦臣编纂,周勋初等校订,南京:凤凰出版社,2006年。

《淳化秘阁法帖考正》,〔清〕王澍撰,《四库全书》本。

D

《大清一统志》,《续修四库全书》本。

《带经堂诗话》,〔清〕王士禛撰,北京:人民文学出版社,1963年。

《登科记考》,〔清〕徐松撰,北京:中华书局,1984年。

《登科记考补正》，[清] 徐松撰，孟二冬补正，北京：北京燕山出版社，2003 年。

《东京梦华录》，[宋] 孟元老撰，北京：商务印书馆，1959 年。

《东皋录》，[明] 妙声撰，《四库全书》本。

《董其昌草书》，[清] 董其昌书，北京：中国书店，1989 年。

《读〈白氏文集〉札记》，[日] 下定雅弘著，东京：勉诚社，1996 年。

《独学庐三稿》，[清] 石韫玉撰，《续修四库全书》本。

F

《樊南文集》，[唐] 李商隐撰，上海：上海古籍出版社，1988 年。

《方舆胜览》，[宋] 祝穆撰，北京：中华书局，2003 年。

《封氏闻见记校注》，[唐] 封演撰，赵贞信校注，北京：中华书局，2005 年。

《奉天录》，[唐] 赵元一撰，《丛书集成初编》本。

G

《甘泽谣》，[唐] 袁郊撰，《唐五代笔记小说大观》本，上海：上海古籍出版社，2000 年。

《高僧传合集》，[梁] 释慧皎等撰，上海：上海古籍出版社，1991 年。

《攻媿集》，[清] 楼钥撰，《四部丛刊》本。

《古笔学大成》，[日] 小松茂美编，东京：讲谈社，1993 年。

《国朝闺阁诗钞》，[清] 蔡殿齐编，《续修四库全书》本。

《国际白居易研究论文集》，中国洛阳白居易研究会编，香港：银河出版社，2006 年。

H

《韩昌黎文集校注》，[唐] 韩愈撰，马其昶校注，上海：上海古籍出版社，1986 年。

《韩昌黎诗系年集释》，［唐］韩愈撰，钱仲联集释，上海：上海古籍出版社，1984 年。

《韩愈述评》，陈克明著，北京：中国社会科学出版社，1985 年。

《韩愈资料汇编》，吴文治编，北京：中华书局，2004 年。

《寒松阁集》，［宋］詹初撰，《丛书集成续编》本。

《河洛墓刻拾零》，赵君平、赵文成编，北京：北京图书馆出版社，2007 年。

《湖北金石志》，［清］杨守敬撰，《续修四库全书》本。

《胡氏书画考三种》，［清］胡敬撰，《续修四库全书》本。

《画禅室随笔》，［清］董其昌撰，南京：江苏教育出版社，2005 年。

《怀清堂集》，［清］汤右曾撰，《四库全书》本。

《寰宇访碑录》，［清］孙星衍撰，《四库全书存目丛书》本。

《黄御史集》，［唐］黄滔撰，《四部丛刊》本。

《挥麈前录》，［宋］王明清撰，上海：上海书店出版社，2001 年。

J

《集古录目》，［宋］欧阳棐撰，《丛书集成初编》本。

《嘉定赤城志》，［宋］陈耆卿编纂，《宋元方志丛刊》第七册，北京：中华书局，1990 年。

《嘉泰会稽志》，［宋］施宿等编纂，《宋元方志丛刊》第七册，北京：中华书局，1990 年。

《嘉树山房集》，［清］李中简撰，《四库全书》本。

《贾氏谈录》，［唐］张泊撰，车吉心《中华野史》第 2 册《唐朝卷》，济南：泰山出版社，2000 年。

《兼济堂文集》，［清］魏裔介撰，北京：中华书局，2007 年。

《见闻续笔》，［清］齐学裘撰，《续修四库全书》本。

《江文通集汇注》，［南朝］江淹撰，［明］胡之骥注，北京：中华书局，1984 年。

《脚气集》，[宋] 车若水撰，《四库全书》本。

《教坊记笺订》，[唐] 崔令钦撰，任半塘笺订，上海：中华书局上海编辑所，1962 年。

《校本本朝丽藻》，[日] 大曾根章介、佐伯雅子编，东京：汲古书院，1992 年。

《羯鼓录》，[唐] 南卓撰，上海：古典文学出版社，1957 年。

《金泽文库本白氏文集》（影印），[日] 川濑一马监修，东京：勉诚社，1981 年。

《金石论丛》，岑仲勉著，北京：中华书局，2004 年。

《晋书》，[唐] 房玄龄等撰，北京：中华书局，1974 年。

《九九销夏录》，[清] 俞樾撰，北京：中华书局，1995 年。

《旧唐书》，[后晋] 刘昫撰，北京：中华书局，1975 年。

K

《开元天宝遗事十种》，[五代] 王仁裕撰，上海：上海古籍出版社，1985 年。

L

《郎官石柱题名新考订》，岑仲勉著，上海：上海古籍出版社，1984 年。

《类编长安志》，[元] 骆天骧编，西安：三秦出版社，2006 年。

《李商隐诗集解》，[唐] 李商隐著，刘学锴、余恕诚集解，北京：中华书局，1988 年。

《李德裕年谱》，傅璇琮著，石家庄：河北教育出版社，2001 年。

《历代诗话续编》，丁福保辑，北京：中华书局，1983 年。

《列朝诗集》，[清] 钱谦益编，《续修四库全书》本。

《刘禹锡全集编年校注》，[唐] 刘禹锡撰，陶敏、陶红雨校注，长沙：岳麓书社，2003 年。

《刘禹锡集》，[唐] 刘禹锡撰，北京：中华书局，1990 年。

《刘禹锡年谱》，卞孝萱著，北京：中华书局，1963年。

《柳宗元年谱》，施子愉著，武汉：湖北人民出版社，1958年。

《柳河东集》，［唐］柳宗元著，上海：上海古籍出版社，2008年。

《洛阳新出土墓志释录》，杨作龙、赵水森等编著，北京：北京图书馆出版社，2004年。

《洛阳伽蓝记》，［北魏］杨衒之撰，《四库全书》本。

《洛阳名园记》，［宋］李格非撰，《丛书集成初编》本。

《骆临海集笺注》，［唐］骆宾王著，陈熙晋笺注，上海：中华书局上海编辑所，1962年。

M

《蛮书》，［唐］樊绰撰，《丛书集成新编》本。

《梅溪集》，［宋］王十朋撰，《四库全书》本。

《梦园书画录》，［清］方浚颐撰，《续修四库全书》本。

《秘殿珠林》，［清］英和等编，《四库全书》本。

《民国杭州府志》，［清］陈琼修，《中国地方志集成》本。

《明董其昌琵琶行》，［明］董其昌书，上海：上海书画出版社，1988年。

《墨池编》，［宋］朱长文撰，《四库全书》本。

《墨林快事》，［明］安世凤撰，《四库全书》本。

《墨庄漫录》，［宋］张邦基撰，北京：中华书局，2002年。

《木厓集》，［清］潘江撰，《四库禁毁书丛刊》本。

O

《瓯北诗话》，［清］赵翼撰，北京：人民文学出版社，1963年。

P

《匏翁家藏集》，［明］吴宽撰，《四部丛刊初编》本。

《平生壮观》，［清］顾复撰，上海：上海人民美术出版社，1962年。

《平安朝传来的白氏文集与三迹研究》,[日]小松茂美著,东京:旺
　文社株式会社,1965 年。

Q

《清河书画舫》,[明]张丑撰,《四库全书》本。

《权德舆诗文集》,郭广伟校点,上海:上海古籍出版社,2008 年。

《全上古三代秦汉三国六朝文》,[清]严可均校辑,北京:中华书
　局,1958 年。

《全唐文补遗》(1—9),吴钢、吴敏霞主编,西安:三秦出版社,
　1994—2007 年。

《全唐文》,[清]董诰等编,上海:上海古籍出版社,1990 年。

《全唐诗》,[清]彭定求等编,北京:中华书局,1960 年。

《全唐诗》(增订本),[清]彭定求等编,中华书局编辑部点校,北
　京:中华书局,1999 年。

《全唐诗补编》,陈尚君辑校,北京:中华书局,1992 年。

R

《穰梨馆过眼叙录》,[清]陆心源撰,《续修四库全书》本。

《日本藏汉籍善本书志书目集成》,贾贵荣辑,北京:北京图书馆出
　版社,2003 年。

《日本汉诗发展史》(第一卷),肖瑞峰著,长春:吉林大学出版社,1992 年。

《日知录集释》,[清]顾炎武撰、黄汝成集释,上海:上海古籍出版
　社,1985 年。

《日藏汉籍善本书录》,严绍璗编,北京:中华书局,2006 年。

《容斋随笔》,[宋]洪迈撰,北京:中华书局,2005 年。

S

《少室山房集》,[明]胡应麟撰,《四库全书》本。

《神田本白氏文集的研究》，［日］太田次男、小林芳规著，东京：勉诚社，1982 年。

《剩语》，［元］艾性夫撰，《续修四库全书》本。

《诗人玉屑》，［宋］魏庆之撰，上海：古典文学出版社，1958 年。

《十驾斋养新录》，［清］钱大昕撰，南京：江苏古籍出版社，1997 年。

《十三经注疏》，［清］阮元编，北京：中华书局，1979 年。

《石村诗文集》，［清］郭金台撰，《四库禁毁书丛刊》本。

《石渠宝笈》，［清］张照编，《四库全书》本。

《石柱记笺释》，［清］郑元庆撰，《丛书集成初编》本。

《式古堂书画汇考》，［清］卞永誉编，《四库全书》本。

《世说新语》，［南朝］刘义庆撰，上海：上海古籍出版社，1982 年。

《书画鉴影》，［清］李佐贤辑，《续修四库全书》本。

《书道全集》，［日］下中弥三郎编，东京：平凡社，1930—1931 年。

《四库全书总目提要》，［清］纪昀等撰，北京：中华书局，1997 年。

《四友斋丛说》，［明］何良俊撰，北京：中华书局，1959 年。

《四书章句集注》，［宋］朱熹注，北京：中华书局，1983 年。

《宋史》，［元］脱脱撰，北京：中华书局，1985 年。

《宋元方志丛刊》，中华书局编辑部编，北京：中华书局，1990 年。

《宋学士文集》，［明］宋濂撰，《四部丛刊》本。

《邃雅堂集》，［清］姚文田撰，《续修四库全书》本。

T

《太平广记》，［宋］李昉编纂，北京：中华书局，1961 年。

《太平寰宇记》，［宋］乐史撰，北京：中华书局，2007 年。

《太平御览》，［宋］李昉等撰，北京：中华书局，1960 年。

《唐碑帖跋》，［明］周锡珪撰，《四库全书存目丛书》本。

《唐传奇笺证》，周绍良著，北京：人民文学出版社，2000 年。

《唐刺史考全编》，郁贤皓著，合肥：安徽大学出版社，2000 年。

《唐大诏令集》，[宋] 宋敏求编，北京：中华书局，2008 年。

《唐代集会总集与诗人群研究》，贾晋华著，北京：北京大学出版社，2001 年。

《唐代交通图考》，严耕望著，上海：上海古籍出版社，2007 年。

《唐代墓志汇编》，周绍良、赵超主编，上海：上海古籍出版社，1992 年。

《唐代墓志汇编续集》，周绍良、赵超主编，上海：上海古籍出版社，2001 年。

《唐代文学论丛》总第四辑，西北大学中文系唐代文学研究室编，西安：陕西人民出版社，1983 年。

《唐代文学论集》，罗联添著，台北：学生书局，1989 年。

《唐代文学研究年鉴 2005》，傅璇琮主编，桂林：广西师范大学出版社，2006 年。

《唐代文学研究》第 8 辑，中国唐代文学学会等主编，桂林：广西师范大学出版社，1998 年。

《唐代音乐史的研究》，[日] 岸边成雄著，台北：台湾中华书局，1973 年。

《唐代政治史述论稿》，陈寅恪著，上海：上海古籍出版社，1997 年。

《唐方镇年表》，[清] 吴延燮撰，北京：中华书局，1980 年。

《唐国史补》，[唐] 李肇撰，上海：上海古籍出版社，1957 年。

《唐会要》，[宋] 王溥撰，上海：上海古籍出版社，2006 年。

《唐集叙录》，万曼著，北京：中华书局，1980 年。

《唐两京城坊考》，[清] 徐松撰，[清] 张穆校补，方严点校，北京：中华书局，1985 年。

《唐仆尚丞表》，严耕望著，上海：上海古籍出版社，2007 年。

《唐人小说》，汪辟疆编，上海：上海古籍出版社，1978 年。

《唐尚书省郎官石柱题名考》，[清] 劳格、赵钺著，徐敏霞、王桂珍点校，北京：中华书局，1992 年。

《唐诗纪事》，[宋]计有功撰，上海：上海古籍出版社，1987年。

《唐诗解》，[明]唐汝询选释，王振汉点校，保定：河北大学出版社，2001年。

《唐史余渖》，岑仲勉著，北京：中华书局，2003年。

《唐宋诗醇》，《四库全书》本。

《唐五代笔记小说大观》，上海古籍出版社编，上海：上海古籍出版社，2000年版。

《唐学与唐诗——中晚唐诗风的一种文化考察》，查屏球著，北京：商务印书馆，2000年。

《唐研究》(1—14)，荣新江主编，北京：北京大学出版社，1995—2008年。

《唐语林校证》，[宋]王谠编，周勋初校证，北京：中华书局，1987年。

《唐御史台精舍题名考》，[清]赵钺等撰，张忱石点校，北京：中华书局，1997年。

《苕溪渔隐丛话》，[宋]胡仔撰，北京：人民文学出版社，1962年。

《桐阴论画》，[清]秦祖永撰，《续修四库全书》本。

《通志·二十略》，[宋]郑樵编纂，北京：中华书局，2000年。

《同治苏州府志》，《中国地方志集成》本。

《唐摭言》，[五代]王定保撰，上海：古典文学出版社，1957年。

W

《魏书》，[北齐]魏收撰，北京：中华书局，1974年。

《味水轩日记》，[明]李日华撰，上海：上海远东出版社，1996年。

《文集卷第四》(神田本)影印本，东京：古典保存会，1929年。

《文选·赵志集·白氏文集》影印本，天理：天理大学出版部，1980年。

《文学与感伤》，田崇雪著，北京：中国社会科学出版社，2006年。

《文苑英华》，[宋]李昉编，北京：中华书局，1966年。

《文学研究集刊》，中国社会科学院外国文学研究所编，北京：人民
　文学出版社，1964年。

《文献通考》，[宋]马端临编，北京：中华书局，1986年。

《吴越所见书画录》，[清]陆时化编撰，《续修四库全书》本。

《吴兴金石记》，[清]陆心源撰，《续修四库全书》本。

《五百石洞天挥麈》，[清]邱炜萲撰，《续修四库全书》本。

《武林旧事》，[宋]周密撰，杭州：西湖书社，1980年。

X

《西湖志纂》，[清]沈德潜等撰，《四库全书》本。

《西湖游览志》，[明]田汝成辑著，上海：上海古籍出版社，1980年。

《细说唐妓》，郑志敏著，台北：台北文津出版社，1997年。

《峡石山水志》，[清]蒋宏任撰，《丛书集成初编》本。

《夏承焘集》，夏承焘著，杭州：浙江古籍出版社、浙江教育出版社，
　1998年。

《先秦汉魏晋南北朝诗》，逯钦立编，北京：中华书局，1983年。

《咸平集》，[宋]田锡撰，《四库全书》本。

《咸淳临安志》，[宋]潜说友撰，《宋元方志丛刊》第四册，北京：中
　华书局，1990年。

《香苏山馆诗集》，[清]吴嵩梁撰，《续修四库全书》本。

《小岘山人集》，[清]秦瀛撰，《续修四库全书》本。

《新唐书》，[宋]欧阳修等撰，北京：中华书局，1975年。

《新乐府·秦中吟研究》，[日]近藤春雄著，东京：明治书院，
　1990年。

《辛丑销夏录》，[清]吴荣光撰，《续修四库全书》本。

《虚斋名画录》，庞元济撰，《续修四库全书》本。

《宣室志》，[唐]张读撰，北京：中华书局，1983年。

《宣和书谱》,《丛书集成初编》本。

Y

《颜鲁公集》,[唐] 颜真卿撰,《四部备要》本。

《弇州山人四部稿》,[明] 王世贞撰,《四库全书》本。

《燕在阁知新录》,[清] 王棠辑,《续修四库全书》本。

《以旧抄本为中心的白氏文集本文研究》,[日] 太田次男著,东京：勉诚社,1997 年。

《艺苑卮言校注》,[明] 王世贞撰,罗仲鼎校注,北京：人民文学出版社,1992 年。

《因话录》,[唐] 赵璘撰,上海：上海古籍出版社,1979 年。

《雍正浙江通志》,《四库全书》本。

《雍正河南通志》,《四库全书》本。

《舆地碑记目》,[宋] 王象之辑,《丛书集成新编》本。

《庾子山集注》,[清] 倪璠注,北京：中华书局,1980 年。

《御定佩文斋书画谱》,[清] 孙岳颁等撰,北京：北京中国书店,1984 年。

《玉海》,[宋] 王应麟编,上海：上海书店,1987 年。

《玉溪生年谱会笺》,[清] 张采田著,上海：上海古籍出版社,1983 年。

《元白诗笺证稿》,陈寅恪著,上海：上海古籍出版社,1978 年。

《元白诗派研究》,陈才智著,北京：社会科学文献出版社,2007 年。

《元和姓纂》,[唐] 林宝撰,北京：中华书局,1994 年。

《元稹集编年笺注》,[唐] 元稹撰,杨军笺注,西安：三秦出版社,2002 年。

《元稹年谱》,卞孝萱著,济南：齐鲁书社,1980。

《元稹年谱新编》,周相录著,北京：中华书局,2004 年。

《元稹集》,[唐] 元稹撰,冀勤点校,北京：中华书局,1982 年。

《源氏物语》,〔日〕紫式部著,丰子恺译,北京:人民文学出版社,
　　1980年。

《苑西集》,〔清〕高士奇撰,《四库未收书辑刊》第7辑第26册,北
　　京:北京出版社,1998年。

《乐府杂录》,〔唐〕段安节撰,上海:古典文学出版社,1957年。

《乐书》,〔宋〕陈旸撰,《四库全书》本。

《云麓漫钞》,〔宋〕赵彦卫撰,北京:中华书局,1996年。

《云溪友议》,〔唐〕范摅撰,上海:古典文学出版社,1957年。

《云自在龛随笔》,〔清〕缪荃孙撰,原稿本。

Z

《增修云林寺志》,〔清〕厉鹗撰,《杭州佛教文献丛刊》本,杭州:杭
　　州出版社,2006年。

《资治通鉴》,〔宋〕司马光撰,〔元〕胡三省音注,北京:中华书局,
　　1956年。

《贞元新定释教目录》,〔唐〕圆照撰,《大藏经》第五十五册,台北:
　　新文丰出版公司,1996年。

《正宗敦夫文库本长恨歌》(影印本),东京:福武书店株式会社,
　　1981年。

《政治兴变与唐诗演化》,胡可先师著,北京:中国社会科学出版
　　社,2003年。

《中国的自传文学》,〔日〕川合康三著,蔡毅译,北京:中央编译出
　　版社,1999年。

《中国书画全书》(1—8),卢辅圣主编,上海:上海书画出版社,
　　1993—1998年。

《中国古代书画图目》(1—22),中国古代书画鉴定组编,北京:文
　　物出版社,1989—2000年。

《中朝故事》,〔南唐〕尉迟偓撰,上海:中华书局上海编辑所,

1958 年。

《中州金石记》，[清]毕沅撰，《丛书集成初编》本。

《中唐诗歌的开拓与新变》，孟二冬著，北京：北京大学出版社，
　1998 年。

《中唐政治与文学——以永贞革新为研究中心》，胡可先师著，合
　肥：安徽大学出版社，2000 年。

《中唐文学的视角》，[日]松本肇、[日]川合康三编，东京：创文
　社，1998 年。

《终南山的变容——中唐文学论集》，[日]川合康三著，刘维治等
　译，上海：上海古籍出版社，2007 年。

《注好选》，[日]东京美术株式会社昭和五十八年影印东寺观智院
　藏本，1983 年。

单篇论文：

柏红秀《唐代仗内教坊考》，《戏曲艺术》，2006 年第 3 期。

卞孝萱《唐玄宗杨贵妃五题》，《烟台师范学院学报》（哲学社会科学
　版），1994 年第 1 期。

曹汾《两地闻名追慕多　遗文何日不讴歌——白居易的诗歌在日
　本》，《唐代文学论丛》，1982 年第 1 期。

陈才智《元稹白居易"初识"之年再辨》，《文学遗产》，2001 年第
　5 期。

陈冠明《唐诗人卢贞考辨》，《安徽师范大学报》（哲学社会科学版），
　1991 年第 4 期。

陈允吉《从欢喜国王缘变文看〈长恨歌〉的故事构成》，《复旦学报》
　（社会科学版），1985 年第 3 期。

陈增杰《白居易诗殷协律考辨》，《社会科学》，2006 年第 4 期。

陈之卓《白居易父母非舅甥婚配考辨及有关墓志试正》，《兰州大学
　学报》（社会科学版），1983 年第 3 期。

陈之卓《白居易父母为中表结婚说补正》,《社科纵横》,1995 年第
　2 期。

褚斌杰《白居易的人生观》,《文学遗产》,1995 年第 5 期。

邓乔彬、高翠元《〈长恨歌〉与〈长恨歌传〉》,《西北师大学报》(社会
　科学版),2005 年第 3 期。

邓新跃《白居易闲适诗与禅宗人生境界》,《湘潭师范学院学报》(社
　会科学版),2002 年第 4 期。

顾学颉《白居易所书诗书志石刻考释》,《文物》,1979 年第 8 期。

顾学颉《白居易和他的夫人——兼论白氏青年时期的婚姻问题和
　与"湘灵"的关系》,《江汉论坛》,1980 年第 6 期。

顾学颉《白居易世系、家族考》,《文学评论丛刊》第 13 辑,中国社会
　科学出版社 1982 年版。

顾学颉《张好好与白居易》,《江汉论坛》,1982 年第 8 期。

胡可先《出土文献与唐代文学史新视野》,《文学遗产》,2005 年
　第 1 期。

胡可先、文艳蓉《新出石刻与白居易研究》,《文献》,2008 年第
　2 期。

蹇长春《白居易思想散论》,《西北师大学报》(社会科学版),1981
　年第 4 期。

蹇长春《八十年来中国白居易研究述略》,《西北师大学报》(社会科
　学版),1993 第 3 期。

蒋寅《古典诗学中"清"的概念》,《中国社会科学》,2000 年第 1 期。

金卿东《元稹白居易"初识"之年考辨》,《文学遗产》,2000 年第
　6 期。

康瑞军《论唐末仗内教坊的实质及其它》,《黄钟》,2008 年第 3 期。

李传坤《试论白居易文学对〈枕草子〉的影响》,《外国文学研究》,
　2006 年第 5 期。

李丹、尚永亮《白居易百年研究述论》,《中州学刊》,2006 年第

3 期。

洛阳市文物工作队《洛阳龙门张沟唐墓发掘简报》,《文物》,2008
　年第 4 期。

毛妍君《白居易闲适诗研究》,陕西师范大学 2006 年博士论文。

钱志熙《元白诗体理论探析》,《中国文化研究》,2003 年第 1 期。

尚永亮《论白居易所受佛老影响及其超越途径》,《陕西师范大学学
　报》(哲学社会科学版),1993 第 2 期。

苏晓威、郭洪涛:《论韦应物五言诗诗风的"清"》,《苏州科技学院
　学报》社科版,2004 年第 4 期。

[日]太田次男《白诗受容考 香炉峰雪拨帘看》,《艺文研究》33 号,
　1974 年 2 月。

檀作文《试论白居易的闲适精神》,《安庆师范学院学报》(社会科学
　版),2000 年第 1 期。

王辉斌《白居易的婚姻问题》,《云南教育学院学报》(社会科学版),
　1994 年第 4 期。

王拾遗《"他生未卜此生休"——论〈长恨歌〉主题思想》,《宁夏大学
　学报》(人文社会科学版),1980 年第 2 期。

王勋成《白居易〈寄陆补阙〉诗考释》,《兰州大学学报》(社会科学
　版),2002 年第 4 期。

王用中《白居易初恋悲剧与〈长恨歌〉的创作》,《西北大学学报》(哲
　学社会科学版),1997 年第 2 期。

王运熙《白居易诗歌的几个问题》,《学术研究》,2003 年第 5 期。

魏长洪《白居易祖籍新疆库车摭谈》,《新疆大学学报》(哲学社会科
　学版),1983 年第 2 期。

温玉成《白居易故居出土的经幢》,《四川文物》,2001 年第 3 期。

肖瑞峰《樊素、小蛮考》,《学林漫录》第 10 集,中华书局 1985 年版。

肖瑞峰《且向东瀛探骊珠:日本汉诗三论》,《文学评论》,1994 年第
　2 期。

肖瑞峰《论菅原道真的汉诗艺术》,《杭州大学学报》(哲学社会科学版),1997年第3期。

肖瑞峰《白居易与日本平安朝诗坛》,《传统文化与现代化》,1998年第4期。

肖瑞峰《中国文化的东渐与日本汉诗的发轫》,《文学评论》,1998年第5期。

谢思炜《白居易讽谕诗的诗体与言说方式》,《陕西师范大学学报》(哲学社会科学版),2004年第3期。

谢思炜《白居易讽谕诗的语言分析》,《文学遗产》,2006年第1期。

谢思炜《洛阳所见白公胜碑真伪辨疑》,《文献》,2009年第3期。

严绍璗《白居易文学在日本中古韵文史上的地位和意义》,《北京大学学报》(哲学社会科学版),1984年第2期。

杨隽《臣妾意识与女性人格——古代士大夫文人心态研究之一》,《四川师范学院学报》(哲学社会科学版),1991年第4期。

杨民苏《白居易〈新乐府〉、〈秦中吟〉以外的讽谕诗》,《昆明师范高等专科学校学报》,1989年第2期。

张金亮《白居易感伤诗论略》,《青海师范大学学报》(哲学社会科学版),1993年第1期。

张金亮《白居易闲适诗创作心态刍议》,《浙江大学学报》(人文社会科学版),1995年第4期。

张军《长恨歌哭为湘灵——白居易〈长恨歌〉抒情客体论》,《南昌大学学报》(人文社会科学版),2002年第2期。

张乃翥《记洛阳出土的两件唐代石刻》,《河南科技大学学报》(社会科学版),2005年第1期。

张中宇《"一篇长恨有风情"考辨——兼及白居易〈长恨歌〉的主题》,《北京大学学报》(哲学社会科学版),2002年第2期。

张中宇《白居易诗歌归类考——兼及〈长恨歌〉的主题》,《四川师范大学学报》(社会科学版),2004年第4期。

张中宇《关于〈长恨歌〉的主题倾向与文化意义》,《文学评论》,2004
　年第 4 期。

赵振华《唐郑居中夫妇墓志发覆》,《河南科技大学学报》(社会科学
　版),2002 年第 4 期。

赵振华、何汉儒《唐狄兼谟墓志研究》,《洛阳师范学院学报》,2005
　年第 1 期。

钟来因《论白居易与道教》,《江海学刊》,1987 年第 4 期。

朱宏恢《浅论白居易闲适诗的积极意义》,《徐州师范学院学报》(哲
　学社会科学版),1986 年第 4 期。

朱金城《〈白氏长庆集〉人名笺证》,《中华文史论丛》,1979 年第 1
　辑,上海古籍出版社 1979 年版。

朱金城《〈白氏长庆集〉人名笺证续编》,《中华文史论丛》,1982 年
　第 2 辑,上海古籍出版社 1982 年版。

朱金城《白居易交游考》,《河北大学学报》(哲学社会科学版),1982
　年第 1 期。

左汉林《唐代乐府制度研究》,首都师范大学 2005 年博士论文。

左汉林《唐代的内教坊及相关问题考论》,《渤海大学学报》(哲学社
　会科学版),2007 年第 1 期。

后　记

　　本书是我经过多年沉淀后,在博士论文基础上,进行适当修订而出版的。在十余年的学术经历中,从愚钝无知到学有所成,特别要感谢先生们一直以来无私的教导和精心的扶持。

　　1998年,我考入江苏师范大学攻读硕士学位,导师邱鸣皋先生学问渊博,尤重实证,擅长宋代文献,他的精心指导为我日后从事学术研究打下了较好的基础。先生曾担任过师大的校长,但他两袖清风,安贫乐道,至今仍住在两室一厅的蜗居里,这种不慕荣利、潜心向学的精神令我高山仰止。每次聆听先生的教诲都是如沐春风,受益匪浅。期间,张仲谋先生也给予我许多帮助,他温文尔雅、博学多闻,分秒必争地钻研学问,是我学习的楷模。因为我在徐州工作,十余年来一直深得两位先生的照顾,无论在学术发展上有什么需要,他们总是力所能及地为我提供便利。

　　2006年,我进入浙江大学中文系攻读博士学位,中文系学风笃实,名家林立,诸位先生各具才情与风范,沈松勤先生精于思辨、陶然先生长于文采,朱则杰先生的适意人生、廖可斌先生的风流儒雅,都给我留下了深刻的印象。诸位先生的亲切教诲,也令我受益良多。

　　而能够成为胡可先先生的第一位弟子,更是我人生一大幸事。先生对我倾注了很多心血。从读书方法、研究思路到论文选题,都有非常细致的指导与安排,在经过一年的考察之后,最终帮我选定了白居易作为研究对象,并把自己在日本查找到的白居易资料倾囊相授。博士论文的完成也是如此,从论文的框架思路到最后定稿,都凝聚着先生的心血。写的每篇文章,先生收到后都会迅速而细致地看完,提出修改意见,往往让我茅塞顿开。不仅如此,先生言传身教,教导我为人处世的重要性。先生与人为善的谦谦君子之风,让我在潜移默化中不断校正偏失、完善自我。先生对我的再造之恩,没齿难忘!

在先生的指导下,我充分认识到新出土文献的重要性及域外汉籍研究的远大前景。我的博士论文通过对新出墓志的研读,对白居易家族成员及诗文中所有提到的人名进行了钩稽,对白居易家族婚姻、白居易与党争的关系做了进一步探讨。同时,对于域外汉籍进行了力所能及的利用。如利用日本版本资料来对白居易名篇重新进行解读;通过各类文献对日本白居易诗文版本源流进行全面的勾勒与考述;总结自平安至江户各个时代白居易在日本的受容过程和特点。

从我个人的经历来说,硕士毕业后结婚生子,几年的时间荒废下来,入学攻博后深感以前的积累不够,学习时常有捉襟见肘之感,只有不断努力方是生存之道。总结起来,这两方面的努力对学业尤其有帮助,一是大量阅读唐代文献方面的书,并到浙大古籍研究所旁听了一些相关课程。这种努力为将来从事实证研究打下了较好的基础。二是为了更好地利用日本资料,我自学了日语,为本书部分篇章的写作和将来从事域外汉籍研究提供了基本保障。

经过三年多的不懈努力,博士论文得到外审专家的好评,顺利通过答辩,并得到答辩委员会主任方勇、答辩委员沈松勤、肖瑞峰、林家骊诸位先生的一致认可,被评为优秀。毕业后,我努力整合日本方面的文献资料,拓开思路,申请到教育部人文社科研究青年基金项目《白居易诗文在日本的流传与受容》。之后又得到江苏省政府留学奖学金的资助,受日本九州大学东英寿先生的邀请,进行了为期半年的交流访问,有机会与九州大学静永健先生、大阪大学浅见洋二先生合作交流,拓宽了学术视野,收集了不少资料,完善了本书的部分章节;并试图将自己的研究范围拓展到唐诗在日本的传播情况,力争利用日本文献进一步解决唐诗研究中的一些问题,对自己今后的学术方向有了更为清晰的规划。

本书的出版,还要感谢咸晓婷、魏娜、郑修诚、孟国栋、田金霞、徐迈等同门多年的相互教导携持。尤其是国栋师弟、徐迈师妹还帮我校对了部分章节,提出了合理的建议。此外,也要感谢日本的神鹰德治教授、陈翀副教授、甲斐雄一博士、中村爱硕士在资料收集中给予我的热心帮助与无私奉献。尤其是陈翀兄,替我搜集资料、提供写作思路,并为我修改完善部分博士论文,给予我极大的启发与帮助。之后,又帮我翻译书中的部分章节,在日本期刊《白居易研究年报》上发表,使我的研究成果能够漂洋过海,为日本学界所知。

本书部分篇章发表在《文献》、《文学遗产》网络版、《社会科学战线》、《古籍整理研究学刊》等期刊上,感谢张廷银、张剑、尚永琪等先生的提携与厚爱。

我生长于江西莲花的一个普通乡村,永远忘不了父母亲在我的成长中所付出的艰辛与关爱。而我能静心读书,潜心研究,学有所成,更有赖于爱人谢俊的付出,他在我攻博期间,一人把儿子带大,备尝艰辛,成为我最坚强的后盾。衷心感谢他们!

作为本书的责任编辑,上海古籍出版社的查明昊先生付出了辛勤劳动,他认真负责、治学严谨,对全书内容的调整、语意的连贯以及语句的推敲,都给予了许多宝贵的指导,在此谨致以最诚挚的谢意!